परोपकारी समाज कार्य का परिचय

(Introduction to Philanthropic Social Work)

एम.एस.डब्ल्यू.-010

समाज कार्य में स्नातकोत्तर (एम.एस.डब्ल्यू.) हेतु
For Master of Social Work [MSW]

Useful For

Delhi University (DU), IGNOU, Berhampur University (Odisha), University of Kashmir, Sambalpur University (Odisha), University of Kalyani (West Bengal), Gurukula Kangri Vishwavidyalaya (Uttarakhand), Himachal Pradesh University, Cooch Behar Panchanan Barma University (West Bengal), Ranchi University, University of Culcutta, Pune University, University of Mumbai, Andhra University, School of Open Learning (DU), Gondwana University (Maharashra), Babasaheb Bhimrao Ambedkar University (Lucknow), Dr. Babasaheb Ambedkar Marathwada University (Aurangabad), University of Madras, Netaji Subhas Open University (Kolkata), Odisha State Open University, all other Indian Universities.

गुल्लीबाबा पब्लिशिंग हाउस प्रा. लि.

आई.एस.ओ. 9001 एवं आई.एस.ओ. 14001 प्रमाणित कं.

Published by:

GullyBaba Publishing House Pvt. Ltd.

Regd. Office:
2525/193, 1st Floor, Onkar Nagar-A,
Tri Nagar, Delhi-110035
(From Kanhaiya Nagar Metro Station Towards Old Bus Stand)
011-27387998, 27384836, 27385249
+919350849407

Branch Office:
1A/2A, 20, Hari Sadan,
Ansari Road, Daryaganj,
New Delhi-110002
Ph. 011-45794768

E-mail: hello@gullybaba.com, **Website**:GullyBaba.com, GPHbook.com

New Edition

ISBN: 978-93-90557-19-6

Author: GullyBaba.Com Panel

Disclaimer: Although the author and publisher have made every effort to ensure that the information in this book is correct, the author and publisher do not assume and hereby disclaim any liability to any party for any loss, damage, or disruption caused by errors or omissions, whether such errors or omissions result from negligence, accident, or any other cause.

If you find any kind of error, please let us know and get reward and or the new book free of cost.

The book is based on IGNOU syllabus. This is only a sample. The book/author/publisher does not impose any guarantee or claim for full marks or to be passed in exam. You are advised only to understand the contents with the help of this book and answer in your words.

All disputes with respect to this publication shall be subject to the jurisdiction of the Courts, Tribunals and Forums of New Delhi, India only.

प्रस्तावना

परोपकार का अर्थ है दूसरों की भलाई करना। परोपकार के समान कोई धर्म नहीं है। परोपकार ऐसा कार्य है, जिससे शत्रु भी मित्र बन जाता है। यदि शत्रु पर विपत्ति के समय उपकार किया जाए तो वह भी सच्चा मित्र बन सकता है। परोपकारी रामाज कार्य की अवधारणा उन विकासशील देशों में प्रासंगिक है जहाँ गरीब लोगों के बीच हस्तक्षेप की ज्यादा जरूरत है।

प्रस्तुत जी.पी.एच. की पुस्तक ***"परोपकारी समाज कार्य का परिचय (एम.एस. डब्ल्यू.-010)"*** में परोपकार की अवधारणा, परोपकारी समाज के कार्य एवं उनका इतिहास और परोपकारी समाज के समकालीन मुद्दों आदि की चर्चा की गई है।

पुस्तक विशेष रूप से प्रश्न पत्र की तैयारी के लिए सारगर्भित एवं परीक्षोपयोगी प्रश्नोत्तर के रूप में लिखी गई है। इसके अध्ययन से न केवल अल्प समयावधि में छात्रों को अपना पाठ्यक्रम पूर्ण कर पाने में मदद मिल सकेगी बल्कि प्रश्नों के उत्तरों को हल करने में भी सरलता होगी।

प्रस्तुत पुस्तक की विषय-सामग्री के विस्तृत एवं जटिल उपबंधों को तर्कपूर्ण एवं संप्रभावी ढंग से संक्षेप में प्रस्तुत किया गया है। पुस्तक की भाषा उपयुक्त, सरल एवं प्रवाहपूर्ण रखने का प्रयत्न किया गया है। पुस्तक के प्रत्येक अध्याय के प्रारंभ में अध्याय की भूमिका दी गई है जिससे छात्रों को अध्याय को समझने में सरलता होगी।

इस पुस्तक की सबसे बड़ी और महत्त्वपूर्ण विशेषता यह है कि इसके अंतर्गत आपको गत वर्षों के प्रश्न पत्र हल सहित दिए जाते हैं जो आपकी परीक्षा को न केवल सरल बनाते हैं अपितु आपको परीक्षा में अच्छे अंक प्राप्त करने में भी सहायक होते हैं। पुस्तक में प्रश्न पत्रों के प्रारूप को आपके सागने बिल्कुल उसी प्रकार प्रस्तुत किया गया है जैसा आपके सामने परीक्षा केंद्र में प्रस्तुत होता है, जो आपको अपने आप में एक अलग प्रकार का आत्मविश्वास बढ़ाने में सहायक होगा।

आगामी संस्करण में आपके सुझावों को यथास्थान साभार सम्मिलित किया जाएगा। अतः अपने सुझाव निःसंकोच हमें हमारी **Email : feedback@gullybaba.com** पर या सीधे प्रकाशन के पते पर लिखें और हमें अपने सुझावों से अनुग्रहित करें।

प्रकाशक (GPH) अपने कार्यरत सहायकों व लेखकों का सहृदय आभार प्रकट करता है, जिनके सहयोग और प्रयासों के कारण ही इस पुस्तक का प्रकाशन संभव हो पाया है।

हम आपकी सफलता की कामना करते हैं।

Topics Covered

अध्याय–3 परोपकारी समाज कार्य में साझेदार (स्टेकहोल्डर)
(Stakeholders in Philanthropic Social Work)

विषय-सूची

प्रश्न पत्र

अध्याय

परोपकार की अवधारणा, स्वरूप और कार्यक्षेत्र (Concept, Nature and Scope of Philanthropy)

भूमिका

परोपकार का अर्थ है—दूसरों की भलाई करना किंतु परोपकार दानशीलता से अलग होता है क्योंकि इसमें कुछ व्यक्तियों के बजाय बड़ी संख्या में लोगों की भलाई की जाती है किंतु समय के साथ-साथ परोपकार के स्वरूप में भी परिवर्तन आ गया है। अब बड़े स्तर पर संस्थाएँ बनाकर परोपकार किया जाता है और इसके कार्यक्षेत्र का भी विस्तार किया गया है ताकि परोपकार को अनेक दिशाओं में आगे बढ़ाया जा सके तथा निर्धन और धनी के बीच में अंतराल को कम किया जा सके।

प्रश्न 1. परोपकार की अवधारणा की विवेचना कीजिए।

अथवा

परोपकार से आप क्या समझते हैं?

उत्तर– परोपकार का अर्थ है–दूसरों की भलाई करना। परोपकार दानशीलता से अलग होता है क्योंकि इनमें कुछ व्यक्तियों की बजाय बड़ी संख्या में लोगों की सहायता की जाती है।

न्यू वेब्स्टर डिक्शनरी ऑफ इंग्लिश लैंग्वेज ने परोपकार को मानव जाति को प्रेम के रूप में में परिभाषित किया है विशेषकर जरूरतमंद कार्यों के लिए दान करते हुए कल्याण को बढ़ावा देने के लिए व्यावहारिक प्रयासों के रूप में प्रदर्शित किया है, जैसे–हितकारी क्रियाकलाप अथवा इसका कोई विशेष दृष्टांत इंटरनेशनल इंसाइक्लोपीडिया ऑफ सोशल साइंसेज ने परोपकार को उन संसाधनों के प्रयोग के रूप में परिभाषित किया है जो सामाजिक बुराइयों अथवा समस्याओं की समीक्षा और समाधान करता है। इस प्रकार परोपकार परंपरागत दानशीलता से बिल्कुल अलग है जिसे संसाधनों का सुधारक प्रयोग समझा जाता है।

ऑक्सफोर्ड इंग्लिश डिक्शनरी के अनुसार परोपकार ऐसा स्वरूप अथवा सक्रिय प्रयास है जो व्यक्ति के साथी व्यक्तियों के सुख और कल्याण में सहायक है। न्यू वेब्स्टर इंटरनेशनल इंसाइक्लोपीडिया ने परोपकार को दानशीलता का कार्य बताया है जिसका अर्थ लोगों का कल्याण करना है। परोपकार प्राचीन यहूदियों (जिन्होंने गरीबों की सहायता करने के लिए कर प्रणाली लागू की) से लेकर यूनानियों, मिस्रवासियों, मुस्लिमों और मध्ययुग के यूरोपवासियों अनेक संस्कृतियों का एक अंग रहा है। संयुक्त राज्य में परोपकार प्रायः धनी परिवारों द्वारा स्थापित धर्मार्थ प्रतिष्ठानों के माध्यम से किया जाता है। दानशीलता व्यक्ति के साथियों के लिए प्रेम, अन्यों के प्रति सद्भाव और भिक्षादान का वही अर्थ है जो परोपकार का अर्थ है।

परोपकारी वह व्यक्ति है जो परोपकार करता है अर्थात् हितकारी होता है। परोपकार किसी व्यक्ति के अपने लोगों के लिए प्रेम से संबंधित गुण है अथवा प्रेम प्रदर्शित करके दयालु, हितकारी होना और वस्तुएँ देना अथवा दानशीलता के कार्यों के लिए बिना किसी स्वार्थ के सेवाएँ प्रदान करना है। परोपकार शब्द का अर्थ मानव जाति से प्रेम करना है।

परोपकार मानव कल्याण और उत्थान के लिए परार्थवादी सरोकार से (altruistic concern) सूचित यह साधारण तौर पर जरूरतमंद व्यक्तियों को धन, संपत्ति और कार्य का दान करने के लिए अभिव्यक्त किया जाता है। जब किसी संगठन को परोपकार करने के लिए शुरू किया जाता है तो इसे आमतौर पर परोपकारी संगठन कहा जाता है। इसकी विशेषताएँ निम्नलिखित हैं–

(1) सामान्य तौर पर मानव जाति से प्रेम।

(2) धर्मार्थ सहायता अथवा दानों के द्वारा मानव जाति के कल्याण को बढ़ाने का प्रयास अथवा इच्छा।

(3) मानवतावादी उद्देश्यों के लिए निर्धारित निधियों से उपहार के रूप में सहायता करना अथवा उसे प्राप्त करना।

प्रश्न 2. परोपकार के स्वरूप का वर्णन कीजिए।

उत्तर– एलीन रस (Aileen Russ) का मत है कि दान देने की प्रक्रिया के प्रति दृष्टिकोण में बदलाव जरूरी है क्योंकि दानशीलता कुछ-कुछ अपमानजनक अर्थ है और इसलिए यह धीरे-धीरे परोपकार की अधिक स्वीकार्य अवधारणा प्रस्तुत कर रहा है। धर्मार्थ दान के विपरीत परोपकार, केवल दुःख (कष्ट) दूर करने की अपेक्षा संपूर्ण कल्याण पर बल देता है। परोपकार विशिष्ट उच्च संगठित प्रकार के आधुनिक उद्योगीकृत समाजों के लिए अत्यधिक उपयुक्त शब्द प्रतीत होता है।

एडवर्ड ग्रब (Edward Grubb) का कहना है कि परोपकार बिल्कुल दानशीलता के समान है और इसे दानशीलता की वृद्धि के रूप में ऐसी प्रेरणा माना जा सकता है जिसे जरूरतमंदों की मदद के रूप में अर्थात् केवल आकस्मिक और ऊपरी संवेग हो सकता है जो कुछ दिमागों में निश्चित स्थिति तथा स्थिर जीवन के प्रयास में विकसित हो सकता है। यह परोपकारी एक समृद्ध व्यक्ति होता है जो अपने साथियों के भाग्य को सुधारने के कार्य के लिए अपने जीवन के बड़े भाग को लगा देता है जबकि दानशीलता का संबंध व्यक्तियों की जरूरतों से है परंतु परोपकार वर्तमान के साथ-साथ भविष्य की ओर भी देखता है तथा मानव जीवन को बड़े स्तर पर उठाने की कोशिश करता है। यह विशेषकर उन समाजों की विशेषता है जिन्हें 'व्यक्तिपरक' कहा जाता है जिनमें निजी स्वतंत्रता औसत व्यक्ति से प्रबल आग्रह करती हैं। उन समाजों में जिनमें व्यक्ति पर समुदाय के अधिकार सशक्त रूप से अनुभव किए जाते हैं जैसा साम्यवाद के मामले में होता है, वहाँ पर परोपकार के लिए बहुत कम गुँजाइश होती है। धनी व्यक्तियों की अपेक्षा समुदाय को स्वाभाविक रूप से मानव कष्ट को दूर करना पड़ता है। इसके अलावा परोपकार आमतौर पर धार्मिक आस्था का प्रतिफल है और इसलिए यह किसी निर्धारित समय में मौजूद धर्म के प्रकार से प्रभावित होता है।

दानशीलता का प्रकार प्रत्येक शताब्दी में और एक ऐतिहासिक काल से दूसरे ऐतिहासिक काल में अलग-अलग रहा है लेकिन परोपकार सदैव समाज के वर्ग का प्रतिबिंब रहा है क्योंकि यह धनी दानियों और गरीब प्राप्तकर्त्ताओं के बीच विभाजन पर हुआ है। यहाँ तक कि जब गरीब स्वयं दानी रहे हैं, उन्होंने प्राप्तकर्त्ताओं के एक बड़े भाग को निर्मित किया है। धनवानों ने दान इसलिए नहीं दिया है क्योंकि उनके पास बहुत है बल्कि कष्ट दूर करके उन्होंने अपनी स्थितियाँ प्राप्त की हैं। परोपकार को कुछ लोग सरकार के पूरक के रूप में देखते हैं और कुछ दूसरे सरकार को शामिल किए बिना परिवर्तन लाने का एक मार्ग मानते हैं। धार्मिक, कलात्मक, शैक्षिक और स्वास्थ्य से जुड़े कार्यों के लिए अत्यधिक धनराशि परोपकारी कार्यों से आती है। वास्तव में अनेक सांस्कृतिक, धार्मिक और कलात्मक संगठन लगभग पूरी तरह से परोपकारी दानों पर निर्भर हैं। सरकार इन संस्थाओं को कर छूट प्राप्त स्तर प्रदान करती है। ये गैर-लाभ संगठन स्वरूप में न तो सार्वजनिक हैं और न ही निजी हैं इसलिए परोपकार विद्वानों ने इन संगठनों को 'तीसरा क्षेत्र' माना है।

प्रश्न 3. परोपकार के दार्शनिक आधारों का वर्णन कीजिए।

उत्तर– परोपकार के दार्शनिक आधारों को समझने की कोशिश इससे जुड़े गहरे अर्थ का मूल्यांकन करने में सहायक होगी। प्राचीन मिस्र में दानशीलता को साथियों के लिए एक आंतरिक स्थिति (व्यवस्था) और अमरता प्राप्त करने के प्रयोजन के लिए देवताओं को शांत करने का उपाय माना गया। इसका अर्थ भूखों को भोजन, प्यासों को पानी, निर्वस्त्रों को वस्त्र और जिसके पास कुछ नहीं था, उसको एक नाव देना है।

हिब्रू बाइबल मुख्य रूप से मानव जाति के लिए ईश्वर का प्रेम, ईश्वर के लिए मानव जाति का प्रेम और मानवों में परस्पर प्रेम से संबंधित है। ईश्वर के लिए व्यक्ति का प्रेम ईश्वर के प्रेम के प्रति प्रत्युत्तर एक आभार है जिसे अन्य लोगों के लिए व्यक्ति के प्रेम के माध्यम से भी अभिव्यक्त किया जाता है। एक व्यावहारिक सद्गुण के रूप में दानशीलता की आशा प्रत्येक व्यक्ति से की जाती है कि जो भी दान देता है, उसे ईश्वर आशीर्वाद देगा। मध्यकालीन यहूदी धर्म में दानशीलता का उच्चतम रूप भिक्षा दान देना ही नहीं है बल्कि गरीबों को धन देकर उनके पुनर्वास करने में सहायता करना है, उन्हें भागीदार बनाना है अथवा उन्हें रोजगार देना है क्योंकि इस प्रकार प्राप्तकर्त्ता के लिए कोई आत्मसम्मान खोए बिना वांछित लक्ष्य की प्राप्ति हो जाती है। यह परोपकारी समाज कार्य की वर्तमान विचारधारा के बराबर है।

प्राचीन यूनानी समाज में दानशीलता प्रेम (प्रेमभाव–a gape) *फिलेंथ्रॉपिया* (लोकोपकार), *इलिओस* (eleos) और *फिलोसेनिया* (philosenia) का पर्याय थी और यह उन लोगों के हितकारी कार्यों के माध्यम से स्पष्ट था जो जरूरतमंद थे। पीड़ितों के लिए दया और स्नेहपूर्ण आतिथ्य पर अत्यधिक बल दिया गया। अनजाने लोगों और विनम्र व्यक्तियों की देख-रेख एक नैतिक अनिवार्यता थी क्योंकि ऐसे लोगों को ईश्वरत्व (देवत्व) के सीधे तत्वावधान के अंतर्गत रखा गया था। निःस्वार्थ प्रेम, भिक्षादान, दया और अनाथों के प्रति चिंता, विधवाओं और वृद्धों के लिए व्यापक और उदारता से की जाती थी।

महान् दार्शनिकों सुकरात, प्लेटो और अरस्तु के प्रभाव के अधीन सभी अशक्तों और बेसहारा लोगों के लिए मानवता प्राप्ति एक कर्त्तव्य माना गया। यह एक नैतिक और आर्थिक जरूरत तथा धार्मिक बाध्यता थी। सुकरात पूर्व दार्शनिकों का मानना था कि न्याय और समानता दैवी उत्पत्ति के सिद्धांत थे तथा पाइथागोरस ने भी सामाजिक संबंधों में समानता और सामंजस्य पर जोर दिया।

पाँचवीं और चौथी शताब्दी ईसा पूर्व के महान् विचारकों के लिए कल्याण के लिए भलाई करना दानशीलता के लिए केवल नैतिक आधार था। यूनानी धर्म और सामाजिक चिंतन का मूलभूत सिद्धांत देवत्व और कल्याण का कार्य था। प्लेटो कहते हैं कि बुराई का कारण हमें अन्य वस्तुओं में ढूँढ़ना चाहिए न कि ईश्वर में, न तो ईश्वर और न ही मनुष्य दूसरों के लिए अपनी भलाई किसी भी तरह अभिव्यक्त किए बिना वास्तव में अच्छे नहीं हो सकते। अरस्तु कहता है "यदि सभी मनुष्य नैतिक उच्चता में एक-दूसरे से प्रतिस्पर्धा करें और श्रेष्ठतम कार्य करने की कोशिश करें तो सामान्य कल्याण पूरी तरह से कार्यान्वित हो जाएगा जबकि सभी लोग भी उसी तरह ईश्वर की महानता प्राप्त कर सकेंगे जिस प्रकार सद्गुण सबसे श्रेष्ठ होता है।"

रोमन साम्राज्य में अत्यधिक दानशीलता का प्रचार किया गया विशेषकर *एलीमेंटा* (alimenta) में जैसे अनाथों और गरीब बालकों की मदद करने के लिए उपाय लागू किए गए। निजी परोपकारियों के बजाय, नेरवा (Nerva) के शासन के बाद साम्राज्यवादी शासन द्वारा यह प्रणाली अपनाई गई।

ईसाई धर्म में दानशीलता अगापे (agape) अथवा स्नेह की पर्यायवाची है। दानशीलता के व्यावहारिक प्रयोग में यह यहूदियों, रोमनवासियों और यूनानियों से भी आगे है। इसने बल दिया कि प्रेम ही ईश्वर है और जो व्यक्ति प्रेम करता है वह ईश्वर से उत्पन्न है और ईश्वर को जानता है। दानशीलता को ईश्वर का प्रेम कहा गया है।

बाइजेनटीनी समाज ने इसके शासन और चर्च ने दानशीलता को एक प्रमुख उद्देश्य बनाया और बीमारों, अनाथों, विधवाओं, गरीबों और अन्य जरूरतमंदों के पुनर्वास तथा सहायता के लिए असंख्य संस्थाएँ स्थापित कीं। दानशीलता मध्यकालीन पश्चिमी यूरोपीय समाज की बुनियादी विशेषता थी, जिसे चर्च से दिशा-निर्देश मिलता था।

हिंदू धर्म में दानशीलता का अर्थ धर्म की व्याख्या पर निर्भर करता है जो हिंदुओं के सक्रिय जीवन का प्राथमिक सद्‌गुण है। धर्म आंतरिक स्थिति है और विचार का संरक्षण करता है जबकि वह कार्य जिसके द्वारा इसे पूरा किया जाता है कर्म कहलाता है। कर्म को शारीरिक (भौतिक), वाचिक (मौखिक) और मानसिक रूपों में अभिव्यक्त किया जाता है। भौतिक रूपों में अच्छे कार्य शामिल हैं।

हिंदू धर्म ने निजी नैतिकता को प्राथमिक स्थान दिया है। उपनिषद् स्पष्ट रूप से सूचित करते हैं कि प्रत्येक व्यक्ति आर्थिक अथवा सामाजिक दशा (स्थिति) के लिए उत्तरदायी है। यदि लोग नैतिक और परिपूर्ण (श्रेष्ठ) तथा आर्थिक रूप से सुरक्षित हैं तो समाज पूरी तरह से परिपूर्ण होगा।

यदि कोई मनुष्य स्वभाव से अच्छा प्राणी है तो मनुष्य हितकारिता का नीतिशास्त्र (नैतिक मूल्य), न्याय अथवा धर्मपरायणता विकसित कर सकता है विशेषकर जैन धर्म सामाजिक सहभागिता से अधिक आत्म-प्रोत्साहन पर बल देता है, सामाजिक कष्ट को दूर करने के सर्वोत्तम साधनों के रूप में आत्म-पूर्णता को देखता है।

इस्लाम में दानशीलता सर्वशक्तिमान परमाला (अल्लाह) में आस्था पर निर्भर करती है जो मानव जाति का स्वामी (मालिक) है। व्यक्ति न केवल अल्लाह की दया प्राप्त करता है बल्कि उसे हमेशा उसके क्रोध का भी शिकार बनने का भय रहता है। इस प्रकार मानव जाति को सद्‌कार्यों के द्वारा अल्लाह की सेवा (खिदमत) करने की आवश्यकता है जिसमें भिक्षादान अर्थात् स्वैच्छिक दान (सदाकत) और कानूनी तौर पर निर्धारित (जकात), दया और माँ-बाप के, अनाथों तथा बड़े-बुजुर्गों के साथ अच्छा व्यवहार करना शामिल है।

इस प्रकार विश्व के सभी प्रमुख धर्मों में जरूरतमंदों की सेवा करने के मुख्य लक्ष्य हैं। धार्मिक समूहों द्वारा की जाने वाली अनेक सेवाओं में खाद्य पदार्थ और वस्त्र एकत्र करना, शरणार्थियों की सहायता करना, अस्पताल, अनाथालय और वरिष्ठ नागरिकों के लिए वृद्धाश्रम संचालित करना तथा आपदा सहायता प्रदान करना शामिल है।

प्रश्न 4. आधुनिक परोपकार में उभरती प्रवृत्तियों का वर्णन कीजिए।

उत्तर– मूलतः पश्चिमी ईसाई देशों ने ही आधुनिक परोपकार की प्रवृत्ति की परिकल्पना की थी चूँकि इन्होंने औद्योगिक क्रांति का नेतृत्व किया, इसलिए अफ्रीका और पूर्व के कम विकसित देशों के बजाय दान के अपने स्वरूपों को बदलने पर जोर दिया। पहले के ईसाई युग में, धार्मिक संस्थाओं ने शिक्षा दी थी कि भिक्षादान ईसाइयों के कर्त्तव्य का एक मूलभूत और अनिवार्य भाग है। लेकिन इस अर्थ में दान देने पर कोई पूर्ण नियंत्रण नहीं था कि गरीबों और बेसहारों की समान रूप से सेवा की जाती थी।

इसलिए, एक दानी प्रत्यक्ष रूप से प्राप्तकर्त्ता को अपने अंतःकरण और सामाजिक दबाव की मात्रा के अनुसार दान देता था। इसका अर्थ था कि दानी सामान्य तौर पर पहले प्राप्तकर्त्ता की समस्याओं को देखता था और इस प्रकार दानशीलता को उसने एक निजी कार्य बनाया।

दानशीलता की अवधारणा और गठन में बड़े बदलाव यूरोप में मध्यकालीन समाज के पतन और कठोर ढंग से संरचित सामंतवादी जीवन शैली के कारण हुए थे। मठों के भंग होने, जनसंख्या में लगातार वृद्धि, योजनाबद्ध शहरीकरण और उद्योगीकरण, शहरी-ग्रामीण आवागमन, प्लेग और युद्धों ने गरीबी और अभावग्रस्तता की समस्या को बढ़ा दिया।

अभावग्रस्तता इतनी व्यापक और स्पष्ट हो गई कि इसकी और अधिक उपेक्षा नहीं की जा सकी। इसे शीघ्र ही एक गंभीर निरंतर सामाजिक समस्या के रूप में देखा गया। यह स्पष्ट था कि चर्च जिसका दानशीलता पर करीब अभावग्रस्तता इतनी व्यापक और स्पष्ट हो गई कि इसकी और अधिक उपेक्षा नहीं की जा सकी। इसे शीघ्र ही गंभीर समस्या के रूप में देखा गया। यह स्पष्ट था कि चर्च जिसका दानशीलता पर करीब-करीब एकाधिकार था, वह स्थिति के साथ अधिक समय तक सामंजस्य स्थापित नहीं कर पाया और इस प्रकार निजी और धर्मनिरपेक्ष दानशीलता संस्थाओं ने इस अंतराल को दूर करना शुरू कर दिया।

धर्मनिरपेक्ष संगठनों के इन आंदोलनों को औद्योगिक वर्गों की बढ़ती हुई संपदा द्वारा प्रोत्साहित किया गया।

ऐतिहासिक परिस्थितियों ने पूर्व सामंतों और मध्यकालीन चर्च की सत्ता (शक्ति) को नष्ट किया, मध्य वर्ग को संपत्ति और शक्ति का पुनर्वितरण किया और नए औद्योगिक समाज का शुभारंभ किया। इसने दानशीलता के उत्तरदायित्व के पुनर्वितरण को उत्पन्न किया। इन महत्त्वपूर्ण परिवर्तनों के द्वारा उत्पन्न अव्यवस्थाओं और अनुचित सामंजस्यों ने ऐसी स्थिति पैदा कर दी जो चर्च और स्थानीय धर्मपरायणता को संभालने के लिए बहुत भारी थी।

परोपकार का यह नया दृष्टिकोण धीरे-धीरे स्पष्ट हो गया और कानून से इसे समर्थन मिला। सबसे पुराना और सर्वाधिक लोकप्रिय कानून जो वर्ष 1601 में महारानी एलिजाबेथ द्वारा पारित किया गया था, "वह उन धनराशियों को सृजित करना, नियंत्रित और संरक्षित करना था" जो दानशीलता के लिए आबंटित अथवा दान दी गई थी। इसने उन बेसहारा लोगों के लिए व्यवस्था करने हेतु स्थानीय समुदाय को उत्तरदायी बनाया जिनके परिवार उनकी देख-रेख नहीं कर सकते थे। यह उन जरूरतमंदों के लिए उत्तरदायी लोगों की पहचान करने के अलावा और आगे नहीं बढ़ा। एक नई सामाजिक प्रक्रिया से निपटने के लिए कानून बनाए गए फिर भी तेजी से बढ़ती जरूरतों को बिल्कुल

पीछे छोड़ दिया क्योंकि कोई भी व्यक्ति उन मौलिक परिवर्तनों की सीमा को चुनौती दे सकता था जो हो रहे थे अथवा आगामी औद्योगिक क्रांति के कारण होने वाले थे। अंतराल का कुछ भाग धनी व्यक्तियों द्वारा भर दिया गया जो नई सामाजिक और आर्थिक अव्यवस्थाओं में जकड़े लोगों के दु:ख को दूर करने के लिए धनराशि के बड़े-बड़े उपहार (दान) दिए गए। ये उपहार असंख्य आधुनिक प्रतिष्ठानों द्वारा दिए गए अनुदानों से मिलते-जुलते थे लेकिन ये इसलिए अलग थे कि ये सहायता के लिए अकेले थे। उस समय निवारण को मान्यता नहीं मिली थी। परंतु उन्होंने स्थिति के साथ चलने के नए तरीकों की जाँच करने के लिए लोगों को सक्षम बनाने का कार्य किया। इसने अधिक व्यापक तथा सतत् पैमाने पर परोपकार शुरू करने वाले वर्तमान प्रतिष्ठानों और अलाभकारी संगठनों के लिए मार्ग प्रशस्त किया।

प्रश्न 5. भारत में परोपकार के विस्तार क्षेत्र का मूल्यांकन कीजिए।

उत्तर– परोपकार के विस्तार क्षेत्र का मूल्यांकन करने में सफल होने के लिए भारतीय परोपकारी मंच का आरंभ करते समय रोहिणी निलेकनी द्वारा व्यक्त किए गए दृष्टिकोणों की जाँच करना सही है। इस मंच की स्थापना देश में वैज्ञानिक और व्यवस्थित ढंग से परोपकार का संचालन करने के लिए की गई थी। उनका कहना है कि जिसका उदय 2000 में हुआ अब भारतीय परोपकारिता को बहुत तेजी से और अनेक दिशाओं में आगे बढ़ने की जरूरत है ताकि हमारी जो नई समस्याएँ हैं, उन्हें सुलझाया जा सके। पिछले तीन दशकों में, अनेक बातों ने भारत में कुछ लोगों के हाथों में असाधारण संपदा सृजित करने दी। इसने अमीरों और गरीबों के बीच के अंतराल को और भी बढ़ा दिया है और यह उन लोगों के सोचने के लिए सही समय है जिनके पास अप्रत्याशित संपत्ति है तथा उनका यह प्रबल उत्तरदायित्व है कि न केवल इसे वापस दें अथवा वितरित करें बल्कि समाज के उस मौजूदा ढाँचे का भी अवलोकन करें जो कुछ ही हाथों में संपदा को एकत्र करने देता है।

निलेकनी भारतीय परोपकार की तुलना पश्चिम के परोपकार से करती हैं। पश्चिमी विश्व में आज परोपकार ने अत्यंत रोचक नया रुझान प्राप्त कर लिया है। कॉर्पोरेट क्षेत्रों से ऐसे अनेक बुद्धिमान लोग आगे आ रहे हैं और कह रहे हैं कि ऐसी बहुत बड़ी-बड़ी चुनौतियाँ हैं जिनका सामना व्यक्ति कर सकता है। उनका निष्कर्ष है कि भारतीय परोपकार के लिए यह एक अत्यंत सही समय है तथा जो इस नई संपदा सृजन का हिस्सा हो गए हैं, वे वास्तव में साधारण लोगों के जीवन के स्तर को सुधारने में तथा उनके सशक्तिकरण के लिए योगदान करने में रुचि रखते हैं।

भारत में साठ करोड़ ऐसे लोग हैं जिनके पास वह सब नहीं है जो विशेष वर्गों के पास है। इसका अर्थ है कि सार्वजनिक अवसंरचना अर्थात् विद्यालय, कॉलेज, सड़कें और प्रत्येक वस्तु धनी वर्गों के लिए है और उन्हें अच्छे विद्यालयों में प्रवेश मिलता है तथा वे बेहतर अवसर प्राप्त करते हैं।

अत: वास्तविक प्रश्न यह है कि क्या इस तरह का मौका दूरस्थ ग्रामीण जनजातीय क्षेत्रों अथवा भारतीय शहरों की झोपड़-पट्टियों में किसी छोटे बालक को मिलता है। इन मुद्दों का समाधान सीधे तौर पर परोपकार के माध्यम से नहीं किया जा सकता है। जो लोग सुखी हैं, उन्हें

इस तरह के स्थानीय सशक्तिकरण के बारे में सोचना चाहिए जिसके द्वारा उन लोगों द्वारा विश्वास करने के लिए पैदा करने की आवश्यकता है कि वे न केवल समस्या का भाग हैं बल्कि समाधान का हिस्सा बनने के लिए शायद उनका सशक्तिकरण किया जा सकता है।

परोपकार में वह करने की क्षमता है जो न तो सरकार और न ही बाजार कर सकता है। निम्न स्तर पर ऐसी जगह है जहाँ हमारे लाखों नागरिक रहते हैं, जहाँ न तो सरकार और न ही बाजार पहुँच सकते हैं और यह एक ऐसा आकर्षक स्थान है जहाँ पर परोपकार व्यक्तियों और उन स्थानों की सहायता शुरू कर सकता है जो अंतिम नागरिक तक पहुँचने की कोशिश कर रहे हैं।

प्रश्न 6. परोपकार के विभिन्न आयामों का वर्णन कीजिए।

अथवा

परोपकार के विभिन्न आयाम पर संक्षिप्त टिप्पणी कीजिए।

[जून-2019, प्र.सं.-5(f)]

उत्तर– परोपकार सभ्य समाज की एक अनिवार्य निश्चित और स्पष्ट विशेषता है। इसे धर्म का प्रमुख पक्ष माना जाता है। लेकिन यह केवल एक पक्ष नहीं है। अर्थशास्त्र और राजनीति के परोपकारी आयाम भी हैं और किसी भी मानविकी और सामाजिक विज्ञानों : इतिहास, साहित्य, नृविज्ञान आदि के दृष्टिकोण से भी पहुँचा जाता है। परोपकार को कार्यात्मक दृष्टिकोण से भी देखा जा सकता है जो यह बताता है कि कितनी धनराशि उगाहनी है, इसे किस प्रकार दिया जाता है और इसका प्रयोग कैसे किया जाता है। इसमें व्यावसायिक लोग और स्वयंसेवी सम्मिलित हैं।

परोपकार की एक परिचित भाषा यह है कि "कुल मिलाकर समाज में जीवन स्तर को बढ़ाने के लिए संस्थाओं और लोगों द्वारा तर्कसंगत बड़े पैमाने पर दान है जिसमें वर्तमान स्वैच्छिक अलाभकारी संगठनों के लिए अनुदान करने वाली गतिविधि शामिल होती है।" एक विशेष व्यापक परिभाषा में धर्मार्थ कार्यों के लिए दान अर्थात् कष्ट दूर करने के लिए दया के कार्य उन लोगों को सहायता प्रदान करना जो जीवन की साधारण दैनिक चुनौतियों को पूरा करने में भोजन की व्यवस्था करने में असमर्थ हैं। इस व्यापक परिभाषा में वे स्वैच्छिक सेवा और स्वैच्छिक संघ शामिल हैं जो यह बल देते हैं कि परोपकार भिक्षा देने से तथा अनुदान देने से कहीं अधिक है।

परोपकार दानशीलता की तरह स्वैच्छिक क्षेत्र के अंतर्गत आता है और इसे "सुख की परिस्थितियों में स्थापित लोगों" द्वारा शुरू किए गए सामाजिक कल्याण की प्राप्ति के लिए एक बहुत अनुकूल मार्ग समझा जाता है। दानशीलता और परोपकार शब्दों को अलग करना मुश्किल है क्योंकि दोनों ही सामाजिक सरोकार और अंत:करण का बोध सूचित करते हैं जिसे समाज में कम स्तर वाले लोगों, जैसे–गरीबों, बेसहारों, शोषितों और दुरुपयोगग्रस्त (abused), सामाजिक रूप से निष्कासित और पददलितों के लिए उच्च तथा मध्य वर्गों द्वारा महसूस किया जाता है।

एक व्यापक परोपकार आंदोलन 1980 के दशक और 1990 के दशक में पूरे विश्व में धनसंपदा में उछाल के कारण उत्पन्न हुआ। औद्योगिक घरानों, पारिवारिक व्यावसायिक समूहों और धनी लोगों की नई पीढ़ी–उद्यमियों और एक्जीक्यूटिवों ने अंत में दानशीलता तथा परोपकारी प्रयोजनों के लिए अपना धन देना शुरू कर दिया है।

इस प्रकार का 'दान' वर्तमान में दानशीलता अथवा स्वैच्छिक क्षेत्र, जैसे—धार्मिक संगठनों, गैर-सरकारी संगठनों और अलाभकारी संगठनों तक सीमित नहीं है।

व्यक्तिगत दानियों, सफल उद्यमियों और व्यावसायिक घरानों ने अपने प्रतिष्ठान स्थापित करने शुरू कर दिए हैं जिनके माध्यम से गैर-लाभ और सरकारों को दी जाने वाली निधियों का कार्य संभालते हैं। जिस प्रकार से निधियों और परोपकारी सेवाओं की देख-रेख की जाती है उनमें यह प्रतिमान परिवर्तन प्रदर्शित करता है। बड़े-बड़े प्रतिष्ठान, जैसे—रॉकफैलर फाउंडेशन, फोर्ड फाउंडेशन, बिल और मेलिंडा गेट्स फाउंडेशन, माइकल और सूसन डेल फाउंडेशन तथा अपनी अजीम प्रेमजी फाउंडेशन, इंफोसिस फाउंडेशन, सर रतन टाटा ट्रस्ट आदि ने स्थापित किए हैं और अधिकतर मामलों में गैर-सरकारी संगठनों तथा अलाभकारी संगठनों को निधि देने के अलावा इन प्रतिष्ठानों ने शिक्षा, स्वास्थ्य, आजीविकाओं आदि के क्षेत्र में सरकारों और विकसित एवं अल्प-विकसित देशों को निधि दान की है।

प्रश्न 7. परोपकार में तार्किक दृष्टिकोण की आवश्यकता की चर्चा कीजिए।

उत्तर— परोपकार को सबसे बड़ा धर्म माना गया है। परोपकारी की मूल समस्या उच्च जटिल समाजों में रहने वाली संपूर्ण जनसंख्या की भौतिक, सामाजिक और मनोवैज्ञानिक आवश्यकताओं को पूरा करने के लिए अपेक्षाकृत कुछ बेसहारा लोगों की भौतिक आवश्यकताओं पर ध्यान देने की समस्या से बदल गई है। अब सभी के लिए 'बेहतर', 'खुशहाल' अथवा 'स्वस्थ' विश्व पर जोर दिया जा रहा है तथा अब ध्यान तत्काल आवश्यकता (कमी) से बदलकर दीर्घकालिक नियोजन की ओर हो गया है। रोकथाम के प्रति यह प्रवृत्ति, जिसका विकास वैज्ञानिक ज्ञान की बुद्धि के कारण हुआ है, कुछ क्षेत्रों में दानशीलता की जरूरत को खत्म कर दिया है। इससे दान देने की प्रेरणा में बदलाव आया है।

एलीन रोस ने सही कहा है कि परोपकारी गतिविधि में सहभागिता अब व्यक्तिपरक अहस्तक्षेप समाजों की अत्यधिक विशेषता है जिसमें निजी स्वतंत्रता और राज्य द्वारा अहस्तक्षेप की विचारधारा साम्यवादी राजनीतिक व्यवस्थाओं की अपेक्षा अत्यधिक बनी रहती है। कुछ व्यक्तिपरक समाजों में यह इतनी महत्त्वपूर्ण भूमिका निभाती है कि इसकी संगठित एजेंसियाँ पूर्ण सामाजिक संरचना के साथ निकट रूप से मिल गई हैं। प्रत्येक वर्ष, असीम संख्या में परोपकारी प्रयोजनों के लिए बड़े पैमाने पर धन एकत्र किया जाता है तथा अत्यधिक संगठित धन उगाहकर धन एकत्र करने के कार्य में लोग बड़ी संख्या में हिस्सा लेते हैं। अतः इस प्रकार की गतिविधि कुछ आवश्यकताओं को पूरा करती है कि अनेक देशों में धर्मार्थ एजेंसियों के लिए अंशदानों (योगदानों) हेतु कर छूटों के रूप में सरकारी नीतियों में इसे शामिल किया गया है। यह व्यवहार का एक ऐसा स्वीकार्य रूप हो गया है कि कुछ लोग दान की माँगों से बचते हैं और अनेक संस्थाएँ अंशतया अथवा पूर्णतया इस पर आश्रित हैं। दूसरे ऐसे देश जिनमें समुदाय के अधिकारों से व्यक्ति के अधिकार श्रेष्ठ हैं, स्वैच्छिक परोपकार के लिए आवश्यकता कम है क्योंकि राज्य अपने लोगों की यदि आवश्यकताओं के लिए नहीं तो उनकी अधिकतर आवश्यकताओं का उत्तरदायित्व वहन करता है।

तथापि, पूरे इतिहास में परोपकार के अनेक आलोचक रहे हैं। सैद्धांतिक स्तर पर, मार्क्सवादियों ने तर्क प्रस्तुत किया है कि परोपकार, पूँजीवाद का एक अन्य पहलू है जो अमीरों के हितों को पूरा करता है। सी. राइट मिल्स (C. Wright Mills) जैसे समाज विज्ञानियों ने बताया है कि किस प्रकार परिवारों का एक छोटा समूह पूँजीवाद राष्ट्रों में धन पर नियंत्रण रखता है और परोपकारी सहायता के माध्यम से सामाजिक गतिशीलता सृजित करने की कोई भी धारणा केवल एक भ्रम हो सकती है। पश्चिमी समाजों में दौड़ जीतने और परोपकारी गतिविधियों में विकासशील राष्ट्रों में जाति और धर्म परोपकारी पहलों के नैतिक पक्षों पर प्रकाश डालते हैं।

इसके अतिरिक्त, परंपरागत दृष्टि के अनुसार, परोपकार का अर्थ है दूसरों की भलाई करना। कोई व्यक्ति जीविकोपार्जन के लिए विभिन्न उद्यम करते हुए यदि दूसरे व्यक्तियों और जीवधारियों की भलाई के लिए कुछ प्रयत्न करता है तो ऐसे प्रयत्न परोपकार की श्रेणी में आते हैं। निम्न आय समूहों द्वारा सद्कार्यों के लिए धन दान देने की बढ़ती प्रवृत्ति भी अब लगभग सभी समाजों में पाई जा रही है और व्यापक मानव सद्‌गुण के रूप में परोपकार को रूपांतरित करने के लिए प्रभावी ढंग से इसे प्रयोग में लाए जाने की जरूरत है जिसका उद्देश्य अत्यधिक बड़े पैमाने पर सामाजिक कल्याण का संवर्धन करना है। अंतिम विश्लेषण में एक सशक्त परोपकारी पहल के देखने के लिए उस नैतिक विचार पर टिके आधारों को प्राप्त करने की जरूरत होती है जिनके द्वारा परोपकारी गतिविधि एक समतावादी समाज का संवर्धन करने के व्यापक सिद्धांतों पर टिकी होती है जिसकी पहचान समता और न्याय है और यह वर्ग संरचनाओं अथवा मूलवंश या धर्म पर आधारित संकीर्ण सीमित उद्देश्यों पर कायम रहती है।

आधुनिक परोपकार दानियों, संग्राहकों और व्यवसाय विश्व (उद्योग जगत्) के साथ-साथ प्राप्तकर्त्ताओं के लिए अनेक और विविध प्रकार के कार्य करता है। वे अधिक स्पष्ट कार्य जो परोपकार ने सदियों के दौरान किए हैं, जैसे–गरीबों और जरूरतमंदों की स्थिति को सुधारना देखने में आसान है लेकिन इसके प्रभावों के सूक्ष्म पक्षों का कभी विश्लेषण किया गया है। इस प्रक्रिया के दौरान व्यावसायिक रूप से प्रशिक्षित प्रशासकों और निधि उगाहने वाली उन जटिल समस्याओं को संभालने के लिए उठ खड़े हुए हैं कि परोपकार का विस्तार हुआ है। अनेक व्यावसायिक संगठन व्यापक निधि उगाहने के अभियानों और प्रशिक्षण स्वयंसेवी प्रचारकों को दिशा-निर्देश देने के विशिष्ट उद्देश्य के साथ विकसित हुई है। इन लोगों को पहले व्यावसायिक भिखारियों के रूप में देखा जाता था लेकिन अब उनकी भूमिका को मान्यता मिली हुई है और उनकी एक स्वीकृत व्यावसायिक स्थिति है।

परोपकार की व्यवस्था और समन्वय ने दान देने की प्राचीन स्वाभाविकता को अत्यधिक समाप्त कर दिया है। उन्होंने लोगों की योग्यता का अधिक तर्कसंगत आकलन भी किया है ताकि राष्ट्रीय आवश्यकताओं एवं धन उगाहने, समुदाय के सर्वेक्षण करने की विभिन्न वैज्ञानिक विधियों को लागू किया जा सके। इस परोपकार ने नियोजन के क्षेत्र में प्रवेश किया है। इस प्रवृत्ति का अर्थ है कि समस्या के साथ निजी सहभागिता का बोध जो अतीत में था उसके कारण अनेक सही सुधार हुए जिससे कि धर्मार्थ बजट के लिए अवैयक्तिक दान हेतु मार्ग प्रशस्त किया जा सके।

परोपकार की जानकारी अनेक चुनौतियाँ प्रस्तुत करती है। सिद्धांतवादियों के लिए चुनौतियों को धर्मार्थ दान के लिए उद्देश्यों और समस्याओं को समझना आवश्यक होता है। नीति विश्लेषकों के लिए चुनौतियों को कीमत और आय लागत लाभ विश्लेषण के प्रभावों का मापन और उनकी पहचान करनी पड़ती है। प्रयोगों के लिए चुनौती को दान के लिए बाजार में नवीनताओं का पता लगाना पड़ता है। चूँकि सरकारें जन सेवाओं को प्रदान करने के लिए निजी संगठनों पर निर्भर होती हैं और चूँकि दानशीलता धन उगाहने और आवश्यक सेवाएँ प्रदान करने के लिए अत्यधिक आधुनिक होती हैं इसलिए दानशीलता के आपूर्तिकर्त्ताओं और माँगकर्त्ताओं के बीच संबंध को समझना, सामाजिक लागतों और परोपकारी संस्थाओं के लाभों का आकलन करने का एक अनिवार्य अंग बन जाएगा। जैसा कि जेम्स एंड्रियोनी ने बताया है इस प्रकार परोपकार का व्यवसायीकरण करने की ओर तेजी से बढ़ा जा रहा है।

प्रश्न 8. परोपकार के कार्यों में गैर-सरकारी संगठनों की भूमिका का उल्लेख कीजिए।

उत्तर– भारत के संविधान का अनुच्छेद 38 लोगों के कल्याण को बढ़ावा देने का निर्देश देता है ताकि "एक ऐसी सामाजिक व्यवस्था को प्राप्त करने तथा संवर्धन करने की कोशिश की जा सके जिसमें सामाजिक, आर्थिक और सामाजिक न्याय राष्ट्रीय जीवन" की संस्थाओं को अनुप्रणित करेंगे। इस प्रकार विकास गतिविधि का दायित्व राज्य पर आता है। विकास गतिविधि भौतिक, आर्थिक, बौद्धिक, नैतिक और सामाजिक दशाओं और सामूहिक प्रयास करने से संबंधित है। इसका लक्ष्य सर्वांगीण विकास करना है ताकि लोगों के जीवन के स्तर को सुधारा जा सके। सरकार से लोगों की सभी प्रकार की आवश्यकताएँ पूरी करने की आशा नहीं की जा सकती। खंड स्तर नियोजन संबंधी कार्यकारी समूह ने टिप्पणी की कि देश की सामाजिक और आर्थिक समस्याएँ इतनी व्यापक तथा विविध प्रकार की हैं कि सरकार का प्रशासनिक तंत्र उन पर अकेले नियंत्रण नहीं कर सकता है। यहाँ पर "सही समर्पित और सक्षम स्वैच्छिक संगठनों की जरूरत है जो सभी के लिए सामाजिक न्याय पर आधारित अपनी मुख्य कार्यनीति के रूप में सामाजिक क्रिया कर सके और परोपकारी कार्यों के लिए व्यापक कार्यक्षेत्र प्रदान कर सके।"

परोपकारी और प्रतिष्ठान, स्वैच्छिक संगठन अथवा गैर-सरकारी संगठन अपने सेवार्थियों (लाभार्थियों) के साथ मिलकर कार्य करते हैं। समस्या समाधान के लिए सामाजिक कार्य का दृष्टिकोण सेवार्थियों को प्राथमिकता प्रदान करता है। गैर-सरकारी संगठनों का यह सेवार्थी केंद्रित दृष्टिकोण गैर-सरकारी संगठनों की और समाज कार्य समाज कल्याण के सामान्य लक्ष्य को आगे ले जाने के लिए उन्हें एक साथ लाते हैं। इस प्रकार कार्यक्रमों में लोगों की सहभागिता को बढ़ाने के लिए, समाज कार्य की संस्थाओं और गैर-सरकारी संगठनों को साथ-साथ कार्य करने की जरूरत होती है।

स्वतंत्रता प्राप्ति काल के पश्चात् अनेक स्वैच्छिक संगठनों में महत्त्वपूर्ण वृद्धि हुई है तथा सामुदायिक विकास कार्यक्रमों की शुरुआत हुई। योजना आयोग ने सामाजिक कल्याण के क्षेत्र में अपने प्रथम पंचवर्षीय योजना प्रलेख में अपनी भूमिका की पहचान की ओर अवलोकन किया

कि राष्ट्रीय योजना जिसमें सार्वजनिक और निजी दोनों क्षेत्र शामिल हैं, तब तक वे अपूर्ण रह सकते हैं जब तक कि रचनात्मक कार्य में "संलग्न असंख्य स्वैच्छिक संगठन के उत्साहपूर्ण समर्थन (सहायता) का प्रयोग जन सहयोग के एक पहलू के रूप में कार्य नहीं किया जाता।" प्रत्येक निरंतर पंचवर्षीय योजना ने पिछड़े वर्गों के बीच कल्याणकारी गतिविधियों का विस्तार करने में एक महत्त्वपूर्ण भूमिका निभाई तथा लगातार बढ़ते हुए परिव्ययों के साथ इस क्षेत्र में विभिन्न कार्यक्रम शुरू करने के लिए वित्तीय सहायता प्रदान की। सातवीं योजना के अंतर्गत गरीबों की सहायता करने के लिए एक वैकल्पिक तंत्र के रूप में स्वैच्छिक एजेंसियों की पहचान की गई। स्व. प्रधानमंत्री श्रीमती इंदिरा गाँधी ने मुख्य सचिव अथवा विकास आयुक्त की अध्यक्षता में स्वैच्छिक एजेंसियों की भूमिका को बढ़ाने की जरूरत पर जोर दिया। कार्यान्वयन पर महत्त्वपूर्ण प्रतिपुष्टि और स्वैच्छिक एजेंसियों के कार्य को प्रभावित करने वाली समस्याओं को प्रस्तुत करने पर विचार किया गया। इसके अलावा उनके अपने अनुभवों के कारण भारतीय नीति निर्धारकों ने सरकार की सीमाओं और गैर-सरकारी संगठनों के तुलनात्मक लाभों को महसूस किया। उन्होंने यह जाना कि सरकार भ्रष्टाचार, लालफीताशाही और नौकरशाही द्वारा प्रस्तुत की जाने वाली बाधाओं के कारण, कल्याण और विकास गतिविधियों के माध्यम से लक्षित लाभार्थियों तक पहुँचने में असफल हो गई है। लेकिन गरीबों तक अपनी सफल पहुँच, स्थानीय समस्याओं की जानकारी, अपनी कम लागत की प्रौद्योगिकियों और अपनी सहभागी कार्यनीतियों के कारण गैर-सरकारी संगठन उन क्षेत्रों में बेहतर प्रभाव बना सके जहाँ उनसे बड़ा नौकरशाही तंत्र विफल हो गया था। तदनुसार भारत सरकार ने प्रायोजित विभिन्न कल्याणकारी और विकास कार्यक्रमों में गैर-सरकारी संगठनों की भागीदारी को बढ़ाना शुरू कर दिया। इसके अलावा विभिन्न सरकारी विभागों में सहायता अनुदान की व्यवस्था की गई है और विकास कार्यक्रमों के नियोजन, क्षमता निर्माण और कार्यान्वयन में उन्हें सम्मिलित करने के लिए आमंत्रित किया जाता है।

गैर-सरकारी संगठनों को जन सहभागिता प्राप्त करने के लिए कुछ अनिवार्य शर्तें पूरी करनी पड़ती हैं। पहले, उन्हें जन संगठन अथवा जन संरचना होना चाहिए तथा लोगों की सहभागिता अथवा सहायता प्राप्त करनी चाहिए। दूसरे, उन्हें स्थानीय नेतृत्व के निरंतर प्रयासों के माध्यम से आत्मनिर्भर बनने के लिए स्थानीय निचले स्तर के संगठनों के विकास में सहायता करनी चाहिए।

जबकि स्थानीय संसाधनों, स्थानीय प्रतिभाओं का प्रयोग करके और सबका सशक्तिकरण करके विकास को प्राप्त करना जरूरी है जो स्थानीय परंपरा में अच्छा है।

तीसरे, उन्हें परियोजनाओं को सीधे संचालित करने की कोशिश नहीं करनी चाहिए बल्कि इन्हें स्थानीय लोगों के माध्यम से संचालित करना चाहिए तथा लोगों का मार्गदर्शन केवल काडरों द्वारा ही किया जाना चाहिए। चौथे, गैर-सरकारी संगठनों को प्रेरणा और अवसर सृजित करने में सक्षम होना चाहिए। इसका अर्थ है कि उन्हें ऐसी स्थितियाँ पैदा करनी चाहिए जिनसे रोजगार का सृजन हो परंतु पराश्रित रोजगार न हो। पाँचवें, गैर-सरकारी संगठनों को राष्ट्रीय विकास नीतियों का अध्ययन करना चाहिए और इन नीति के आधार पर लोगों में सोचने की प्रवृत्ति प्रोत्साहित करनी चाहिए ताकि वे उनके लिए बनी योजनाओं और परियोजनाओं का लाभ उठा सकें। छठे, पूर्व शर्त के क्रम में सरकारों को आर्थिक और सामाजिक विकास के लिए एक अनिवार्य तीसरी शक्ति के

रूप में गैर-सरकारी संगठनों को मान्यता देनी चाहिए (सरकार और लोग दो अन्य शक्तियाँ हैं)। अंत में, गैर-सरकारी संगठनों अथवा स्वैच्छिक संगठनों को चाहिए कि वे प्रयासों और क्षति (नुकसान) के दोहरेपन से बचने की दृष्टि से अन्य स्वैच्छिक संगठनों के साथ लगातार संपर्क बनाए रखना चाहिए। गैर-सरकारी संगठनों के बीच उचित समन्वय के कारण अत्यधिक लाभ प्राप्त होंगे।

किसी समय स्वैच्छिक संगठनों में सेवा की भावना से भरे अवैतनिक सामाजिक कार्यकर्त्ता अपनी सेवाएँ प्रदान करते थे और उन्हें किसी विशेष शिक्षा अथवा प्रशिक्षण की आवश्यकता नहीं थी। परंतु समाज सेवाओं में व्यवसायविदों और प्रौद्योगिकीय प्रगति के संदर्भ में कार्मिकों की उपयुक्त शिक्षा और प्रशिक्षण पर जोर देता है जो विभिन्न प्रकार के सेवार्थियों को प्रदान की जाने वाली सेवाओं की गुणवत्ता (स्तर) पर ध्यान देते हैं।

अध्याय

परोपकार का इतिहास और प्रवृत्तियाँ (History and Trends in Philanthropy)

भूमिका

परोपकार का इतिहास सदियों पुराना है। भारत में प्राचीन काल से ही धर्म के नाम पर दान के रूप में परोपकार किया जाता रहा है। पश्चिमी देशों में भी यह ईसाई समुदायों, मुख्यतः अंग्रेजी भाषी देशों में व्यापक रूप से विकसित हुआ है। भारत में प्राचीन काल से गरीबों, जरूरतमंदों तथा निराश्रितों को दान देने की परंपरा रही है। जैसे-जैसे व्यवसायीकरण हुआ, भारत में परोपकार की प्रवृत्तियों में भी बदलाव आया। दान परोपकार में प्रवृत्त हो गया और अब बड़े-बड़े परोपकारी प्रतिष्ठानों ने बड़े पैमाने पर परोपकार करना शुरू कर दिया और कई सामाजिक संस्थाओं ने लोगों के जीवन में परिवर्तन करने का बीड़ा उठाया।

प्रश्न 1. धर्मार्थ कार्य की प्रारंभिक शुरुआत पर टिप्पणी कीजिए।

अथवा

चीन में परोपकार का इतिहास पर संक्षिप्त टिप्पणी कीजिए।

[दिसम्बर-2019, प्र.सं.-5(b)]

उत्तर– दान (charity) शब्द लैटिन के कैरीटस (caritas) शब्द से उत्पन्न हुआ है जिसका अर्थ 'प्रेम' (love) है। धार्मिक समूहों द्वारा अनेक शरणार्थियों की सहायता करना; अस्पतालों, अनाथालयों और वरिष्ठ नागरिकों के लिए वृद्धाश्रमों का संचालन करना; चिकित्सा सेवाएँ और परामर्श प्रदान करना। आपदा सहायता प्रदान करना और तीसरे विश्व के देशों में स्व-सहायता परियोजनाएँ शुरू करना है।

विश्व में परोपकार के इतिहास को लिखने में एलीन डी. रोस दानशीलता और धर्म के संबंध का उल्लेख करते हैं। प्राचीन समय में दानशीलता सामान्य तौर पर धार्मिक विश्वास द्वारा प्रेरित थी तथा इस प्रकार विभिन्न समाजों में इसके इतिहास को उनकी धार्मिक विचारधाराओं का अध्ययन करके थोड़ा समझा जा सकता है। तथापि, धार्मिक उत्साह व्यापक रूप से शक्तियों की जटिलता का परिणाम हैं। यहाँ तक कि परोपकार के आदर्श को धार्मिक कार्यकर्त्ताओं के माध्यम से अभिव्यक्त किया गया था फिर भी ऐसे अन्य मूल कारण थे जिन्होंने परोपकारी दान को प्रोत्साहित किया। परोपकार में सक्रिय भागीदारी अनेक युगों से गैर-ईसाई अथवा पूर्वी समाजों की अपेक्षा ईसाई अथवा पश्चिमी तथा रोमन कैथोलिक अथवा रूढ़िवादी धर्मों की अपेक्षा प्रोटेस्टेंट समाजों की अधिक विशेषता रही है।

पूर्व शिक्षित समाजों में, परिवार, कुल, जाति, जनजाति, वंश एक स्वाभाविक कर्त्तव्य के रूप में अपने ही लोगों की देखभाल करता था। धनवान और उच्च पदस्थ व्यक्तियों से निराश्रितों की देखभाल करने की अपेक्षा की जाती थी और कभी-कभी गाँव अपने सभी सदस्यों की देख-रेख करता था। लेकिन भिक्षादान प्रत्येक के कर्त्तव्य के अर्थ में अपने निकट के दायरे से बाहर के लोगों को देना जरूरी नहीं था। परंतु बड़े परिवार अथवा कुल से संबंध रखना उस व्यवस्था का हिस्सा था जो सामाजिक और आर्थिक सुरक्षा प्रदान करता था। अफ्रीका और एशिया में परिवार, कुल, नाता, जनजाति अथवा जाति के संबंधों की सतत् क्षमता पूर्व और पश्चिम में परोपकार के संगठन में मतभेद का एक प्रमुख कारण है। एक अन्य तथ्य यह है कि लगभग सभी राष्ट्रों ने अपने-अपने संविधानों में कुछ सामाजिक सुरक्षा की गारंटी के साथ अपनी स्वतंत्रता की शुरुआत की है।

परोपकार के चिंतन में कुछ वर्तमान प्रवृत्तियों को इतिहास के अतीत में खोजा जा सकता है। यह विचार कि दान स्वर्ग में प्रतिफल सुनिश्चित करेगा ईसाई युग से पहले भी अनेक शताब्दियों से पहले मिस्र में पाया गया तथा दान देना परिवार अथवा कुल तक ही सीमित नहीं था। प्राचीन रोम में इस विचार की शुरुआत हुई कि नागरिकता प्रत्येक व्यक्ति के लिए सहायता के अधिकार का आधार थी चाहे वह निरक्षित था अथवा नहीं। इसने सार्वभौमिकता के सिद्धांत का पूर्वाभास कराया। इस अर्थ में परोपकार का गरीबी के साथ बहुत कम संबंध था और यह दया से बहुत प्रेरित नहीं था और न ही इसे महत्त्वपूर्ण सद्गुण माना गया।

पूर्वी देशों में, धर्म वास्तव में दान को प्रोत्साहित करने की एक प्रमुख शक्ति रहा है। कुरान में अनेक आयतें दान देने के विश्वास का समर्थन करती हैं। इसे मूल कर्त्तव्य माना जाता है और बेसहारा और गरीब एक अधिकार के रूप में भिक्षा माँग सकते हैं। मुस्लिम भिक्षादान को एक अनिवार्य कार्य के रूप में देखते हैं। परंतु यह कार्य दान देने वाले की प्रतिष्ठा को बढ़ाता है।

(1) चीन में परोपकार का इतिहास–अत्यंत प्राचीन समय से चीन में विशेष रूप से कंफ्यूशियस और मेंशियस की शिक्षाओं के माध्यम से हितकारिता के सद्गुणों को मान्यता मिली हुई है। उन्होंने बताया कि राज्य का अस्तित्व मानव सुख को बढ़ाने के लिए है लेकिन न तो केंद्र ने और न ही स्थानीय प्राधिकारियों ने इस दिशा में कोई खास प्रयास किए हैं। अत: विशेष रूप से पिछले दो दशकों के दौरान अधिक निजी हितकारिता रही है परंतु चीन के इतिहासों में यह बहुत मुश्किल से दिखाई देता है जिनमें राजाओं और सम्राटों के कार्यों के इतिवृत्तों के रूप में मुख्य तौर पर लिखा गया है। अनाथों और परित्यक्त बालकों की देख-रेख की गई है और परित्याग की प्रथा (कार्य) को रोकने की कोशिशें समय-समय पर की गई हैं। अस्पतालों और भिक्षागृहों की स्थापना की गई है। चीनी गरीब कानून भी है जो कि लिखित रूप में है और जो प्रशंसनीय तो है लेकिन यह व्यावहारिक रूप से लगभग प्रचलन में नहीं है क्योंकि राज्य द्वारा कुछ भी धनराशि प्रदान नहीं की जाती। भूमिकर के अलावा, जिसके लाभ ईमानदार दंडनायक-गण के अधीन होते हैं, प्राय: उनकी आवश्यकता स्थानीय प्रशासन की लागत को पूरा करने के लिए पड़ती है। चीन के अधिकतर नगरों में लोगों द्वारा अधिकतर परोपकारी कार्य आरंभ और नियंत्रित किए गए परंतु ये सरकार के विरोध में नहीं किए गए और इन स्थानीय दानशीलताओं का संचालन शंघाई स्थित 'हॉल ऑफ वेनेवेलेंस' जैसी संस्थाओं द्वारा किया जाता है।

(2) परोपकार का यूनानी इतिहास–चाहे नैतिक सिद्धांतों की बात हो या व्यवहार की, यूनानियों का परोपकार के बारे में बहुत कम महत्त्वपूर्ण स्थान है। हमेशा यह माना गया कि समुदाय का बहुत-सा कठिन शारीरिक कार्य दासों द्वारा किया जाता था और उनकी मूल आवश्यकता को पूरा किया जाता था। यदि नागरिक पर कोई कष्ट आता था तो यूनानियों का मस्तिष्क धनी लोगों के बजाय नगर-राज्य की ओर मुड़ जाता था। वे नगर-राज्य को एक ऐसा साधन मानते थे जिससे उनका कष्ट दूर होना चाहिए। परोपकारियों के स्थान पर हम सोलोना और क्लेस्थींस जैसे विधायकों और राजनेताओं को पाते हैं जिनके सुधार गरीब नागरिकों का कल्याण करने और उन्हें उनके भार से मुक्त करने के लिए थे। वास्तव में हम एथेंस में अमीर नागरिकों के बारे में सुनते हैं कि वे अपने गरीब पड़ोसियों को दान देकर उनकी सहायता करते थे। यद्यपि अरस्तु ने अपनी 'पॉलिटिक्स' में हितकारिता के विदेशी उदाहरणों पर टिप्पणी की है जिसका अर्थ है कि यह साथी एथेंसवासियों में एक विशिष्ट गुण नहीं था। उसने जो इच्छा की थी वह कोई कुविचारित अथवा अनियमित दानशीलता नहीं थी।

(3) परोपकारिता का रोमन इतिहास–स्टाइक के साम्राज्य के अधीन सर्वोत्तम रोमन परोपकारिता की जड़ें देखी जा सकती हैं जो आदर्श रोमन चरित्र के बिल्कुल अनुकूल थीं। इसने पुरुषार्थ के महत्त्व की व्यापक मान्यता की ओर कुछ प्रमुख लोगों का ध्यान आकर्षित किया। मानव बंधुता की भावना को बढ़ाना परोपकारी भावना के विशेष विकास के परिणाम में था। कुछ तरह

के अस्पताल, संभवतया निजी चिकित्सालय प्रथम शताब्दी ई.पू. में दिखाई दिए और जनसंख्या वृद्धि को प्रोत्साहित करने की इच्छा से अनेक सम्राटों ने स्थायी निधियाँ (enlogoments) बनाईं जिसे एलीमेंटा के नाम से जाना गया जो गरीब अभिभावकों के कुछ चुने हुए बालकों की सहायता करने के लिए था। वे अपना प्रशासन स्थानीय नगरपालिकाओं को सौंप देते थे और दूसरों को भी ऐसा करने के लिए प्रोत्साहित करते थे।

(4) परोपकार का यहूदी इतिहास–गरीबों, विधवाओं और अनाथों के प्रति दयालुता का कार्य यहूदियों में लगातार ईश्वर को प्रसन्न करने का कार्य माना गया। लेकिन किसी वस्तु के प्रति निकटतम दृष्टिकोण जिसे परोपकार कहा जा सकता है, वह (प्राचीन पैगंबरों नबोथ के प्रति अहाब का एलीजा का निडर निंदा) गरीबों के उत्पीड़कों को उनकी भलाई के लिए कहा था। यहूदी भावना का विशेष योगदान (मुख्य रूप से पैगंबरों के माध्यम से) धर्म में एक महत्त्वपूर्ण तत्त्व के रूप में न्याय और प्रेम के व्यवहार पर आधारित था। जेहवा ने लोगों से "न्याय कार्य करने और प्रेम तथा दया करने एवं ईश्वर के साथ नम्रतापूर्वक चलने की अपेक्षा की थी।

निष्कासन के पश्चात्, साइनागोग के उदय के बाद संगठित दानशीलता की पद्धति का विकास हुआ जिसके लिए आज भी यहूदी धर्म महत्त्वपूर्ण है। यह कतई आश्चर्यजनक नहीं है कि ईसाइयों के हाथों उनके साथ व्यवहार हुआ है, केवल अपने लोगों के साथ यहूदियों का झुकाव उदारता की ओर है।

(5) परोपकार का ईसाई इतिहास–एक ऐसा प्रमुख परोपकारी आदर्श जिसे कुछ ईसाई अभी भी मानते हैं, वह ऐसी आस्था (विश्वास) है कि व्यक्ति की आय का दसवाँ भाग दानशीलता में जाना चाहिए। इस विचार को धर्मशुल्क कहा गया जिसे हिब्रू के दान के इतिहास में देखा जाता है जिसे एक धार्मिक कर्त्तव्य माना गया। धर्मशुल्क की व्यवस्था अनेक प्राचीन लोगों में बिल्कुल सामान्य थी और इसे प्रायः ईश्वर अथवा गरीबों को दिए जाने वाले उपहार की अपेक्षा सामान्य कर के रूप में एकत्र किया जाता था। इस प्रकार दानशीलता के लिए राज्य के कराधान की स्वीकृति एक ऐसा विचार था जो प्राचीन समाजों की धर्मार्थ आवश्यकताओं के लिए भी उपयुक्त था।

दान के संबंध में ईसा मसीह की शिक्षाओं ने पश्चिमी विश्व में वर्तमान युग तक परोपकारी दृष्टिकोणों को निर्धारित करने में बहुत प्रभाव डाला है, जिसे दानशीलता के प्रति प्राचीन धार्मिक दृष्टिकोणों में देखा जा सकता है। विशेषकर ईसा मसीह की शिक्षाएँ कि दानी की भावना उपहार (दान भेंट) के आकार से कहीं बड़ी होती है और लेने से अच्छा देना ज्यादा सही है। इस भावना ने अस्वार्थ (परोपकार) के और दान के सद्गुणों को एक निजी बलिदान माना।

(6) परोपकार का आधुनिक इतिहास–आधुनिक परोपकार जिसका आरंभ धर्म सुधार से शुरू हुआ, उसका उदाहरण उत्तर यूरोप और अमेरिका के देशों में मिलता है जहाँ पर धर्म सुधार की जड़ें सर्वाधिक गहरी हैं। जहाँ तक निराश्रितों (बेसहारों) की सहायता का संबंध है, इंग्लैंड में, मठों के भंग होने से समाज के पूरे संगठन को नष्ट कर दिया। एलिजाबेथीय निर्धन संबंधी कानूनों से निजी परोपकार की असफलता अभिव्यक्त हुई। कॉमनवेल्थ अवधि में अजीबो-गरीब मतों (संप्रदायों) के फैलने से सामाजिक पुनरुद्धार की योजनाएँ शामिल हो गईं, जैसे–इवरेड और विन्स्टेनले द्वारा प्रतिपादित डिगर्स योजना। लेकिन सबसे महत्त्वपूर्ण 17वीं शताब्दी के मध्य में क्वेकर्स (Quakers) का उदय था।

"प्रत्येक व्यक्ति में ईश्वर के प्रकाश" के उनके विश्वास ने उन्हें मानव बंधुता को एक नया अंतर्ज्ञान प्रदान किया और मानवों (मनुष्यों) में प्रेम और न्याय को शांत (विनम्र) प्रचारकों के रूप में प्रस्तुत किया।

17वीं सदी के अंत तक और 18वीं सदी के शुरुआती सालों में परोपकार ने एक नया अंतर देखा: वह धार्मिक और परोपकारी कार्यों को करने के लिए समाजों की शुरुआत थी जो मिल-जुलकर धन प्रदान करते थे। 18वीं शताब्दी से ही परोपकारी समाजों का निर्माण निरंतर सभी प्रकार के उद्देश्यों के साथ लगातार होता रहा, जैसे–धर्मग्रंथों का मुद्रण और वितरण, लोकप्रिय शिक्षा, कैदियों की देखभाल, सुधार गृहों और औद्योगिक शालाओं द्वारा अपराधों की रोकथाम, आत्मसंयम का समर्थन, अंतर्राष्ट्रीय शांति के सिद्धांतों का प्रचार-प्रसार तथा बालकों और पशुओं के प्रति क्रूरता की रोकथाम।

प्रश्न 2. दान का परोपकार में रूपांतरण किस प्रकार हुआ? टिप्पणी कीजिए।

अथवा

दान का परोपकार में रूपांतरण को समझाइए।

अथवा

दान और परोपकार के रूपांतरण को समझाइए। [जून-2019, प्र.सं.-4(a)]

उत्तर– युद्ध के दौरान परोपकार गतिविधि में एक अन्य प्रवृत्ति शामिल हुई जो कि प्रयास के समन्वय की गतिविधि थी। यह बढ़ता हुआ अनुभव था जबकि बहुत अधिक स्वैच्छिक कार्य का दोहरापन हो रहा था, लेकिन अनेक आवश्यकताओं की उपेक्षा हो रही थी। इस समन्वय ने समुदाय चेस्ट का रूप ले लिया जिन्होंने एक अनुरोध और संयुक्त अनुरोधों के अंतर्गत अनेक दानशीलताओं को जोड़ दिया था। वर्ष 1929 तक यह अनुमान लगाया गया कि अमेरिका में 331 समुदाय चेस्ट थे। इन चेस्टों ने अकेले उस एक वर्ष में 73 मिलियन डॉलर एकत्र कर लिए थे। इसके अलावा निगमों ने इस विस्तार का वित्त पोषण करने में महत्त्वपूर्ण भूमिका निभाई।

सर्वज्ञात और सबसे बड़ा एकमात्र अमेरिकी दान समुदाय चेस्ट अथवा संयुक्त निधि है। पूरे राष्ट्र में सैकड़ों शहर दानराशियों के लिए एक वार्षिक अभियान चलाते हैं और स्थानीय दानशीलताओं को धन वितरित करते हैं। पहली समुदाय चेस्ट 1887 में देनवर, कोलो (Denver, cola) में आयोजित की गई थी। यह विचार अन्य देशों तक फैल गया है जिसमें जापान और दक्षिण अफ्रीका भी सम्मिलित हैं। सामुदायिक कल्याण परिषदें स्थानीय आवश्यकताओं का मूल्यांकन करती हैं, सेवाओं के दोहरेपन को खत्म करती हैं तथा राजस्व के नए स्रोत विकसित करती हैं। चेस्ट का सदस्य बनने के लिए, स्थानीय चेस्टों को परिषद् के समक्ष अपने बजट प्रस्तुत करने पड़ते हैं और व्यक्तिगत प्रचारों (अभियानों) को संचालित न करने के लिए सहमति देनी संयुक्त निधि है। यह संगठन सभी स्थानीय, राष्ट्रीय और अंतर्राष्ट्रीय दानशीलताओं के लिए एक अभियान के अंतर्गत धन संग्रह करता है। सामुदायिक चेस्टों और संयुक्त निधियाँ जिनका प्रयोग इस प्रकार करोड़ों-अरबों डॉलर एकत्र (उगाहने) करने के लिए किया जाता है और जिन्हें सामान्य

तौर पर युवा सेवाओं और परिवार और बाल सेवाओं, स्वास्थ्य सेवाओं और चिकित्सा अनुसंधान के लिए किया जाता है।

निगमों के संपूर्ण परोपकारी दान भी तेजी से बढ़े हैं। ब्यूरो ऑफ इंटरनल रेवेन्यू का आकलन है कि 1936 में निगमों ने धर्मार्थ प्रयोजनों के लिए 30 मिलियन दान किए। 1951 में यह आँकड़ा $ 300 मिलियन से अधिक था। यद्यपि यह आँकड़ा बहुत बड़ा था, फिर भी परोपकार को दिए जाने वाले कुल दान के संबंध में कमी और दानी का प्रकार यह दर्शाता है कि अंशदान कुल वार्षिक प्राप्तियों का केवल 5 प्रतिशत था। शेष प्रतिष्ठानों (3%) से प्राप्त होने वाला दान, व्यक्तिगत उपहार (74%) और अन्य स्रोत (18%) हैं।

दान केवल निगम बजट से ही प्राप्त नहीं होते बल्कि ये कर्मचारियों से भी आते हैं। इस स्रोत को तब तक काम में लाया गया जब तक अभियानों की बढ़ती हुई संख्या ने प्रथम विश्वयुद्ध के दौरान धनराशि उगाहने वाली के बीच प्रतिस्पर्धा उत्पन्न की और अपने उद्देश्यों को प्राप्त करने के लिए आर्थिक सोपान के साथ उन्हें आगे बढ़ने के लिए मजबूर किया।

कर्मचारी एक सुव्यवस्थित समूह था जिससे अंशदान प्राप्त किया जा सकता था। इस आंदोलन को अनेक निगमों में प्रोत्साहित किया गया और 1950 तक उत्तरी अमेरिका में प्रमुख राष्ट्रीय तथा शहरव्यापी अभियानों के लिए बड़ी संख्या में वेतनपत्रकों से कटौतियों की अनुमति प्रदान की।

राज्य के क्षेत्राधिकार के अंतर्गत अनेक पूर्व दानों के केंद्रीकरण के समानांतर व्यावसायियों के नियंत्रण के अधीन निजी दान के केंद्रीकरण का उदय हुआ है। इस प्रकार व्यावसायिक संस्थाओं ने धार्मिक संस्थाओं का स्थान ले लिया है जिन पर प्रेरणा और नियंत्रण के लिए पूर्व दानशीलता आश्रित थी। इस परिवर्तन से परोपकार की विचारधारा में भी बदलाव आया है। दान की विचारधारा में यह विचार छिपा है कि दानी और प्राप्तकर्त्ता इस संसार में अथवा परलोक में इस उपहार (दान) से कुछ लाभ प्राप्त करेंगे। भारी पुरस्कार का निहितार्थ दान की आधुनिक विचारधारा में अभी भी मौजूद है लेकिन व्यक्तिगत पुरस्कार परलोक में प्राप्त होने के बारे में नहीं सोचा जाता है बल्कि इसमें त्याग से प्राप्त निजी संतुष्टि के भावात्मक रूप में और व्यक्ति द्वारा कर्त्तव्य करने में अथवा बेहतर चिकित्सा सेवाओं, बेहतर घरों, खेल के मैदानों आदि से प्राप्त प्रत्यक्ष अथवा अप्रत्यक्ष लाभ के रूप में अत्यधिक मूर्त पुरस्कार की अपेक्षा की जाती है।

प्रश्न 3. दान और परोपकार के बीच भेद करें। **[दिसम्बर-2019, प्र.सं.-4(a)]**

उत्तर– दान व्यक्तिगत सेवा के लिए प्रेरणा अभिव्यक्त करता है; यह अन्य लोगों को अनुकंपा और संबंध के ठोस और प्रत्यक्ष कार्यों में लगाता है। दान नकदी अथवा वस्तु के रूप में अंशदान (दान) करने से जुड़ा है जो उस व्यक्ति अथवा संगठन को दिया जाता है जिन्हें जरूरतमंद अथवा योग्य समझा जाता है। लेकिन दान अत्यधिक जटिल और अधिक उच्चाकांक्षी होता है। यह परोपकारी व्यक्ति और वित्त पोषित संगठन द्वारा किए जाने वाले परिभाषित लक्ष्य को पूरा करने के लिए वित्तीय तथा अन्य संसाधनों का प्रयोग करने का प्रयास है। इस प्रकार की व्याख्या के दो तरफा निहितार्थ हैं। पहला जबकि दान करने वाला व्यक्ति नकदी अथवा चैक भेजने से स्वयं को रोकता है परंतु अपने लक्ष्यों को आगे बढ़ाने वाला परोपकारी इस प्रयास में भागीदार

बन जाता है तथा दीर्घ अवधि में जुड़ जाता है। एक भागीदार के रूप में, वह विचारों और विशेषज्ञता की खोज करता है तथा कई बार वह अतिरिक्त निधि को भी खोजता है। श्रेणी और प्रभाव के संबंध में कार्यक्रम अथवा संगठन को सुधारेगी। दूसरे चूँकि निर्धारित लक्ष्यों को आगे बढ़ाने के लिए परोपकारी अनुदान करता है, इसलिए वह प्रभाव का मापन करने (जिसे व्यावसायिक शब्दों में निवेश पर लाभ कहा जाता है) और उन तरीकों का पता लगाने के लिए जिनमें प्रायोजित प्रयास में सुधार किया जा सकता है, उनके लिए जवाब देही और मूल्यांकन पर जोर देता है।

दान की तुलना में, परोपकार व्यापक परिप्रेक्ष्य को निरूपित करता है जो विशेषकर दानशील क्रियाकलापों के माध्यम से मानवता के भौतिक, सामाजिक और आध्यात्मिक कल्याण को सुधारने की इच्छा के रूप में परिभाषित किया गया है। परोपकार अपने क्षेत्र में "बड़ा" है तथा इसका उद्देश्य जरूरतमंद लोगों की सहायता करने के बजाय सामाजिक कल्याण है जो दीर्घकालिक और तात्कालिक कार्य सुझाता है और इसे दानशीलता कहा जाता है। *परोपकार* मूल रूप से सार्वजनिक कल्याण के लिए निजी पूँजी का निवेश है। इसे उच्च स्तर तक ले जाना दूसरे महत्त्वपूर्ण दान का विचार जैसा कि आधुनिक परोपकारी संगठनों और कॉर्पोरेट परोपकारियों द्वारा संचालित है, न केवल यह व्यापक दान को व्यक्त करता है, बल्कि यह निचले स्तर से समस्याओं का समाधान करने पर भी जोर देता है। सामारिक परोपकार निवेश के आकार की अपेक्षा अधिक परिवर्तन लाने के लिए अवसरों को पहचानने का काम करता है। छोटी धनराशियाँ बड़ा प्रभाव करना शुरू करती हैं। प्राय: ये निवेश स्वाभाविक रूप से दीर्घकालिक होते हैं और उच्चतर संभावित लाभों के लिए उच्च जोखिम प्रस्तुत हो जाता है। ये प्राय: बदलती हुई प्रणालियों पर केंद्रित होते हैं और सार्वजनिक नीति पर नियमित रूप से प्रभाव डालते हैं।

प्रश्न 4. परोपकारी प्रतिष्ठानों के उदय पर चर्चा कीजिए।

अथवा

परोपकारी नींव के उद्भव पर चर्चा कीजिए। **[जून-2019, प्र.सं.-3(a)]**

उत्तर– मध्यकाल के दौरान यूरोप में अधिकतर धर्मार्थ कार्य चर्च द्वारा ही संपन्न किया जाता था। लेकिन 16वीं शताब्दी के प्रोटेस्टेंट सुधार के बाद और राष्ट्रवादी आंदोलनों के उदय से दान के अनेक स्रोतों को कम कर दिया गया। निजी परोपकार ने धीरे-धीरे चर्च का स्थान ले लिया। इंग्लैंड में सम्राट या साम्राज्ञी ही यह भूमिका निभाते थे। सभी निजी न्यासों को निजी संविदाएँ माना गया जिसके लिए एक तृतीय पक्ष के रूप में क्राउन सभी संभावित लाभार्थियों का रक्षक होने के लिए बाध्य था।

17वीं शताब्दी से 19वीं शताब्दी तक अधिकतर न्यास और प्रतिष्ठान छोटे-छोटे विषय थे। पूरे विश्व में ऐसे धर्मार्थ संगठन लगभग दस हजार ही हैं। उनमें से प्रत्येक को उस देश के कानूनी ढाँचे के अंतर्गत कार्य करना जरूरी होता है जिनमें वे स्थापित होते हैं, अत: प्रतिष्ठानों की उस परिभाषा को देना कठिन होता है जो सभी पर लागू होती है। सामान्य शब्दों में एक प्रतिष्ठान एक निजी गैर-लाभकारी संघ होता है जो विविध प्रकार के बड़े धर्मार्थ कार्यों को सहायता प्रदान करने

के लिए न्यास में बड़ी धनराशि की देख-रेख करता है। प्रतिष्ठानों का प्रबंधन न्यासियों और निदेशक मंडलों द्वारा किया जाता है और वे अपना धन दान देने के लिए अपनी प्राथमिकताएँ निर्धारित करते हैं। परोपकारी प्रतिष्ठान वे दानराशियाँ इस्तेमाल करते हैं जो जन उद्देश्यों के कार्य के लिए दी जाती हैं। प्रतिष्ठान विशेष रूप से सिद्धांत में बने रहने के लिए स्थापित किए जाते हैं जो निरंतर जन उद्देश्यों पर अपनी वार्षिक आय का कुछ भाग खर्च करते हैं जबकि शेष को अपनी दानराशि की परिसंपत्ति को बचाने और बढ़ने के लिए रख लिया जाता है। ऐतिहासिक तौर पर प्रतिष्ठान यहूदी-ईसाई परंपरा में धार्मिक दान से बहुत निकटता से जुड़ा था लेकिन इसी प्रकार की अवधारणाएँ अन्य धार्मिक परंपराओं में भी पाई जाती हैं, जैसे–इस्लाम में अल वाकिफ। अन्य अनेक निजी सेवा के धर्मार्थों में दानराशियाँ वर्ष 1800 से 1850 में सृजित की गई थीं। आज के बड़े प्रतिष्ठानों की स्थापना 19वीं शताब्दी में शुरू हो गई थी। बहुत बड़े पैमानों पर धनराशि एंड्रयू कार्नेगी, रॉक फैलर और हेनरी फोर्ड जैसे अमेरिकी उद्योगपतियों द्वारा संचित की गई थी जो उन विशाल न्यास की निधियों का आधार थे जिनसे सबसे बड़े प्रतिष्ठानों की धन संपत्ति बन सकी। धन और आकार के संबंध में, संयुक्त राज्य स्थित संस्थान इसे अपने निर्माण में विश्व का अग्रणी बनाते हैं।

लगभग 1940 से परोपकार अत्यधिक लोकतांत्रिक हो गया है। प्रतिष्ठानों की संख्या तेजी से बढ़ती जा रही है। औद्योगिक निगमों और व्यक्तिगत वेतन अर्जकों ने हर साल दान के लिए हजारों-लाखों डॉलर योगदान करना शुरू कर दिया। धन की व्यवस्था व्यवस्थित संग्रह और वितरक एजेंसियों के माध्यम से की जाती है। इनके प्रमुख स्थानीय समुदाय की तिजोरियाँ होती हैं। अमेरिकन रेड क्रॉस और साल्वेशन आर्मी सबसे बड़ी राष्ट्रीय दानशीलता संगठनों में से दो संगठन हैं। संयुक्त राज्य में दान का स्वरूप और अंशदान (चंदे) का स्रोत बदल रहा है।

लेकिन बीसवीं शताब्दी के दौरान प्रतिष्ठान की अधिकतर गतिविधि परोपकार की अवधारणा से जुड़ी हुई है। शाब्दिक तौर पर "मानवता का प्रेम" परोपकार सामाजिक बुराइयों के कारणों अथवा समस्याओं की जाँच करने और उन्हें दूर करने के लिए संसाधनों के प्रयोग के रूप में परिभाषित किया जा सकता है। यद्यपि अनेक धर्मार्थ न्यास पूर्व अमेरिकी इतिहास में विभिन्न उद्देश्यों के लिए विद्यमान थे और बेंजामिन फ्रैंकलिन, जेम्स स्मिथसन और जॉर्ज पीबॉडी के प्रतिष्ठान अत्यंत महत्त्वपूर्ण थे। फिर भी संयुक्त राज्य प्रतिष्ठान का क्षेत्र और इसके साथ परोपकार की अवधारणा का उदय विशेष रूप से बीसवीं शताब्दी के आरंभ के आस-पास स्थित है।

1880 के दशक में "वेल्थ" (wealth) शीर्षक से प्रकाशित लेखों की प्रभावशाली श्रृंखला में उद्योगपति एंड्रयू कार्नेगी ने अमीरों पर एक दायित्व के पक्ष में तर्क देना शुरू कर दिया कि वे अत्यधिक धन संपदा जन उद्देश्यों के लिए दें और गरीबों को अवसर प्रदान करने में सहायता करें। बाद के दशकों में सहायता और सुधार प्रदान करने पर धर्मार्थ न्यासों के परंपरागत बल सामाजिक समस्याओं के प्रभावों की बजाय उनके कारणों का विश्लेषण करने और उन्हें दूर करने की ओर धीरे-धीरे नए रुझान ने स्थान ले लिया था। सामाजिक बुराइयों के मूल कारणों को दूर करने के लिए उभरते हुए विज्ञानों के प्रयोग ने आरंभिक बीसवीं शताब्दी के प्रतिष्ठानों की महत्त्वाकांक्षी और कार्यों को निर्धारित किया जो संयुक्त राज्य में प्रारंभिक (प्राचीन) प्रतिष्ठान की गतिविधियों से अलग थे जिसे इतिहासकार बेरी कार्ल और स्टेन काट्ज ने *आधुनिक परोपकारी प्रतिष्ठान* कहा है।

इन नए प्रतिष्ठानों में से सर्वाधिक प्राचीन प्रतिष्ठान में रसेल सेज फाउंडेशन कार्नेगी कॉर्पोरेशन और रॉक फैलर फाउंडेशन सम्मिलित थे जिन्होंने प्रतिष्ठान के विचार को लोकप्रिय बनाया और एक ऐसी रूपरेखा प्रदान की कि अन्य धनी दानियों ने इसे 1920 के दशक और 1930 के दशक में अपनाना आरंभ कर दिया। उच्च सीमांत कर की दरें जो द्वितीय विश्वयुद्ध के दौरान सृजित हुए थे और जो युद्ध के बाद भी जारी रहे, वे कर विनियम (tax regulation) के साथ 1940 के दशक और 1950 के दशक में प्रतिष्ठानों की वृद्धि को और आगे बढ़ाया।

संयुक्त राज्य में निजी परोपकार द्वारा गरीबों को सीधी सहायता देना जारी रहा। लेकिन वे नए क्षेत्रों में भी बढ़ते रहे। इनमें चिकित्सा अनुसंधान, प्रतिभाशाली युवाओं को फैलोशिप (छात्रवृत्ति), विकलांगों को पुनर्वास, युवा कल्याण, मनोचिकित्सीय देखभाल और गृह परामर्श सम्मिलित हैं।

परोपकार जो किसी समय केवल व्यक्ति के अपने नृजातीय समुदायों और तात्कालिक समाजों तक सीमित था, अब परा-राष्ट्रीय हो गया है। अपने देश से बाहर, मानवता के लाभ के लिए व्यक्तियों अथवा समाजों द्वारा परोपकारी कार्य नई सहस्राब्दी में अत्यंत महत्त्वपूर्ण हो गया है। महान धर्म प्रचारक उद्यमियों को यहाँ पर विचार करना चाहिए। यदि अतीत की बात की जाए तो दासता विरोधी आंदोलनों में से एक था। इस मामले में परोपकारियों का कार्य कानून में जरूरी परिवर्तन कराने और जहाँ तक संभव हो कमजोर लोगों को न्याय दिलाने तथा उनके साथ उचित व्यवहार के लिए सरकार पर निरंतर दबाव डालना रहा है। क्लिंटन फाउंडेशन, मंडेला और बिल गेट्स फाउंडेशन तथा रोटरी इंटरनेशनल विकासशील और तीसरी दुनिया के देशों में परा-राष्ट्रीय व्यापक क्रियाकलापों के केवल कुछ अन्य उदाहरण हैं। संबंधित राष्ट्र-राज्यों के सहयोग से, ये प्रतिष्ठान लाखों-करोड़ों गरीबों के स्वास्थ्य को सुधारने की कोशिश कर रहे हैं जिनको किसी भी प्रकार से स्वास्थ्य देखभाल उपलब्ध नहीं है। ऐसे अन्य दर्जनों प्रतिष्ठान हैं जिन्होंने शिक्षा, आजीविकाओं, आश्रय (shelter) और सामाजिक सुरक्षा के क्षेत्रों में लक्षित योगदान किया है जिनमें खाद्य सुरक्षा का क्षेत्र भी शामिल है।

प्रश्न 5. भारत में परोपकार के इतिहास का वर्णन कीजिए।

अथवा

भारत में परोपकार के इतिहास पर संक्षिप्त विवरण दीजिए।

[दिसम्बर-2019, प्र.सं.-1]

उत्तर– भारतीय संस्कृति में परोपकार को सबसे ऊँचा स्थान दिया गया है। दान मुख्य रूप से धार्मिक संगठनों, जैसे–मंदिरों, मस्जिदों और गिरजाघरों द्वारा संचालित होता है। लेकिन आधुनिक समय में परोपकार का विस्तार कॉर्पोरेट की भागीदारी और देश के विकास के लिए काम कर रहे गैर-लाभकारी संगठनों के उदय तक हो गया है।

(1) स्वतंत्रता पूर्व भारत में परोपकार–प्राचीन काल से ही भारतीय परोपकार धर्म के साथ बड़ी मजबूती से जुड़ा हुआ है। हिंदू धर्म में दान और दक्षिणा (गुरु अथवा पुरोहित को दिया जाने वाला दान) तथा बौद्ध धर्म में भिक्षा संन्यासी जैसी अवधारणाएँ परोपकार की विचारधारा में निहित हैं। भारत में परोपकार स्वेच्छता में विकसित हुआ है। व्यक्तिगत स्वेच्छा कार्य की भारत में प्रबल संभावना थी क्योंकि अधिकतर स्वयंसेवक धार्मिक संगठनों में कार्य कर रहे थे।

विभिन्न सामाजिक-धार्मिक संप्रदाय और पंथ समाज के सामाजिक तथा विकास की माँगों के प्रति जवाबदेह रहे हैं। सत्य साई ट्रस्ट स्वामीनारायण आंदोलन, चिन्मय और रामकृष्ण मिशन तथा राधास्वामी सत्संग जैसी सभी संस्थाएँ हिंदू द्वारा दी जाने वाली दानशीलता पर निर्भर करती हैं। इन संगठनों ने अपनी सेवाओं के क्षेत्रों को धर्मपरक क्रियाकलापों से अन्य क्षेत्रों तक बढ़ा लिया है, जैसे–ग्राम विकास, पर्यावरण आय सृजन और महिला सशक्तिकरण। इसी प्रकार इस्लाम *सदका* (स्वैच्छिक दान) और *जकात* (अनिवार्य दान) के रूप में दान देने के लिए अपने अनुयायियों को निर्देश देता है। *जकात* वार्षिक बचत, कृषि उपज अथवा अन्य उत्पादों से आय का 2.5%, 5% और 10% दान करता है जो देने वाले व्यक्ति अथवा आय की प्रक्रिया की कुछ शर्तों पर निर्भर करता है। यह बाकी धन की शुद्धि के लिए जरूरी है और इसे *रमजान* (रोजा–fasting) के महीने विद्यालयों और कॉलेजों के माध्यम से साक्षरता और शिक्षा स्वास्थ्य देखभाल और वृद्धाश्रम तथा बेसहारा लोगों के हितों को सहारा देना शामिल है। ये धार्मिक संस्थाएँ ग्राम विकास, आजीविकाओं और विशेष स्वास्थ्य देखभाल के क्षेत्रों में कार्य करने की अत्यधिक शुरुआत कर रही हैं। मुस्लिम संस्थाएँ और वक्फ बोर्ड भी समाज कल्याण और विकास कार्य कर रहे हैं और मुस्लिम विद्यार्थियों को शिक्षा देने के लिए *मदरसे* (धार्मिक विद्यालय) भी चलाते हैं।

ईसाई धर्म प्रचारक भी भारत में लगभग दो शताब्दियों से सक्रिय है और शिक्षा, स्वास्थ्य वितरण के क्षेत्रों और दूर-दराज के क्षेत्रों में पिछड़े समूहों के विकास में अत्यधिक योगदान किया है। मदर टेरेसा और मिशनरीज ऑफ चैरिटी इसका जीता-जागता उदाहरण है।

(2) आधुनिक भारत में परोपकार–स्वातंत्र्योत्तर आधुनिक भारत में परोपकार को समझने के लिए व्यक्ति को परंपरागत परोपकारी पहलों का आधुनिक अलाभकारी संगठनों के उदय में संक्रमण को समझने की जरूरत है। शुरुआती 20वीं सदी का गाँधी का स्वेच्छावाद गाँधी के इस विश्वास से उत्पन्न हुआ कि भारत का विकास उसके गाँवों के विकास में निहित है। उन्होंने लोगों को प्रोत्साहित करते हुए चरखा, खादी और ग्रामोद्योगों का प्रयोग करके गाँवों को आत्मनिर्भर बनाने के लिए एक रचनात्मक कार्यक्रम शुरू किया।

गाँधीजी का स्वेच्छावाद परंपरागत भारतीय समाज में अपनाए गए स्वेच्छावाद से पूर्णतया भिन्न था। इसने सशक्तिकरण और समाज के रूपांतरण पर बल दिया और एक राजनीतिक संतोष प्राप्त किया। फिर भी, स्वैच्छिक पहलों में आधुनिक रूप से वर्गीकरण करने की कोई संगठनात्मक विशेषता नहीं थी।

देश को स्वतंत्रता प्राप्त हो जाने के बाद गाँधीवादी स्वैच्छिक संगठनों ने अपने नेताओं के समर्थन के कारण, पर्याप्त प्रमुखता प्राप्त कर ली थी। ये स्वैच्छिक संगठन विकास गतिविधियों को कार्यान्वित करने के लिए सरकारी अधिकारियों के प्रशिक्षण में संलग्न थे। अन्य संगठनों ने अकाल और बाढ़ के समय में सहायता प्रदान करने में कल्याणकारी दृष्टिकोण अपनाया। सरकार ने स्वैच्छिक एजेंसियों को प्रोत्साहित करने के लिए इस अवधि के दौरान कुछ पहल की। तब यह दृष्टिकोण अपनाया गया कि समाज कार्य स्वैच्छिक संगठनों का क्षेत्र होना चाहिए जबकि राज्य को केवल तकनीकी और वित्तीय सहायता प्रदान करनी चाहिए। इसके लिए केंद्रीय समाज कल्याण बोर्ड (सी.एस.डब्ल्यू.बी.) ने स्वैच्छिक क्षेत्र का वित्त पोषण करने के लिए निधि की व्यवस्था की।

60 और 70 के दशक में, अन्य स्वैच्छिक संगठन भी सृजित हुए जिनमें अंतर्राष्ट्रीय स्वैच्छिक समूहों द्वारा निर्मित भारतीय संगठन मध्य वर्ग व्यावसायिकों द्वारा संगठन, गैर-दलीय कार्य समूह, समुदाय आधारित संगठन, संयुक्त परोपकार संगठन और सरकार द्वारा निर्मित स्वैच्छिक संगठन शामिल थे। इस प्रकार के संगठन मौजूदा मध्य वर्ग की मनोदशाओं, गरीबों के लिए दया, कर प्रोत्साहन और उपयुक्त प्रौद्योगिकी को विकसित करने की आवश्यकता के कारण उत्पन्न हुए। बार-बार होने वाले अकालों और बाढ़ तथा 1971 के युद्ध के कारण इस अवधि के दौरान कल्याण की जरूरत पैदा हुई।

1980 के दशक और 90 के दशक में, स्वैच्छिक संगठनों ने दानियों और गरीबों के बीच मध्यस्थों (बिचौलियों) का कार्य किया, सशक्तिकरण पर कार्य किया और राज्य से अधिक अधिकारों का अभियान चलाने के लिए समुदाय आधारित संगठनों को निर्मित करने में सहायता की तथा प्रशिक्षण और परामर्शी सेवाएँ प्रदान करने में मदद की। पिछले कुछ सालों में भारत ने अपने अंदर और बाहर स्वेच्छावाद की एक लहर देखी है। भारत में अनेक संगठन अल्पकालीन कार्यों के लिए अंतर्राष्ट्रीय स्वयंसेवक स्वीकार करते हैं। कॉर्पोरेट स्वेच्छावाद भी बढ़ रहा है। जनरल इलेक्ट्रिक द्वारा प्रवर्तित जी.ई. एलफन आंदोलन स्वेच्छावाद, नेतृत्व और मैत्री के माध्यम से स्थानीय समुदायों का सुधार करने के लिए प्रतिबद्ध है। इंडिया मूवमेंट के 1800 से अधिक सदस्य हैं और 1989 में इसकी शुरुआत से ही इसकी पाँच शाखाएँ हो गई हैं।

औद्योगीकरण के शुरुआती दिनों में, परोपकार संगठनों और धनी परिवारों द्वारा की जाने वाली व्यक्तिगत पहलों तक ही सीमित था। स्वतंत्रता आंदोलन के दौरान अनेक विचारकों ने अपना वित्तीय समर्थन स्वतंत्रता संघर्ष के नेताओं को प्रदान किया। जी.डी. बिरला का आंदोलन में वित्तीय योगदान और हरिजनों के उत्थान के लिए तिलक निधि में आर्देशिर गोदरेज का उदार योगदान इनमें से उल्लेखनीय था। टाटा और मुरूगप्पा अस्पतालों और विद्यालय धर्मार्थ योगदान में अग्रणी थे। इस समय कुल मिलाकर टाटा सन्स हर साल अपने निवल लाभ का 8 से 14 प्रतिशत के बीच विभिन्न टाटा ट्रस्टों के माध्यम से परोपकारी गतिविधियों के लिए योगदान करता है।

चूँकि परोपकार को मानव जाति और ईश्वर के प्रति पवित्र सेवा माना गया, इसलिए अनेक प्रभावशाली परिवारों की महिलाओं को शामिल करने के लिए प्रोत्साहित किया गया। अकामकाजी परिवार की सदस्यों, विशेष रूप से महिलाओं ने परोपकारी गतिविधियों में मुख्य निर्णयों में सक्रिय भूमिका निभाई जबकि परिवार के प्रमुख सदस्यों ने आर्थिक धन-संपत्ति के सृजन को प्रोत्साहित किया, अन्य लोगों ने सुविधावंचितों के भाग्य को सुधारने के लिए विभिन्न परोपकारी पहल शुरू करके परिवार से अपेक्षित न्यासिता का ध्यान रखा। भारतीय दर्शन की दृष्टि में विश्वास किया जाता है कि मानव जाति ईश्वर का आशीर्वाद लाती है और इसलिए व्यावसायिक परिवारों ने सीधे अपनी परोपकारी गतिविधियों का पर्यवेक्षण करने का कार्य चुना। अतः अधिकारियों और सहायकों के माध्यम से व्यावसायिक संगठनों से सहायता आई जिन्होंने इन भावनाओं को समझा।

भारतीय कॉर्पोरेट परिदृश्य में, विभिन्न व्यावसायिक समुदाय, जैसे—पारसी, मारवाड़ी, खतरी, रेड्डी और चेट्टियार परोपकारी गतिविधियों में सबसे आगे थे। संस्थागत परोपकार को भी भारत

में औद्योगिक क्रांति से प्रेरणा मिली क्योंकि कॉर्पोरेट कल्याणकारी और विकास कार्य की ओर मुड़ना शुरू हो गया। जमशेदजी टाटा को आधुनिक भारतीय परोपकार का जनक समझा जाता है। जे.एन. टाटा दान योजना 1892 में आरंभ की गई जो संयुक्त राज्य में स्थापित पहले प्रमुख प्रतिष्ठान से भी पहले की थी। उसका (टाटा) सबसे बड़ा योगदान इंडियन इंस्टीट्यूट की स्थापना था।

इसके अलावा जे.आर.डी. टाटा उन सबसे पहले कुछ लोगों में से एक थे जिन्होंने अनियंत्रित जनसंख्या के खतरों के बारे में देश को सावधान कर दिया था और एस.पी. गोदरेज, डॉ. भरत राम और अन्य लोग जनसंख्या नियंत्रण के अभियान में शामिल हो गए। उन्होंने अनुसंधान के लिए और परिवार नियोजन कार्यकलापों के लिए दिल्ली में परिवार नियोजन प्रतिष्ठान की मिल-जुल कर स्थापना की। अनुमान है कि वर्ष 2000 के दौरान भारत में कॉर्पोरेटर दान लगभग 200 रुपए मिलियन था। भारत में संचालित अभियान इस तथ्य को मान्यता दे रहे हैं कि उनके व्यापार के बढ़ने का सबसे अच्छा तरीका राष्ट्र के विकास उद्देश्यों के साथ स्वयं को जोड़ना है। ये उद्देश्य जरूरतमंद व्यक्तियों को दान देने की मौजूदा प्रथा से भी आगे निकल गए हैं जो अपनी जाति, समुदाय अथवा धर्म से संबंध रखते हैं।

अजीम प्रेमजी फाउंडेशन और इंफोसिस जैसे आधुनिक कॉर्पोरेट प्रतिष्ठान विभिन्न राज्यों में शिक्षा पहलों का समर्थन करते हैं। अन्य औद्योगिक घराने, जैसे–बजाज, बिरला, रेड्डी लेबोरेट्रीज आदि, जी.एम.आर. इंडस्ट्रीज ने भी विकास पहलों के समूह का समर्थन करना शुरू कर दिया है।

प्रश्न 6. भारतीय परोपकार के बदलते स्वरूप का वर्णन कीजिए।

उत्तर– भारत में प्राचीन काल से ही परोपकार की परंपरा रही है। प्राचीन समय राजा अपने साम्राज्यों के लिए विशेष अवसरों, जैसे–त्यौहारों और अन्य सामाजिक समारोहों अर्थात् विवाह, जन्मदिन आदि पर गरीबों और जरूरतमंद लोगों की सहायता के लिए पर्याप्त धन दान करते थे। वे अपने साम्राज्य की सीमा पर रह रहे साधु-संतों को भूमि और धन दान देते थे। हजारों वर्षों के बाद जबकि परोपकार भारतीयों का कार्य रहा है फिर भी दानी के रूप में पर्याप्त परिवर्तन हुआ है। दानियों के रूप में राजाओं का स्थान उच्च और मध्य वर्गों से संबंधित सामान्य व्यक्तियों ने ले लिया है। तथापि, जब अमेरिका जैसे विकसित समाजों से तुलना की जाए तो सामाजिक कार्यों के लिए दान पीछे चला गया है।

व्यक्तिगत और कॉर्पोरेट दान भारत में धर्मार्थ दान का केवल 10 प्रतिशत है। परोपकार की शेष राशि संगठनों और सरकार से आती है। वास्तव में, लगभग 65 प्रतिशत राशि भारत की केंद्रीय और राज्य सरकारों द्वारा दान की जाती है तथा इसमें आपदा सहायता पर जोर दिया जाता है। यदि तुलना की जाए तो परोपकार का लगभग तीन-चौथाई भाग अमेरिका में व्यक्तियों द्वारा दिया जाता है। यह परंपरा अमेरिका के इतिहास और व्यक्तिवाद की संस्कृति को प्रदर्शित करती है तथा साथ ही सहायक कर संरचना का पता चलता है। व्यक्ति द्वारा दिए जाने वाले धर्मार्थ दान की यह ऊँची दर कई सालों तक अत्यंत तर्कसंगत रही है।

अर्पण सेठ का विश्लेषण है कि जब हम भारत में परिवार की आय के प्रतिशत (भाग) के रूप में दान का अवलोकन करते हैं तो धनी व्यक्तियों द्वारा धन वास्तव में नीचे की ओर जाता

है। सर्वाधिक धनी अथवा उच्च वर्ग की परिवार की आय का 1.6 प्रतिशत पर दान का निम्नतम स्तर है। उच्च वर्ग जो आय और शिक्षा मापनी पर उच्च वर्ग से एक स्तर नीचे है, दानशीलता के लिए 2.1 दान देता है। यहाँ तक कि मध्य वर्ग परोपकार के लिए पारिवारिक आय का 1.9 प्रतिशत देता है। स्पष्ट है कि उन लोगों के लिए स्थान है जो ज्यादा देते हैं। अत: वे ऐसा क्यों नहीं करते? हमारे समक्ष जो चुनौती है, उसे समझने के लिए हमें उन तीन प्रमुख कारकों को देखने की जरूरत है जो भारत में दान के लिए अड़चन पैदा करते हैं।

प्रथम कारक–व्यक्तियों द्वारा हाल ही में अपेक्षाकृत धन का संचय करना दान को रोकता है। भारत में धनी व्यक्तियों की संख्या 1990 के दशक के आर्थिक सुधारों के बाद ही तेजी से बढ़नी शुरू हुई। सामान्य तौर पर परोपकारी बाजारों को परिपक्व होने में 50 से 100 वर्ष लगते हैं। भारत में आज मेहनत से कमाने वाले ऐसे अनेक लोग हैं जो अपने धन में से छोटी रकम भी नहीं देना चाहते। एक समाज के रूप में धर्मार्थ दान को अनिवार्य रूप से सामाजिक मान्यता प्राप्त नहीं है। इसके बजाय अनेक धनी दृष्टिकोण ने अपनी सामाजिक स्थिति को सुधार करने के एक मूल भाव के रूप में भौतिक धन को बढ़ाया। भारत में 30 उच्च निवल मूल्य व्यक्तियों का बायन (Bain) द्वारा किए गए विश्लेषण से पता चलता है कि वे सामाजिक और धर्मार्थ कार्यों के लिए अपनी निवल संपत्ति (आय) के एक प्रतिशत का औसतन केवल लगभग एक-चौथाई योगदान करते हैं। लेकिन यह ध्यान रखिए कि यहाँ तक कि महान परोपकारियों जॉन ऍक्फैलर, एंड्रू कार्नोगी और जे.पी. मोरगन ने भी अपने जीवन के अंतिम दिनों में ही अपनी संपत्ति दान की थी।

- दान/योगदान में बाधा पहुँचाने वाला अन्य कारक दानियों द्वारा यह विश्वास है कि सहायता नेटवर्कों का व्यावसायिक रूप से प्रबंधन नहीं किया जाता है और परिणामस्वरूप उनके योगदानों का सदुपयोग नहीं किया जाता है अथवा दुरुपयोग किए जाने का जोखिम बना रहता है।
- अंत में, कुछ लोगों के लिए ये पंक्तियाँ निजी दान और कॉर्पोरेट सामाजिक उत्तरदायित्व पहलों के लिए धुँधली हो सकती हैं। अत्यधिक कॉर्पोरेट भारत का संचालन परिवार के स्वामित्व वाले समूहों द्वारा किया जाता है। चालीस उच्च व्यवसाय समूहों में से लगभग 70 प्रतिशत परिवार स्वामित्व वाले अथवा नियंत्रित उद्यम हैं। यह संभावना है कि कुछ परिवार और व्यक्ति कॉर्पोरेट उत्तरदायित्व को अपने दान के विस्तार के रूप में देखते हैं और अनेक अपने हित को निजी दान करने में नियंत्रित करते हैं।

आँकड़ों के अनुसार, पर्याप्त संख्या में लगभग 40 प्रतिशत धार्मिक कार्यों के लिए दान करते हैं तथा उनका इरादा संभवतया देवताओं को प्रसन्न करने का होता है तथा उनके आशीर्वाद से वे भौतिक लाभ से पर्याप्त रूप से पुरस्कृत होते हैं। प्राकृतिक और राष्ट्रीय आपदाएँ, जैसे–भूकंप, बाढ़, युद्ध आदि में कष्ट में पड़े लोगों की सहायता करने के आम उद्देश्य के लिए लोगों को एक साथ आते हुए देखा गया है। कुछ 26 प्रतिशत दानी संकट अथवा प्राकृतिक आपदाओं के समय दान देना पसंद करते हैं। अत: केवल 10 प्रतिशत दानी ही समाज के उपेक्षित वर्गों के कल्याण

के लिए दान देते हैं। यह प्रतीत होता है कि आज के समय में परोपकार ने लघु कार्यों के लिए बड़ी संख्या में ध्यान देना छोड़ दिया है।

इस समय परोपकार शहरी क्षेत्रों में अत्यधिक विकसित हो रहा है। परंतु, दान को प्रोत्साहित करना, धन के सभी रूपों को संबोधित करना चाहिए क्योंकि धन दान देना सभी क्षेत्रों में विकास की समस्याओं का समाधान नहीं है। उदाहरण के लिए, सामुदायिक खाद्यान्न कोष भारत में अपर्याप्त पोषण का समाधान नहीं है तथा यह विकास परियोजनाओं को आगे नहीं बढ़ा सकता।

दानी संस्थाओं की नवीनता का एक उदाहरण पूरे देश में उभरते हुए प्रतिष्ठान का है। एस.आई.सी.पी. लघु मध्यम वर्ग समुदाय और स्थानीय मुस्लिम धार्मिक वर्ग के अंदर दानियों का एक नए नेटवर्क के निर्माण करने का प्रयास करके मेवात में सामुदायिक फाउंडेशन को प्रोत्साहित कर रहा है।

प्रवासी एक महत्त्वपूर्ण भूमिका निभाता रहता है। यद्यपि इसने मुख्य रूप से परिवार केंद्रित पहल विकसित की है, फिर भी इसमें व्यापक परोपकारी लक्ष्य शामिल हैं। इसे विदेशी फाउंडेशनों के माध्यम से पर्याप्त ढंग से संचालित किया जा रहा है।

हालाँकि अनेक भारतीय कंपनियों के सामुदायिक विकास और सी.एस.आर. कार्यक्रम का बहुत कम स्पष्ट प्रभाव पड़ा है फिर भी कंपनी के महत्त्वपूर्ण परोपकार के अनेक उदाहरण हैं। उदाहरण के तौर पर टाटा इंस्टीट्यूट ऑफ फंडामेंटल रिसर्च गणित और विज्ञान में अनुसंधान का विश्व स्तर का केंद्र है जो 1940 के दशक में टाटा ग्रुप ऑफ कंपनीज के दृष्टिकोण से उत्पन्न हुआ है। टाटा परिवार को इसके परोपकारी कार्यों के प्रति लंबे महत्त्वपूर्ण योगदान के लिए मैडल ऑफ फिलेंथ्रॉपी प्रदान किया गया। हार्वर्ड बिजनेस स्कूल को हाल ही में इसके द्वारा दिया गया करोड़ों रुपए का अनुदान सीमा पार परोपकार का एक उत्कृष्ट उदाहरण है जो बेहतर शिक्षा का संवर्धन करने के कार्य के लिए भारत से विकसित देश को गया है। टैक महिंद्रा के विनीत नायर द्वारा एस्सेल सोशल वेलफेयर फाउंडेशन को दिया गया 30 करोड़ रुपए का दान भी भारत में परोपकारी दान का एक श्रेष्ठ उदाहरण है।

वर्तमान भारतीय परोपकारी परिदृश्य पर तीव्र दृष्टि डालने से अनेक रोचक प्रवृत्तियों का पता चलेगा। कॉर्पोरेट सामाजिक उत्तरदायित्व पूरे विश्व में परोपकार का एक सर्वाधिक प्रचलित रूप है, हालाँकि संगठनात्मक भागीदारी क्रियाकलाप के स्तर अलग-अलग होते हैं। सर्वाधिक बड़े संगठनों में सामाजिक उत्तरदायित्व का अंग होता है जिसके बजट संसाधन और समर्पित कर्मचारी होते हैं जो लोगों और उनके परिवारों के साथ-साथ पूरे स्थानीय समुदाय के जीवन स्तर को सुधारने के लिए काम करते हैं। अधिकतर परोपकार स्थानीय भागीदारों पर मुख्य रूप से तात्कालिक प्रभाव के कारण व्यावसायिक परिवेश में शुरू किए जाते हैं। अनेक स्थानों में स्थित संगठन जहाँ तक संभव हो, व्यावसायिक स्थानों में समुदाय निर्माण गतिविधियों को शुरू करने की कोशिश करते हैं। इस प्रकार की "विशुद्ध" पहलों में व्यवसाय का संवर्धन करने वाले परिवारों की अधिक सहभागिता नहीं होती। यह विशेषकर तब होता है जब समर्थन करने वाला परिवार व्यवसाय में बहुत निकटता से नहीं जुड़ा होता है।

एक पारिवारिक फाउंडेशन को एक धर्मार्थ संगठन के रूप में परिभाषित किया गया है जिसका प्रबंधन व्यक्ति परिवार के साथ करते हैं और उन्हीं व्यक्तियों द्वारा दान से उनके व्यवसायों से और अन्य निवेश की आय सहायता की जाती है।

व्यक्ति अथवा पारिवारिक फाउंडेशंस संवर्धक नीति बनाने और प्रायः लघु स्तर के क्रियाकलापों में एक सक्रिय भूमिका निभाते हैं जो रुचि और समय की उपलब्धता पर निर्भर करता है। समूचे परिवार और स्वयं संगठन का एक अनुपम मामला जो निःस्वार्थ सेवा देने से संबंधित है, वह अरविंद नेत्र अस्पताल का मामला है।

परिवार और कॉर्पोरेट जुगलबंदी भारत में परोपकार का एक सर्वाधिक सामान्य मॉडल है। चूँकि अधिकतर भारतीय व्यापारिक संगठन पारिवारिक व्यापार से जुड़े हैं, इसलिए फाउंडेशन अथवा ट्रस्ट के रूप में एक पृथक् परोपकारी संगठन सृजित किया जाता है। इसे बड़े पैमाने पर धन व्यवसाय (व्यापार) से मिलता है लेकिन यह प्रायः संचालित होता है। एक ऐसा उदाहरण कृषि ग्राम विकास केंद्र (के.जी.वी.के.) है जो ऊषा मार्टिन लिमिटेड द्वारा स्थापित एक गैर-सरकारी संगठन है तथा यह कंपनी से एक निर्धारित वार्षिक अनुदान प्राप्त करता है। जी.एम.आर. वरलक्ष्मी फाउंडेशन, जी.एम.आर. ग्रुप का पारिवारिक फाउंडेशन है जो परिवार कॉर्पोरेट जुगलबंदी का एक अन्य उदाहरण है। पारिवारिक व्यवसाय से हर वर्ष फाउंडेशन को इसकी अतिरिक्त राशि (surplus) का एक निर्धारित प्रतिशत प्राप्त होता है।

इन सभी मामलों में, परिवार के सदस्य विभिन्न प्रकार की पारिवारिक गतिविधियों और पूरे कार्यक्रम का निर्णय करने में सक्रिय भाग लेते हैं। लेकिन वे इन परोपकारी कार्यक्रमों का सफल निष्पादन करने के लिए संरचना, प्रणालियाँ और प्रक्रियाएँ विकसित करने के लिए उच्च स्तर के गैर-पारिवारिक व्यवसायविदों को नियुक्त करते हैं। ये संगठन अन्य समान विचारों वाले स्थानीय, राष्ट्रीय अथवा विदेशी संगठनों के साथ सहायता के लिए और विशेषता का आदान-प्रदान करने के लिए सहभागिता करते हैं।

परोपकार को अब मात्र दानशीलता ही नहीं समझा जाता है। मौजूदा परोपकारी पहले मौजूदा सामाजिक यथार्थताओं के अनुरूप हैं तथा इनका उद्देश्य उनकी जड़ पर सामाजिक समस्याओं पर प्रहार करना है। समकालीन व्यावसायिक परोपकार वनीकरण जन संचयन, भूमंडलीय तापन जैसे पर्यावरण मुद्दों और भ्रूण हत्या, बालिका के प्रति भेदभाव जैसे मुद्दों तथा एच.आई.वी/एड्स जैसे मुद्दों के बारे में जागरुकता पैदा करने की कोशिश करना है।

ज्यों ही आर्थिक विकास ने उदारीकरण (liberalisation) और प्रगतिशील आर्थिक नीतियों के साथ-साथ गति पकड़ी है, त्यों ही हाल ही के वर्षों में अर्थव्यवस्था में परिवर्तनों के अनुसार रूपांतरण होता रहा है।

परिवर्तन हर प्रकार से बेहतरी के लिए हुआ है। पिछले कुछ सालों में परोपकार कुशलता और प्रभावितामूलक हो गया है। यह सब निधि के व्यापक संचय, अत्यधिक महत्त्वपूर्ण नियोजन अधिक व्यावसायिक दृष्टिकोण और परोपकार पर खर्च की गई राशियों का अत्यधिक कठोर परिणाम प्रभाव मापन के कारण हुआ है।

पिछले कुछ वर्षों में भारतीय परोपकार मुख्य व्यावसायिक गतिविधि बन कर उभरा है। यह श्रेय तीव्र आर्थिक विकास और ज्ञान के वैश्वीकरण तथा निधियन संसाधनों को जाता है। संगठनात्मक नेतृत्व अब समावेशी संवृद्धि के लिए उनके संसाधनों के सर्वोत्तम प्रयोग पर जोर देता है। पारिवारिक व्यवसाय अब तेजी से गतिविधि के नए क्षेत्रों की पहचान करने और मौजूदा क्षेत्रों में सुधार करने में समस्या समाधान करने के लिए उद्यमिता के दृष्टिकोण को अपना रहे हैं।

परोपकार अब लक्ष्य समूह की क्षमता का निर्माण कर रहा है। जटिल मुद्दों का समाधान करने का व्यावसायिक दृष्टिकोण, माप विज्ञान और महत्त्वपूर्ण निर्णयन के प्रयोग ने परोपकार को केवल धन दान से लक्षित लक्ष्य समूह सहायता से लेकर सही कार्यों में रूपांतरित कर दिया है। इसके अलावा, गतिविधियों की व्यापकता और किसी विशेष कार्य में योगदान करने के विभिन्न संभावित तरीकों का भी विस्तार हुआ है, स्वयंसेवियों और दानियों के लिए भी संभावनाएँ खुल गई हैं। उत्तर-वैश्वीकरण के भूदृश्य में, संबंधित उद्यमियों और व्यापारिक घरानों ने विकास की उस तिहरी विकास रेखा को स्वीकार किया है जिसमें समुदाय और पर्यावरण सम्मिलित हैं। फिर भी परोपकार का मूलभूत आधार इसका सेवा लक्ष्य है जो पहले की तरह जारी है।

परोपकारी कार्य के लिए एक अन्य संभावित क्षेत्र भारतीय क्षेत्र है। यह विश्व में व्यापक वैश्विक आंदोलनों में से एक है जिसके लगभग 2 करोड़ सदस्य हैं। वर्ष 2005 में भेजी गई धनराशि यू.एस.डी. 21.7 बिलियन दर्ज की गई है। सूचना के अनुसार, यह भारत के प्रत्यक्ष विदेशी निवेश से 4 गुना ज्यादा है। संयुक्त राज्य में सिलिकॉन वेली में उच्च तकनीक फर्मों में से 24 ऐसी फर्में हैं जिनकी वार्षिक बिक्री का टर्नओवर यू.एस.डी. 3.6 बिलियन से ज्यादा है तथा इन फर्मों के स्वामी भारतीय हैं। हांगकांग में यद्यपि भारतीय प्रवास के सदस्य केवल लगभग 23,000 हैं।

यह प्रायद्वीप (island) का 10% अंतर्राष्ट्रीय व्यापार है जो लगभग यू.एस.डी. 400 मिलियन का है। एक उच्च स्तर समिति का गठन प्रवासी मुद्दों को निपटाने के लिए किया गया है ताकि भारत के विकास पर प्रधानमंत्री को सलाह देने के लिए भारतीय प्रवासियों को सक्षम बनाया जा सके।

दान देने का स्वरूप हाल ही में व्यक्ति के दान से सांस्थानिक दान में बदल गया है तथा प्रवासियों ने भारतीय गैर-सरकारी संगठनों, जैसे–आशा (ASHA), क्राई (CRY) और आई.डी.एस. (IDS) के साथ-साथ भारतीय शैक्षिक संस्थाओं के हितों का समर्थन किया है। शिक्षा और स्वास्थ्य जैसे धर्म और संस्कृति जैसे सामाजिक कार्य अत्यधिक स्वास्थ्य और शिक्षा जैसे विकास से जुड़े क्षेत्रों की ओर मुड़ गए हैं। भारत में विकास परियोजनाओं के लिए भारतीय प्रवासियों द्वारा सहायता/समर्थन की इच्छा और उपलब्धता से आशा की जाती है कि भारतीय गैर-लाभकारी संगठन क्षेत्र में बेहतर सूचित करने तथा विनियम (नियंत्रण) को प्रोत्साहित करने और डायसपोरा से समर्थन को मजबूत किया जा सकेगा।

प्रश्न 7. परोपकार तथा कर्त्तव्य में क्या अंतर है? स्पष्ट कीजिए।

उत्तर– मनुष्य एक सामाजिक प्राणी है। समाज में वह एक-दूसरे के साथ हिल-मिल कर रहता है तथा एक-दूसरे के सुख-दु:ख में सहयोगी बनता है तभी समाज दृढ़ होता है। मानव समाज

के संचालन के लिए मानव मन में परोपकार की भावना होना नितांत आवश्यक है। मनुष्य स्वभाव से ही परोपकारी जीव है। दूसरों के दुःख को देखकर हम अवश्य प्रभावित होते हैं और हमारे मन में उसे कम करने का ख्याल भी आता है। यहीं से परोपकार की भावना उत्पन्न होती है। जिसे दूसरों की भलाई करने तथा दूसरों के दुःख को दूर करने में आनंद मिलता है, वही परोपकारी कहलाता है। संसार में सभी परोपकारी नहीं होते, कुछ स्वार्थी और कठोर हृदय भी होते हैं।

परोपकार दो शब्दों से मिलकर बना है—पर + उपकार। 'पर' अर्थात् दूसरों का 'उपकार' अर्थात् भलाई यानी दूसरों का हित करना ही परोपकार कहलाता है। यदि कोई अपने किसी संबंधी, भाई-बहिन आदि का हित करता है तो वह परोपकार नहीं, कर्त्तव्य की श्रेणी में आता है। परोपकार तब ही माना जाता है जब हम बिना उस व्यक्ति को जाने, बिना अपनी स्वार्थ पूर्ति के, उसका हित करें। यदि हम कुछ पाने के लालच में कोई हित करते हैं तो वह परोपकार नहीं है। परोपकार का यह अर्थ कतई नहीं है कि अपने लोगों की खबर ही न ली जाए या बुजुर्गों की सेवा की उपेक्षा की जाए। बुजुर्गों की सेवा तो हमारा कर्त्तव्य है। इस प्रकार परोपकार का अर्थ है—बिना स्वार्थ अथवा बदले में कुछ पाने की भावना के बिना किसी दुःखी एवं विपत्तिग्रस्त की सहायता करना।

अध्याय

परोपकारी नैतिकता का परिचय (Introduction to Philanthropic Ethics)

भूमिका

चाहे परोपकार का क्षेत्र हो या कोई अन्य क्षेत्र, हर क्षेत्र को नियंत्रित करने के लिए कुछ नैतिक सिद्धांतों का होना जरूरी है। परोपकारी नैतिकता का आधार है–कल्याण, करुणा, आदान-प्रदान, स्नेहपूर्ण संबंध, प्रामाणिकता, प्रबंध कार्य, गरीब-से-गरीब का सरोकार, एकता, भागीदारी, स्वास्थ्य देखभाल तथा सामाजिक अंत:क्रिया। भारत में गाँधीवादी परोपकार तथा मदर टेरेसा परोपकार परोपकारी नैतिकता के प्रभावी उदाहरण हैं, जिन्होंने अहिंसा तथा त्याग के रास्ते पर चलकर परोपकार का रास्ता अपनाया और आज भी उनके पदचिह्नों पर चलकर अनेकों लोग उन्हीं नीतियों का अनुसरण कर रहे हैं।

प्रश्न 1. परोपकार के स्वरूप पर टिप्पणी कीजिए।

उत्तर– परोपकार के स्वरूप को निम्न तीन बिंदुओं के आधार पर समझा जा सकता है–

धन–उन लोगों को सीधे धन दिया जा सकता है जो जरूरतमंद हैं अथवा इसे धर्मार्थ संस्थाओं और अन्य संस्थाओं को वितरित करने के लिए दिया जा सकता है। अनेक परोपकारी लोग अपनी आय का कुछ प्रतिशत दान देते हैं। कुछ लोग अपने धन को तब दान देना पसंद करते हैं, जब वे मरते हैं, अपने लेन-देन को अपनी वसीयत में लिख देते हैं और किन धर्मार्थ संगठनों अथवा लोगों को यह जाना चाहिए यह भी लिखते हैं।

संपत्ति–संपत्ति को भी धन की तरह ही दान किया जा सकता है। नए और पुराने प्रकार के वस्त्रों का साधारण तौर पर धर्मार्थ अधिकतर संस्थाओं द्वारा स्वीकार किया जाता है। अन्य सामान्य वस्तुएँ, जैसे–स्ट्रोलर और इलेक्ट्रॉनिक सामान धर्मार्थ स्टोरों को दिया जा सकता है। डिब्बाबंद अथवा पहले से पैक किए गए खाद्य पदार्थों को सूप किचन, आश्रयों और अन्य धर्मार्थ केंद्रों को दान दिया जा सकता है।

सेवाएँ–कभी-कभी लोगों को सेवाओं की जरूरत होती है। अपना समय और कौशलों को प्रदान करने वाला एक व्यक्ति इस प्रकार के दान का एक उदाहरण है। कुछ लोग किचन सूप में काम करके अथवा भोजन देकर लोगों की सेवा करते हैं। अन्य लोग नर्सिंग होम और अस्पताल जाते हैं ताकि उन्हें साथ मिल सके। जिनके पास विशिष्ट ज्ञान है वे अनेक प्रकार से अपने कौशलों को प्रदान कर सकते हैं, जैसे–जिन लोगों के पास कम धन है उनका कानूनी प्रतिनिधि होना अथवा जरूरतमंद बच्चों को पढ़ाना जैसे कार्य कर सकते हैं।

प्रश्न 2. परोपकारी नैतिक सिद्धांतों का वर्णन कीजिए।

अथवा

परोपकारी स्वास्थ्य देखभाल नैतिकता के सिद्धांतों का उल्लेख कीजिए।

अथवा

परोपकारी स्वास्थ्य देखभाल नैतिकता के सिद्धांतों को सूचीबद्ध कीजिए।

[जून-2019, प्र.सं.-2]

अथवा

परोपकारी नैतिक सिद्धांत पर संक्षिप्त टिप्पणी कीजिए।

[दिसम्बर-2019, प्र.सं.-5(a)]

उत्तर– परोपकार मानव दु:खों को घटाने के लिए काम करने वाले साहसी लोगों का समर्थन करता है तथा मानव उपलब्धि को प्रोत्साहित करता है। अधिकतर समाजों में किसी-न-किसी रूप में कुछ दान देने की परंपराएँ हैं। परोपकार मानव संस्कृति के लगभग सभी भागों और बड़ी संख्या में लोगों को प्रभावित करता है। इसका विस्तार होता जा रहा है और इसकी प्रभाविता बढ़ती जा रही है तथा व्यक्ति को परोपकार के बुनियादी मूल्यों के बारे में स्पष्ट होना जरूरी है।

प्रतिभाशाली लोगों की सहायता करने के लिए इन संवेगों पर काबू पाने में सहायता करने के अनेक तरीके हैं। उनके साथ बातचीत करना और उनकी भावनाओं को सामान्य बनाना ये कुछ

सहायक कार्यनीतियाँ हैं। व्यापक परिदृश्य (स्थिति) में पक्षपात और निरर्थकता के बारे में उनकी भावनाओं से निपटने में हम उनकी सहायता किस प्रकार कर सकते हैं। हम उनमें आत्मविश्वास और आत्मसिद्धि को प्रोत्साहित करने में किस प्रकार सहायता कर सकते हैं? मानव प्रेमियों के रूप में कोई भी व्यक्ति इन लोगों को दिशा दे सकता है ताकि वे दूसरों की सहायता करने के लिए आगे बढ़ सकें। इस प्रकार कोई भी देख सकता है कि परोपकार अपने आप में नैतिकता है। नैतिकता व्यवहार के बारे में होती है। आधार नीति अर्थात् नैतिकता उस व्यवहार के बारे में चिंतन (विचार) है।

अन्य लोगों के जीवन में उनके लाभ के लिए हमारे हस्तक्षेप नैतिक कार्य हैं। अतः परोपकार का बुनियादी मूल नैतिकता है। अन्य जरूरतमंदों के काम आने की क्षमता मानव होने की एक स्पष्ट विशेषता है। मानव ऐसे प्राणी हैं जो निर्णय लेने और कार्रवाई में सक्षम होते हैं, लेकिन सभी लोग इन मामलों में अथवा किसी अन्य मामले में समान नहीं होते। अनेक मूल्यों के साथ मनुष्य प्रायः उनके गहरे अर्थ के साथ संबंध खो देते हैं क्योंकि वे उन मूल्यों जिन मूल्यों की वे घोषणा करते हैं प्रायः उनके अनुसार चलने में असफल रहते हैं।

परोपकारी मूल्यों के विचार को अभिव्यक्त करने का एक अन्य तरीका सरकार, बाजार और परोपकार में प्रत्येक की अनिवार्य अवधारणा की पहचान करके अंतर करना है। एक अनिवार्य अवधारणा यह है कि जिसमें व्यक्ति को शामिल होना होता है। इस प्रकार, सरकार की अनिवार्य अवधारणा शक्ति है, बाजार की अनिवार्य अवधारणा धन है और परोपकार की अनिवार्य अवधारणा नैतिकता (दूसरे जरूरतमंद लोगों की सहायता करना अथवा जीवन स्तर को सुधारने के लिए स्वेच्छा से कार्य करना) है। परोपकारी नैतिकता का निम्नलिखित आधार है–

कल्याण–वह मूल्य जिसे कल्याण कहा जाता है समाज के अधिकतर संवेदनशील वर्गों के समूचे कल्याण के लिए व्यापक सरोकार एक अन्य शब्द है।

उदारता–उदारता परोपकारी उद्देश्य में निहित है। अनुदान करना और दान के अन्य रूप परोपकारिता की ही अभिव्यक्तियाँ हैं जो धार्मिक और पंथनिरपेक्ष नीतियों को प्रोत्साहित करती हैं। परोगकारी उदाहरण की विशेष रूप से एक रोचक विशेषता यह है कि यह विश्व में दान देने के सर्वाधिक स्वरूप से भी आगे जाती है और जो व्यक्ति के परिवार और परिचितों को दान देने को महत्त्व देती है।

करुणा अथवा अनुकंपा–करुणा अथवा अनुकंपा एक साझे दुःख का बोध है जो अन्य व्यक्ति के कष्ट को दूर अथवा कम करने से प्रायः जुड़ा होता है और दुःख में ग्रस्त लोगों के प्रति विशेष दया प्रदर्शित करता है। करुणा विशेष रूप से परानुभूति से उत्पन्न होती है और प्रायः कार्यों (क्रियाओं) के माध्यम से व्यक्त की जाती है जहाँ पर करुणा से कार्य कर रहा व्यक्ति करुणा के पात्र व्यक्तियों की सहायता करना चाहेगा। करुणा के कार्य सामान्य तौर पर उन्हें माना जाता है जो दूसरों के दुःख को कम करने और उस कष्ट को दूर करने की कोशिश करते हैं जैसा कि यह व्यक्ति का अपना ही दुःख हो। करुणा सहायतापूर्ण अथवा मानव व्यवहार के अन्य रूपों से अलग है क्योंकि करुणा मुख्य रूप से दुःख दूर करने पर जोर देती है।

करुणा को प्रोत्साहित करने में पहला कदम साथी लोगों के लिए परानुभूति विकसित करना है। अनेक लोग विश्वास करते हैं कि उन्हें परानुभूति है और उसी स्तर पर यह लगभग सब में होती है। लेकिन कई बार लोग अपने पर ही केंद्रित होते हैं और अपनी परानुभूति के बोध को निष्क्रिय होने देते हैं। परानुभूति के प्रयोग को करने का प्रयास कीजिए। मान लीजिए कि हमारे किसी प्रिय को कष्ट है। उसके साथ कुछ भयानक घटित हुआ है। अब उस पीड़ा के बारे में सोचने का प्रयास कीजिए जिससे वह गुजर रहा/रही है। अनेक सप्ताह के लिए इस प्रयोग को करने के बाद व्यक्ति को उन अन्य लोगों के दु:खों की कल्पना करते रहने का प्रयास करते रहना चाहिए जिन्हें वह जानता है और उनके दु:खों के बारे में नहीं जो कि उसके साथ नातेदारी के संबंध अथवा मित्रता के माध्यम से निकटता से जुड़े हैं।

अपने और दूसरों में अंतर जानने की बजाय जो सब में समान है, उसे जानने की कोशिश कीजिए। इस सबके मूल में, सभी मानव हैं। सभी को भोजन, आश्रय (मकान) और प्रेम चाहिए। सभी को ध्यान, मान्यता, पहचान, स्नेह और सुख की इच्छा होती है। कोई भी एक बार अन्य व्यक्ति के साथ परानुभूति रख सकता है और उसकी मानवता और दु:ख को समझ सकता है।

अगला कदम उस व्यक्ति को दु:ख से दूर करना है। यह कारुणिक हृदय है जो परोपकारी प्रतिबद्धता का आह्वान करता है। अंतिम उद्देश्य न केवल उन लोगों के दु:खों को दूर करना है जो कि हमसे दुर्व्यवहार भी करते हैं।

आदान-प्रदान–यहाँ पर परोपकारी महत्त्व आदान-प्रदान है अर्थात् हमारे लिए किसी ने अच्छा किया है तो हम बदले में दूसरों के लिए अच्छा करते हैं। समाजशास्त्री इसे "आदान-प्रदान का मानक" कहते हैं, वह अब सीमा पार कर जाता है जब आदान-प्रदान दानशीलता ईमानदारी और नि:स्वार्थता में किया जाता है।

स्नेहपूर्ण संबंध–स्नेह अथवा प्रेम सबसे बड़ा नैतिक मानक है। यह सबसे बड़ा संबंध भी है। यह प्राथमिक रूप से न केवल कुछ विनीत व्यवहार, सभी नियमों और विनियमों को अनुरूप होने के बारे में ही नहीं बल्कि आज भी महिलाओं और पुरुषों के साथ स्नेहपूर्ण संबंधों में रहने के बारे में भी है। अत: स्नेह जीवन को संबद्धता (जुड़ाव) और गतिशीलता प्रदान करता है।

प्रामाणिकता–परोपकारी अपने साथियों के साथ ईमानदार होते हैं और बदले में उनसे वैसी ही अपेक्षा करते हैं। वे मानदंडों पर चलते हैं और दूसरों से अनुसरण करने की अपेक्षा करते हैं। वे सुनिश्चित करते हैं कि उनके कार्य के सभी चरणों में सामंजस्य है।

प्रबंध कार्य–परोपकारी कठोर उचित परिश्रम पूरा होने के बाद ही निवेश (योगदान) करते हैं। वे संगठनों की सहायता करने के लिए अवसरों की तलाश में रहते हैं ताकि संगठन अत्यधिक कार्यकुशल प्रभावी बन सके। वे निरंतरता के लिए प्रणालियाँ विकसित करने के लिए कार्य करते हैं। वे निधिकर्त्ता (धन देने वाले) और आकार देने वाले होते हैं तथा कार्य करने एवं कार्यान्वयन करने के लिए दूसरों पर निर्भर रहते हैं।

गरीब-से-गरीब के लिए भी सरोकार–जैसा कि हमने परोपकार के प्रकारों के बारे में विचार किया है, इसका एक सुधारवादी पक्ष भी है जो सर्वाधिक गरीब के बारे में समाज सुधार के प्रति आमतौर पर होता है।

एकता–एकता का सिद्धांत इस बात पर विचार करने पर जोर देता है कि हम समुदाय में एक-दूसरे के साथ किस प्रकार संबंधित हैं। हम जानते हैं कि हम कम-से-कम एक परिवार का हिस्सा हैं जो हमारा जैविक परिवार, हमारा स्थानीय परिवार अथवा हमारा राष्ट्रीय समुदाय होता है। वैश्वीकृत होती कार्य व्यवस्था में हम विस्तृत रूप से एक अंतर्राष्ट्रीय आर्थिक समुदाय में भाग लेते हैं जिसमें विश्व के अन्य छोर पर जो लोग हैं, उनके द्वारा हमारे लिए वस्तुएँ और सेवाएँ प्रदान की जाती हैं। एकता इस प्रकार के विस्तारित परिवार पर विचार करने और इस प्रकार कार्य करने पर विचार करने की अपेक्षा करती है जिससे अन्य लोगों के कल्याण के लिए सरोकार का पता चलता है।

भागीदारी–एकता के विचार को व्यावहारिक बनाने के लिए भागीदारी विस्तार करती है। एकता की माँगें भागीदारी के सिद्धांत की ओर इशारा करती हैं ताकि पर्यावरणीय निर्णय से प्रभावित लोग रूप प्रदान कर सकें कि यह कैसे निर्मित होती है। अनेक पर्यावरणीय समस्याएँ उन निर्णयों से पैदा होती हैं जो निजी लोगों अथवा कंपनियों द्वारा लिए जा रहे होते हैं जिनके व्यापक निहितार्थ होते हैं। इस देश में और अन्य देशों में सरकारें कुछ मामलों में जनता की सहमति पूरी तरह प्राप्त किए बिना ही पर्यावरणीय निर्णय करती हैं। प्रायः प्रभावित लोग उनके निर्णयों अथवा उनके स्वास्थ्य के दीर्घकालिक प्रभावों तथा उनके पर्यावरण के कल्याण से सर्वाधिक प्रभावित और अनभिज्ञ रहते हैं। भागीदारी के नैतिक सिद्धांत के अंतर्गत हमें सभी पक्षों को पहचानने की आवश्यकता होती है। दोनों मानवीय और गैर-मानवीय पक्ष जो किसी निर्णय से संभावित रूप से प्रभावित होते हैं तथा जानते हैं कि इनमें सभी पक्षों की स्वीकृति होती है कि निर्णय कैसे लिया जाता है। वास्तविक भागीदारी में पारदर्शिता की आवश्यकता पड़ती है जिसका अर्थ है कि प्रत्येक व्यक्ति की उस सूचना तक पहुँच होनी आवश्यक है।

स्वास्थ्य देखभाल–नैतिकता के सामान्य रूप से स्वीकृत सिद्धांतों में परोपकारी स्वास्थ्य देखभाल का सिद्धांत भी शामिल है, जिसमें शामिल हैं–

- **स्वायत्तता के लिए सम्मान**–नैतिक निर्णय निर्धारण की किसी भी धारणा में माना जाता है और प्रासंगिक एजेंट जानकार और स्वैच्छिक निर्णय शामिल होते हैं। स्वास्थ्य देखभाल निर्णयों में रोगी की स्वायत्तता के लिए हमारा बराबर सम्मान का अर्थ है कि रोगी में कार्य करने की क्षमता होती है तथा यह प्रभावों को नियंत्रित किए बिना एक स्वतंत्र और स्वैच्छिक कार्य को कम करेगा। यह सिद्धांत स्वास्थ्य देखभाल के संबंध में चिकित्सक रोगी में "परिचित स्वीकृति" के प्रचलन का आधार है। कार्य की निजी स्वतंत्रता जिसमें व्यक्ति अपनी चुनी हुई योजना के अनुरूप कार्य की दिशा निर्धारित करता है, उसमें स्वतंत्रता और स्वावलंबन चयन की स्वतंत्रता और निर्णय लेने की स्वतंत्रता निहित होती है। यह शून्य में मौजूद नहीं हो सकती लेकिन इसे दूसरों से स्वीकृति और सम्मान मिलना चाहिए।
- **गैर-हानिकरता**–उपकारिता (भलाई) के लिए हमसे अपेक्षा की जाती है कि हमें रोगी को बिना कारण जाने-अनजाने कृत्यों के माध्यम से क्षति या हानि नहीं पहुँचानी चाहिए। सामान्य भाषा में हम इसे तब लापरवाही मानते हैं यदि कोई

व्यक्ति किसी दूसरे पर लापरवाही अथवा अनुचित जोखिम पैदा करता है। देखभाल का उपयुक्त मानदंड प्रदान करना जो हानि के जोखिम को दूर करता है या उसे कम करता है जिसका समर्थन न केवल सामान्य रूप से मौजूद नैतिक धारणाओं द्वारा बल्कि समाज के कानूनों द्वारा किया जाता है। देखभाल के व्यावसायिक प्रतिरूप में कोई भी कानूनी और नैतिक रूप से तब तक दोषी नहीं हो सकता है जब तक वह उचित देखभाल के मानकों को पूरा करने में सफल रहता है। लापरवाही को निर्धारित करने की कानूनी कसौटी इस प्रकार है–व्यावसायिक का प्रभावित पक्ष के प्रति कर्त्तव्य होना चाहिए, व्यावसायिक ने उस कर्त्तव्य का उल्लंघन किया हो, प्रभावित पक्ष को हानि अनुभव करनी चाहिए और हानि कर्त्तव्य के उल्लंघन से पैदा होनी चाहिए। यह सिद्धांत चिकित्सीय सक्षमता की आवश्यकता का समर्थन करता है। यह स्पष्ट है कि चिकित्सीय गलतियाँ होती हैं। तथापि, यह सिद्धांत स्वास्थ्य देखभाल व्यवसायविदों पर हानि से अपने रोगियों को बचाने के लिए मौलिक वचनबद्धता को अभिव्यक्त करता है।

- **उपकारिता**–इस सिद्धांत का साधारण अर्थ स्वास्थ्य देखभाल प्रदानकर्त्ताओं का कर्त्तव्य रोगी के लिए लाभ होना है। इन कर्त्तव्यों को स्वतः स्पष्ट रूप से देखा जाता है और व्यापक तौर से चिकित्सा के उपयुक्त लक्ष्यों के रूप में स्वीकार किया जाता है। ये लक्ष्य संबंधित रोगियों पर और कुल मिलाकर समाज की भलाई के लिए लागू होते हैं। उदाहरण के लिए एक रोगी विशेष के अच्छे स्वास्थ्य चिकित्सा का उचित लक्ष्य है और शोध तथा टीकों के प्रयोग के माध्यम से रोग की रोकथाम पूरी जनसंख्या तक उसी लक्ष्य का विस्तार होता है। कभी-कभी यह माना जाता है कि जहाँ उपकारिता सीमित हो उपकारिता एक निरंतर कर्त्तव्य है अर्थात् व्यक्ति को किसी अन्य व्यक्ति को नुकसान नहीं पहुँचाना चाहिए। चिकित्सक का यह कर्त्तव्य है कि वह अपने सभी रोगियों को समान रूप से लाभ प्रदान करे तथा उनका भला चाहे। तथापि चिकित्सक भी यह सोच सकता है कि उसे अपनी प्रैक्टिस (प्रयोग) में किसे शामिल करना है। यह कार्य तब जटिल हो जाता है यदि दो रोगी एक ही समय उपचार के लिए आग्रह करते हैं। आवश्यकता की तात्कालिकता का कुछ मानदंड प्रयोग किया जाना चाहिए अथवा पहले आओ पहले पाओ के सिद्धांत के आधार पर निर्णय किया जाना चाहिए कि उस समय किसकी सहायता की जानी चाहिए।
- **न्याय**–स्वास्थ्य देखभाल में न्याय की परिभाषा सामान्य रूप से निष्पक्षता के रूप में की जाती है। अरस्तू ने एक बार कहा था, "प्रत्येक को देना उसका देय होता है।" इसका अर्थ है समाज में वस्तुओं का निष्पक्ष वितरण और इसके लिए हम पात्रता की भूमिका का अवलोकन करते हैं। वितरणपरक न्याय इस तथ्य पर आधारित है कि कुछ वस्तुओं और सेवाओं की आपूर्ति कम है, इसलिए अपर्याप्त संसाधनों को आबंटित करने के कुछ निष्पक्ष साधनों को निर्धारित किया जाना

चाहिए। यह सामान्य रूप से माना जाता है कि जो लोग समान हैं उनके साथ उन्हें भी समान व्यवहार करना चाहिए। यह मेडिकेयर के प्रयोग में निहित है जो 65 वर्ष की आयु से ऊपर सभी व्यक्तियों को उपलब्ध है। ऐसे व्यक्तियों की यह श्रेणी इस एक कारक, उनकी आयु के संबंध में समान है, किंतु चुना गया मानदंड इस श्रेणी में शामिल व्यक्तियों के बारे में जरूरत अथवा अन्य उल्लेखनीय कारकों के बारे में कुछ नहीं कहता। वास्तव में हमारा समाज अनेक मुद्दों सहित वितरणपरक न्याय की कसौटी के रूप में विभिन्न कारकों का प्रयोग करता है जो इस प्रकार है– प्रत्येक व्यक्ति को समान अंश, प्रत्येक व्यक्ति को आवश्यकता के अनुसार, प्रत्येक व्यक्ति को प्रयास के अनुसार, प्रत्येक व्यक्ति को वितरण के अनुसार, प्रत्येक व्यक्ति को योग्यता के अनुसार और प्रत्येक व्यक्ति को मुक्त बाजार विनिमयों के अनुसार वितरणपरक न्याय प्राप्त हो। स्वास्थ्य देखभाल में एक सर्वाधिक विवादास्पद मुद्दा "किसे स्वास्थ्य देखभाल का अधिकार है" दूसरे को कुछ देने का कर्त्तव्य यह है कि उस व्यक्ति को क्या देना है अथवा उसे क्या मिलना चाहिए जिसके लिए वह योग्य है अथवा कानूनन दावा कर सकता है।

सामाजिक अंत:क्रिया–परोपकारी नीतिशास्त्र सामाजिक अंत:क्रिया पर जोर देता है जो ऐसी प्रक्रिया है जिसके द्वारा लोग अन्य लोगों से व्यवहार करते हैं। लगभग समस्त मनुष्य व्यवहार अन्य लोगों के कल्याण की ओर झुका हुआ है। सड़क पर मिलने वाली महिला का किसी से बातचीत करना, अपने बच्चे को डाँटता-धमकाता एक पिता और अगले दिन के लिए विद्यार्थियों को कार्य देता हुआ एक अध्यापक, ये सभी अंत:क्रियाएँ हैं जो प्राय: अन्य लोगों की भलाई के लिए होती हैं। मुख्य रूप से पाँच व्यापक अथवा सार्वभौम प्रकार की सामाजिक क्रियाएँ होती हैं जो सकारात्मक स्वरूप की होती हैं। ये हैं–सहयोग, विनिमय (आदान-प्रदान), समयोजन, आत्म-सात्करण और एकीकरण।

(1) सहयोग–सहयोग वह अंत:क्रिया है जिसमें सामान्य हितों या साझे उद्देश्यों की पूर्ति के लिए लोग या समूह एक साथ मिलकर काम करते हैं। वे उन लक्ष्यों को प्राप्त करते हैं जो अकेले प्राप्त करना मुश्किल या असंभव हो सकता है। इस प्रकार पूरा सामाजिक जीवन सहयोग पर आधारित है। लोग पर्यावरण (परिवेश) के अनुकूल होने के लिए समूहों में एकत्र होते हैं। वे कुशलतापूर्वक व्यक्तिगत आवश्यकताएँ पूरी करने तथा अन्य समाजों की धमकियों से परस्पर संरक्षण प्रदान करने के लिए एक साथ काम करते हैं। एक न्यूनतम सहयोग के बिना समाज के बारे में सोचा भी नहीं जा सकता। सहयोग के चार प्रकार होते हैं–स्वत: प्रवर्तित, परंपरागत, निर्देशित और संविदात्मक।

स्वत: प्रवर्तित सहयोग सबसे पुराना और सर्वाधिक सार्वभौम है। यह स्थिति की आवश्यकताओं और संभावनाओं से पैदा होता है जब दुर्घटना के गवाह घायल की मिल-जुल कर सहायता करते हैं। परंपरागत सहयोग वह सहयोग है जो पुनरावृत्ति के माध्यम से पीढ़ी-दर-पीढ़ी प्राचीन जनजाति में निहित है। वह सहयोग जो सहज रूप से सृजित हुआ है वह स्थापित रीति-रिवाज और परंपरा है जो एक पीढ़ी से दूसरी पीढ़ी के पास चली गई है। उदाहरण के लिए एक सहयोगी प्रयास जो

मध्यकालीन भारतीय गाँव के परिवारों के बीच शुरू हुआ। निर्देशित सहयोग वह सहयोग है जो तीसरे पक्ष द्वारा निर्देशित होता है जिसके पास प्राधिकार की स्थिति है। तीसरा पक्ष तैराकी अनुदेशक हो सकता है जो विद्यार्थियों को कहता है कि जब वे पानी में जाएँ तो एक साथ जाएँ। संविदात्मक सहयोग वह सहयोग है जिसमें समूह कुछ निश्चित लोगों से सहयोग करने के लिए सहमत हो जाते हैं और प्रत्येक को उत्तरदायित्व स्पष्ट रूप से बता दिया जाता है। उदाहरण के लिए, युवा माताओं का एक समूह बारी-बारी से एक-दूसरे के बच्चों की देखभाल करता है ताकि हर एक माँ को कुछ खाली समय मिल सके।

सहयोग, बल प्रयोग का विपरीत है। बल प्रयोग वह है जिसमें एक व्यक्ति अथवा समूह अपनी इच्छा दूसरे व्यक्ति अथवा समूह पर थोपता है। बल प्रयोग के सभी रूप शारीरिक शक्ति अथवा हिंसा के एकमात्र प्रयोग के खतरे पर निर्भर करते हैं। यह सामान्य रूप से हिंसा के खुले प्रयोग अथवा खतरे में ज्यादा तेज होता है। किसी अभिभावक के लिए प्रेम और अकेलेपन के डर को बल प्रयोग के हथियारों के रूप में प्रयोग किया जा सकता है। इसे आमतौर पर नकारात्मक प्रकार की सामाजिक अंत:क्रिया के रूप में देखा जाता है। लेकिन इसके सकारात्मक सामाजिक कार्य भी हैं। यद्यपि अभिभावक और शिक्षाविद् बालकों का समाजीकरण करने में अनेक प्रकारों की सामाजिक अंत:क्रिया का प्रयोग करते हैं फिर भी बल प्रयोग प्राय: यह सिखाने में कि क्या सही है और क्या गलत है ऐसे मूल्यों को प्रदान करने में बहुत प्रभावी है।

सहयोग भी संघर्ष के विपरीत होता है। संघर्ष सामाजिक अंत:क्रिया की प्रक्रिया है जिसे दो अथवा दो से अधिक व्यक्ति किसी सामान्य रूप से महत्त्वपूर्ण वस्तु (उद्देश्य) अथवा मूल्य के लिए एक-दूसरे के साथ संघर्ष करते हैं। यह सहयोग का विपरीत है। कुछ समाजशास्त्रियों ने जोर दिया है कि संघर्ष के कुछ सकारात्मक पहलू भी हैं। यह एक शक्ति के रूप में कार्य कर सकता है जो दूसरी ओर बैठे विरोधी पक्ष को एक करता है। यह वांछित सामाजिक परिवर्तन की ओर भी अग्रसर हो सकता है। यहाँ तक कि समाज संघर्षों को दूर करने में कुछ-कुछ सफल हो सकता है। ऐसी स्थिति वांछनीय न हो। एक संघर्ष मुक्त समाज निर्जीव होगा।

एक अन्य प्रकार का भी सहयोग संघर्ष होता है जिसे प्रतियोगिता कहा जाता है जिसके द्वारा व्यक्ति और समूह एक ही लक्ष्यों पर पहुँचने के लिए संघर्ष करते हैं परंतु उनका प्रमुख उद्देश्य प्रतियोगियों की ओर नहीं प्राप्त किए जाने वाले लक्ष्यों की ओर होता है।

इसमें एक प्रतियोगी लक्ष्य प्राप्त करेगा और दूसरा प्रतियोगी पराजित होगा। सहयोग के विपरीत प्रतियोगी एक-दूसरे के विरोध में अपने लक्ष्य अलग से प्राप्त करते हैं।

(2) विनियम अथवा आदान-प्रदान–विनियम अंत:क्रिया का एक रूप है जिसके द्वारा व्यक्ति एक निश्चित तरीके से पुरस्कार या प्रतिफल प्राप्त करने के प्रयोजन के लिए दूसरे व्यक्ति के लिए कार्य करता है। पुरस्कार मौद्रिक अथवा भौतिक पदार्थ में हो यह जरूरी नहीं है। व्यक्तिपरक संवेगात्मक पुरस्कार अनेक सामाजिक विनिमय संबंधों का निर्माण करते हैं। कृतज्ञता पर आधारित विनिमय संबंध सामान्य जानकारी की अपेक्षा लोगों के जीवन में अत्यधिक महत्त्वपूर्ण है। सांप्रदायिक दंगे के पीड़ित व्यक्ति को अपने घर में आश्रय देना, सड़क पर वृद्ध व्यक्ति की सहायता करना, अपने बीमार सहकर्मी को छोटा-सा उपहार देना ये सभी उन कार्यों को रेखांकित करते हैं जिनके लिए दूसरा व्यक्ति आभार व्यक्त करेगा जो कुछ हमने उसके लिए किया। किसी

व्यक्ति का अन्य व्यक्ति के लिए प्रेम केवल उस प्रेम की अपेक्षित वापसी पर आधारित नहीं है, बल्कि वह आशा निस्संदेह संबंधों का एक भाग है। यदि व्यक्ति को प्रदान किए गए प्रेम के लिए कोई कृतज्ञता नहीं मिलती है तो प्रेम की विनियम को बचा नहीं पाएगी।

(3) समायोजन अथवा तालमेल–समायोजन व्यक्तियों के उस व्यवहार में अर्जित परिवर्तनों को सूचित करता है जो उन्हें उनके पर्यावरण (परिवेश) के अनुकूल समायोजित करने में सक्षम बनाता है–यह अनुकूलन से भिन्न है जो व्यवस्थित अथवा संरचनात्मक संशोधन के माध्यम से समायोजन है और यह आनुवांशिकता से संचारित होता है। अनुकूलन समायोजन वह होता है जिसे सामाजिक रूप से संचारित व्यवहार स्वरूपों को प्राप्त करने और व्यवहार करने के नए तरीकों को अपनाने के द्वारा प्राप्त किया जाता है। पशु जिन्हें मनुष्यों से कम माना जाता है, वे अनुकूलन के द्वारा स्वयं को ढाल लेते हैं जबकि मनुष्य समायोजन के माध्यम से स्वयं को ढालते हैं। यह इस कारण है कि एक सही सामाजिक पर्यावरण में मानव जीवन को इसके साथ समायोजन की जरूरत होती है।

(4) आत्मसात्करण–आत्मसात्करण एक ऐसी प्रक्रिया है जिसके द्वारा लोग और समूह इसकी अभिवृत्तियों, चिंतन और व्यवहार करने के रूपों को अपनाकर समूह की संस्कृति प्राप्त करते हैं। यह वह प्रक्रिया है जिसके द्वारा व्यक्ति और समूह अन्य व्यक्तियों अथवा समूहों के अनुभव और इतिहास का आदान-प्रदान करके उनकी स्मृतियाँ, भावनाएँ और अभिवृत्तियों को अर्जित करते हैं। आत्मसात्कृत समूह के सामान्य के सांस्कृतिक जीवन को अपने में समाविष्ट करते हैं। आत्मसात् होने की प्रक्रिया में, व्यक्ति अथवा समूह दूसरों की संस्कृति अपनाने के लिए, अपनी संस्कृति छोड़ देते हैं। अन्य शब्दों में, इस प्रक्रिया में विराष्ट्रीयकरण और पुनर्राष्ट्रीयकरण शामिल होता है।

(5) एकीकरण–एकीकरण का अर्थ विभिन्न संरचनात्मक अंगों की समानता नहीं है, बल्कि समाज को बनाए रखने के लिए अनिवार्य कुछ बुनियादी सामान्य मूल्यों से है। एकीकरण सामंजस्य स्थापित करने की प्रक्रिया है जिसके द्वारा समाज के विभिन्न संरचनात्मक घटक उपयुक्त ढंग से संगठित होते हैं। जब नई प्रौद्योगिकी के कारण समाज में बुनियादी परिवर्तन होते हैं तो परंपरागत मूल्य अपर्याप्त हो सकते हैं। जो एकीकरण के लिए कुछ आवश्यक पुनर्समायोजन की अपेक्षा रखते हैं। एकीकरण समाज की न केवल निरंतरता बनाए रखता है बल्कि उन लोगों के जीवन को अर्थ और उद्देश्य प्रदान करता है जो स्वयं को व्यापक और सौहार्दपूर्ण सामाजिक जीवन का एक अंग समझते हैं।

एकीकरण उस पृथक्करण अथवा अलगाव से संघर्ष करता है जिसमें संप्रेषणात्मक अंत:संपर्क अथवा सामाजिक संपर्क की कमी होती है। व्यक्ति अथवा समूह दोनों ही अलग हो सकते हैं। दोनों प्रकार के पृथक्करण में भेद किया जा सकता है। ये हैं–स्थानिक पृथक्करण और आंगिक पृथक्करण। स्थानिक पृथक्करण कारावास अथवा निर्वासन के द्वारा होता है और व्यक्ति संपर्कों से वंचित हो जाता है। आंगिक पृथक्करण व्यक्ति के कुछ अंगों की त्रुटियों विकारों के कारण होता है, जैसे–बधिरता अथवा दृष्टिहीनता। पृथक्करण को नकारात्मक मूल्य समझा जाता है। अस्थायी अथवा आंशिक पृथक्करण उपयोगी होने के बावजूद, पूर्ण पृथक्करण हानिकारक हो सकता है। किसी व्यक्ति अथवा समूह को अपनी पहचान को बचाने के लिए, कभी-कभी समाज से अलग

होना पड़ता है लेकिन अगर कोई व्यक्ति या समूह अधिक समय तक शेष समाज से पूरी तरह अलग हो जाता है तो इसका परिणाम मानसिक मंदता या व्यक्तित्व में खराबी आना होता है क्योंकि मनुष्य केवल साथियों की सहायता से ही बड़ा हो सकता है।

प्रश्न 3. भारत के संदर्भ में परोपकारी नैतिकता पर अपने विचार व्यक्त कीजिए।

अथवा

गाँधीवादी परोपकार को स्पष्ट कीजिए।

अथवा

भारत में परोपकारी नैतिकता के लिए एक मॉडल के रूप में मदर टेरेसा के परोपकार की चर्चा कीजिए।

अथवा

मदर टेरेसा की परोपकार को भारत में परोपकारी नैतिकता के मॉडल के तौर पर चर्चा कीजिए। [जून-2019, प्र.सं.-4(b)]

अथवा

गाँधीवादी परोपकार पर संक्षिप्त टिप्पणी कीजिए। [जून-2019, प्र.सं.-5(g)]

अथवा

गाँधीवादी परोपकार की व्याख्या करें। [दिसम्बर-2019, प्र.सं.-4(b)]

अथवा

मदर टेरेसा का परोपकार पर संक्षिप्त टिप्पणी कीजिए।

[दिसम्बर-2019, प्र.सं.-5(g)]

उत्तर– भारत में परोपकार की परंपरा सदियों पुरानी है और दान भारत में धर्मों और संस्कृतियों के बीच काम करता है। 1990 के दशक से ही, हमने अनेक भारतीय उद्योगपति घरानों विशेषकर टाटा घरानों को देखा जिन्होंने आधुनिक युग में परोपकार को नया रूप प्रदान किया। उन्होंने अनेक प्रकार की संस्थाएँ स्थापित कीं और पूरे भारत में विभिन्न प्रकार के आंदोलनों का समर्थन किया। नई शताब्दी जिसने वर्ष 2000 में नया सवेरा देखा, उसे बहुत तेजी से बढ़ने की जरूरत है। पिछले तीन दशकों में, अनेक बातों ने भारत में कुछ ही लोगों के हाथों में असाधारण धन-संपत्ति को सृजित होने दिया है। इसने अमीरों और गरीबों के बीच अंतराल को बढ़ाया है। वे लोग जिनके पास अप्रत्याशित धन है, उनके पास पर्याप्त उत्तरदायित्व भी है। उन्हें आगे भी दान देना होता है और पीछे भी दान करना होता है तथा उन्हें समाज के ढाँचों को भी देखना होता है जो कुछ ही हाथों में धन केंद्रित करने दे सकते हैं।

आज पश्चिमी विश्व में, परोपकार ने एक अत्यंत रोचक नया रुझान हासिल कर लिया है। कॉर्पोरेट क्षेत्रों में ऐसे अनेक अत्यंत प्रतिभाशाली युवा मस्तिष्क हैं जो आगे आ रहे हैं और कह रहे हैं कि भारत में अत्यधिक बेहतर चुनौतियाँ हैं। दिखाई देता है कि बुद्धिमान युवा भारत में आ रहे हैं और उत्साहित लोगों के साथ मिलकर पर्याप्त मार्ग खुल रहे हैं। अत: यह भारतीय परोपकार के लिए एक अत्यंत आशाप्रद समय है।

किस प्रकार की परोपकारी नैतिकता के बारे में हम बात कर रहे हैं? क्या यह केवल विद्यालयों और अस्पतालों को स्थापित करने के बारे में है? गाँधीवादी और मदर टेरेसा के परोपकार आज भी गरीबों के उत्थान के लिए सर्वोत्तम मॉडल के रूप में कार्य कर रहे हैं–

गाँधीवादी परोपकार–गाँधीवादी परोपकार में कोई भी व्यक्ति परोपकार के कुछ महत्त्वपूर्ण सिद्धांतों को अनुभव कर सकता है। भारत की सांस्कृतिक परंपराओं का अनुसरण करते हुए, गाँधी जी ने ईश्वर को एक व्यक्ति के रूप में नहीं बल्कि अदृश्य शक्ति के रूप में देखा जो उनके लिए सत्य के रूप में अभिव्यक्त था और जो उनके लिए एक मुख्य मत था। उन्होंने अपनी आत्मकथा का नाम "सत्य के साथ मेरे अनुभवों की कहानी" रखा। उनका यह विश्वास कि "सत्य ही ईश्वर है" ने मानव जाति के एकत्व तथा सर्व-अस्तित्व की अनिवार्य एकता के विचार को जन्म दिया। अहिंसा का प्रयोग/प्रचार इस सत्य को प्राप्त करने का साधन था।

गाँधी के सर्वोदय का दैनिक दर्शनशास्त्र जिसका अर्थ सार्वभौम उत्थान अथवा कल्याण था, वह भी मानव जाति के एकत्व में उनके विश्वास से प्रवाहित हुआ। सर्वोदय, उपयोगितावाद से भी आगे एक परोपकारी कदम था जिसमें बड़ी संख्या में लोगों के कल्याण की अपेक्षा की गई थी। गाँधी का विश्वास था कि आर्थिक नीति और व्यावसायिक व्यवहार नैतिक मूल्यों की उपेक्षा नहीं कर सकते थे। उन्होंने कहा था कि प्रकृति ने मानव की जरूरतों को पूरा करने के लिए पर्याप्त रूप से व्यवस्था की है लेकिन मानव लालच के लिए नहीं। चूँकि अमीरों के पास उनकी आवश्यकताओं से अधिक धन-संपत्ति है, इसलिए उनका कर्त्तव्य है कि वे शेष धन का प्रयोग अन्य लोगों के कल्याण के लिए करें। अपनी आत्मकथा में गाँधी जी ने कहा है कि वे भगवद्गीता में व्यक्ति अपरिग्रह (जिसका अर्थ अस्वामित्व है) की अवधारणा से प्रेरित थे।

गाँधी का परोपकार दानशीलता अथवा उदाहरण के सदृश्य नहीं था क्योंकि उनका विश्वास था कि शारीरिक रूप से सक्षम लोगों को अपनी आजीविका के लिए कार्य करना चाहिए और स्वस्थ लोगों को दान देना न केवल लज्जाजनक है बल्कि अपमानजनक भी है तथा यह दानी को संतोष का एक गलत बोध भी प्रदान करता है। उनका समाजवाद के स्वैच्छिक रूप में विश्वास था। गाँधी जी साम्यवादियों से उनके लक्ष्य प्राप्त करने के लिए हिंसा के प्रयोग से असहमत थे यद्यपि उनका समतावाद उन्हें अच्छा लगता था। गाँधी पूँजीवादियों के बीच असहज महसूस नहीं करते थे। भारत में बिरला ग्रुप ऑफ कंपनीज के संस्थापक जी.डी. बिरला ने गाँधी आश्रमों और उनके विभिन्न संगठनों के रख-रखाव के लिए बहुत अधिक धन प्रदान किया। गाँधी ने पूँजीवादियों और पूँजीवाद के बीच में अंतर स्पष्ट किया। शक्ति और राज्य प्रवर्तन के प्रति गाँधी की अरुचि ने आरंभ में परोपकार को एक स्वैच्छिक व्यवहार का अर्थ प्रदान किया लेकिन ऐसा उनके जीवन के अंतिम दौर में हुआ जिससे व्यापक स्वीकृति की कमी के कारण उनकी निराशा बढ़ गई और विधान और राज्य प्रवर्तन की ओर हो गया। व्यापक अर्थ में परोपकार एक व्यापक गतिशील प्रक्रिया है जिसका गाँधी ने समर्थन किया तथा जिसने ताकतवरों और कमजोरों, गरीबों और अमीरों तथा शासकों तथा शासितों के बीच संबंध को नियंत्रित किया। उन्होंने लोगों को आवश्यकता के अनुसार इसे रखने के लिए सभी लोगों के उत्तरदायित्व के रूप में देखा और शेष धन को सर्वाधिक गरीबों के लाभ के लिए प्रयोग करने के लिए कहा। गाँधी के लिए, धनी व्यक्तियों को परोपकारियों के रूप में कार्य करने के लिए प्रोत्साहित किया जाना चाहिए बल्कि उन्हें नैतिक रूप से भी ऐसा

करना चाहिए। उनकी इच्छा उस गरीबी को दूर करने की थी जो उन्होंने अपने चारों ओर देखी थी और राज्य हस्तक्षेप अथवा साम्यवादियों के हिंसक साधनों की अपेक्षा समान वितरण के प्रति अहिंसक दृष्टिकोण अपनाने पर जोर दिया। यहाँ तक कि व्यक्ति दावा कर सकता है कि वह गरीबी का कारण नहीं है तथा समाज में रहना और इसके लाभों को बाँटना यह सभी की साझा जिम्मेदारी की जरूरत होती है। कोई भी व्यक्ति तर्क प्रस्तुत कर सकता है कि अपने पर खर्च करने की स्वैच्छिक पहल करना, व्यक्ति निश्चय ही समाज को हानि पहुँचा रहा है जिसके लिए धन का प्रयोग कर सकता है।

परोपकार में उन गतिविधियों का योगदान करना शामिल है जो अच्छे कार्यों के लिए होती हैं। इसमें दान के इस कार्य से आगे दानी के निश्चय अथवा व्यवहार शामिल नहीं हैं। न ही यह निर्णय लेने पर बाधाएँ डालती हैं किंतु गाँधीवादी परोपकार यह निर्धारित करता है कि निगमों को अपनी जिम्मेदारी जाननी चाहिए और जिम्मेदार ढंग से उसके अनुसार कार्य करना चाहिए।

मदर टेरेसा परोपकार—मदर टेरेसा एक परोपकारी महिला थीं। उन्होंने अनेक वर्षों तक मरणासन्न और बीमारों को सड़कों से उठाने और उन्हें ले जाने का कार्य किया। उन्होंने गरीब-से-गरीब की सेवा करने और उनके बीच रहने तथा उनसे स्नेह करने का कार्य किया। उन्होंने लोगों के जीवन और मृत्यु को शांतिपूर्ण और प्रेमपूर्ण बनाने की कोशिश की। वे उन्हें भोजन खिलातीं, उनकी साफ-सफाई करतीं और जिस किसी को सहायता की जरूरत पड़ती, उनकी देखभाल करती थीं जैसा कि उन्होंने बताया निम्नलिखित घटना उनके कार्य की कहानी की शुरुआत है—"एक दिन, एक कूड़े के ढेर में, मुझे एक औरत मिली जो अधमरी थी। उसके शरीर को चूहों और चींटियों ने खा रखा था। मैं उसे अस्पताल ले गई, परंतु अस्पताल के डॉक्टरों ने मुझसे कहा कि वे उसे वहाँ नहीं रख सकते थे क्योंकि वे उसके लिए कुछ नहीं कर सकते थे। मैंने विरोध किया और कहा कि मैं तब तक वहाँ से नहीं जाऊँगी जब तक वे उसका इलाज नहीं कर देते।" उन्होंने एक लंबी बैठक की और अंत में मेरे अनुरोध को मान लिया। उस औरत को बचा लिया गया। कलकत्ता की सड़कों पर अकेले मर रहे लोगों की देखभाल करने के लिए एक घर की आवश्यकता को महसूस करते हुए, मदर टेरेसा ने शहर के अधिकारी से एक स्थान देने का अनुरोध किया जिन्होंने उसे मंदिर के समीप एक बिल्डिंग दे दी। उन्होंने इस नए घर को "निर्मल हृदय" कहा। वह स्थान था जहाँ बेघर, मरणासन्न लोगों की साफ-सफाई की जाती थी, उन्हें भोजन दिया जाता था। यह कलकत्ता के लोगों को उन पर विश्वास करने का संघर्ष था।

लोगों को डर था कि मदर टेरेसा लोगों की इसलिए सहायता कर रही हैं ताकि वे उन्हें ईसाई धर्म में परिवर्तित कर सकें। उनका यह इरादा नहीं था। वे लोगों के धर्मों का सम्मान करती थीं और केवल यह विश्वास करती थीं कि प्रत्येक व्यक्ति को प्रेमपूर्ण और स्नेहपूर्ण वातावरण में मृत्यु प्राप्त हो। शीघ्र ही लोगों को उनके सही इरादे का पता चल गया और उन्होंने मरणासन्न लोगों को प्रेम और देख-रेख के लिए सड़कों से "निर्मल हृदय" में लाना शुरू कर दिया। उनकी मृत्यु के बाद भी मिशनरीज ऑफ चैरिटी ने मरणासन्न लोगों, बीमारों, अनाथ बालकों, कुष्ठ रोगियों, बूढ़े-बुजुर्गों, विकलांगों और एच.आई.वी. तथा एड्स पीड़ितों के लिए पूरे विश्व में आश्रम स्थापित करना जारी रखा है।

अध्याय

नैतिक संहिता (Ethical Codes)

भूमिका

नैतिक संहिता मानव मूल्यों की वह सूची है, जिसमें अच्छा-बुरा, सही-गलत के मानदंड दिए जाते हैं। संसार के दार्शनिकों, मनोवैज्ञानिकों, शिक्षाशास्त्रियों तथा समाजशास्त्रियों ने नैतिकता को मानवीय गुण माना है। वास्तव में नैतिक गुणों की पूर्ण सूची तैयार नहीं की जा सकती, लेकिन संक्षेप में हम उन गुणों को नैतिक कह सकते हैं जो व्यक्ति के स्वयं के सर्वांगीण विकास और कल्याण में योगदान देने के साथ-साथ किसी अन्य के विकास और कल्याण में किसी प्रकार की बाधा न पहुँचाए।

प्रश्न 1. सामाजिक कार्य मूल्यों और नैतिकता के विकास के महत्त्वपूर्ण चरणों की व्याख्या कीजिए।

उत्तर– सामाजिक कार्य मूल्यों और नैतिकता के विकास में कई महत्त्वपूर्ण चरण रहे हैं–

(1) 19वीं शताब्दी के परवर्ती काल से पहला चरण शुरू होता है, जब सामाजिक कार्य का व्यवसाय के रूप में औपचारिक उद्घाटन किया गया था। इस अवधि के दौरान सामाजिक कार्य का बहुत अधिक संबंध नैतिकता के बारे में था न कि व्यवसाय या उसके व्यवसायी की नैतिकता या आचार के बारे में। दि इंग्लिश पूअर रिफॉर्म विधेयक, 1834 संभवत: नैतिकता के महत्त्व के बेहतरीन उदाहरण का प्रतिनिधित्व करता है तथा कथित प्रतिष्ठित अर्थशास्त्री विश्वास करते थे कि गरीबी "मजदूरी कमाने वाले वर्गों की प्राकृतिक दशा", एक घटिया कानून था जिसकी सरकार ने बनावटी तौर पर उत्पत्ति की थी जिससे मध्यम और उच्च वर्गों पर कर लगाया गया ताकि जरूरतमंद दुराग्रहियों की देखभाल की जा सके।

आयोग की रिपोर्ट का एक परिणाम यह निकला कि हृष्ट-पुष्ट लोगों के लिए सार्वजनिक सहायता बंद कर दी गई सिवाय सार्वजनिक संस्थाओं के। इसके अलावा रिपोर्ट में गरीबी का वर्णन एक दशा के रूप में किया गया जो व्यक्तियों की नैतिक निकृष्टता के परिणामस्वरूप उपजी थी।

इस अवधि के दौरान ऐसा ही दृष्टिकोण यूनाइटेड स्टेट्स में प्रचलित हुआ। यद्यपि "उपयुक्त" और "अनुपयुक्त" गरीब में, नाम मात्र का अंतर था, जो उपयुक्त समझे जाते थे। नैतिक रूप से असफल लोगों के रूप में बार-बार भर्त्सना की जाती थी; प्रोटेस्टेंट इथिक ने इस विश्वास को प्रोत्साहित किया कि गरीब अपने संसाधनों का उपयोग करने में असफल होने के कारण से दु:खी थे।

(2) 20वीं शताब्दी के आरंभ में सैटलमेंट हाउस मूवमेंट और प्रगतिशाली युग की शुरुआत में द्वितीय महत्त्वपूर्ण अवस्था का आरंभ हुआ जिसमें बहुत से सामाजिक कार्यकर्त्ताओं के उद्देश्य और मूल्य अभिविन्यास नैतिकता के बारे में चिंता से बदल कर नाटकीय सामाजिक सुधारों की जरूरत में तब्दील हो गए।

सैटलमेंट हाउस मूवमेंट जो यूनाइटेड स्टेट्स में सन् 1886 में नेबरहूड गिल्ड के खुलने से शुरू हुई, ने नैतिक निकृष्टता के आरोपों से दूर की अवस्था को जन्म दिया। उनका मानना था कि गरीबी का अंत बुनियादी सामाजिक परिवर्तन के फलस्वरूप किया जा सकता है–अधिक रोजगार और बेहतर कार्यदशाएँ स्वास्थ्य देखभाल, शिक्षा और आवास प्रदान करके किया जा सकता है। गरीबी नैतिक निकृष्टता के फलस्वरूप नहीं आई बल्कि अपर्याप्त सामाजिक दशाओं से या सुअवसरों के अभाव से आई।

(3) आरंभ में तीसरी महत्त्वपूर्ण अवस्था शुरू हुई जब सामाजिक कार्य व्यवहार के नैतिक आयामों के बारे में चिंता तीव्र हुई। व्यवसाय और उसके व्यवसायी की नैतिकता या आचार पर अधिक फोकस किया गया। व्यवसाय ने व्यवसायियों में समुचित आधार बढ़ाने के लिए नैतिक दिशा-निर्देशों को विकसित करना शुरू किया। कई सालों तक वाद-विवाद और चर्चा के बाद सन् 1947 में सामाजिक कार्यकर्त्ताओं की अमेरिकन एसोसिएशन के प्रतिनिधियों ने नैतिक संहिता अपनाई।

सामाजिक कार्य में नैतिकता के अर्थ में महत्त्वपूर्ण परिवर्तन उस समय आया जब द्वितीय विश्वयुद्ध के बाद साहित्य में यह शब्द आया। व्यवसाय के प्रति केंद्रित समझी जाने वाली सभी संगठित चर्चाओं, उदाहरणार्थ–व्यक्ति की योग्यता व सम्मान, आत्म-निर्धारण, पर्याप्त जीवनयापन दशा और दूसरों के द्वारा आदर स्वीकार करने का आयोजन किया गया। उनमें सामाजिक कार्यकर्त्ताओं के अपने ग्राहकों, साथियों और नियोक्ताओं के साथ संबंध, उदाहरण के लिए ग्राहक की गोपनीयता के अधिकार को संरक्षित रखने, कार्यकर्त्ता की भेदभाव का विरोध करने की जिम्मेदारी तथा कार्यकर्त्ता के हितों के विवाद से बचने के दायित्व के संबंध में विशिष्ट दिशा-निर्देश के कार्य में काम आने वाली चर्चाएँ और नियम भी शामिल हैं जिनका अभिप्राय सामाजिक कार्यकर्त्ताओं के उनके ग्राहकों, साथियों और नियोजकों के साथ संबंध में काम आने वाले विशिष्ट दिशा-निर्देश हैं, उदाहरण के लिए, गोपनीयता के प्रति ग्राहक के अधिकार की संरक्षा के संबंध में, कार्यकर्त्ता की भेदभाव का विरोध करने की जिम्मेदारी और हितों के विवाद से बचने के लिए कार्यकर्त्ता का दायित्व।

(4) वर्ष 1960 में सामाजिक कार्यकर्त्ताओं ने सामाजिक न्याय, अधिकारों और सुधारों के प्रति नैतिक व्याख्या की ओर अधिक ध्यान दिया। राष्ट्रीय सामाजिक कार्यकर्त्ता संघ ने अपनी पहली नैतिक संहिता सन् 1960 में अपनाई। सामाजिक कार्य मूल्यों और नैतिकता के बारे में उभरती चिंता की अत्यधिक दृष्टिगोचर अभिव्यक्ति थी। सन् 1976 में प्रकाशित होने वाली चार्ल्स एस. लेवी की "सामाजिक कार्य नैतिकता"।

समकालीन दार्शनिकों ने विभिन्न तरह से नैतिक निर्णयों को उचित ठहराने का प्रयास किया है। उनके सिद्धांत दो प्रमुख विचारधाराओं का प्रतिनिधित्व करते हैं–

(क) यहाँ ऐसे लोग हैं जो दावा करते हैं कई किस्म की कार्रवाई स्वाभाविक तौर पर अच्छी या बुरी है, सैद्धांतिक रूप से अच्छी या बुरी। इस विचारधारा की पैरवी करने वाले सामान्यतया नीतिशास्त्री के रूप में जाने जाते हैं।

(ख) अन्य कुछ लोग ऐसे हैं जो तर्क देते हैं कि कुछ सिद्धांत इसलिए निष्पादित नहीं किए जाते क्योंकि वे मूलभूत रूप से अच्छे होते हैं बल्कि वे अपने परिणामों के नाते अच्छे होते हैं। वे आमतौर पर उद्देश्यवादी कहलाते हैं। व्यवहारिकतावादी सिद्धांत जिसमें कहा गया है कि कोई कार्य ठीक है यदि यह प्रत्येक के लिए अधिकतम अच्छाई को प्रोत्साहित करता है। यह सिद्धांत ऐतिहासिक रूप से अत्यधिक लोकप्रिय व्यवहारिकतावादी सिद्धांतों में से एक है जैसा कि इसका सामाजिक कार्यकर्त्ताओं द्वारा किए गए बहुत से निर्णयों में इसका समर्थन हुआ है।

सामाजिक कार्यकर्त्ताओं के कार्य में काम आने वाले मार्गदर्शी नियमों का महत्त्वपूर्ण उदाहरण राष्ट्रीय समाज कल्याण संघ (एन.ए.एस.ए., 1980) द्वारा ड्राफ्ट की गई नैतिक संहिता है। एन.ए.एस.डब्ल्यू. नैतिक संहिता में ऐसे सिद्धांत शामिल हैं, जो नैतिकता पर एन.ए.एस.डब्ल्यू. कार्यबल के सदस्यों द्वारा ध्यानपूर्वक और सोच-विचार करके तैयार किए गए थे। विशिष्ट सिद्धांतों की विषयवस्तु, अन्य व्यावसायिक संगठनों द्वारा विकसित नैतिक संहिताओं की समीक्षा और सामाजिक कार्य में नैतिक मामलों पर विचार करने के लिए आयोजित कार्यबल सदस्यों, अध्ययन समूहों व समाज कार्य व्यवसायियों एवं आमतौर पर विद्वानों के योगदानों द्वारा प्रभाव में आए।

प्रश्न 2. एन.ए.एस.डब्ल्यू. नीति संहिता का उल्लेख कीजिए।

अथवा

सामाजिक कार्यकर्त्ताओं का मार्गदर्शन करने के लिए नैतिक स्तरों से संबंधित मामले क्या हैं?

अथवा

NASW आचार संहिता पर संक्षिप्त टिप्पणी कीजिए। [जून-2019, प्र.सं.-5(b)]

उत्तर– राष्ट्रीय सामाजिक कार्यकर्त्ता संगठन नीति संहिता का तात्पर्य सामाजिक कार्यकर्त्ताओं के दैनिक व्यावसायिक आचरण में उनके मार्गदर्शन से है। इस संहिता में चार खंड सम्मिलित हैं–

(1) प्रथम खंड "आमुख" है, जो समाज कार्य व्यवसाय के ध्येय और महत्त्वपूर्ण मूल्यों का सार है।

(2) द्वितीय खंड "एन.ए.एस.डब्ल्यू. नैतिक संहिता का प्रयोजन" संहिता के प्रमुख कार्यों की झलक और नैतिक मामलों या सामाजिक कार्य व्यवहार में दुविधा से निपटने के लिए मार्गदर्शन प्रदान करता है।

(3) तृतीय खंड "नैतिक सिद्धांत" विस्तृत नैतिक सिद्धांत जो सामाजिक कार्य के उन महत्त्वपूर्ण मूल्यों पर आधारित है जिनसे समाज कार्य व्यवहार निष्पादित होते हैं, प्रस्तुत करता है।

(4) चतुर्थ अथवा अंतिम खंड "नैतिक मानकों" से संबंधित है जिसमें सामाजिक कार्यकर्त्ताओं के आचरण का मार्गदर्शन करने और न्यायिक निर्णय के लिए आधार प्रदान करने के लिए विशिष्ट नैतिक स्तर शामिल हैं।

प्रथम खंड–आमुख–आमुख सामाजिक कार्य, व्यवसाय के ध्येय और महत्त्वपूर्ण मूल्यों का सार है। नैतिक संहिता के आमुख में उल्लेख है कि "यह समाज कार्य व्यवसाय के सदस्यों के प्रतिदिन के आचरण में मार्गदर्शन प्रदान करने का काम करता है।

सामाजिक कार्यकर्त्ता से उम्मीद की जाती है कि इस संहिता में उन सभी सिद्धांतों पर विचार करे जिनका संबंध किसी ऐसी स्थिति से हो जिसमें नैतिक निर्णय करना होता है और व्यावसायिक हस्तक्षेप या आचरण आयोजित करना होता है।

समाज कल्याण व्यवसाय का मिशन महत्त्वपूर्ण मूल्यों की जड़ों में होता है। ये महत्त्वपूर्ण मूल्य जिनका व्यवसाय के इतिहास में संपूर्ण रूप से सामाजिक कार्यकर्त्ताओं ने आलिंगन किया होता है, समाज कार्य के अनूठे प्रयोजन और परिप्रेक्ष्य की नींव हैं–

- सेवा
- सामाजिक न्याय
- व्यक्ति का सम्मान और योग्यता
- मानव संबंधों का महत्त्व
- निष्ठा
- क्षमता

महत्त्वपूर्ण मूल्यों का यह समूह प्रदर्शित करता है कि समाज कल्याण व्यवसाय में अनोखा क्या है। महत्त्वपूर्ण मूल्य और सिद्धांत जो उनसे प्रवाहित होते हैं, उनमें मानव अनुभव के संदर्भ और जटिलताओं के बीच संतुलन जरूर होना चाहिए।

द्वितीय खंड–प्रयोजन–एन.ए.एस.डब्ल्यू. नैतिक संहिता का प्रयोजन "संहिता के मुख्य कार्यों की झलक और नैतिक मामलों या सामाजिक कार्य व्यवहार में दुविधा से निपटने के लिए संक्षिप्त मार्गदर्शन प्रदान करना है।

- विशाल नैतिक मूल्य, जो व्यवसाय के महत्त्वपूर्ण मूल्यों को बताते हैं प्रदर्शित करना और समाज कार्य व्यवहार के मार्गदर्शन के लिए नैतिक मानकों को स्थापित करना।
- जब व्यावसायिक दायित्व, विवाद या नैतिक अनिश्चितताएँ पैदा हों तो सामाजिक कार्यकर्त्ताओं की संगत विचारों की पहचान करने में सहायता करना।
- नए व्यवसायियों को सामाजिक कार्य के मिशन, मूल्यों और नैतिक स्तरों के प्रति सामाजिक बनाना।
- ऐसे नैतिक मानक प्रदान करना जिनसे आम जनता सामाजिक कार्य व्यवसाय को उत्तरदायी ठहरा सकती हो।
- ऐसे मानक सुस्पष्ट करना जिन्हें व्यवसायी स्वयं यह निर्धारित करने के लिए प्रयुक्त कर सके कि क्या सामाजिक कार्यकर्त्ता अनैतिक आचरण में लिप्त हैं।

तृतीय खंड–नैतिक सिद्धांत–यह खंड सामाजिक कार्य की सेवा के महत्त्वपूर्ण मूल्यों पर आधारित मुख्यत: छह नैतिक सिद्धांतों, सामाजिक न्याय, व्यक्ति का गौरव और सम्मान, मानव संबंधों का महत्त्व, निष्ठा और क्षमता को प्रस्तुत करता है। ये सिद्धांत अनैतिक सिद्धांतों को बताते हैं जिनकी हर सामाजिक कार्यकर्त्ता को अभिलाषा करनी चाहिए।

चौथा खंड–नैतिक मानक–इस खंड में सामाजिक कार्यकर्त्ताओं के आचरण का मार्गदर्शन करने के लिए 155 विशिष्ट नैतिक मानक शामिल हैं और एन.ए.एस.डब्ल्यू. सदस्यों के विरुद्ध दायर नैतिक शिकायतों के न्याय-निर्णयन के लिए आधार हैं। मानक निम्नलिखित छह श्रेणियों में आते हैं–

- ग्राहकों के प्रति सामाजिक कार्यकर्त्ताओं की नैतिक जिम्मेदारियाँ।
- साथियों के प्रति सामाजिक कार्यकर्त्ताओं की नैतिक जिम्मेदारियाँ।
- व्यवहार में सामाजिक कार्यकर्त्ताओं की नैतिक जिम्मेदारियाँ।
- व्यवसायियों के रूप में सामाजिक कार्यकर्त्ताओं की नैतिक जिम्मेदारियाँ।
- सामाजिक कार्य व्यवसाय के प्रति सामाजिक कार्यकर्त्ताओं की नैतिक जिम्मेदारियाँ।
- विशाल समाज के प्रति सामाजिक कार्यकर्त्ताओं की नैतिक जिम्मेदारियाँ।

अपनाए जाने वाले कुछ मानक व्यावसायिक आचरण के लिए लागू करने योग्य हैं और कुछ प्रेरणादायक हैं। जिस सीमा तक प्रत्येक मानक लागू करने योग्य है, वह व्यावसायिक निर्णय का मामला है जो जिसका प्रयोग नैतिक मानकों की पुनरीक्षा के कथित उल्लंघनों की पुनरीक्षा करने वालों की जिम्मेदारी है।

ग्राहकों के प्रति नैतिक जिम्मेदारियाँ–संहिता के नैतिक मानकों का प्रथम खंड अत्यंत विस्तृत है। यह व्यक्तियों, परिवारों, जोड़ों और ग्राहकों के छोटे समूहों को सेवाओं के वितरण में शामिल व्यापक मामलों का समाधान करता है। विशेष करके यह खंड ग्राहकों के प्रति सामाजिक कार्यकर्त्ताओं, आत्म-निर्धारण के प्रति ग्राहकों के अधिकार, सूचना सहमति, व्यावसायिक क्षमता,

सांस्कृतिक क्षमता और सामाजिक विभिन्नता हितों में विरोध, एकांतता और गोपनीयता ग्राहकों को रिकॉर्ड की सुलभता, ग्राहकों के साथ यौन संबंध और शारीरिक संपर्क, यौन शोषण, भद्दी भाषा का प्रयोग, सेवाओं के लिए भुगतान, उन ग्राहकों पर जिनमें निर्णय लेने की क्षमता हो, सेवाओं में बाधा तथा बर्खास्तगी पर केंद्रित है।

साथियों के प्रति नैतिक जिम्मेदारियाँ—संहिता का यह खंड सामाजिक कार्यकर्त्ताओं के व्यावसायिक साथियों के साथ संबंधों से संबंधित मामलों का निपटारा करता है। इनमें, साथियों के लिए आदर; साथियों के साथ साँझा की गई गोपनीय सूचना का समुचित प्रतिपादन; साथियों में अंतराविषयक सहयोग और विवाद, सेवाओं के लिए रैफरल; साथियों के साथ यौन संबंध और यौन शोषण तथा दुर्बल, अक्षम और अनैतिक के साथ व्यवहार शामिल हैं।

व्यावहारिक परिदृश्य में नैतिक जिम्मेदारियाँ—संहिता का यह खंड, समाज सेवा अभिकरणों, मानव सेवा संगठनों, प्राइवेट प्रैक्टिस और समाज कार्य शिक्षा कार्यक्रमों का समाधान करता है। मानकों का संबंध सामाजिक कार्य पर्यवेक्षण, परामर्श, शिक्षा या प्रशिक्षण, कार्य निष्पादन मूल्यांकन, ग्राहक रिकॉर्ड, सेवाओं के लिए बल; ग्राहक अंतरण; अभिकरण प्रशासन; सतत् शिक्षा और स्टाफ विकास; नियोजनों के प्रति प्रतिबद्धता तथा श्रमिक प्रबंधन विवाद से होता है।

व्यवसायियों के रूप में नैतिक जिम्मेदारियाँ—संहिता का यह खंड ऐसे मामलों पर केंद्रित है जो मुख्यतया सामाजिक कार्यकर्त्ताओं की व्यावसायिक निष्ठा से संबंधित हो। मानक, सामाजिक कार्यकर्त्ताओं की क्षमता, ऐसे किसी बर्ताव से बचने का दायित्व जो दूसरों से भेदभाव करे, प्राइवेट, आचरण, ईमानदारी, दुर्बलता, मिथ्या निरूपण, ग्राहकों का अनुरोध और गौरव की अभिस्वीकृति करने से संबंधित हैं।

सामाजिक कार्यकर्त्ताओं का उत्तरदायित्व कुशल पर जोर देते हुए संहिता सामाजिक कार्यकर्त्ताओं को प्रेरणा देती है कि व्यावसायिक साहित्य की सरसरी पुनरीक्षा और समीक्षा करें, शिक्षा को सतत् रखने में भागीदारी करें और अपने कार्य को अनुभव पर आधारित ज्ञान सहित, ऐसे मान्यता प्राप्त ज्ञान पर आधारित करें, जो सामाजिक कार्य प्रैक्टिस और नैतिकता से संबद्ध हो।

व्यवसाय के प्रति नैतिक जिम्मेदारियाँ—यह खंड संहिता व्यवसाय की निष्ठा तथा सामाजिक कार्य मूल्यांकन और अनुसंधान पर केंद्रित है। सामाजिक कार्यकर्त्ताओं की नैतिक जिम्मेदारियाँ ग्राहकों, सहकर्मियों और आम जनता तक ही सीमित नहीं हैं, बल्कि स्वयं उनमें सामाजिक कार्य व्यवसाय भी शामिल है। जो सिद्धांत व्यवसाय की निष्ठा से संबंधित हैं उनका संबंध सामाजिक कार्यकर्त्ताओं के, समुचित अध्ययन और अनुसंधान, शिक्षण, प्रकाशन, व्यावसायिक सम्मेलनों में प्रस्तुतीकरण देकर, परामर्श, समुदाय और व्यावसायिक संगठन के प्रति सेवाभाव तथा वैधानिक प्रमाण में संलग्न रहने के द्वारा अभ्यास के उच्च मानकों से संबंधित हैं।

बृहत्तर समाज के प्रति नैतिक जिम्मेदारियाँ—समाज कल्याण व्यवहार हमेशा से सामाजिक न्याय के प्रति प्रतिबद्ध रहा है। यह प्रतिबद्धता नैतिक संहिता के आमुख और संहिता के अंतिम खंड के नैतिक मानकों में स्पष्ट और जबरदस्त ढंग से प्रदर्शित की गई है।

मानक, सामाजिक न्याय और समाज के "स्थानीय से ग्लोबीय स्तरों तक" कल्याण का संवर्द्धन करने के कार्यकलापों में संलग्न रहने की सामाजिक कार्यकर्त्ताओं के उत्तरदायित्व को स्पष्ट

रूप से प्रकट करते हैं। इन कार्यकलापों में सामाजिक नीति संबंधी मामलों की सार्वजनिक चर्चा को आसान बनाने; सार्वजनिक आपातकाल में व्यावसायिक सेवाएँ प्रदान करने; बुनियादी मानवीय जरूरतों का सामाजिक समाधान करने के लिए सामाजिक और राजनीतिक कार्रवाई में संलग्न होना, उस हालात को प्रोत्साहित करना जो संस्कृति और सामाजिक विविधता के लिए सम्मान को प्रोत्साहन देने की शर्त तथा किसी व्यक्ति, ग्रुप या व्यक्तियों के वर्ग के विरुद्ध प्रधानता, शोषण और भेदभाव को रोकना और समाप्त करना शामिल हो सकता है। नैतिक मानक तीन तरह के मामलों से संबंधित है–

(1) जो गलतियाँ सामाजिक कार्यकर्त्ता करते हैं उनके नैतिक निहितार्थ होते हैं। उदाहरण के लिए, विश्वास से किसी के डैस्क पर सामग्री को इस ढंग से प्रदर्शित करना कि इसे गैर-प्राधिकृत व्यक्तियों द्वारा पढ़ा जाए।

(2) कठिन नैतिक निर्णय या दुविधाओं से संबंधित मामले–उदाहरण के लिए, क्या गोपनीय सूचना को तृतीय पक्ष को गंभीर नुकसान से संरक्षित करने के लिए प्रकट किया जाए।

(3) सामाजिक कार्यकर्त्ता के कदाचार से संबंधित मामले, जैसे–ग्राहकों का शोषण, की गई सेवा के लिए धोखाधड़ी से बिल तैयार करना या सीमा उल्लंघन।

प्रश्न 3. सामाजिक कार्यकर्त्ता को जिन नैतिक दुविधाओं का सामना करना पड़ता है, उनकी चर्चा कीजिए।

उत्तर– सामाजिक कार्यकर्त्ता को निम्नलिखित नैतिक दुविधाओं का सामना करना पड़ता है–

(1) व्यक्तिगत ग्राहकों, परिवारों और छोटे ग्रुपों (प्रत्यक्ष प्रैक्टिस) के साथ निहित दुविधा–नैतिक दुविधा में प्रत्यक्ष प्रैक्टिस में कई मामले शामिल होते हैं जिनमें अत्यधिक प्रधान विषय हैं–गोपनीयता और एकांतता, आत्म-निर्धारण, विभक्त रॉयल्टी, व्यावसायिक सीमाएँ, हितों में विरोध तथा व्यावसायिक और व्यक्तिगत मूल्यों के बीच संबंध।

ग्राहक का गोपनीयता का अधिकार बनाम सामाजिक कार्यकर्त्ता के तृतीय पक्ष को नुकसान से संरक्षित रखने का दायित्व।

(क) गोपनीयता और एकांतता–सामाजिक कार्यकर्त्ता पर, ग्राहक की गोपनीयता भंग करने पर अनाचार का आरोप लगाया जा सकता है। एन.ए.एस.डब्ल्यू. नैतिक संहिता में 18 विशिष्ट मानक हैं जिनका संबंध गोपनीयता समाधान से है।

(i) ग्राहक का गोपनीयता का अधिकार।

(ii) प्रकटन के लिए अपेक्षित सूचित सहमति।

(iii) तृतीय पक्षों की नुकसान से सुरक्षा।

(iv) जब सामाजिक कार्यकर्त्ता से गोपनीय सूचना प्रकट करने की अपेक्षा हो तो ग्राहकों को सूचित करना।

(v) गोपनीयता के प्रति ग्राहकों के अधिकार की सीमाएँ।

(vi) परिवारों, जोड़ों और लघु ग्रुपों को सेवाओं के वितरण में गोपनीयता मामले।

(vii) तृतीय पक्ष के दाताओं, मीडिया को और विधिक कार्यवाहियों के दौरान गोपनीय सूचना का प्रकटन।

(viii) लिखित और इलेक्ट्रॉनिकी रिकॉर्ड तथा इलेक्ट्रॉनिकी युक्तियों के प्रयोग के माध्यम से, जैसे– कंप्यूटरों, इलेक्ट्रॉनिक मेल, फैसिमाइल मशीनों तथा टेलीफोनों से प्रेषित सूचना की गोपनीयता का संरक्षण।

(ix) गोपनीय रिकॉर्डों का समुचित अंतरण और निपटारा।

(x) शिक्षण, प्रशिक्षण और परामर्श के दौरान गोपनीय सूचना का संरक्षण।

(xi) बीमार ग्राहकों की गोपनीयता का संरक्षण।

गोपनीयता और एकांतता से संबंधित सामाजिक कार्य में विभिन्न नैतिक दुविधाएँ पैदा हो जाती हैं। व्यवसायी जिस आम दुविधा का सामना करता है वह है गोपनीय सूचना का प्रकटन।

- तृतीय पक्ष के संरक्षण के लिए उदाहरणार्थ उस सामाजिक कार्यकर्त्ता को जिसे यह निर्णय करना पड़े कि क्या किसी ऐसे ग्राहक से संबंधित गोपनीय सूचना को जो किसी से प्यार करते हैं उसको संरक्षित करने के लिए उससे यह प्रकट किया जाए कि उसको प्यार करने वाला एच.आई.वी. पॉजिटिव है जिससे कि उसको जानकारी नहीं है।
- न्यायालय के आदेश के अनुसार ग्राहक का संरक्षण या उसे लाभ पहुँचाया।
- नाबालिग बच्चों से संबंधित माता-पिता या अभिभावकों की दुविधा।

(ख) **आत्म-निर्धारण और पैतृकवाद**–ऐसे कई उदाहरण हैं जिनमें सामाजिक कार्यकर्त्ताओं को यह भरोसा हो जाए कि ग्राहकों के आत्म-निर्धारण के अधिकार का आदर करना उचित नहीं है। प्रायः ऐसी परिस्थितियाँ तब आती हैं जब सामाजिक कार्यकर्त्ता "अपनी भलाई के लिए" ग्राहकों के आत्म-निर्धारण के अधिकार के साथ हस्तक्षेप करने पर तुले हों। इन मामलों में व्यावसायिक पैतृकवाद निहित होता है।

(ग) **विभक्त निष्ठा**–सामाजिक कार्य कई बार अपने ग्राहकों और अपने नियोजक के हितों के बीच फँस जाते हैं, जब व्यवसायी को इसमें अवश्य चुनाव करना चाहिए कि क्या अपने नियोजक अथवा ग्राहकों के हितों को प्राथमिकता दी जाए।

(घ) **व्यावसायिक सीमाएँ और हितों में विरोध**–सामाजिक कार्यकर्त्ताओं को अपने ग्राहकों के साथ संबंधों में स्पष्ट सीमाएँ बनाए रखने में प्रशिक्षित किया जाता है। कार्यकर्त्ता-ग्राहक के संबंध के बारे में भ्रम चिकित्सीय लक्ष्यों और प्रक्रिया में हस्तक्षेप कर सकता है।

(ङ) **व्यावसायिक और व्यक्तिगत मूल्य**–कुछ अत्यंत कठिन नैतिक दुविधाएँ जिनका सामाजिक कार्यकर्त्ता को सामना करना पड़ता है तब होती हैं जब उनके व्यक्तिगत मूल्यों का व्यवसाय के मूल्यों के साथ विरोध होता है।

(2) कार्यकलापों से निहित नैतिक दुविधा जैसे कि समुदाय, सामाजिक नीति और योजना, प्रशासन, अनुसंधान और मूल्यांकन का आयोजन करें (अप्रत्यक्ष प्रैक्टिस)– नैतिक दुविधाएँ जो अप्रत्यक्ष सामाजिक कार्य व्यवहार में प्रधान होती हैं, वे हैं–सीमित संसाधनों का आवंटन, सामाजिक कल्याण के लिए सरकार और निजी क्षेत्र की जिम्मेदारी, विनियमों और कानूनों का अनुपालन, श्रमिक प्रबंधन विवाद, अनुसंधान और मूल्यांकन सामाजिक कार्य में छल का प्रयोग तथा व्हिसल ब्लोईंग आदि।

(क) **सीमित संसाधनों का आवंटन–**सामाजिक कार्यकर्त्ताओं को उन नीतियों और कार्यक्रमों, जिनके लिए वे उत्तरदायी हैं, को बिना पर्याप्त संसाधनों के, प्रशासित करने की बार-बार दिक्कत आती है। थोड़ी-सी धनराशि देने, बजट कटौती करने और सामाजिक सेवा की बढ़ती माँग के कारण सामाजिक कार्यकर्त्ताओं के लिए यह फैसला करना मुश्किल होता है कि दुर्लभ या सीमित संसाधनों का आवंटन कैसे किया जाए।

(ख) **समाज कल्याण के लिए सरकारी और निजी क्षेत्र की जिम्मेदारी–**व्यवसाय के रूप में सामाजिक कार्यकर्त्ता के सरकार के साथ घनिष्ठ संबंध होते हैं। बहुत से समाज सेवा कार्यक्रम और बहुत-सी धनराशि जिस पर व्यवसाय निर्भर करता है, सरकार द्वारा प्रायोजित होती है चाहे वह राष्ट्रीय स्तर पर हो। सामाजिक कार्य और सरकार के बीच संबंध के स्वरूप ने नैतिक मामले उठाए हैं, प्रधानतया नागरिकों के प्रति सरकार के कर्त्तव्यों का स्वरूप।

(ग) **विनियमों और कानूनों का अनुपालन–**सामाजिक कार्य प्रशासकों और व्यवसायियों को कई बार ऐसे विनियमों और कानूनों से वास्ता पड़ता है जो ठीक प्रतीत नहीं होते। इन उदाहरणों में सामाजिक कार्यकर्त्ताओं को अपने उत्तरदायित्व के बारे में कठिन निर्णयों का सामना करना पड़ता है ताकि इन विनियमों और कानूनों का पालन किया जाए या आज्ञा के अनुसार चला जा सके।

(घ) **श्रमिक प्रबंधन विवाद–**बड़ी संख्या में सामाजिक कार्यकर्त्ताओं को अपनी जीविका के दौरान प्रबंधन की स्थिति ग्रहण करनी होती है, जो विभागीय निदेशकों और अभिकरण प्रशासकों की होती है। सामाजिक कार्य प्रशासक कई बार जब अन्य सामाजिक कार्यकर्त्ताओं सहित लाइन स्टाफ और वरिष्ठ प्रशासनिक अधिकारियों या अभिकरण बोर्ड के निदेशकों के बीच विवाद पैदा हो जाता है जो सामाजिक कार्य प्रशासक स्वयं को कठिन नैतिक दुविधा में फँसा हुआ पाते हैं।

(ङ) **अनुसंधान और मूल्यांकन–**चूँकि व्यवसाय परिपक्व हो गया है, सामाजिक कार्यकर्त्ता, अपने कार्य आचरण की आवश्यकताओं के निर्धारण और कार्यक्रम मूल्यांकन इत्यादि के अनुसंधान और विश्लेषण के महत्त्व की अधिक सराहना करने लगे हैं। सामाजिक कार्य विश्लेषण और अनुसंधान में कई तरह से नैतिक मामले पैदा हो जाते हैं।

(च) **धोखाधड़ी का प्रयोग**–सामाजिक कार्यकर्त्ता भी सभी व्यवसायियों की तरह, अपने काम में सच्चाई और ईमानदारी की जरूरत को समझते हैं।

(छ) **व्हिसल ब्लोईंग**–सामाजिक कार्यकर्त्ताओं के कठिन निर्णयों में से एक निर्णय यह है कि उन साथियों के गलत आचरण के बारे में पर्यवेक्षकों या अन्य प्राधिकारियों को रिपोर्ट की जाए अथवा नहीं।

व्यावसायिक अनाचार और कदाचार–पिछले पैराग्राफों में सामाजिक कार्य मूल्यों, नैतिक निर्णय लेने की प्रक्रिया और सामाजिक कार्य व्यवहार में विभिन्न नैतिक दुविधाओं की जाँच की गई है। बहुत से नैतिक मामले कठिन दार्शनिक प्रश्न पैदा करते हैं–

- क्या सामाजिक कार्यकर्त्ता हमेशा सच बोलने को बाध्य होते हैं?
- ग्राहकों के आत्म-निर्धारण के अधिकार का सम्मान।
- सीमित संसाधन कैसे आवंटित होने चाहिए?
- अनैतिक व्यवहारों के बारे में कार्यकर्त्ताओं को कब शिकायत करनी चाहिए।

तथापि, नैतिक कदाचार और गलत कार्य करने जैसे कई नैतिक मामले हैं जो कानून के उल्लंघन, व्यावसायिक नैतिक संहिता और सार्वजनिक तौर पर अधिनियमित विनियमों से बनते हैं। ये ऐसे मामले हैं जिनके परिणामस्वरूप कानूनी मुकदमें, नैतिक शिकायतें या समाज कल्याण कार्यकर्त्ताओं के विरुद्ध आपराधिक आरोप लगाए जा सकते हैं। ये मामले ऐसे विधिक प्रश्नों या मामलों को जन्म देते हैं जिनमें विनियामक निकाय जैसे सामाजिक कार्यकर्त्ताओं के व्यावसायिक निकाय द्वारा अनुशासन अधिकृत किया जाए।

प्रश्न 4. नैतिक निर्णय लेने की प्रक्रिया का वर्णन कीजिए।

अथवा

नैतिक निर्णय लेने की प्रक्रिया की व्याख्या कीजिए। [जून-2019, प्र.सं.-4(c)]

उत्तर– नैतिक दुविधा का समाधान करने के लिए कोई तर्कसंगत सूत्र मौजूद नहीं है, फिर भी समाज कार्यकर्त्ताओं के लिए नैतिक दुविधा का समाधान करने का प्रयास करते समय निम्नलिखित उपायों से सहायता मिलेगी–

(1) समाज कल्याण मूल्यों और विवादास्पद कर्त्तव्यों सहित नैतिक मामलों की पहचान करना।

(2) व्यक्तियों, समूहों और संगठनों की नैतिक निर्णय द्वारा प्रभावित होने की संभावना की पहचान करना।

(3) कार्रवाई के सभी व्यवहार्य तरीकों की और प्रत्येक में शामिल भागीदारों की प्रत्येक के लिए संभावित लाभों और जोखिमों सहित, अस्थायी रूप से पहचान करना।

(4) कार्रवाई के संगत समझे जाने वाले प्रत्येक तरीके के पक्ष और विपक्ष के कारणों की विस्तृत जाँच करें।

(क) नैतिक मत, सिद्धांत और दिशा-निर्देश (उदाहरण के लिए बंधनकारी और टेलियोलॉजिकल-उपयोग परिप्रेक्ष्य एवं उन पर आधारित नैतिक दिशा-निर्देश)

(ख) नैतिकता और विधिक सिद्धांत संहिता

(ग) सामाजिक कार्य व्यवहार मत और सिद्धांत

(घ) व्यक्तिगत मूल्य (धर्म, संस्कृति और मानवजातीय मूल्यों और राजनीतिक विचारधारा सहित) विशेष करके वे जिनका अपने से ही विरोध हो।

(5) साथियों और समुचित रिपोर्टों से परामर्श करें (जैसे कि एजेंसी स्टाफ, पर्यवेक्षक, एजेंसी प्रशासक, अटर्नी, नीतिशास्त्र विद्वान)।

(6) निर्णयों और दस्तावेज को निर्णय लेने की प्रक्रिया बनाएँ।

(7) निर्णय पर नजर रखें, मूल्यांकन करें और दस्तावेजी बनाएँ।

प्रश्न 5. भारत में सामाजिक कार्यकर्त्ताओं के लिए नैतिक संहिता का उल्लेख कीजिए।

उत्तर– भारतीय सामाजिक कार्यकर्त्ता संघ दि ए.एस.डब्ल्यू.आई. नैतिक संहिता, महत्त्वपूर्ण सामाजिक कार्य और सिद्धांतों की पहचान करता है जो निम्नलिखित मूल्यों पर बल देते हैं–

(1) व्यक्तियों की अंतर्निहित मान-मर्यादा और सम्मान का आदर करना।

(2) सामाजिक न्याय की पैरवी।

(3) मानवता की सेवा।

(4) व्यावसायिक व्यवहार के प्रति निष्ठा।

(5) व्यावसायिक व्यवहार में गोपनीयता।

(6) व्यावहारिक व्यवहार में क्षमता।

नैतिक संहिता में नैतिक व्यवहार के लिए दिशा-निर्देश होते हैं जो समाज कल्याण व्यवहार के साँझे क्षेत्रों की संहिता में मूल्य और सिद्धांत लागू करने के द्वारा नैतिक व्यवहार के बारे में मार्गदर्शन करते हैं।

सामाजिक कार्य शिक्षा की नैतिकता–टाटा समाज विज्ञान संस्थान (1997) के सामाजिक कार्य शिक्षाशास्त्री मंच द्वारा तैयार किए गए और प्रशिक्षित सामाजिक कार्यकर्त्ता बंबई संघ द्वारा संशोधित (2002) व्यावसायिक सामाजिक कार्यकर्त्ताओं के लिए नैतिकता घोषणा पत्र के अनुसार शिक्षाशास्त्री और अनुसंधानकर्त्ताओं के रूप में व्यावसायिक सामाजिक कार्यकर्त्ताओं की निम्नलिखित बेहतरीन जिम्मेदारियाँ हैं। जब पढ़ा रहे हों या प्रशिक्षण दे रहे हों तो सीखने वालों की जरूरतों, तैयारी और लक्ष्यों के साथ परिचित हों।

(1) पढ़ाते हुए और प्रशिक्षण देते हुए ज्ञान बढ़ाना, दृष्टिकोण मन में बैठाना और व्यवसाय के मूल्य ढाँचे के अंदर कौशल को विकसित करना।

(2) सामान्य सामाजिक कार्य व्यवसाय के बारे में नियमित रूप से अद्यतन जानकारी और जो विषय क्षेत्र अनुभव के माध्यम से वे पढ़ाते हों का अद्यतन अध्ययन और प्रशिक्षण।

(3) छात्रों के साथ संबंध पोषण, वार्तालाप, आलोचनात्मक पूछताछ और आत्म-अध्ययन विकसित करना।

(4) व्यवसायियों और शिक्षाशास्त्रियों के बीच सामाजिक कार्य शिक्षा और प्रशिक्षण के उद्देश्य के लिए महत्त्व की पहचान करना।

(5) व्यवहार विवेक के माध्यम से सामाजिक कार्य शिक्षा आधार प्रलेखन एवं अनुसंधान में योगदान देना।

(6) लोगों की बेहतरी के लिए नवाचार संवर्द्धन के रूप में जन-केंद्रित फील्ड कार्रवाई परियोजनाएँ चलाना और अनुसंधान और प्रलेख के लिए, जहाँ संभव हो प्रशिक्षण और प्रत्युत्तर।

(7) अनुसंधान आयोजित कर रहे हों तो अनुसंधान के लिए चुने विषय का, उसके संभव परिणामों पर विचार करते हुए, अध्ययन किए गए में से, सावधानी से चयन करें।

(8) छात्रों को व्यावसायिक संघों के प्रभाव में लाना और उन्हें उनको विकसित करने तथा सुदृढ़ करने के बारे में उनकी भूमिका के प्रति उन्मुख करना।

(9) घटना अनुसंधान उद्देश्यों को उनके साथ साँझा करें, उनके जीवन की स्थिति के बारे में उनके ज्ञान और दृष्टिकोण का सम्मान करें तथा सिफारिशों को उनके साथ साँझा करें/व्याख्या करें।

(10) अनुसंधान के माध्यम से प्रतिवादी को कोई शारीरिक या मानसिक व्यथा, दुःख या नुकसान न पहुँचाएँ।

(11) अनुसंधान के जिस कार्यकलाप में जोड़-तोड़, तोड़-मरोड़ या मनगढ़ंत आँकड़ों या सिफारिशों की जरूरत हो उससे दूर रहें या न लगें।

(12) आँकड़े एकत्रित करने की प्रक्रिया के दौरान जब कभी जरूरत हो उन्हें सूचना और परामर्श सेवाएँ प्रदान करें।

(13) उनके साथ साँझा की गई सूचना की गोपनीयता को संरक्षित करें और सिफारिशों को, उनसे संबंधित नीतियों और कार्यक्रमों की सिफारिशों और संवर्द्धन करने के द्वारा उनके लाभ के लिए इस्तेमाल करें।

प्रश्न 6. समाज कार्य मूल्यों तथा नैतिकता के दृढ़ीकरण के लिए सामाजिक कार्यकर्त्ता को क्या करना चाहिए?

अथवा

समाज कार्य मूल्यों और नैतिकता को मजबूत करने के लिए सामाजिक कार्यकर्त्ता क्या कर सकता है? **[दिसम्बर-2019, प्र.सं.-4(c)]**

उत्तर– समाज कार्य मूल्यों तथा नैतिकता के दृढ़ीकरण के लिए सामाजिक कार्यकर्त्ता को निम्नलिखित कदम उठाने चाहिए–

(1) सामाजिक कार्य मूल्यों और नैतिकता के बारे में फोकस को पैना करने के लिए शिक्षण और प्रशिक्षण कार्यक्रम चलाए जा सकते हैं। सामाजिक कार्य शिक्षा कार्यक्रमों और सामाजिक कार्य अभिकरणों, कार्यक्रम और प्रशिक्षण कार्यसूची में इन विषयों को अधिक सोच-समझकर शामिल किया जाना चाहिए। छात्रों और व्यवसायों को सामाजिक कार्य मूल्यों और उनके व्यवसाय के मिशन पर प्रभाव; सामाजिक कार्य में नैतिक दुविधाओं की किस्मों और नैतिक निर्णय लेने के लिए युक्तियों व व्यावसायिक कदाचार और अनाचार की समस्याओं के बारे में वाद-विवाद में लाना चाहिए।

(2) व्यावसायिक संघों और अभिकरणों द्वारा प्रायोजित सम्मेलन और अभिकरण बहुत से सामाजिक कार्यकर्त्ताओं के लिए निरंतर शिक्षा के प्रधान स्रोत हैं तथा ये नियमित निर्धारित घटनाएँ व्यावसायिक मूल्यों और नैतिकता के केंद्रीय महत्त्व की व्यवसायियों को लगातार स्मरण कराने का अमूल्य अवसर प्रदान करती हैं।

(3) सामाजिक कार्यकर्त्ताओं को व्यावसायिक मूल्यों और नैतिकता के बारे में छात्रवृत्ति की बढ़ती हुई निधि में अवश्य योगदान करना चाहिए। अधिक आनुभाविक अनुसंधान और सैद्धांतिक विकास तथा उसे करने की जरूरत जिससे सामाजिक कार्यकर्त्ताओं की ऐसे विषयों की स्वीकार्यता बढ़े जैसे कि मानदंड और प्रक्रियाएँ जिनका सामाजिक कार्यकर्त्ता नैतिक निर्णय लेने में प्रयोग करते हैं, व्यवसायियों को विभिन्न परिस्थितियों में नैतिक दृष्टि से क्या स्वीकार्य है और क्या अस्वीकार्य है इस बारे में विश्वास, विभिन्न व्यावहारिक वातावरण और परिस्थितियों में कार्य कर रहे हैं। सामाजिक कार्यकर्त्ताओं द्वारा पाई जाने वाली दुविधाओं का स्वरूप तथा मूल्यों और नैतिकता पर शिक्षा और प्रशिक्षण की प्रभावकारिता।

(4) सामाजिक कार्यकर्त्ताओं के एक शक्तिशाली राष्ट्रीय व्यावसायिक संघ को नैतिक संहिता का प्रस्ताव करने और संघ की नैतिक संहिता में विशिष्ट मानकों के उल्लंघन के विरुद्ध शिकायतों की पुनरीक्षा के लिए एक विनियामक निकाय के रूप में काम करना चाहिए।

प्रश्न 7. एन.ए.एस.डब्ल्यू. नैतिक संहिता के नैतिक सिद्धांतों की व्याख्या कीजिए।

उत्तर– साधारणतया निम्नलिखित नैतिक सिद्धांत सेवा में महत्त्वपूर्ण मूल्यों, सामाजिक न्याय, व्यक्ति का सम्मान और योग्यता, मानव संबंधों का महत्त्व, निष्ठा और क्षमता पर आधारित हैं। ये सिद्धांत उन आदर्शों को बताते हैं जिनकी इच्छा सभी सामाजिक कार्यकर्त्ताओं को रहती है।

मूल्य : सेवा

सामाजिक सिद्धांत–*सामाजिक कार्यकर्त्ता का प्राथमिक लक्ष्य आवश्यकता के समय लोगों की मदद करना और सामाजिक समस्याओं का समाधान करना है।*

सामाजिक कार्यकर्त्ता, अपने स्वार्थ से उठकर दूसरों की बढ़-चढ़ कर सेवा करता है। सामाजिक कार्यकर्त्ता अपने ज्ञान, मूल्यों और कौशल को जरूरतमंद लोगों की सहायता में लगाता है और सामाजिक समस्याओं का समाधान करता है। सामाजिक कार्यकर्त्ताओं को, अपने व्यावसायिक कौशल का कुछ भाग, बिना महत्त्वपूर्ण वित्तीय लाभ की आशा के स्वेच्छा से अर्पित करने के लिए प्रोत्साहित किया जाता है।

मूल्य : सामाजिक सेवा

नैतिक सिद्धांत–*सामाजिक कार्यकर्त्ता सामाजिक अन्याय को चुनौती देते हैं।*

सामाजिक कार्यकर्त्ता सामाजिक बदलाव की विशेषकर कि सुभेद्य और दबे हुए व्यक्तियों और व्यक्तियों के ग्रुप के साथ और उनकी ओर से पैरवी करते हैं। सामाजिक कार्यकर्त्ताओं के सामाजिक बदलाव के प्रयत्नों का फोकस, मुख्यतः गरीबी, बेरोजगारी, भेदभाव और सामाजिक न्याय के अन्य रूपों पर होता है। ये कार्यकलाप दमन और सांस्कृतिक तथा जातीय विभिन्नता के बारे में संवेदनशीलता और ज्ञान का संवर्द्धन करते हैं। सामाजिक कार्यकर्त्ता अपेक्षित सूचना सेवाओं और

संसाधनों; अवसर की समानता तथा सभी लोगों के लिए निर्णय लेने में सार्थक भागीदारी करने की सुलभता सुनिश्चित करने की कोशिश करते हैं।

मूल्य : व्यक्ति की गरिमा और मूल्य

नैतिक सिद्धांत–*सामाजिक कार्यकर्त्ता व्यक्ति के अंतर्निहित गरिमा और मूल्य का आदर करते हैं।*

सामाजिक कार्यकर्त्ता हर व्यक्ति का ध्यान रखता है और आदरसूचक तरीके से व्यवहार करता है, व्यक्तिगत मतभेदों और सांस्कृतिक तथा जातीय विभिन्नता के प्रति सचेत होता है। सामाजिक कार्यकर्त्ता ग्राहकों की क्षमता को प्रोत्साहित करने और बदलने का मौका देना चाहता है और उनकी अपनी जरूरतों का समाधान चाहता है। सामाजिक कार्यकर्त्ता ग्राहकों के और विशाल समाज के प्रति अपनी दोहरी जिम्मेदारी के संज्ञाता होते हैं। वे ग्राहकों के हितों और विशाल समाज के हितों के बीच मूल्यों, नैतिक सिद्धांतों और व्यवसाय के नैतिक मानकों के अनुरूप हल करना चाहते हैं।

मूल्य : मानव संबंधों का महत्त्व

नैतिक सिद्धांत–*सामाजिक कार्यकर्त्ता मानव संबंधों के केंद्रीय महत्त्व को पहचानते हैं।*

सामाजिक कार्यकर्त्ता समझते हैं कि लोगों में और उनके बीच संबंध परिवर्तन के लिए एक महत्त्वपूर्ण वाहन है। सामाजिक कार्यकर्त्ता लोगों को सहायता प्रक्रिया में भागीदार के रूप में लगाते हैं।

सामाजिक कार्यकर्त्ता, व्यक्तियों, परिवार, सामाजिक समूहों, संगठनों और समुदायों के कल्याण को संवर्द्धित, बहाल, अनुरक्षण और बढ़ाने के प्रयोजनमूलक प्रयास में लोगों में संबंधों को सुदृढ़ करना चाहते हैं।

मूल्य : निष्ठा

नैतिक सिद्धांत–*सामाजिक कार्यकर्त्ता विश्वसनीय ढंग से व्यवहार करते हैं।*

सामाजिक कार्यकर्त्ता लगातार व्यवसाय के मिशन, मूल्यों, नैतिक सिद्धांतों और नैतिक मानकों तथा व्यवहार में लगातार उनके अनुरूप तरीके से जागरुक रहते हैं। सामाजिक कार्यकर्त्ता ईमानदारी और उत्तरदायी ढंग से काम करते हैं और संगठन की ओर से जिसके साथ उनका संबंधन होता है, नैतिक प्रथाओं को प्रोत्साहित करते हैं।

मूल्य : क्षमता

नैतिक सिद्धांत–*सामाजिक कार्यकर्त्ता अपनी क्षमता के क्षेत्रों के अंदर अभ्यास करते हैं और अपनी व्यावसायिक विशेषज्ञता विकसित करते हैं और बढ़ाते हैं।*

सामाजिक कार्यकर्त्ता लगातार अपने व्यावसायिक ज्ञान और कौशल में वृद्धि करने का तथा उसे व्यवहार में लागू करने में प्रयासरत रहते हैं। सामाजिक कार्यकर्त्ताओं में व्यवसाय के ज्ञान आधार में योगदान करने की इच्छा होनी चाहिए।

नैतिक मानक–निम्नलिखित नैतिक मानक सभी सामाजिक कार्यकर्त्ताओं के व्यावसायिक कार्यकलाप के लिए संगत हैं। इन मानकों का संबंध है–(1) सामाजिक कार्यकर्त्ताओं की ग्राहकों के प्रति नैतिक जिम्मेदारियाँ, (2) सामाजिक कार्यकर्त्ताओं की सहयोगियों के प्रति नैतिक

जिम्मेदारियाँ, (3) सामाजिक कार्यकर्त्ताओं की आचरण संबंधी वातावरण में नैतिक जिम्मेदारियाँ, (4) व्यवसायियों के रूप में सामाजिक कार्यकर्त्ताओं की नैतिक जिम्मेदारियाँ, (5) समाज कार्य व्यवसाय के प्रति सामाजिक कार्यकर्त्ताओं की नैतिक जिम्मेदारियाँ, तथा (6) बृहत् समाज के प्रति सामाजिक कार्यकर्त्ताओं की नैतिक जिम्मेदारियाँ।

अनुवर्ती कुछेक मानक व्यावसायिक आचरण के लिए लागू करने योग्य दिशा-निर्देश हैं और कुछ प्रेरणादायक हैं। प्रत्येक मानक किस सीमा तक लागू करने योग्य है, यह मामला व्यावसायिक निर्णय का है जिसका प्रयोग उनके द्वारा करना होता है जो नैतिक मानकों के कथित उल्लंघनों की पुनरीक्षा के प्रति जिम्मेदार होते हैं।

प्रश्न 8. सामाजिक कार्यकर्त्ताओं की ग्राहकों के प्रति नैतिक जिम्मेदारियों का वर्णन कीजिए।

उत्तर– सामाजिक कार्यकर्त्ताओं की ग्राहकों के प्रति नैतिक जिम्मेदारियाँ इस प्रकार हैं–

ग्राहकों के प्रति प्रतिबद्धता–सामाजिक कार्यकर्त्ताओं का मुख्य उत्तरदायित्व ग्राहकों के कल्याण को बढ़ाना है। तथापि, सामाजिक कार्यकर्त्ताओं की बृहत् समाज के लिए जिम्मेदारी या विशिष्ट कानूनी दायित्व सीमित अवसरों पर अपने वफादार ग्राहकों को निकाल देने की भी होती है और ग्राहकों को ऐसी सलाह भी देनी चाहिए (उदाहरण में शामिल है जब सामाजिक कार्यकर्त्ता से कानून द्वारा यह अपेक्षा की जाती है कि वह सूचित करे कि ग्राहक ने बच्चे के साथ गाली-गलौच किया है या उसने स्वयं को दूसरों को धमकी दी है)।

आत्म-निर्भरता–सामाजिक कार्यकर्त्ता ग्राहकों की आत्म-निर्भरता का आदर करते हैं और ग्राहकों को अपने लक्ष्यों की पहचान करने और स्पष्ट करने के प्रयत्नों में मदद करते हैं। सामाजिक कार्यकर्त्ता ग्राहकों की आत्म-निर्भरता के अधिकार को उस समय सीमित कर सकते हैं जब सामाजिक कार्यकर्त्ताओं के व्यावसायिक निर्णय में ग्राहकों के कार्य या संभावित कार्यों से उन्हें या दूसरों को भविष्य में गोचर और निहित गंभीर खतरा होने वाला हो।

सूचित सहमति–

(1) सामाजिक कार्यकर्त्ताओं को ग्राहकों को केवल व्यावसायिक संबंध के बारे में, जब उचित हो, वैध सूचित आधार पर सेवाएँ प्रदान करनी चाहिए। सामाजिक कार्यकर्त्ताओं को लक्ष्य, सेवाओं से संबंधित खतरों, तीसरे पक्ष के भुगतानकर्त्ता की सेवाओं के कारण जरूरतों, सेवाओं की सीमा, संबद्ध लागतें, उचित विकल्प, सहमति में दी गई समय सीमा के बारे में ग्राहकों को स्पष्ट तथा समझ में आने वाली भाषा में सूचित करना चाहिए।

(2) ऐसी परिस्थितियों में जब ग्राहक पढ़े-लिखे न हों या आम प्रयोग में आने वाली भाषा को समझना उन्हें मुश्किल लगे तो सामाजिक कार्यकर्त्ताओं को ऐसे कदम उठाने चाहिए जिनसे ग्राहकों को सारी बात समझ में आ जाए। इस कार्रवाई में ग्राहकों को विस्तार से मौखिक रूप से स्पष्ट करना या पढ़े-लिखे दुभाषिए या अनुवादक की जब कभी संभव हो, व्यवस्था करना शामिल है।

(3) सामाजिक कार्यकर्त्ताओं को ग्राहकों की सूचित सहमति ऑडियो टैपिंग या वीडियो टैपिंग के समक्ष लेनी चाहिए या तृतीय पक्ष द्वारा ग्राहकों को दी जाने वाली सेवाओं की निगरानी की अनुमति होनी चाहिए।

(4) उन मामलों में जब ग्राहक बिना माँगे सेवाएँ प्राप्त कर रहे हों, तो सामाजिक कार्यकर्त्ताओं को सेवाओं की प्रकृति और सीमा तथा सेवा लेने से इंकार करने की ग्राहकों की सीमा के बारे में सूचना प्रदान करनी चाहिए।

(5) जो सामाजिक कार्यकर्त्ता इलेक्ट्रॉनिक मीडिया के माध्यम (जैसे–कंप्यूटर, टेलीफोन, रेडियो और टेलीविजन) से सेवाएँ प्रदान करते हों उन्हें प्राप्त करने वालों को ऐसी सेवाओं से संबद्ध जोखिमों और सीमाओं की सूचना देनी चाहिए।

(6) ऐसे उदाहरण जब ग्राहक में, सूचित सहमति प्रदान करने की क्षमता की कमी हो, सामाजिक कार्यकर्त्ताओं को समुचित तृतीय पक्ष से अनुमति लेने के द्वारा ग्राहकों को लगातार ग्राहकों की समझ के स्तर के अनुरूप बात करके ग्राहकों के हित की रक्षा करनी चाहिए। इन उदाहरणों में सामाजिक कार्यकर्त्ताओं को यह सुनिश्चित करना चाहिए कि तृतीय पक्ष ग्राहकों की इच्छा के अनुसार और हित में सुसंगत रूप से कार्य करता है। सामाजिक कार्यकर्त्ताओं को सूचित सहमति देने वाले ऐसे ग्राहकों की वृद्धि करने के लिए समुचित प्रयास करने चाहिए।

योग्यता–

(1) सामाजिक कार्यकर्त्ताओं को केवल, अपनी शिक्षा, प्रशिक्षण, लाइसेंस, प्रमाणन, प्राप्त परामर्श, पर्यवेक्षी अनुभव या अन्य संगत अनुभव की सीमाओं के भीतर सेवाएँ प्रदान करनी चाहिए और अपनी योग्यता प्रदान करनी चाहिए और अपनी योग्यता का प्रतिनिधित्व करना चाहिए।

(2) सामाजिक कार्यकर्त्ताओं को सेवाएँ वास्तविक क्षेत्रों में प्रदान करनी चाहिए या मध्यस्थता तकनीकों का प्रयोग या उनके लिए वे प्रस्ताव जो नए हों, केवल अच्छी तरह अध्ययन करके प्रशिक्षण लेकर, लोगों से परामर्श करके तथा उनकी निगरानी में करने चाहिए जो उन मध्यस्थताओं या तकनीकों में समर्थ हों।

(3) जब आमतौर पर मान्यता प्राप्त मानक व्यवहार के उभरते क्षेत्र के संबंध में विद्यमान नहीं होते तो सामाजिक कार्यकर्त्ताओं को अपने कार्य की सक्षमता सुनिश्चित करने और ग्राहकों की हानि से सुरक्षा करने के लिए सावधानी से निर्णय लेते हुए जिम्मेदारी भरे कदम उठाने चाहिए।

सांस्कृतिक सक्षमता और सामाजिक विविधता–

(1) सामाजिक कार्यकर्त्ताओं को अपने ग्राहकों की संस्कृति के आचार से परिचित होना चाहिए और उन सेवाओं की व्यवस्था में सक्षमता प्रदर्शित करने लायक होना चाहिए जो ग्राहकों की संस्कृति तथा लोगों और सांस्कृतिक समूहों में अंतर के प्रति संवेदनशील हों।

(2) सामाजिक कार्यकर्त्ताओं को मानवीय व्यवहार और समाज में, सभी संस्कृतियों में मौजूद सुदृढ़ता को मान्यता देते हुए संस्कृति और उसके कार्यों को समझना चाहिए।

(3) सामाजिक कार्यकर्त्ताओं को सामाजिक विविधता के बारे में शिक्षा प्राप्त करनी चाहिए तथा वंश, जाति, राष्ट्रीय मूल, रंग, लिंग, यौनिक अवस्थिति, लिंग भेद या अभिव्यक्ति आयु, वैवाहिक स्थिति, राजनीतिक धारणा, शारीरिक अपंगता के संबंध में उत्पीड़न को समझना चाहिए।

हितों का विरोध–

(1) सामाजिक कार्यकर्त्ताओं को सतर्क होना चाहिए और व्यावसायिक समझ–बूझ और निष्पक्ष निर्णय के अभ्यास में दखल देने वाले हितों के विवादों से बचना चाहिए। सामाजिक कार्यकर्त्ताओं को ग्राहकों को सूचित करना चाहिए कि वास्तविक या संभावित विवाद कब होता है और मामले को हल करने के लिए इस ढंग से उचित प्रयास करने चाहिए जिससे ग्राहकों के हित प्राथमिक बने रहें और ग्राहकों के हितों को जहाँ तक हो सके संरक्षित किया जाए। कुछ मामलों में, ग्राहकों के हितों की रक्षा करने के लिए ग्राहक के समुचित निर्देश के साथ व्यावसायिक संबंध को खत्म करना अपेक्षित होता है।

(2) सामाजिक कार्यकर्त्ताओं को किसी व्यावसायिक संबंध का अनुचित लाभ नहीं उठाना चाहिए या दूसरों का अपने व्यक्तिगत, धार्मिक, राजनीतिक या व्यावसायिक हितों को बढ़ाने के लिए शोषण नहीं करना चाहिए।

(3) सामाजिक कार्यकर्त्ताओं को ग्राहकों या पहले वाले ग्राहकों के साथ दोहरे या ऐसे बहुविध संबंध नहीं बनाने चाहिए जिसमें ग्राहक को शोषण या नुकसान होने का खतरा हो। ऐसे उदाहरणों में जब दोहरा या बहुविध संबंध अनिवार्य हो, सामाजिक कार्यकर्त्ताओं को ग्राहकों को संरक्षित करने के कदम उठाने चाहिए और वे स्पष्ट, समुचित और सांस्कृतिक रूप से संवेदनशील सीमाएँ तैयार करने के लिए उत्तरदायी होंगे।

(4) जब सामाजिक कार्यकर्त्ता एक, दो या अधिक लोगों को सेवा प्रदान करते हैं जिनका एक–दूसरे से संबंध हो (उदाहरण के लिए, पति–पत्नी के जोड़े, परिवार के सदस्य), सामाजिक कार्यकर्त्ताओं को सभी पक्षों को, जिन्हें व्यक्ति ग्राहक समझते हों और सामाजिक कार्यकर्त्ताओं के व्यावसायिक दायित्वों के स्वरूप को, विभिन्न व्यक्तियों को जो सेवाएँ ले रहे हों, स्पष्ट करना चाहिए। जिन सामाजिक कार्यकर्त्ताओं को सेवाएँ प्राप्त करने वाले व्यक्तियों में हितों के मतभेद का पूर्वानुमान हो या जिन्हें उम्मीद हो कि उन्हें काफी विवादास्पद भूमिका निभानी होगी (उदाहरण के लिए, जब सामाजिक कार्यकर्त्ता को बाल अभिरक्षा झगड़े में या तलाक संबंधी कार्यवाहियों में जिनमें ग्राहक शामिल हों), उन्हें शामिल पक्षों के साथ अपनी भूमिका स्पष्ट करनी चाहिए और हितों में विवाद को कम करने के लिए उचित कार्रवाई करनी चाहिए।

एकांतता और गोपनीयता–

(1) सामाजिक कार्यकर्त्ताओं को ग्राहकों की एकांतता के अधिकार का आदर करना चाहिए। सामाजिक कार्यकर्त्ताओं को ग्राहकों से तब तक निजी सूचना नहीं माँगनी चाहिए जब तक कि सेवाएँ प्रदान करने या सामाजिक कार्य विश्लेषण या अनुसंधान आयोजित करने के लिए जरूरी न हों। एक बार निजी सूचना को साँझा कर लेने के बाद, गोपनीयता के मानक लागू हो जाते हैं।

(2) सामाजिक कार्यकर्त्ता, ग्राहक या ग्राहक की ओर से कानूनी रूप में सहमति देने के लिए अधिकृत व्यक्ति से वैध सहमति मिलने पर, गोपनीय सूचना को प्रकट कर सकते हैं।

(3) सामाजिक कार्यकर्त्ताओं को व्यावसायिक सेवा के दौरान प्राप्त सारी–की–सारी सूचना की गोपनीयता को सुरक्षित रखना चाहिए सिवाय अकाट्य व्यावसायिक कारणों के। यह सामान्य अपेक्षा कि सामाजिक कार्यकर्त्ता सूचना को गोपनीय रखेंगे, तब लागू नहीं होती, जब गंभीर और

आसन्न हानि का ग्राहक को या अन्य पहचान योग्य व्यक्ति को प्रकटन जरूरी हो। सभी दृष्टांतों में सामाजिक कार्यकर्त्ताओं को वांछनीय प्रयोजन की प्राप्ति के लिए जरूरी गोपनीय सूचना की न्यूनतम राशि प्रकट करनी चाहिए; केवल वही सूचना जो प्रयोजन के लिए प्रत्यक्ष रूप से संगत है, जिसके लिए प्रकटन किया जाता है, उसे ही प्रकट करना चाहिए।

(4) सामाजिक कार्यकर्त्ताओं को, जहाँ तक हो सके, गोपनीय सूचना के प्रकटन और संभावित परिणामों के बारे में, प्रकट करने से पहले, जब संभव हो, सूचित करना चाहिए। चाहे सामाजिक कार्यकर्त्ता गोपनीय सूचना को कानूनी अपेक्षाओं के आधार पर ग्राहक की सहमति से प्रकट करें, यह लागू होता है।

(5) सामाजिक कार्यकर्त्ताओं को ग्राहकों और रुचि लेने वाले पक्षों के साथ गोपनीयता की प्रकृति और ग्राहकों की गोपनीयता के प्रति अधिकार की सीमाओं की चर्चा करनी चाहिए। सामाजिक कार्यकर्त्ताओं को ग्राहकों के साथ उन परिस्थितियों की समीक्षा करनी चाहिए जहाँ गोपनीय सूचना देने का अनुरोध किया जा सकता है और जहाँ गोपनीय सूचना का प्रकटन कानूनी तौर पर अपेक्षित हो। यह चर्चा सामाजिक कार्यकर्त्ता-ग्राहक संबंध में यथासंभव शीघ्रातिशीघ्र और संबंध की संपूर्ण अवधि के दौरान हो सकती है।

(6) जब सामाजिक कार्यकर्त्ता परिवारों, जोड़ों या समूहों को सलाहकारी सेवाएँ प्रदान करते हैं, सामाजिक कार्यकर्त्ता को, प्रत्येक व्यक्ति की गोपनीयता के प्रति अधिकार से संबंधित शामिल पार्टियों में दूसरों के द्वारा साँझा की गई सूचना की गोपनीयता के संरक्षण के उत्तरदायित्व की सहमति लेनी चाहिए। सामाजिक कार्यकर्त्ताओं को परिकार में भागीदारों, जोड़ों या ग्रुप सलाहकारों को सूचित करना चाहिए कि सामाजिक कार्यकर्त्ता यह गारंटी नहीं दे सकते कि सभी भागीदार ऐसे समझौते को मानेंगे।

(7) परिवार, जोड़े, विवाहित या सामाजिक कार्यकर्त्ता को नियोजक और संस्था के परामर्श में शामिल पक्षों में गोपनीय सूचना के सामाजिक कार्यकर्त्ता के प्रकटन से संबंधित नीति में शामिल ग्राहकों को, सामाजिक कार्यकर्त्ताओं को सूचित करना चाहिए।

(8) सामाजिक कार्यकर्त्ताओं को तीसरे पक्ष के अदाकर्त्ताओं को गोपनीय सूचना तब तक प्रकट नहीं करनी चाहिए जब तक कि ग्राहकों ने ऐसे प्रकटन का प्राधिकार न दिया हो।

(9) सामाजिक कार्यकर्त्ताओं को किसी स्थिति में गोपनीय सूचना पर चर्चा नहीं करनी चाहिए जब तक प्राइवेसी सुनिश्चित न हो जाए। सामाजिक कार्यकर्त्ताओं को गोपनीय सूचना पर सार्वजनिक या अर्द्ध-सार्वजनिक क्षेत्रों, जैसे कि सभा भवनों, प्रतीक्षा कक्षों, एलीवेटरों और रेस्तरों में, चर्चा नहीं करनी चाहिए।

(10) सामाजिक कार्यकर्त्ताओं की कानूनी कार्यवाहियों के दौरान ग्राहकों की गोपनीय जानकारी को, जहाँ तक कानून द्वारा अनुमत्य हो, सुरक्षित रखना चाहिए। जब न्यायालय या कानूनी तौर पर अधिकृत निकाय सामाजिक कार्यकर्त्ताओं को गोपनीय या विशेष सूचना को ग्राहक की बगैर सहमति प्रकट करने का आदेश देता है और ऐसे प्रकटन से ग्राहक को हानि हो सकती है तो सामाजिक कार्यकर्त्ताओं को न्यायालय को अनुरोध करना चाहिए कि आदेश को वापस ले या आदेश को जितना संभव हो सके सूक्ष्म रूप में दिखाए या रिकॉर्ड को मुहरबंद तरीके में रखे ताकि वह सार्वजनिक जाँच के लिए उपलब्ध न हो सके।

(11) सामाजिक कार्यकर्त्ताओं को, जब मीडिया के सदस्यों के अनुरोधों का जवाब दे रहे हों तो ग्राहकों की गोपनीयता सुरक्षित रखनी चाहिए।

(12) सामाजिक कार्यकर्त्ताओं को ग्राहकों के लिखित और इलेक्ट्रॉनिक रिकॉर्ड और अन्य संवेदनशील सूचना की गोपनीयता को सुरक्षित रखना चाहिए। सामाजिक कार्यकर्त्ताओं को ग्राहकों का रिकॉर्ड ऐसे लोगों की पहुँच से दूर रखना चाहिए जिन्हें उसे पाने का अधिकार नहीं है।

(13) सामाजिक कार्यकर्त्ताओं को यह सुनिश्चित करने की सावधानी रखनी चाहिए कि कंप्यूटरों, इलेक्ट्रॉनिक मेल, फैसिमाइल मशीनों, टेलीफोनों और टेलीफोन का उत्तर देने वाली मशीनों और अन्य इलेक्ट्रॉनिक या कंप्यूटर प्रौद्योगिकी के माध्यम से दूसरे पक्षों को संचारित सूचना की गोपनीयता को बनाए रखा जाए। जब कभी संभव हो पहचानी गई सूचना के प्रकटीकरण से बचा जाए।

(14) सामाजिक कार्यकर्त्ताओं को रिकॉर्ड को इस ढंग से स्थानांतरित करना या निपटाना चाहिए कि उससे ग्राहकों की गोपनीयता सुरक्षित रहे और वह रिकॉर्ड को अभिशासित करने वाले सरकारी कानूनों तथा सामाजिक कार्य की अनुज्ञप्तिदाता के अनुसार हो।

(15) सामाजिक कार्यकर्त्ता को कार्य करने से हटाए जाने, असमर्थ हो जाने या मृत्यु होने की दशा में सामाजिक कार्यकर्त्ताओं को ग्राहक की गोपनीयता को सुरक्षित करने के लिए समुचित सावधानियाँ बरतनी चाहिए।

(16) सामाजिक कार्यकर्त्ताओं को जब ग्राहकों के शिक्षण या प्रशिक्षण के उद्देश्य के लिए चर्चा कर रहे हों तो पता लगी सूचना को प्रकट नहीं करना चाहिए जब तक कि ग्राहक ने गोपनीय सूचना प्रकट करने की सहमति न दी हो।

(17) सामाजिक कार्यकर्त्ताओं को, जब ग्राहकों की परामर्शदाताओं से चर्चा कर रहे हों तो पता लगी सूचना को प्रकट नहीं करना चाहिए जब तक कि ग्राहक ने गोपनीय सूचना प्रकट करने की अनुमति न दी हो या सूचना को ऐसे प्रकट करने की कोई मजबूरी न रही हो।

(18) सामाजिक कार्यकर्त्ताओं को मृत्यु को प्राप्त ग्राहक की गोपनीयता को गत पैराग्राफ के अनुसार सुरक्षित रखना चाहिए।

रिकॉर्ड की सुलभता–

(1) सामाजिक कार्यकर्त्ताओं को ग्राहकों से संबंधित रिकॉर्ड की उचित सुलभता प्रदान करनी चाहिए। सामाजिक कार्यकर्त्ताओं को जो इस बात से चिंतित हों कि ग्राहकों के उनके रिकॉर्ड तक पहुँच से ग्राहक को भ्रम या नुकसान हो सकता है तो उसे रिकॉर्ड की व्याख्या करने में सहायता करनी चाहिए तथा ग्राहक के साथ रिकॉर्ड के संबंध में परामर्श करना चाहिए। सामाजिक कार्यकर्त्ताओं को अपने रिकॉर्ड या रिकॉर्ड के भाग तक ग्राहकों को सुलभता केवल विशिष्ट परिस्थितियों में सीमित ही रखनी चाहिए जब लगे कि ऐसी सुलभता ग्राहक को गंभीर हानि पहुँचा सकती है। ग्राहकों का अनुरोध और कुछ या सारे रिकॉर्ड को रोकने संबंधी कारण दोनों को दस्तावेज के रूप में ग्राहकों की फाइलों में लगाना चाहिए।

(2) जब ग्राहकों को उनके रिकॉर्ड की सुलभता प्रदान की जा रही हो तो सामाजिक कार्यकर्त्ताओं को ऐसे रिकॉर्डों में पहचाने गए या चर्चा किए गए अन्य व्यक्तियों की गोपनीयता को सुरक्षित करने के प्रयास करने चाहिए।

यौन संबंध–

(1) सामाजिक कार्यकर्त्ताओं को किसी भी परिस्थिति में मौजूदा ग्राहकों के साथ यौन संबंधी कार्यकलाप या यौन संपर्क नहीं रखना चाहिए चाहे ऐसा संपर्क सहमति से हो या जबरदस्ती से।

(2) सामाजिक कार्यकर्त्ताओं के ग्राहकों के संबंधियों या अन्य व्यक्तियों जिनके साथ ग्राहकों ने घनिष्ठ व्यक्तिगत संबंध बना रखे हों जब ग्राहक को शोषण या संभावित हानि का खतरा हो, यौन कार्यकलाप या यौन संपर्क स्थापित नहीं करना चाहिए। ग्राहकों के संबंधियों या अन्य व्यक्तियों, जिनके साथ ग्राहकों के व्यक्तिगत संबंध हों, ग्राहक के लिए हानिकारक सिद्ध होने की संभावना रहती है और सामाजिक कार्यकर्त्ता और ग्राहक के लिए यह कठिन हो जाता है कि वे समुचित सीमाएँ बनाए रखें। सामाजिक कार्यकर्त्ता, न कि उनके ग्राहक, उनके ग्राहकों के संबंधी या अन्य व्यक्ति जिनके साथ ग्राहक के व्यक्तिगत संबंध हों, पर स्पष्ट, समुचित और सांस्कृतिक रूप से संवेदनशील सीमाएँ स्थापित करने का पूरा बोझ आता है।

(3) सामाजिक कार्यकर्त्ताओं को भूतपूर्व ग्राहकों के साथ यौन संबंध कार्यकलाप या यौन संपर्क नहीं रखना चाहिए क्योंकि इससे ग्राहक को हानि होने की संभावना रहती है। यदि सामाजिक कार्यकर्त्ता इस रोक के विपरीत आचरण में लिप्त होते हैं या दावा करते हैं कि इस रोक को, असाधारण परिस्थितियों के कारण, अपवाद मानना चाहिए तो ये सामाजिक कार्यकर्त्ता होते हैं ताकि उनके ग्राहक जिन पर यह साबित करने का पूर्ण बोध रहता है कि भूतपूर्व ग्राहक का जानबूझ कर या नादानी से कोई शोषण, अवपीड़न या धोखेबाजी नहीं हुई है।

(4) सामाजिक कार्यकर्त्ताओं को उन व्यक्तियों को, जिनके साथ उनके पूर्व यौन संबंध रहे थे, सफाई संबंधी सेवाएँ प्रदान नहीं करनी चाहिए। भूतपूर्व यौन संबंधी साथी को सफाई संबंधी सेवाएँ प्रदान करने से व्यक्ति को नुकसान होने की संभावना रहती है और सामाजिक कार्यकर्त्ता और व्यक्ति के लिए समुचित व्यावसायिक सीमाएँ बनाए रखने में कठिनाई उत्पन्न होती है।

शारीरिक संपर्क–सामाजिक कार्यकर्त्ताओं को ग्राहकों के साथ शारीरिक संपर्क में नहीं उलझना चाहिए जब संपर्क के परिणामस्वरूप ग्राहक को मनोवैज्ञानिक नुकसान होने की संभावना हो। जो सामाजिक कार्यकर्त्ता ग्राहकों के साथ समुचित शारीरिक संपर्क स्थापित करते हैं वे ऐसे शारीरिक संपर्क को अभिशासित करने की स्पष्ट, समुचित और सांस्कृतिक तौर पर संवेदनशील सीमाएँ स्थापित करने के लिए उत्तरदायी होते हैं।

यौन उत्पीड़न–सामाजिक कार्यकर्त्ताओं को ग्राहकों का यौन उत्पीड़न नहीं करना चाहिए। यौन उत्पीड़न में यौन में आगे बढ़ना, यौन की चाहत करना, यौन अनुग्रह हेतु अनुरोध करना तथा यौन प्रकृति का मौखिक या शारीरिक व्यवहार शामिल है।

अभद्र भाषा–सामाजिक कार्यकर्त्ताओं को अपने लिखित या मौखिक पत्र व्यवहार में ग्राहकों या सभी के बारे में अशिष्ट भाषा का प्रयोग नहीं करना चाहिए।

सेवाओं का भुगतान–

(1) शुल्क तय करते समय, सामाजिक कार्यकर्त्ताओं को सुनिश्चित करना चाहिए कि शुल्क न्यायसंगत, उचित और निष्पादित सेवाओं के अनुसार होना चाहिए। ग्राहकों की भुगतान करने की योग्यता को ध्यान में रखा जाना चाहिए।

(2) सामाजिक कार्यकर्त्ताओं को व्यावसायिक सेवाओं के लिए भुगतान के रूप में ग्राहकों से वस्तुएँ या सेवाएँ स्वीकार करने से बचना चाहिए। अदला-बदली की व्यवस्था, खासकर जिसमें सेवाएँ शामिल हों, से सामाजिक कार्यकर्त्ताओं के ग्राहकों के साथ संबंधों में हितों में विवाद, शोषण और अनुचित सीमाएँ सृजित होने की संभावना रहती है। सामाजिक कार्यकर्त्ताओं को छानबीन करनी चाहिए और अदला-बदली में केवल बहुत सीमित परिस्थितियों में ही भाग लेना चाहिए जब यह प्रदर्शित किया जा सके कि ऐसे प्रबंध स्थानीय समुदाय में व्यवसायियों में एक स्वीकार्य प्रथा है जो सेवाओं की व्यवस्था के लिए आवश्यक समझी जाती है, बगैर दबाव के बातचीत करके और ग्राहक की पहल पर और ग्राहक की सूचित सहमति के साथ। सामाजिक कार्यकर्त्ता जो ग्राहकों से व्यावसायिक सेवाओं के भुगतान के रूप में वस्तुएँ और सेवाएँ स्वीकार करते हैं, उन पर यह प्रदर्शित करने का पूरा बोझ होता है कि यह व्यवस्था ग्राहक या व्यावसायिक संबंध के लिए अहितकर नहीं होगी।

(3) सामाजिक कार्यकर्त्ताओं को ग्राहकों को सेवाएँ प्रदान करने के लिए निजी शुल्क या अन्य पारिश्रमिक की माँग नहीं करनी चाहिए जो कि सामाजिक कार्यकर्त्ताओं के नियोजक या अभिकरण के माध्यम से ऐसी उपलब्ध सेवाओं के हकदार होते हैं।

ऐसे ग्राहक जिनमें निर्णय लेने की क्षमता की कमी हो–जब सामाजिक कार्यकर्त्ता ऐसे ग्राहकों की ओर से कार्य करते हैं जिनमें सूचित निर्णय लेने की योग्यता का अभाव होता है, सामाजिक कार्यकर्त्ताओं को उन ग्राहकों के हितों और अधिकारों की सुरक्षा के लिए समुचित प्रयास करने चाहिए।

सेवाओं में व्यवधान–कई कारकों, जैसे–अनुपलब्धता, पुनःस्थान निर्धारण, बीमारी, अक्षमता या मृत्यु द्वारा सेवाओं में व्यवधान होने की दशा में सामाजिक कार्यकर्त्ताओं को सेवाओं की निरंतरता सुनिश्चित करने के लिए समुचित कदम उठाने चाहिए।

सेवाओं की समाप्ति–

(1) सामाजिक कार्यकर्त्ताओं को, ग्राहकों की सेवाओं और उनके साथ व्यावसायिक संबंधों को खत्म कर देना चाहिए जब ऐसी सेवाओं और संबंधों की ग्राहकों की जरूरतों या हितों को पूरा करने की जरूरत न रहे।

(2) सामाजिक कार्यकर्त्ताओं को उन ग्राहकों के परित्याग से परिहार करने के कदम उठाने चाहिए जिन्हें अभी भी सेवाओं की आवश्यकता हो। सामाजिक कार्यकर्त्ताओं को एकदम से सेवाएँ, स्थिति के सभी कारकों पर सावधानी से विचार करके और संभव कुप्रभावों को न्यूनतम करने के प्रति ध्यान देते हुए केवल असाधारण परिस्थितियों में हटानी चाहिए। सामाजिक कार्यकर्त्ताओं को जब जरूरी हो सेवाओं की निरंतरता के लिए उचित प्रबंध करने में मदद करनी चाहिए।

(3) सामाजिक कार्यकर्त्ताओं को, सेवाओं के लिए तय शुल्क को, अदा न करने वाले ग्राहकों की सेवाओं को खत्म कर देना चाहिए यदि संविदा संबंधी प्रबंध, ग्राहक को स्पष्ट कर दिए हों और यदि ग्राहक स्वयं या अन्यों को आसन्न खतरा पैदा न करे और यदि क्लीनिकल और चालू गैर-भुगतान के परिणामों का समाधान हो गया हो और ग्राहक के साथ चर्चा कर ली हो।

(4) सामाजिक कार्यकर्त्ताओं को ग्राहक के साथ सामाजिक, वित्तीय या यौन संबंध जारी रखने के लिए सेवाओं को खत्म नहीं करना चाहिए।

(5) जिन सामाजिक कार्यकर्त्ताओं को ग्राहकों की सेवाओं के समाधान या व्यवधान की बाधा की आशा हो उन्हें ग्राहकों को तत्काल सूचित करना चाहिए और ग्राहकों की आवश्यकताओं और प्राथमिकताओं के संबंध में स्थानांतरण, निर्देश या सेवाओं की निरंतरता की माँग करनी चाहिए।

(6) जो सामाजिक कार्यकर्त्ता तय नौकरी को छोड़ रहे हों उन्हें सेवाओं की निरंतरता और विकल्पों के लाभों और जोखिमों से ग्राहकों को अवगत कराना चाहिए।

प्रश्न 9. सामाजिक कार्यकर्त्ताओं की साथियों के प्रति नैतिक जिम्मेदारियों का वर्णन कीजिए।

उत्तर– सामाजिक कार्यकर्त्ताओं की साथियों के प्रति नैतिक जिम्मेदारियाँ इस प्रकार हैं–

आदर–

(1) सामाजिक कार्यकर्त्ताओं को अपने साथियों के साथ आदर से पेश आना चाहिए और साथियों की अर्हकता, विचारों और दायित्वों को शुद्धता तथा स्वच्छता के साथ चित्रित करना चाहिए।

(2) सामाजिक कार्यकर्त्ताओं को ग्राहकों या अन्य व्यवसायियों के साथ संचार में साथियों की अकारण नकारात्मक आलोचना करने से बचना चाहिए। अकारण नकारात्मक आलोचना में नीचा दिखाने की टिप्पणी करना जो साथी की क्षमता के स्तर को संदर्भित हो या व्यक्तियों के गुण, जैसे– वंश, जातीयता, राष्ट्रीय मूल, रंग, लिंग, यौन उन्मुखीकरण, स्त्री-पुरुष पहचान या अभिव्यक्ति, आयु, वैवाहिक स्थिति, राजनीति विचारधारा, धर्म, आप्रवास स्थिति और मानसिक या शारीरिक अपंगता शामिल हो सकती हैं।

(3) सामाजिक कार्यकर्त्ताओं को सामाजिक कार्य के साथियों से और अन्य व्यवसायों के साथियों से सहयोग करना चाहिए जब ऐसा सहयोग ग्राहकों के कल्याण के काम आए।

गोपनीयता–सामाजिक कार्यकर्त्ताओं को व्यावसायिक संबंधों और कार्यचालकों के दौरान साथियों द्वारा साँझा की गई गोपनीय सूचना का सम्मान करना चाहिए। सामाजिक कार्यकर्त्ताओं को यह पक्का कर लेना चाहिए कि ऐसे साथी सामाजिक कार्यकर्त्ताओं के गोपनीयता के संबंध में उत्तरदायित्व और उससे संबंधित अपवादों को समझते हैं।

अंतर्विषयी सहयोग–

(1) वे सामाजिक कार्यकर्त्ता जो अंतर्विषयी टीम के सदस्य हैं, उन्हें समाज कार्य व्यवसाय के दृष्टिकोण, मूल्यों और अनुभवों को अंतर्विषयी टीम तैयार करने के द्वारा ग्राहकों के कल्याण को प्रभावित करने वाले निर्णयों को लेने में योगदान करना चाहिए। अंतर्विषयी टीम और उसके व्यक्तिगत सदस्यों का व्यावसायिक और नैतिक दायित्व स्पष्ट तौर पर स्थापित करना चाहिए।

(2) सामाजिक कार्यकर्त्ता जिनके लिए टीम का निर्णय नैतिक उद्‌विघ्नता पैदा करे उन्हें समुचित चैनलों से असहमति को हल करने का निर्णय लेने की कोशिश करनी चाहिए।

साथियों से अंतर्निहित विवाद–

(1) सामाजिक कार्यकर्त्ताओं को एक साथी और नियोजक के बीच विवाद का अपनी स्थिति कायम करने के लिए या अन्यथा सामाजिक कार्यकर्त्ताओं के अपने हितों को बढ़ाने के लिए विवाद का लाभ नहीं उठाना चाहिए।

(2) सामाजिक कार्यकर्त्ताओं को साथियों के साथ ग्राहकों के चल रहे विवाद का या ग्राहकों को सामाजिक कार्यकर्त्ताओं और साथियों के बीच अनुचित चर्चा के वाद-विवाद में नहीं उलझा कर स्थिति का लाभ नहीं उठाना चाहिए।

परामर्श–

(1) सामाजिक कार्यकर्त्ताओं को साथियों की सलाह और मशविरा लेना चाहिए, जब कभी ऐसा परामर्श ग्राहकों के बेहतरीन हितों में हो।

(2) सामाजिक कार्यकर्त्ताओं को साथियों की विशेषज्ञता के क्षेत्रों और क्षमताओं के बारे में स्वयं को सूचित करते रहना चाहिए। सामाजिक कार्यकर्त्ताओं को परामर्श उन्हीं साथियों से लेना चाहिए जिन्होंने ज्ञान, विशेषज्ञता और क्षमता का परामर्श से संबंधित विषय पर प्रदर्शन किया हो।

(3) जब साथियों के साथ ग्राहकों के बारे में परामर्श हों तो सामाजिक कार्यकर्त्ताओं को परामर्श के उद्देश्यों को प्राप्त करने के लिए आवश्यक न्यूनतम सूचना प्रकट करनी चाहिए।

सेवाओं के लिए निर्देश–

(1) सामाजिक कार्यकर्त्ताओं को ग्राहकों को अन्य व्यवसायियों के पास भेजना जब अन्य व्यवसायियों विशेषज्ञ ज्ञान या हुनर की ग्राहकों के काम आने की पूरी जरूरत हो या जब सामाजिक कार्यकर्त्ताओं को विश्वास हो कि वे ग्राहकों के साथ प्रभावी नहीं रह गए हैं या समुचित प्रगति नहीं कर रहे हैं और यह कि अतिरिक्त सेवा की जरूरत है।

(2) सामाजिक कार्यकर्त्ता जो ग्राहकों को अन्य व्यवसायियों को भेजते हैं, जिम्मेदारी का व्यवस्थित हस्तांतरण आसान बनाने के लिए उचित प्रयास करने चाहिए। सामाजिक कार्यकर्त्ता जो ग्राहकों को अन्य व्यवसायियों के पास भेजते हैं, ग्राहकों की सहमति के साथ सभी संगत सूचना को नए सेवा प्रदाताओं को प्रकट करना चाहिए।

(3) कार्यकर्त्ताओं को रैफरल का भुगतान देने या प्राप्त करने से रोका जाता है जब रैफरिंग सामाजिक कार्यकर्त्ता द्वारा व्यावसायिक सेवा प्रदान नहीं की जाती है।

यौन संबंध–

(1) जो सामाजिक कार्यकर्त्ता पर्यवेक्षक या शिक्षाविद् के रूप में कार्य करते हैं, को पर्यवेक्षकों, छात्रा व प्रशिक्षणार्थियों या अन्य साथियों के साथ यौन संबंधी कार्यकलाप में नहीं फँसना चाहिए जिन पर वे व्यावसायिक अधिकार का प्रयोग करते हैं।

(2) सामाजिक कार्यकर्त्ताओं को, जब वहाँ हितों के विवाद की संभावना हो तो यौन संबंधों में नहीं उलझना चाहिए। जो सामाजिक कार्यकर्त्ता साथी के साथ यौन संबंधों में शामिल हो जाते हैं या शामिल होने की आशा रहती है, का यह कर्त्तव्य होता है कि व्यावसायिक जिम्मेदारियों को उस समय अंतरित कर दे, जब हितों के विवाद से बचने के लिए आवश्यक हो।

यौन शोषण–सामाजिक कार्यकर्त्ताओं को पर्यवेक्षकों, छात्रों, प्रशिक्षणार्थियों या साथियों का यौन शोषण नहीं करना चाहिए। यौन शोषण में यौन संबंधी आगे बढ़ने की कार्रवाई करना, यौन की याचना करना, यौन के लिए अनुरोध करना और मौखिक या शारीरिक अन्य व्यवहार जो यौन की प्रकृति का हो, शामिल है।

साथियों का हानिकरण–

(1) वे सामाजिक कार्यकर्त्ता जिनको सामाजिक कार्यकर्त्ता साथियों की हानि की प्रत्यक्ष जानकारी हो अर्थात् व्यक्तिगत समस्याओं के कारण, मनोवैज्ञानिक कष्ट, वास्तविक दुरुपयोग या मानसिक स्वास्थ्य कठिनाइयाँ और यह कि अभ्यास प्रभावकारिता के साथ हस्तक्षेप हो, उनके बारे में जब संभव हो उस साथी से परामर्श करना चाहिए और साथियों के उपचारात्मक उपाय करने में मदद करनी चाहिए।

(2) सामाजिक कार्यकर्त्ता जो विश्वास करते हैं कि सामाजिक कार्य सहकर्मी की हानि अभ्यास प्रभावकारिता के साथ हस्तक्षेप करती है और यह कि साथी ने हानि का समाधान करने के लिए पर्याप्त कदम नहीं उठाए हैं, तो नियोजकों, अभिकरणों, एन.ए.एस.डब्ल्यू. लाइसेंस देने वाले और विनियामक निकायों तथा अन्य व्यावसायिक संगठनों द्वारा स्थापित समुचित चैनलों के माध्यम से कार्रवाई करनी चाहिए।

सहकर्मियों की अक्षमता–

(1) ऐसे सामाजिक कार्यकर्त्ता जिन्हें सामाजिक कार्यकर्त्ता सहकर्मी की अक्षमता की प्रत्यक्ष जानकारी हो उन्हें उस सहकर्मी से जब संभव हो, परामर्श करना चाहिए और उपचारी कार्यवाही करने में मदद करनी चाहिए।

(2) सामाजिक कार्यकर्त्ता जो विश्वास करते हैं कि सामाजिक कार्य सहकर्मी अक्षम है और अक्षमता का समाधान करने के लिए पर्याप्त कदम नहीं उठाए गए हैं, नियोजकों, संस्थाओं, एन.ए.एस.डब्ल्यू. लाइसेंसिंग और विनियामक निकायों तथा व्यावसायिक संगठनों द्वारा स्थापित समुचित चैनलों के माध्यम से कार्रवाई करनी चाहिए।

सहकर्मियों का अनैतिक आचरण–

(1) सामाजिक कार्यकर्त्ताओं को, सहकर्मियों के अनैतिक आचरण को निरुत्साहित करने, रोकने, जाहिर करने और सही करने के लिए पर्याप्त उपाय करने चाहिए।

(2) सामाजिक कार्यकर्त्ताओं को सहकर्मियों के अनैतिक व्यवहार के बारे में चिंताओं को निपटाने के लिए स्थापित नीतियों और प्रक्रियाओं के संबंध में जानकारी होनी चाहिए। सामाजिक कार्यकर्त्ताओं को नैतिक शिकायतों को निपटाने के लिए राष्ट्रीय, राज्य और स्थानीय प्रक्रियाओं का परिचय होना चाहिए। इनमें एन.ए.एस.डब्ल्यू. लाइसेंसिंग और विनियामक निकायों, नियोजकों, अभिकरणों और अन्य व्यावसायिक संगठनों द्वारा सृजित नीतियाँ और प्रक्रियाएँ शामिल हैं।

(3) जो सामाजिक कार्यकर्त्ता यह विश्वास करते हों कि सहकर्मी ने अनैतिक कार्य किया है उन्हें जब भी संभव हो अपनी चिंता पर सहकर्मी के साथ चर्चा करके उसका हल निकालना चाहिए और यह तभी करना चाहिए जब उस चर्चा के सफल होने की संभावना हो।

(4) जब आवश्यक हो, जो सामाजिक कार्यकर्त्ता विश्वास करते हैं कि एक सहकर्मी ने अनैतिक कार्य किया है तो उन्हें बनाए गए समुचित चैनलों के माध्यम से कार्रवाई करनी चाहिए।

(5) सामाजिक कार्यकर्त्ताओं को उन सहकर्मियों का बचाव करने में मदद करनी चाहिए जिन पर अनैतिक व्यवहार के अनुचित दोष लगाए गए हों।

प्रश्न 10. व्यवहार में सामाजिक कार्यकर्त्ता की नैतिक जिम्मेदारियों का वर्णन कीजिए।

उत्तर– व्यवहार में सामाजिक कार्यकर्त्ताओं की नैतिक जिम्मेदारियाँ इस प्रकार हैं–

पर्यवेक्षण और परामर्श–

(1) जो सामाजिक कार्यकर्त्ता पर्यवेक्षण या परामर्श प्रदान करते हों, को जरूरी पर्यवेक्षक या परामर्श करने का समुचित ज्ञान या कौशल होना चाहिए और उन्हें वैसा केवल अपनी जानकारी और क्षमता के क्षेत्रों के अंदर रहकर ही करना चाहिए।

(2) जो सामाजिक कार्यकर्त्ता पर्यवेक्षण या परामर्श देने वाले हों, वे स्पष्ट, समुचित और सांस्कृतिक रूप से संवेदनशील सीमाएँ निर्धारित करने के लिए उत्तरदायी होते हैं।

(3) सामाजिक कार्यकर्त्ताओं को पर्यवेक्षकों के साथ दोहरे या बहुविध संबंध नहीं बनाने चाहिए जिनमें शोषण का खतरा हो या पर्यवेक्षक को कोई संभावित हानि पहुँचे।

(4) जो सामाजिक कार्यकर्त्ता पर्यवेक्षण प्रदान करते हों उन्हें पर्यवेक्षकों के निष्पादन का ऐसे तरीके से मूल्यांकन करना चाहिए जो स्वच्छ और सम्मानजनक हो।

शिक्षा और प्रशिक्षण–

(1) ऐसे सामाजिक कार्यकर्त्ता जो शिक्षक, छात्रों के लिए क्षेत्रीय अनुदेशक या प्रशिक्षक के रूप में कार्य करते हों, को केवल अपने ज्ञान और क्षमता के क्षेत्रों के भीतर अनुदेश देने चाहिए तथा अनुदेश व्यवसाय में उपलब्ध अत्याधुनिक सूचना और वर्तमान जानकारी के आधार पर ही प्रदान करने चाहिए।

(2) ऐसे सामाजिक कार्यकर्त्ताओं, जो प्रदाता या छात्रों के लिए क्षेत्र प्रशिक्षक के रूप में कार्य करते हों, को छात्रों के निष्पादन का मूल्यांकन स्वच्छ और सम्मानजनक ढंग से करना चाहिए।

(3) ऐसे सामाजिक कार्यकर्त्ता जो छात्रों के लिए शिक्षा प्रदाता या क्षेत्र प्रशिक्षक के रूप में कार्य करते हों, को यह सुनिश्चित करने के लिए समुचित कदम उठाने चाहिए कि जब छात्रों द्वारा सेवाएँ प्रदान की जा रही हों, तो ग्राहकों को नियमित तौर पर सूचित किया जाए।

(4) ऐसे सामाजिक कार्यकर्त्ता जो छात्रों के लिए शिक्षण प्रदाता या क्षेत्र प्रशिक्षक के कार्य करते हों, को छात्रों के साथ किसी दोहरे या बहुविध संबंधों में नहीं पड़ना चाहिए जिससे शोषण का खतरा हो या छात्र को संभावित हानि पहुँचे। सामाजिक कार्य शिक्षा प्रदाता और क्षेत्र अनुदेशक स्वच्छ, समुचित और सांस्कृतिक तौर पर संवेदनशील सीमाएँ निर्धारित करने के लिए उत्तरदायी होते हैं।

निष्पादन मूल्यांकन–ऐसे सामाजिक कार्यकर्त्ताओं, जिनका अन्यों के कार्य निष्पादन का मूल्यांकन करने का दायित्व होता है उन्हें ऐसी जिम्मेदारी, स्वच्छ और विचारशील ढंग से और स्पष्ट रूप से व्यक्त मानदंड के आधार पर पूर्ण करनी चाहिए।

ग्राहक रिकॉर्ड–

(1) सामाजिक कार्यकर्त्ताओं को यह सुनिश्चित करने के लिए उचित प्रयास करने चाहिए कि रिकॉर्ड में प्रलेखन शुद्ध हो और प्रदान की गई सेवाओं को प्रदर्शित करता हो।

(2) सामाजिक कार्यकर्त्ताओं को रिकॉर्ड में पर्याप्त और समय पर प्रलेखन शामिल करना चाहिए जिससे सेवाओं को प्रदान करने का काम आसान हो और भविष्य में ग्राहकों को दी जाने वाली सेवाओं की निरंतरता बनी रहे।

(3) सामाजिक कार्यकर्त्ताओं के प्रलेखन से ग्राहकों की प्राइवेसी जहाँ तक हो सके, उचित रूप से सुरक्षित होनी चाहिए और इसमें केवल वही सूचना शामिल होनी चाहिए जो सेवाओं को प्रदान करने के प्रत्यक्षतया संगत हो।

(4) सामाजिक कार्यकर्त्ताओं को, सेवाएँ समाप्त होने के बाद रिकॉर्ड को सुरक्षित रखना चाहिए जिससे भविष्य में सही रूप में उसकी सुलभता सुनिश्चित हो। रिकॉर्ड को राज्य संविधियों या संगत संविदाओं द्वारा अपेक्षित वर्षों के लिए बनाए रखा जाना चाहिए।

बिलिंग–सामाजिक कार्यकर्त्ताओं को बिल बनाने की ऐसी प्रथा स्थापित करनी और बनाए रखनी चाहिए जिससे प्रदान की गई सेवाओं का स्वरूप और सीमा विशुद्ध रूप से प्रदर्शित होती हो और उससे यह पहचान होती हो कि ऐसी तैयार की गई प्रथा में वह सेवा किसने प्रदान की थी।

ग्राहक का स्थानांतरण–

(1) जब कोई व्यक्ति जो किसी दूसरी संस्था या सहकर्मी से सेवाएँ प्राप्त कर रहा हो सेवाओं के लिए सामाजिक कार्यकर्त्ता से संपर्क करता है, सामाजिक कार्यकर्त्ता को, सेवाएँ प्रदान करने के लिए सहमति देने से पहले, ग्राहकों की जरूरतों पर सावधानी से विचार करना चाहिए। संभव भ्रम और विवाद को न्यूनतम बनाने के लिए सामाजिक कार्यकर्त्ताओं को अन्य सेवा प्रदाताओं के साथ संभावित ग्राहकों के मौजूदा संबंध के स्वरूप और निहितार्थों पर, नए सेवा प्रदाता के साथ नया संबंध बनाने के संभव लाभों या जोखिमों सहित, चर्चा करन चाहिए।

(2) यदि नए ग्राहक को अन्य संस्था या सहकर्मी द्वारा सेवाएँ प्रदान की गई हों तो सामाजिक कार्यकर्त्ताओं को ग्राहक के साथ यह चर्चा करनी चाहिए कि क्या विगत सेवा प्रदाता के साथ परामर्श करना ग्राहक के सर्वोच्च हित में है।

प्रशासन–

(1) सामाजिक कार्य प्रशासकों को अपने अभिकरणों के भीतर और बाहर, ग्राहकों की जरूरतों को पूरा करने के लिए पर्याप्त संसाधनों हेतु वकालत करनी चाहिए।

(2) सामाजिक कार्यकर्त्ताओं को उन्हीं संसाधन आवंटन प्रक्रियाओं की वकालत करनी चाहिए जो पारदर्शी और स्वच्छ हों। जब ग्राहकों की सभी जरूरतें पूरी न हों, तो ऐसी आवंटन प्रक्रिया विकसित की जाए जो बिना भेदभाव वाली हो और उचित व निरंतर लागू सिद्धांतों पर आधारित हो।

(3) जो सामाजिक कार्यकर्त्ता प्रशासक हों उन्हें यह सुनिश्चित करने के लिए उचित कदम उठाने चाहिए कि समुचित स्टाफ पर्यवेक्षण प्रदान करने के लिए पर्याप्त अभिकरण अथवा संगठनात्मक संसाधन उपलब्ध हों।

(4) सामाजिक कार्य प्रशासकों को यह सुनिश्चित करने के लिए सही कदम उठाने चाहिए कि कार्य करने के जिस वातावरण के लिए वे उत्तरदायी हैं वह एन.ए.एस.डब्ल्यू. नैतिक संहिता के अनुरूप है और उसके अनुपालन को प्रोत्साहित करता है। सामाजिक कार्यकर्त्ता प्रशासकों को अपने संगठनों में किसी ऐसी शर्तों को हटाने के लिए उचित कदम उठाने चाहिए जो संहिता का उल्लंघन, उसमें हस्तक्षेप या उसके अनुपालन को निरुत्साहित करती हों।

सतत् शिक्षा और स्टाफ प्रतिबद्धता–सामाजिक कार्य प्रशासकों और पर्यवेक्षकों को सारे स्टाफ, जिसके लिए वे उत्तरदायी हैं सतत् शिक्षा और स्टाफ विकास करने के लिए उचित कदम उठाने चाहिए या व्यवस्था करनी चाहिए। सतत् शिक्षा और स्टाफ विकास को आधुनिक जानकारी और उभरती हलचलों से संबंधित सामाजिक कार्य प्रथा और व्यवहार को हल करना चाहिए।

नियोजकों के साथ प्रतिबद्धता–

(1) सामाजिक कार्यकर्त्ताओं को सामान्य तौर पर नियोजकों और नियोजन संगठनों को की गई प्रतिबद्धताओं का पालन करना चाहिए।

(2) सामाजिक कार्यकर्त्ताओं को नियोजन अभिकरणों की नीतियों और प्रक्रियाओं तथा उनकी सेवाओं की योग्यता और प्रभावकारिता को सुधारने के लिए काम करना चाहिए।

(3) सामाजिक कार्यकर्त्ताओं को यह पक्का करने के लिए उचित कदम उठाने चाहिए जिससे कि नियोजक सामाजिक कार्यकर्त्ताओं की नैतिक जिम्मेदारियों और सामाजिक कार्य प्रथा की एन.ए.एस.डब्ल्यू. नैतिक संहिता में लिखित जिम्मेदारियों के निहितार्थों से परिचित हों।

(4) सामाजिक कार्यकर्त्ताओं को नियोजक संगठन की नीतियों, प्रक्रियाओं, विनियमों या प्रशासनिक आदेशों में, उनके सामाजिक कार्य के नैतिक अभ्यास से हस्तक्षेप करने की अनुमति नहीं होनी चाहिए। सामाजिक कार्यकर्त्ताओं को यह सुनिश्चित करने के लिए उचित प्रयास करने चाहिए कि नियोजक संगठनों की प्रथाएँ एन.ए.एस.डब्ल्यू. नैतिक संहिता से मेल खाएँ।

(5) सामाजिक कार्यकर्त्ताओं को नियोजक संगठनों के कार्य समानुदेशन और इसकी नियोजन नीतियों और प्रथाओं में भेदभाव करने से रोकना चाहिए और उसे खत्म किया जाना चाहिए।

(6) सामाजिक कार्यकर्त्ताओं को केवल उन्हीं संगठनों में नौकरी स्वीकार करनी चाहिए या छात्र फील्ड प्लेसमेंट की व्यवस्था करनी चाहिए जो स्वच्छ कार्मिक व्यवहार करते हों।

(7) सामाजिक कार्यकर्त्ता अपने नियोजक संगठनों के संसाधनों के परिश्रमी खिदमतगार निधियों का जहाँ विनियोजन हो, बुद्धिमत्ता से संरक्षण करने वाले और कभी भी दुर्विनियोजन न करने वाले और उनका प्रयोग माध्यम परियोजनाओं से अलग नहीं होना चाहिए।

श्रम प्रबंधन विवाद–

(1) सामाजिक कार्यकर्त्ताओं को संगठित कार्रवाई में लगाना चाहिए जिसमें श्रमिक संघों को गठित करना और उनमें भागीदारी करना शामिल है, ताकि ग्राहकों को सेवाओं और उनकी कार्य दशाओं में सुधार लाया जाए।

(2) सामाजिक कार्यकर्त्ताओं, जो श्रमिक प्रबंधन विवादों, रोजगार कार्रवाइयों या श्रमिक हड़तालों में शामिल हों, का व्यवसाय के मूल्यों, नैतिक सिद्धांतों और नैतिक मानकों द्वारा मार्गदर्शन किया जाना चाहिए। वास्तविक हड़ताल या हड़ताल की धमकी या रोजगार कार्रवाई के दौरान

व्यवसायियों के रूप में उनके प्राथमिक उत्तरदायित्व से संबंधित सामाजिक कार्यकर्त्ताओं में यथोचित मतभेद होते हैं। सामाजिक कार्यकर्त्ताओं को संगत मामलों और उनके ग्राहकों पर कार्रवाई का निर्णय लेने से पहले संभव प्रभावों की जाँच सावधानीपूर्वक करनी चाहिए।

प्रश्न 11. व्यवसायियों के रूप में सामाजिक कार्यकर्त्ताओं की नैतिक जिम्मेदारियों का उल्लेख कीजिए।

उत्तर– व्यवसायियों के रूप में सामाजिक कार्यकर्त्ताओं की नैतिक जिम्मेदारियाँ इस प्रकार हैं–

(1) क्षमता–

(क) सामाजिक कार्यकर्त्ताओं को मौजूदा क्षमता के आधार पर या आवश्यक क्षमता अर्जित करने के इरादे से ही जिम्मेदारी या नौकरी स्वीकार करनी चाहिए।

(ख) सामाजिक कार्यकर्त्ताओं को व्यावसायिक व्यवहार में और व्यावसायिक कार्यों के निष्पादन में प्रवीण बनना और होना चाहिए। सामाजिक कार्यकर्त्ताओं को आलोचनात्मक रूप से जाँच करनी चाहिए और सामाजिक कार्य की उभरती ताजी संगत जानकारी रखनी चाहिए। सामाजिक कार्यकर्त्ताओं को रियायती तौर पर व्यावसायिक साहित्य की समीक्षा करनी चाहिए और सामाजिक कार्य व्यवहार तथा सामाजिक कार्य नैतिकता से संगत सतत् शिक्षा में भाग लेना चाहिए।

(ग) सामाजिक कार्यकर्त्ताओं को व्यवहार मान्यता प्राप्त जानकारी पर स्थापित करना चाहिए जिसमें सामाजिक कार्य और सामाजिक कार्य नैतिकता से संबद्ध अनुभववाद आधारित जानकारी शामिल है।

(2) भेदभाव–सामाजिक कार्यकर्त्ताओं को वंश, जातीयता, राष्ट्रीय मूल, रंग, लिंग, यौन अवस्थिति, स्त्री-पुरुष पहचान या अभिव्यक्ति, आयु, वैवाहिक स्थिति, राजनीति मत, धर्म, आप्रवास की स्थिति या मानसिक और शारीरिक अपंगता के आधार पर भेदभाव के किसी रूप का व्यवहार, क्षमादान, सरलीकरण या सहयोग नहीं करना चाहिए।

(3) निजी आचरण–सामाजिक कार्यकर्त्ताओं को अपने निजी आचरण को अपने व्यावसायिक उत्तरदायित्वों को पूरा करने की योग्यता के साथ हस्तक्षेप करने की अनुमति नहीं देनी चाहिए।

(4) बेईमानी, कपट और धोखाधड़ी–सामाजिक कार्यकर्त्ताओं को बेईमानी, कपट या धोखाधड़ी में भाग नहीं लेना या उनके लिए क्षमा नहीं करना चाहिए।

(5) हानि–

(क) सामाजिक कार्यकर्त्ताओं को अपनी व्यक्तिगत समस्याओं, मनोवैज्ञानिक कष्ट, विधिक समस्याओं, दुरुपयोग या मानसिक स्वास्थ्य संबंधी कठिनाइयों को अपने व्यावसायिक निर्णय और कार्य निष्पादन हितों का अहित करने, जिनके लिए उनका व्यावसायिक उत्तरदायित्व होता है में हस्तक्षेप करने की इजाजत नहीं होनी चाहिए।

(ख) सामाजिक कार्यकर्त्ताओं को जिनकी व्यक्तिगत समस्याएँ, मनोवैज्ञानिक कष्ट विधिक समस्याएँ, वस्तुगत दुरुपयोग या मानसिक स्वास्थ्य संबंधी कठिनाइयाँ उनके व्यावसायिक निर्णय और कार्य निष्पादन के साथ हस्तक्षेप करें तो उन्हें तुरंत परामर्श लेना चाहिए और व्यावसायिक सहायता माँगने के द्वारा कार्य के बोझ में समन्वय करके, प्रैक्टिस समाप्त करके या ग्राहकों और अन्यों की सुरक्षा के लिए अपेक्षित जरूरी प्रयास करने चाहिए।

(6) मिथ्या प्रस्तुति–

(क) सामाजिक कार्यकर्त्ताओं को दिए गए बयानों और प्राइवेट व्यक्ति के रूप में किए कार्यों तथा सामाजिक कार्य व्यवसाय के प्रतिनिधि के रूप में, एक व्यावसायिक सामाजिक कार्य संगठन या सामाजिक कार्यकर्त्ता के नियोजन अभिकरण के बीच स्पष्ट अंतर करना चाहिए।

(ख) सामाजिक कार्यकर्त्ता जो व्यावसायिक सामाजिक कार्य संगठनों की ओर से बोलते हैं, को संगठनों की सरकारी और प्राधिकृत स्थितियों का शुद्धता से प्रतिनिधित्व करना चाहिए।

(ग) सामाजिक कार्यकर्त्ताओं को सुनिश्चित करना चाहिए कि उनके ग्राहकों, अभिकरणों और जनता की व्यावसायिक अहर्ताओं, प्रत्यय पत्रों, शिक्षा, क्षमता, संबंधन, प्रदान की जाने वाली सेवाओं या प्राप्त किए जाने वाले परिणामों संबंधी वर्णन शुद्ध हों। सामाजिक कार्यकर्त्ताओं को केवल उन संगत प्रत्यय पत्रों का दावा करना चाहिए जो उनके पास वास्तव में हों और उन्हें दूसरों के द्वारा उनके प्रत्यय पत्रों की किसी अशुद्धता या मिथ्या निरूपणों को सही करने के प्रयास करने चाहिए।

(7) याचनाएँ–

(क) सामाजिक कार्यकर्त्ताओं को संभावित ग्राहकों को बिना आमंत्रित याचनाओं का वचन नहीं देना चाहिए, जो अपनी परिस्थितियों के कारण अनुचित प्रभाव, धोखेबाजी, अवपीड़न के प्रति सुभेद्य होते हैं।

(ख) सामाजिक कार्यकर्त्ताओं को मौजूदा ग्राहकों या अन्य लोगों से जो अपना विशेष परिस्थितियों के कारण अनुचित असर के प्रति सुभेद्य होते हैं सिफारिशी पृष्ठांकन की याचना में नहीं लगना चाहिए (सिफारिशी पृष्ठांकन के रूप में ग्राहक के पूर्व वक्तव्य के प्रयोग की सहमति की याचना सहित)।

(8) मान्यता स्वीकारना–

(क) सामाजिक कार्यकर्त्ताओं को जिम्मेदारी और मान्यता लेनी चाहिए जिसमें उस काम के लिए लेखन मान्यता भी शामिल है जो उन्होंने वास्तव में निष्पादित किया हो और जिसमें उन्होंने योगदान दिया हो।

(ख) सामाजिक कार्यकर्त्ताओं को दूसरों के कार्य और उनके द्वारा दिए गए योगदान को ईमानदारी से ग्रहण करना चाहिए।

प्रश्न 12. सामाजिक कार्यकर्त्ताओं की सामाजिक कार्य व्यवसाय के प्रति नैतिक जिम्मेदारियों को सूचीबद्ध कीजिए।

उत्तर– सामाजिक कार्यकर्त्ताओं की सामाजिक कार्य व्यवसाय के प्रति नैतिक जिम्मेदारियाँ इस प्रकार हैं–

व्यवसाय के प्रति निष्ठा–

(1) सामाजिक कार्यकर्त्ताओं को व्यवसाय के मूल्यों, नैतिकता, जानकारी और मिशन को संजोए रखना और आगे बढ़ाना चाहिए। सामाजिक कार्यकर्त्ताओं को समुचित अध्ययन और अनुसंधान, सक्रिय चर्चा और व्यवसाय की जिम्मेदारी से पूर्ण आलोचना के माध्यम से व्यवसाय की प्रतिनिष्ठा को संरक्षित करना, बढ़ाना और सुधारना चाहिए।

(2) सामाजिक कार्यकर्त्ताओं को प्रैक्टिस के उच्च मानकों के रख-रखाव और संवर्द्धन के लिए कार्य करना चाहिए।

(3) सामाजिक कार्यकर्त्ताओं को सामाजिक कार्य में अनाधिकृत और अनहर्क प्रैक्टिस को रोकने की कार्रवाई करनी चाहिए।

(4) सामाजिक कार्यकर्त्ताओं को उन कार्यकलापों में समक्ष और विशेषज्ञ योगदान देना चाहिए जो सामाजिक कार्य व्यवसाय के मूल्य, निष्ठा और क्षमता के लिए आदर को संवर्द्धित हो। इन कार्यकलापों में शिक्षण, अनुसंधान, सेवा विधिक प्रमाण, समुदाय में प्रस्तुतीकरण और उनके व्यावसायिक संगठनों में भागीदारी शामिल हो सकते हैं।

(5) सामाजिक कार्यकर्त्ताओं को सामाजिक कार्य के ज्ञान आधार में योगदान करना चाहिए और अपने सहकर्मियों के साथ प्रैक्टिस, अनुसंधान और नैतिकता से संबंधित जानकारी को साँझा करना चाहिए। सामाजिक कार्यकर्त्ताओं को व्यवसाय के साहित्य में योगदान करने की चाहत होनी चाहिए और व्यावसायिक बैठकों और सम्मेलनों में अपनी जानकारी को साँझा करना चाहिए।

मूल्यांकन और अनुसंधान–

(1) सामाजिक कार्यकर्त्ताओं को नीतियों को मॉनीटर और उनका मूल्यांकन, कार्यक्रमों का कार्यान्वयन और प्रैक्टिस अंत:क्षेप करने चाहिए।

(2) सामाजिक कार्यकर्त्ताओं को मूल्यांकन और अनुसंधान को प्रोत्साहित करना तथा आसान बनाना चाहिए ताकि जानकारी के विकास में योगदान दिया जा सके।

(3) सामाजिक कार्यकर्त्ताओं को सामाजिक कार्य से संबद्ध प्रकट होने वाली जानकारी की आलोचनात्मक जाँच करनी चाहिए और उसे नवीनतम करना चाहिए और अपनी व्यावसायिक प्रैक्टिस में मूल्यांकन और अनुसंधान साक्ष्य का पूरा प्रयोग करना चाहिए।

(4) मूल्यांकन और अनुसंधान में लगे सामाजिक कार्यकर्त्ताओं को संभव परिणामों पर ध्यान से विचार करना चाहिए और मूल्यांकन और अनुसंधान भागीदारों के संरक्षण के लिए विकसित मार्गदर्शकों को अपनाना चाहिए। समुचित सांस्थानिक समीक्षा पर चर्चा करनी चाहिए।

(5) मूल्यांकन या अनुसंधान में लगे सामाजिक कार्यकर्त्ताओं को, जब उचित हो, लिखित और सूचित सहमति में भाग लेने में मनाही अनुचित प्रेरणा के बिना, किसी अभिप्रेत या वास्तविक हानि या दंड के बिना और भागीदारों को उसके कल्याण, प्राइवेसी और गौरव का सम्मान करते

हुए भागीदारों से लिखित और सूचित सहमति प्राप्त करनी चाहिए। सूचित सहमति में, अनुरोध वाली भागीदारी के स्वरूप, सीमा और अवधि तथा अनुसंधान में भागीदारी के जोखिमों और लाभों के प्रकट करने के बारे में सूचना शामिल है।

(6) जब मूल्यांकन और अनुसंधान के भागीदार सूचित सहमति देने में अयोग्य हों तो सामाजिक कार्यकर्त्ताओं को, भागीदारों को उचित स्पष्टीकरण प्रदान करना चाहिए, भागीदारों से जिस सीमा तक सहमति देने में समर्थ हों वह ली जाए और समुचित प्रतिनिधि से लिखित सहमति प्राप्त की जाए।

(7) सामाजिक कार्यकर्त्ताओं को ऐसा मूल्यांकन या अनुसंधान कभी तैयार या आयोजित नहीं करना चाहिए जिसमें सहमति प्रक्रियाओं का प्रयोग न होता हो, जैसे कि प्रकृतिवादी प्रक्षेपण और पुरालेख संबंधी अनुसंधान, जब तक कि अनुसंधान की कठोर और जिम्मेदारीपूर्ण समीक्षा में इसे, न्यायसंगत न पाया गया हो इसके भावी वैज्ञानिक, शैक्षिक या प्रायोगिक मूल्य के कारण न्यायसंगत न पाया गया हो और कि जब तक कि इतना ही प्रभावकारी वैकल्पिक प्रक्रिया जिसमें सहमति को हटाना शामिल न हो, संभव नहीं है।

(8) सामाजिक कार्यकर्त्ताओं को मूल्यांकन और अनुसंधान से किसी भी समय बिना शास्ति के हटने के भागीदारों के अधिकार के संबंध में सूचित किया जा सकता है।

(9) सामाजिक कार्यकर्त्ताओं को यह सुनिश्चित करने के लिए उचित प्रयास करने चाहिए कि मूल्यांकन और अनुसंधान में भागीदारी की समुचित समर्थनकारी सेवाओं की सुलभता होती है।

(10) मूल्यांकन या अनुसंधान संलग्न सामाजिक कार्यकर्त्ताओं को अकारण शारीरिक या मानसिक कष्ट, हानि, खतरे या वंचन से भागीदारों की सुरक्षा करनी चाहिए।

(11) सेवाओं के मूल्यांकन में संलग्न सामाजिक कार्यकलापों को सामूहिक सूचना पर चर्चा केवल व्यावसायिक प्रयोजनों के लिए और इस सूचना से केवल व्यावसायिक तौर पर संबंधित लोगों के साथ ही करनी चाहिए।

(12) मूल्यांकन या अनुसंधान में संलग्न सामाजिक कार्यकर्त्ताओं को, भागीदारों और उनसे प्राप्त आँकड़ों की गुमनामी और गोपनीयता आश्वस्त करनी चाहिए। सामाजिक कार्यकर्त्ताओं को भागीदारों की गोपनीयता की सीमा सुनिश्चित करने के लिए क्या उपाय किए जाएँगे और अनुसंधान आँकड़ों से युक्त रिकॉर्ड को कब नष्ट किया जाएगा, सूचित करना चाहिए।

(13) जो सामाजिक कार्यकर्त्ता मूल्यांकन और अनुसंधान परिणामों को सूचित करते हों, को पहचान वाली सूचना का लोप करने के द्वारा भागीदारों की गोपनीयता सुरक्षित करनी चाहिए। जब तक कि उनसे प्रकट करने के अधिकार से संबंधित उचित सहमति प्राप्त न की हो।

(14) सामाजिक कार्यकर्त्ताओं को मूल्यांकन और अनुसंधान सिफारिशों को शुद्धता से सूचित करना चाहिए। वे गढ़ी हुई नहीं होनी चाहिए और उनके परिणाम झूठे न हों, मानक प्रकाशन तरीकों का प्रयोग करते हुए प्रकाशित आँकड़ों में बाद में पाई जाने वाली गलतियों को सुधारने के लिए प्रयास किए जाने चाहिए।

(15) मूल्यांकन या अनुसंधान में संलग्न कार्यकर्त्ताओं को सतर्क रहना चाहिए और हित के विवादों और भागीदारों के साथ दोहरे संबंधों से बचना चाहिए, जब वास्तविक या संभावित हित

का विवाद पैदा हो तो भागीदारों को सूचित करना चाहिए तथा मामले को इस ढंग से हल करने के प्रयास करने चाहिए कि भागीदारों के हित प्रमुख रहें।

(16) सामाजिक कार्यकर्त्ताओं को, स्वयं को, अपने छात्रों को और अपने सहकर्मियों को उत्तरदायी अनुसंधान प्रथाओं के बारे में शिक्षित करना चाहिए।

प्रश्न 13. व्यापक समाज के लिए सामाजिक कार्यकर्त्ताओं की नैतिक जिम्मेदारियों का उल्लेख कीजिए।

उत्तर– व्यापक समाज के लिए सामाजिक कार्यकर्त्ताओं की नैतिक जिम्मेदारियाँ इस प्रकार हैं–

समाज कल्याण–सामाजिक कार्यकर्त्ताओं को समाज के सामान्य कल्याण को और लोगों के विकास, उनके समुदायों, उनके पर्यावरण को, स्थानीय से ग्लोबीय स्तर तक प्रोत्साहित करना चाहिए। सामाजिक कार्यकर्त्ताओं को बुनियादी मानवीय जरूरतों को पूरा करने के सहायक जीवनयापन दशाओं और सामाजिक, आर्थिक, राजनीतिक और सांस्कृतिक मूल्यों और संस्थाएँ जो सामाजिक न्याय दिलाने के लिए अनुकूल हों की वकालत करनी चाहिए।

सार्वजनिक भागीदारी–सामाजिक कार्यकर्त्ताओं को जनता द्वारा सूचित भागीदारी को सामाजिक नीतियाँ और संस्थाएँ बनाने के लिए आसान बनाना चाहिए।

सार्वजनिक आपातकाल–सामाजिक कार्यकर्त्ताओं को सार्वजनिक आपातकाल में जहाँ तक हो सके, उचित तथा अधिक-से-अधिक व्यावसायिक सेवाएँ प्रदान करनी चाहिए।

सामाजिक और राजनीतिक कार्रवाई–

(1) सामाजिक और राजनीतिक कार्रवाई में लगे हुए सामाजिक कार्यकर्त्ताओं को जो यह सुनिश्चित करना चाहते हैं कि सभी लोगों को संसाधनों, रोजगार और अवसरों की समान सुलभता मिले जिसकी उन्हें अपनी बुनियादी मानवीय जरूरतों को, विकसित करने के लिए पूरा करने की जरूरत होती है। सामाजिक कार्यकर्त्ताओं को व्यवहार में चल रहे राजनीतिक कार्यक्षेत्र के असर से परिचित होना चाहिए और सामाजिक परिस्थितियों को सुधारने के लिए नीति और कानून में बदलाव लाने की वकालत करनी चाहिए ताकि बुनियादी मानवीय आवश्यकताएँ पूरी हों और सामाजिक न्याय की वृद्धि हो सके।

(2) सामाजिक कार्यकर्त्ताओं को सभी लोगों के लिए अवसरों के चुनाव में फैलाव लाना चाहिए जिसमें सुभेद्य, लाभवंचित, दबे हुए और शोषित लोगों और समूहों का खास ख्याल रखना चाहिए।

(3) सामाजिक कार्यकर्त्ताओं को ऐसी परिस्थितियों का संवर्द्धन करना चाहिए जिनसे संयुक्त राज्य अमेरिका के भीतर और ग्लोब में सांस्कृतिक और सामाजिक विभिन्नता के लिए सम्मान को प्रोत्साहित किया जाए। सामाजिक कार्यकर्त्ताओं को ऐसी नीतियों और व्यवहारों का संवर्द्धन करना चाहिए जिनमें मतभेद में आदर प्रदर्शित हो, सांस्कृतिक जानकारी और संसाधनों के फैलाव को समर्थन मिले, उन कार्यक्रमों और संस्थाओं के लिए पैरवी की जाए जिनसे सांस्कृतिक क्षमता का प्रदर्शन हो और सभी लोगों के अधिकारों की रक्षा तथा समानता और सामाजिक न्याय की पुष्टि करने वाली नीतियों का संवर्द्धन किया जाए।

(4) सामाजिक कार्यकर्त्ताओं को किसी व्यक्ति, ग्रुप या वर्ग के प्रभुत्व शोषण को समाप्त करने तथा किसी व्यक्ति, ग्रुप या वर्ग के विरुद्ध वंश, जातीयता, राष्ट्रीय मूल, रंग, लिंग, यौन स्थिति निर्धारण, स्त्री-पुरुष पहचान या अभिव्यक्ति, आयु वैवाहिक स्थिति, राजनीति धर्म आप्रवास स्थिति या मानसिक या शारीरिक अपंगता के आधार पर भेदभाव के विरुद्ध काम करना चाहिए।

2008 एन.ए.एस.डब्ल्यू. प्रतिनिधि सभा ने एन.ए.एस.डब्ल्यू. नैतिक संहिता के निम्नलिखित संशोधनों को अनुमोदित किया–

सांस्कृतिक क्षमता और सामाजिक भिन्नता (1.05)–

- सामाजिक कार्यकर्त्ताओं को वंश, जातीयता, राष्ट्रीय मूल, रंग, लिंग, यौन स्थिति निर्धारण, स्त्री-पुरुष पहचान या अभिव्यक्ति, आयु, मानसिक स्थिति, राजनीतिक सोच, धर्म आप्रवास स्थिति तथा मानसिक या शारीरिक अपंगता के संबंध में सामाजिक विभिन्नता और चयन के बारे में शिक्षा प्राप्त करनी चाहिए और उसके स्वरूप को समझना चाहिए।

सम्मान (2.01)–

- सामाजिक कार्यकर्त्ताओं को सहकर्मियों के साथ सम्मानजनक व्यवहार करना चाहिए और सहकर्मियों की अहर्कताओं, विचारों और उत्तरदायित्वों को शुद्ध और सही ढंग से चित्रित करना चाहिए।
- सामाजिक कार्यकर्त्ताओं को अकारण ग्राहकों के साथ या अन्य व्यवसायियों के साथ संचारण में नकारात्मक आलोचना से बचना चाहिए। अकारण नकारात्मक आलोचना में सहकर्मियों की क्षमता के स्तर को लेकर घटिया टिप्पणियाँ करना या व्यक्तिगत आरोप, जैसे–वंश, जातीयता, राष्ट्रीय मूल, रंग, लिंग, यौन स्थिति निर्धारण, स्त्री-पुरुष पहचान या अभिव्यक्ति, आयु वैवाहिक स्थिति, राजनीतिक सोच, धर्म आप्रवास स्थिति और मानसिक या शारीरिक अपंगता शामिल हैं।

भेदभाव (4.02)–सामाजिक कार्यकर्त्ताओं को वंश जातीयता, राष्ट्रीय मूल, रंग, लिंग, यौन स्थिति निर्धारण, स्त्री-पुरुष पहचान या अभिव्यक्ति, आयु वैवाहिक स्थिति, राजनीतिक सोच, धर्म आप्रवास स्थिति या मानसिक या शारीरिक अपंगता के आधार पर भेदभाव के किसी रूप की प्रैक्टिस क्षमा करना, आसान बनाना या सहयोग नहीं करना चाहिए।

सामाजिक और राजनीतिक कार्रवाई (6.04)–

- सामाजिक कार्यकर्त्ताओं को किसी व्यक्ति, समूह या वर्ग के प्रति वंश, जातीयता, राष्ट्रीय मूल, रंग, लिंग, यौन स्थिति निर्धारण, स्त्री-पुरुष पहचान या अभिव्यक्ति, आयु वैवाहिक स्थिति, राजनीतिक सोच, धर्म आप्रवास स्थिति या मानसिक या शारीरिक अपंगता के आधार पर किसी के प्रभुत्व शोषण और भेदभाव को रोकना चाहिए और खत्म करना चाहिए।

□□

Feedback is the breakfast of Champions.

Ken Blanchard

You can Help other students.
"Inform any error or mistake in this book."

We and Universe
will reward you for Your Kind act.

Email at : feedback@gullybaba.com
or
WhatsApp on 9350849407

मौलिक मानव मूल्य (FUNDAMENTAL HUMAN VALUES)

भूमिका

मौलिक मानव मूल्य वे मूल्य हैं, जो मनुष्य के अच्छे या बुरे होने का ज्ञान कराते हैं, वे लोगों को बताते हैं कि अच्छा, लाभदायक, आवश्यक, उपयोगी, सुंदर, वांछनीय, रचनात्मक इत्यादि क्या है। मौलिक मानव मूल्य वे हैं जिन पर अन्य मूल्य आधारित हैं, जैसे–स्वतंत्रता दिवस पर झंडा फहराना एक मानदंड है किंतु यह देशभक्ति के मूल्य को प्रदर्शित करता है।

प्रश्न 1. समूह से आप क्या समझते हैं? उन ग्रुपों की चर्चा कीजिए, जो समाज के मूल्यों को संवर्धित करने में सहायक हैं।

उत्तर– स्मिथ (*Smith*, 1945) के अनुसार, *समूह व्यक्तियों की ऐसी जमात है जिसके सदस्यों में एक-दूसरे के प्रति चेतना पाई जाती है।*

बैस (*Bas*, 1960) के अनुसार, *समूह का तात्पर्य व्यक्तियों की ऐसी जमात से है जिसका उद्देश्य भिन्न-भिन्न आवश्यकताओं की संतुष्टि है।*

मिल्स (*Mills*, 1967) का कहना है, *किसी उद्देश्य या लक्ष्य को प्राप्त करने के लिए व्यक्तियों का संगठित होना ही समूह है।*

स्पष्टत: इन परिभाषाओं में समूह को भिन्न-भिन्न आधारों पर परिभाषित करने का प्रयास किया गया है, लेकिन ये परिभाषाएँ समूह की समुचित व्याख्या करने में केवल आंशिक रूप से सफल हैं।

फिल्डर (*Fielder*, 1976) ने समूह की एक अच्छी परिभाषा दी है। उनके अनुसार, *"समूह व्यक्तियों की एक ऐसी जमात है जिसका उद्देश्य सामान्य लक्ष्य की प्राप्ति है तथा जिसके एक सदस्य पर किसी घटना के प्रभाव से अन्य सभी सदस्य प्रभावित हो सकते हैं।"*

समूह के सदस्य सहज बुद्धि से एक-दूसरे से संबंध महसूस करते हैं। समूहन से ग्रुप भिन्न होता है जैसे बस में यात्री या गली में भीड़। समूह में सदस्य एक-दूसरे से इकट्ठे बात नहीं करते और उनमें एक-दूसरे से प्रभावित होने का सामान्य बोध नहीं होता।

कुछेक प्रधान ग्रुप जो समाज के मूलभूत मूल्यों को बढ़ाते हैं, वे हैं–परिवार, शिक्षा, अर्थव्यवस्था, राजनीति और धर्म।

(1) परिवार–परिवार कई महत्त्वपूर्ण कार्यों को करता है। उनमें से कुछेक निम्नलिखित हैं–कोई समाज लोगों को ही स्त्री-पुरुष संबंध यों ही बनाने की अनुमति नहीं देता और कोई समाज यौनिक बर्ताव को निजी चुनाव का मामला नहीं समझता। विवाह और परिवार पद्धति यौनिक व्यवहार को विनिर्मित करने का एक तरीका है जिसमें यह विनिर्दिष्ट होता है कि कौन किससे यौन संबंध बनाएगा और ऐसा वे किन परिस्थितियों में कर सकते हैं।

सदस्यों का बदलना–कोई समाज के बिना नहीं रह सकता यदि उसमें सदस्यों के पीढ़ी-दर-पीढ़ी बदलने की पद्धति न हो। परिवार एक स्थायी, सांस्थानिक तरीका प्रदान करता है जिसके माध्यम से यह परिवर्तन होता है जिसमें विशिष्ट व्यक्ति माता और पिता की सामाजिक भूमिका को प्राप्त करते हैं और परिभाषित उत्तरदायित्वों को स्वीकार करते हैं।

समाजीकरण–नवजात शिशु पूरा मानव नहीं बन जाता जब तक उसका समाजीकरण न हो और इस समाजीकरण के लिए प्राथमिक पूर्वा पर संबंध परिवार है क्योंकि बच्चा माता-पिता का होता है, वे आमतौर पर उसके बर्ताव की निगरानी के लिए विशेष ध्यान देते हैं और उसमें भाषा, मूल्य, मानदंड और संस्कृति के प्रति श्रद्धा संचारित करते हैं।

देखभाल और संरक्षण–परिवार अपने सदस्यों को देखभाल, संरक्षण, सुरक्षा, प्यार प्रदान करता है जो कि उसके सदस्यों के लिए जरूरी होता है। शिशुओं को गरमाहट, भोजन, आश्रय और स्नेह की आवश्यकता होती है। परिवार एक घनिष्ठता का वातावरण प्रदान करता है जिसमें ये जरूरतें प्रदान की जा सकती हैं।

सामाजिक स्थिति–परिवार में वैध जन्म व्यक्ति को समाज में स्थायी जगह देता है। हम उसी वंश या जातीय समूह से संबंधित होते हैं और प्रायः उसी धर्म और सामाजिक श्रेणी जो हमारे माता-पिता की होती है। हमारी पारिवारिक पृष्ठभूमि समाज में मूलभूत मानव मूल्यों की अत्यधिक महत्त्वपूर्ण और एकमात्र निर्धारक होती है।

(2) शिक्षा–पहले समाज में केवल कुछ लोग ही शिक्षित होते थे, किंतु आज शिक्षा एक सांस्थानिक, औपचारिक कार्यकलाप बन गई है। आधुनिक समाज शैक्षिक अनुभव को सोच-समझ कर संगठित करते हैं, कतिपय आयु वर्ग के लोगों के लिए इसे अनिवार्य बनाते हैं। शिक्षकों को प्रशिक्षित किया जाता है और शिक्षण और अध्ययन प्रक्रिया के लिए स्थान व उपस्कर प्रदान किए जाते हैं। अतः शिक्षा को ज्ञान, कौशल और मूल्यों के व्यवस्थित निश्चित संचारण के रूप में वर्णित किया जा सकता है।

कार्यात्मक दृष्टिकोण–कार्यात्मक दृष्टिकोण कुल मिला कर सामाजिक व्यवस्था बनाए रखने में स्कूलों की प्रमुख आवश्यकता को स्पष्ट करने का एक लाभदायक साधन है। शिक्षा के कई महत्त्वपूर्ण कार्यों की पहचान की जा सकती है।

सांस्कृतिक संचरण–यदि समाज को बने रहना है तो इसकी संस्कृति को एक पीढ़ी से दूसरी पीढ़ी तक संचारित करना होगा। आधुनिक जटिल समाज में स्कूलों का प्रयोग युवा को ज्ञान, कौशल और मूल्यों को प्रदान करने में किया जाता है जिन्हें समाज विशेष रूप से आवश्यक मानता है। यह कार्य रूढ़िवादी है क्योंकि स्कूल विगत काल की या कम-से-कम वर्तमान की संस्कृति का संचारण कर रहे हैं।

सामाजिक एकीकरण–आधुनिक औद्योगिक समाज कई विभिन्न जातीय, वंशगत, धार्मिक या अन्य उप-संस्कृतियों से युक्त होते हैं। शिक्षा युवा सदस्यों का इन संस्कृतियों की साँझी संस्कृति में एकीकरण का काम करती है और साँझे मूल्यों से युक्त अपेक्षाकृत एक समाज के विकास को प्रोत्साहित करती है।

व्यक्तिगत विकास–औपचारिक पाठ्यचर्या और अनौपचारिक समकक्षों और शिक्षकों के बीच परस्पर क्रिया दोनों में छात्र अपने बारे में और उनके इर्द-गिर्द विश्व के बारे में बहुत कुछ सीखते हैं। इसमें से ज्यादातर सिखलाई व्यक्तिगत, भावनात्मक, सामाजिक और बौद्धिक विकास के लिए अधिक महत्त्वपूर्ण है।

छानबीन और चयन–छात्रों के शैक्षणिक निष्पादन की छानबीन करने के द्वारा स्कूल विशेष प्रकार के छात्रों का विशेष प्रकार के व्यवसायों के लिए चयन करते हैं। प्रारंभिक वर्षों के आगे तक, स्कूल लगातार छात्रों का परीक्षण करते हैं और उनकी उपलब्धियों का मूल्यांकन करते हैं, कुछ को तकनीकी कार्यों और अन्यों को शैक्षणिक विषयों की ओर भेजते हैं। अपनी शिक्षा के अंत में जो विश्वास लोगों को होता है उसका उनके जीवन के अवसरों पर जोरदार प्रभाव पड़ता है।

नवाचार–शैक्षिक संस्थाएँ केवल मौजूदा जानकारी का ही संचरण नहीं करतीं; वे बौद्धिक उत्सुकता और आलोचनात्मक विचारों को प्रेरित करती हैं और अंशतः क्योंकि कॉलेज और विश्वविद्यालय अध्यापक प्रायः अनुसंधान आयोजित तक करते हैं जो आत्मज्ञान को बढ़ाएगा।

गुप्त कार्य–लेकिन शिक्षा के गुप्त किस्म के कार्य भी हैं, ऐसे कार्य जिन्हें आमतौर पर मान्यता नहीं होती और वे अभिप्रेत भी नहीं थे। उदाहरण के रूप में कार्य करने वाले स्कूल माताओं को बच्चे पालने के कार्यों से मुक्त कर देते हैं और उन्हें घर के बाहर कार्य करने की इजाजत देते हैं।

शैक्षिक संस्थाएँ लगभग एक जैसी पृष्ठभूमि के युवा लोगों को एक-दूसरे के साथ बात करने का इस तरह से अवसर देती हैं कि ऐसा तब संभव नहीं हो पाता अगर उनका सामाजिक वातावरण घर तक और घर के काम तक सीमित रहता है और इस प्रकार ये वैवाहिक स्थलों का काम करती हैं। उनकी औपचारिक पाठ्यचर्या के अतिरिक्त, स्कूल समय की पाबंदी की आदतें; विनयशीलता और प्राधिकारी के प्रति आज्ञाकारिता भी सिखाते हैं।

(3) अर्थव्यवस्था–मानव को जीवित रहने के लिए भोजन और आश्रय की जरूरत होती है–ये आधारभूत जैविक आवश्यकताएँ हैं। मानवता को अन्य वस्तुओं और सेवाओं की भी जरूरत होती है। चाहे ये जरूरतें जैविक तौर पर निर्धारित जरूरतें हों या सामाजिक तौर पर परिभाषित इच्छाएँ हों, वे प्राय: मनुष्य के प्रयास से ही संतुष्ट की जा सकती हैं। कुछेक भौतिक वस्तुएँ और व्यक्तिगत सेवाएँ जिन्हें लोग चाहते हैं, मुफ्त में उपलब्ध हैं, जैसे कि हवा जिसमें वे साँस लेते हैं या ऐसी देखभाल जो वे वयस्कों से प्राप्त करते हैं जब वे होते हैं। लेकिन बहुत-सी वस्तुएँ और सेवाएँ दुर्लभ हैं। लोगों को उन्हें पैदा करने के लिए अवश्य काम करना चाहिए और उन्हें समाज के विभिन्न सदस्यों में वितरित करने के लिए कोई रास्ता निकालना चाहिए। यह कार्यकलाप आर्थिक जीवन का सार है।

(4) राजनीति–राजनीतिक व्यवस्था संस्थागत प्रणाली है जिसके जरिए कुछ व्यक्ति और ग्रुप सत्ता प्राप्त करते हैं और उन पर प्रयोग करते हैं। राजनीति सत्ता के बारे में है–इस बारे में है कि इसे कौन प्राप्त करता है, यह कैसे प्राप्त की जाती है, इसका कैसे प्रयोग किया जाता है और यह किस प्रयोजन के लिए लगाई जाती है। मैक्स वेबर ने सत्ता को अन्यों के व्यवहार को उनकी सहमति के बिना भी नियंत्रित करने की योग्यता के रूप में परिभाषित किया है। इसे दूसरी तरह से रखा जा सकता है–सत्ता निर्णय लेने की प्रक्रिया में प्रभावी तरीके से भागीदारी करने की योग्यता है। वे जो एक या अन्य कारण से प्रक्रिया पर प्रभाव नहीं डालते, वे सत्ताविहीन हैं। सत्ता को अंधाधुंध या चतुराई से कानूनी रूप से या गैर-कानूनी रूप, न्यायसंगत रूप से अथवा अन्यायपूर्ण रूप से प्रयोग में लाया जा सकता है। यह कई स्रोतों से ली जा सकती है जैसे कि धन संपत्ति, हैसियत, आदर, संख्या या संगठनात्मक क्षमता। इसका अंतिम आधार तथापि यह है कि यह राजी करने की योग्यता है, अगर जरूरी हो तो धमकी देकर या जोर-जबरदस्ती से।

(5) धर्म–धर्म, सामान्य व्यवहारों तथा विश्वासों की प्रणाली है जो कुछ पवित्र, अलौकिक क्षेत्र की ओर उन्मुख होती है। धर्म को चार प्रमुख किस्मों में विभाजित किया जा सकता है–साधारण आलौकिकता का धर्म, जड़ात्मवाद, ईश्वरवाद और निराकार आदर्श।

साधारण आलौकिकता–इस किस्म का धर्म, जो कि बहुत साधारण है, पूर्व-औद्योगीकरण समाजों में आम था, विश्व में अलौकिक शक्तियों को मान्यता प्रदान करता है। इस तरह के धर्म में परमात्मा और आत्माओं में विश्वास शामिल नहीं है लेकिन विश्वास करने वाले मानते हैं कि यहाँ ऐसी अलौकिक शक्तियाँ हैं जो मानवीय घटनाओं को बेहतरी या बुराई में प्रभावित करती हैं।

जड़ात्मवाद–जड़ात्मवादी मानते हैं कि विश्व में सक्रिय, निर्जीव आत्माएँ घूमती हैं। ये आत्माएँ लोगों में और अन्यथा निर्जीव प्राकृतिक चमत्कारिक वस्तुओं, जैसे–नदियों, हवाओं, पहाड़ों और मौसम इन दोनों में पाई जाती हैं। आत्माओं में मानवों की तरह प्रेरणा, इच्छा और भावनाएँ मानी जाती हैं। ईश्वरवादी भगवान में विश्वास के इर्द-गिर्द रहते हैं। यह कल्पना की जाती है कि ईश्वर कुछ हद तक मानवीय कार्यों में रुचि रखता है और पूजा करने योग्य है।

निराकार आदर्श–इस किस्म का धर्म सोचने और व्यवहार के तरीके के इर्द-गिर्द रहता है। लक्ष्य यह है कि अस्तित्व और चेतना उत्थापित दशा में पहुँचना और इस प्रकार अपनी मानवीय अंत:शक्ति की चरम सीमा तक पूर्ति करना। निराकार आदर्श का सर्वविख्यात धर्म बौद्ध धर्म है जो पूजा से संबंधित नहीं है लेकिन जीवन के मूल्यों को कई वर्षों के चिंतन के द्वारा बढ़ाने की कोशिश करता है।

प्रश्न 2. जीवन के मूल्य को विस्तारपूर्वक समझाइए।

उत्तर– जब से पश्चिमी विचारक प्लेटो ने बेहतर जीवन का सपना देखा है, वह पूरा नहीं हुआ, लेकिन उससे कम-से-कम कुछ करने की प्रेरणा तो मिली। अरस्तु, आगस्टीन, ऐकुइनास, मोरे, डिस्कार्टीस, स्पिनोजा, लीब्निज, बर्कले, हीगल, वर्गसन एट आल ने जीवन के ऐसे रंगीन चित्र चित्रित किए जिसमें स्वतंत्रता, मातृ भाव और समानता को ऐसी सत्तामूलक आध्यात्मिक गहराई में डाल दिया जिसमें मानव जीवन अमरत्व के विश्वास के माध्यम से चलता जा रहा है। अब 21वीं शताब्दी की सुबह यह कल्पना की दीर्घकालीन परंपरा, स्वप्न और विश्वास उपभोक्तावाद और भौतिकवाद के दबाव के अंतर्गत समाप्त होता दिखाई दे रहा है। जीवन को भौतिकवाद के प्रश्न में समेट कर मौजूदा सोच ने जीवन के बारे में अधिक कठिन प्रश्न जीवन को अविनाशकारी और अनंत स्रोत को विस्तृत कर दिया है। यदि हमें अधिक प्रेरणादायक आदर्श प्रदान करना है तो यही समय है कि हम इस प्रश्न पर अधिक सोच-विचार करें कि जीवन को अधिक वैज्ञानिक और दार्शनिक और व्यापक रूप से कैसे समझा जाए।

जीवन कहानी–वैज्ञानिक मानते हैं कि पृथ्वी पर हमेशा जीवन मौजूद नहीं था। उनका अनुमान है कि यह लगभग 4 बिलियन वर्ष पहले शुरू हुआ। लगभग 4 बिलियन वर्ष पूर्व ऐरीस, प्रथम प्रोक्योटिक कोशिका धरती पर आई। धरती के अपने आंतरिक गतिकी के संतुलन के कारण और सौर प्रणाली के ढाँचे में इसकी स्थिति के कारण पदार्थ ठोस, तरल और गैस के रूप में मौजूद थे जो एक रूप से दूसरे में प्रवाहित होते थे जिससे निरंतर सृजनात्मक रसायन गर्भाशय मिलता था जिस ऐरीस प्रथम से प्रोक्योटिक जीवित कोशिका निकली। प्रोक्योटिक कोशिकाओं में स्वयं को संगठित करने की शक्ति थी जैसे कि सितारे और गैलेक्सियाँ किया करते थे। कोशिकाएँ महत्त्वपूर्ण सूचना का स्मरण थीं अन्य जीवित कोशिका को दूसरी के साथ बुनने के प्रतिरूप भी। कोशिका में सृजनात्मकता की नई व्यवस्था नहीं थी जो सूर्य द्वारा रोशनी की गति से गिराई गई ऊर्जा भी कोशिकाओं को पकड़ती थी और इन क्वांटा को भोजन के रूप में प्रयोग किया जाता था। ऐरीस और प्रोक्योटिक्स समुद्र से हाइड्रोजन एकत्र करते थे और ऑक्सीजन को धरती के सिस्टम में छोड़ते थे जिससे भूमि और समुद्र सराबोर हो जाते। तथापि प्रोक्योटिक्स ने अनजाने में धरती की व्यवस्था

को इस विस्फोटक शक्ति के अवयव के साथ धरती के रसायन बदलने के द्वारा अत्यधिक अस्थायी हालत में धकेल दिया। परिणामस्वरूप प्रोक्योंट समुदाय समाप्त हो गए क्योंकि उनके भीतरी भाग को ऑक्सीजन द्वारा आग लग गई। लेकिन इस संकट से विकेन्गला एक नया और आत्यांतिक अग्रवर्ती जीव निकला जो कि ऑक्सीजन से खतरनाक ऊर्जा अपने प्रयोजनों के लिए आकार देने में समर्थ था। डयुकर्योट्स मियोटिक सैक्स की खोज की जिसके द्वारा ब्रह्मांड विविधता में यौन संसर्ग से सौ गुणा विस्तार हो गया। अंततः डयुकर्योट्स ने स्वयं को जल प्लाक्ति करने की उदारता का वह साहसिक कदम उठाया जैसे कि उनमें ट्रिलियन की संख्या में एकत्र हुए और आरगोज का आह्वान किया जो पहला बहुकोशिका वाला पशु था। लगभग 600 मिलियन वर्ष पहले बहुकोशीय जीव उत्पन्न हुए। उनमें प्रवाल, कीड़े, कृमि, सीपियाँ, स्टारफिश, स्पोंजेंस, मकड़ियाँ, कशेरूकी, बर्टिबरेट्स लीचेस और जीवन के अन्य रूप शामिल हैं। पौधों के बाद भूमि पर जानवर आए जो ऐम्फीबियंज, रेप्टाइल्स, इंसैक्ट्स और डाइनासोर से भरी पड़ी थी। लगभग 6 मिलियन वर्ष पहले एक खगोलीय टकराव हुआ जिससे धरती का वातावरण और जलवायु बदल गए, जिससे धरती पर पशुजाति प्राणियों के डाइनासोर के सभी रूप नष्ट हो गए। लेकिन उस विध्वंस से पक्षियों और स्तन पक्षियों के द्वारा नई धरती के जीवन में लगभग 200 मिलियन वर्ष पूर्व प्रविष्ट हुए।

उन्होंने भावनात्मक संवेदनशीलता विकसित की, ब्रह्मांड को जानने के लिए अपने स्नायु तंत्र के अंदर एक नई क्षमता विकसित की। मानव जाति की स्नायु संबंधी क्षमता आत्म-चेतना के साथ स्तन पक्षियों की यह भावनात्मक संवेदनशीलता गहरी होती चली गई। अफ्रीका में चार मिलियन वर्ष पहले मानव (यंग फिमेल होमिनिड, अब 'लूसी' के रूप में डिजाइंड है, दक्षिणी इथियोपिया में रहती थी) केवल दो अंगों पर खड़ी हो गई और बाद में लगभग दो मिलियन वर्ष पूर्व उन्होंने उपकरणों का प्रयोग शुरू कर दिया। लगभग पैंतीस हजार वर्ष पूर्व शुद्ध करके उन्होंने समारोह का नया रूप शुरू किया धरती के भीतर गहराई में, गुफा चित्रकारी का प्रदर्शन किया। लगभग 12 हजार वर्ष पूर्व जेरिको, कैटल हुयुक और इस्यूना में प्रथम नियोलिथिक गाँव स्थापित किए गए। यह आध्यात्मिक मूलभूत सामाजिक रूपांतरण था जो पहली बार घटने वाला मानवीय साहसिक कार्य था। इस अवधि के निर्णायक दौर में भाषा, धर्म, ब्रह्मांड विज्ञान, कला, संगीत और नृत्य ने अपना आदिकालीन रूप ग्रहण किया। शहरी सभ्यता ने पाँच हजार साल पहले अपना रूप लेना शुरू किया जिसने नए केंद्रों बेबीलोन, पैरिस, पर्सोपोलिस, बनारस, रोम, जेरूशलम कंस्टैंटिनोपल, सियोन, एथेन्स, बगदाद, टिकल ऑफ माया, कायरो, मक्का, दिल्ली, टिनोक्टिटलान ऑफ दि आजटेक, लंदन, कुजको दि इन्कासिटी ऑफ दि सन को जन्म दिया।

जीवन की आधारभूत इकाई–इस जीवन की उत्पत्ति और विकास आवश्यक रूप से जैव रसायन विज्ञान, कार्बन मिश्रण रसायन जो कि कोशिकाओं की संरचना, संगठन और कार्यों के लिए उत्तरदायी है। जीवित कोशिका पूर्ण रूप से जटिल, सुसंगठित रसायन कारखाना है जो जैव मोलेक्यूल्स के एक सेट को भोजन के रूप में लेता है और उन्हें छोटी इकाइयों में तोड़ता है और कोशिका लघु मोलेक्यूल्स के विशेष सेटों को लंबी जंजीर में एक साथ ग्रंथित करती है। आमतौर पर अशाखी के रूप में जिससे कोशिका के महत्त्वपूर्ण मैक्रोमोलेक्यूल्स बन सकें; न्यूक्लिक एसिड्स दि आर.एन.ए., डी.एन.ए., प्रोटीन और पॉलिसैक्यराइट्स। व्यवस्था का प्रथम स्तर निम्नतम होता

है जिसमें अणुओं को मोलेक्यूल्स बनाने के लिए एक साथ बाँधा जाता है। एकल कार्बन अणु स्पष्टता संतुलित वस्तु है तथापि अणुओं की अधिक जटिल संरचनाएँ और संयोजक जैसे कि मोलेक्यूल्स और मैक्रोमोलेक्यूल्स में हैंडेडनेंस हैं : राइट हैंडेड या लेफ्ट हैंडेड। वे पोलेराइजेशन के प्लेन को क्लॉकवाइज या एंटी क्लॉकवाइज घुमाते हैं। यह दर्शाता है कि बायोकैमिकल मोलेक्यूल्स अकेले में नहीं पनपते। वे अन्य मोलेक्यूल्स के साथ अन्योन्यक्रिया करते हैं। फिर भी जैवों की सारी विशाल संख्या केवल लेफ्ट हैंडेड मोलेक्यूल्स का प्रयोग करती है राइट हैंडेड का कभी नहीं। यद्यपि प्रकृति उन्हें पैदा करती है, मानव उनका संश्लेषण करता है। यह एक अजूबा है कि सभी मोलेक्यूल्स प्रत्येक जैव की हर कोशिका में शामिल सभी मोलेक्यूल्स का वही हैंड होता है। यह स्पष्ट संकेत है कि सारे जीव प्रथम आदिकालीन जीवित कोशिका से उपजे हैं।

ऐसी कई अन्य बायोकैमिकल विशेषताएँ हैं जो सभी कोशिकाओं में आश्चर्यजनक रूप से एक जैसी हैं। वास्तविक रास्ते, यथार्थ तरीके जिसमें एक छोटा-सा मोलेक्यूल एक-दूसरे में परिवर्तित हो जाता है और संरचनात्मक विशेषताएँ एक समान हैं। कोशिका की अधिकांश संरचना और मेटाबॉलिक कार्यकलाप, मोलेक्यूल के प्रोटीन नामक परिवार पर आधारि है। प्रोटीन जो अपने सही स्थान पर प्रत्येक परमाणु से यथार्थ रूप से बना है, मैको-मोलेक्यूल है जिसमें हजारों परमाणु हैं। हर किस्म का प्रोटीन एक जटिल तीन आयामी संरचना बनाता है जो इसे कैटेलिटिक या संरचनात्मक कार्य करने की इजाजत देता है। तीन आयामी संरचना बल, दी गई एक आयामी चेन पर आधारित संरचना को जोड़ने के द्वारा बनाई जाती है। बैकबोन के साथ-साथ परमाणुओं के क्रम में 6 परमाणुओं का पैटर्न शामिल होता है और एक विशिष्ट बैकबोन में जो कि सैकड़ों में होते हैं। इसमें हैरानी की बात नहीं है कि कोशिका की संश्लेषणात्मक मशीनरी इन पॉलीपेप्टाइड चेनों को एक साथ जोड़ने के द्वारा अमीनो एसिड नामक छोटे मोलेक्यूल्स के एक विशेष सेट का निर्माण करती है। अमीनो एसिड प्रोटीनों के असली स्वरूप का निर्धारण करता है। प्रोटीन बीस वर्णों से लिखित एक पैराग्राफ की तरह है अर्थात् बीस अमीनो एसिड की हू-ब-हू वही होते हैं या समस्त प्रकृति में विश्व व्यापक रूप से विद्यमान होते हैं। इसके अतिरिक्त कोशिका में अन्य किस्म के अमीनो एसिड भी होते हैं। फिर भी सभी जीवित जीवों में केवल बीस प्रोटीन प्रयुक्त होते हैं। प्रोटीनों के साथ-साथ एक दूसरी बहुत ही भिन्न शैली भी है जिसमें जीव की उत्पत्ति संबंधी सूचना होती है न्यूक्लिक एसिड, जैसे—डी.एन.ए. और आ.एन.ए.। डी.एन.ए. का संबंध प्रोटीन विनिर्माण से होता है और कोशिका विभाजन आवश्यक भाग लेता है। यह लंबे धागे की तरह मोलेक्यूल होता है जिसकी आवृत्ति पेचदार बँटे हुए रोप लैडर की तरह होती है। लैडर की ऊपरी दाहिनी तरफ बारी-बारी से शूगर और फॉस्फेट मोलेक्यूल्स को चेन में एकत्र करके बनाई जाती है। लैडर के डंडे रसायन क्षारक के बने होते हैं, जिसकी चार किस्में होती हैं—ऐडेनिन, गुआनिन, काइटोसिन और थाईमिन। उन्हें प्राय: उनके शुरुआती सालों से संदर्भित किया जाता है—ए.जी.सी. और टी.।

आनुवांशिकी कूट रचना उस क्रम में की जाती है जिसमें ये चार रसायन आधार डी.एन.ए. मोलेक्यूल की लंबाई के साथ व्यवस्थित किए जाते हैं। कोशिका का अधिकांश डी.एन.ए. इसके न्यूक्लियस में क्रोमोसोम्स में निहित होता है, लेकिन प्रोटीन कोशिका के लाइटोप्लाज्म में बनाए

जाते हैं। किसी तरह से प्रोटीन विनिर्माण के लिए कूटबद्ध अनुदेशों के न्यूक्लियस से साइटोप्लाज्म तक अवश्य गुजरना चाहिए और तब उसका प्रतिलेखन किया जाए। यह कार्य दो किस्मों के पदार्थ द्वारा किया जाता है, जैसे कि रिवोन्यूक्लिक एसिड (आर.एन.ए.) जो साइटोप्लाज्म, रिवासोम्स में माइक्रोस्कोपिक ग्रेन्यूल्स के संयोजन में कार्य करता है। ये दोनों किस्में मैसेंजर आर.एन.ए. और ट्रांसफर आर.एन.ए. कहलाती हैं। न्यूक्लियस में, डी.एन.ए. का कुछ भाग खुला होता है जिससे विशेष प्रोटीन के लिए जीन दिखता है। मैसेंजर आर.एन.ए. क्षारकों के क्रम की प्रतिलिपियाँ करता है जो जीन बनाती हैं। ट्रांसफर आर.एन.ए. अमीनो एसिड मोलेक्यूल्स को उठाता है और उन्हें रिबोसोम तक ले जाता है जहाँ अमीनो एसिड एक साथ जुड़ते हैं जिससे प्रोटीन मोलेक्यूल तैयार होता है। प्रोटीन मोलेक्यूल में अमीनो एसिड का क्रम इस बात पर निर्भर होता है कि किस तरीके से ट्रांसफर आर.एन.ए. मोलेक्यूल्स मैसेंजर आर.एन.ए. के अंदर फिट होते हैं।

इस तरह से आनुवांशिकी कूट चार वर्णीय भाषा, आनुवांशिक सामग्री, डी.एन.ए., प्रोटीन की बीस वर्णीय भाषा (बीस अमीनो एसिड्स) से संबंधित हैं। आनुवांशिकी संदेश का न्यूक्लिक एसिड (एक जीन) के विशेष स्ट्रेच पर अनुवाद, साइड की चेन का क्रम (न्यूक्लियटाइट्स) किसी नियत बिंदु से तीन के ग्रुपों में (जो कॉडोन्स कहलाते हैं) बायोकैमिकल मशीनरी द्वारा पढ़ा जाता है। चूँकि न्यूक्लिक एसिड्स के मात्र चार न्यूक्लिकटाइड्स क्षारक होते हैं यहाँ चौंसठ ट्रिपलेट होते हैं। इन कीजेन्स में इकसठ एक या दूसरे अमीनो एसिड के अर्थ में हैं। शेष तीन ट्रिप्लेट्स अंतिम चेन और शुरुआती चेन के अर्थ में है।

सभी जीवित प्राणी उसी आनुवांशिकी कूट का प्रयोग करते हैं। सभी जीवित प्राणी आनुवांशिकी सूचना ले जाने के लिए और उसे संतति तक पहुँचाने के लिए उसी चार वर्ण की वाणी (डी.एन.ए. और आर.एन.ए.) का प्रयोग करते हैं। अब यह पता चला है कि हमारी कोशिकाओं में जीन की संख्या की दृष्टि से हम मानव केंचुआ जैसे हल्के जीव से जिसकी 19000 से थोड़ी अधिक जीन हैं और फ्रूट प्लाई जिसकी 13,600 जीन हैं, बेहतर हैं। फरवरी 2001 में वैज्ञानिकों की दो टीमों द्वारा प्रकाशित परिणामों में मानव जेनोम की संख्या लगभग 30,000 बताई है अर्थात् जो पहले अनुमान लगाया गया था (सी-100,000) उससे एक-तिहाई से भी कम। तथापि मानव प्राणी अपनी जीन के साथ मितव्ययी होने के नाते अन्य प्रजातियों के मुकाबले वे अपने जीन के साथ अधिक करने योग्य होते हैं।

उदाहरण के लिए, प्रतिजीन केवल एक प्रोटीन उत्पादित करने के बजाय, जैसा कि पहले विश्वास किया जाता था, औसत मानव जीन तीन भिन्न प्रोटीन उत्पादित करता हुआ पाया गया है। इसके अलावा प्रत्येक जीन औसत में चार या पाँच के साथ परस्पर क्रिया करता है और इस प्रकार सामूहिक ढंग से कार्य करता है। यह जानकर आश्चर्य होता है कि आवृत्तिमूलक डी.एन.ए. अनुक्रम का 75 प्रतिशत जो रद्दी डी.एन.ए. के नाम से जाने जाते हैं और बेकार माने जाते थे ऐसे अनुक्रम जो अभी सक्रिय हैं और प्रोटीन के लिए कोडिंग कर सकते हैं। जीनोम अनुक्रम यह भी दर्शाता है कि धरती पर हर व्यक्ति उसी आनुवांशिकी कूट का 99.99 प्रतिशत अन्य सभी लोगों के साथ शेयर करता है, एक ऐसा तथ्य है जिसे जातीय, नृजातीय या जात-पात श्रेष्ठता का प्रदान तय करने में सहायता कर सकता है।

इसके अलावा सभी मानव अविनाशिता या मृत्यु के बाद जीवन की ओर उन्मुख हैं। मानव की अविनाशिता बुद्धिमानी के नजरिए से मानव में कतिपय मौलिक संक्रिया की अभौतिकवादिता या निराकारिता (भौतिकवादिता भिन्न) से स्थापित की जा सकती है। मौलिक संक्रियाएँ हैं–जानना, इच्छा और स्मरण करना जो अपने आप में अभौतिकवादी या निराकार हैं। चूँकि वे स्वयं में निराकार हैं, वे अंतरस्थ (आंतरिक) रूप से पदार्थ से स्वतंत्र हैं और बाह्य (बाहरी) रूप से पदार्थ या भौतिक दशाओं पर निर्भर हैं। इसका अर्थ है कि मानव नहीं जान सकता या बिना शरीर या भौतिक दशाओं के याद नहीं कर सकता। इसके अलावा भौतिक शर्तें इन संक्रियाओं में से किसी को उत्पन्न या आंतरिक तौर पर निर्धारित नहीं कर सकतीं। यदि संक्रियाएँ जानने, सहयोगशीलता, स्मरण करने–निराकार हैं तो अनुकूल क्षमता–बुद्धिमत्ता, इच्छा, स्मरणशक्ति जिनसे ये संक्रियाएँ बढ़ती हैं, भी निराकार होनी चाहिए। यद्यपि इन क्षमताओं के अपने अलग कार्य होते हैं। ये अलग नहीं हैं या एक-दूसरे से अलग-थलग नहीं हैं क्योंकि ये समन्वयकारी सिद्धांत से समन्वित हैं, जो अवश्य ही निराकार होने चाहिए चूँकि जो भौतिक है उससे निराकार नहीं पैदा हो सकता जो केवल निराकार से ही हो सकता है। निराकार साधारण है (अर्थात् मात्रात्मक भागों या खंडों के बगैर)। साधारण जिसका कोई भाग नहीं होता संघटित नहीं होता। जो संघटित नहीं उसे असंघटित नहीं किया जा सकता। जिसे असंघटित नहीं किया जा सकता वह मर नहीं सकता क्योंकि मृत्यु आधार रूप से अपघटन है। अतः जो मरता नहीं वह अनश्वर है। इसलिए मानव का कम-से-कम एक सिद्धांत है जो निराकार है और अविनाशक है। इस ढंग से जब हम मानवों की ओर देखते हैं, तो हम पाते हैं कि मानव एक बार पैदा होने के बाद अन्य प्राणियों की तरह समाप्त नहीं हो सकता। मानव जीवन अमूल्य और अविनाशक है। वह हरेक से आदर की माँग करता है और अनमोल और अमूल्य होने पर इसका ध्यान रखता है। ऐसे जीवन को कोई नष्ट नहीं कर सकता या विनाश करने का प्रयास नहीं कर सकता क्योंकि मानव जीवन का मूल्य सभी अन्य मूल्य से अधिक है।

मूल्य के नजदीक के कई अनुभवों की कुछ रिपोर्टों से मानव जीवन की निरंतरता और अनश्वरता का समर्थन होता है। उदाहरण के लिए, रीडर्स डाइजेस्ट (अक्तूबर 2003) ने मानव के बाद के जीवन के एक वैज्ञानिक मामले का वर्णन किया है। उसका सारांश निम्नलिखित है–सन् 1991 की गर्मियों के दिनों में एक 35 वर्षीय तीन बच्चों की माता को याद आया कि उसके दिमाग में एक अहितकर फोड़ा था। न्यूरोसर्जन रॉबर्ट स्पेट्ज़लर ने उसे बताया कि शल्य चिकित्सा करने के लिए उसे उसका दिल रोकना पड़ेगा और वह एक घंटे तक के लिए मर जाएगी। जैसे स्पेट्ज़लर ने रोगी की खोपड़ी को खोलने के लिए शल्य क्रिया उपकरणों को चलाया उसने अपने आपको अपने शरीर से बाहर पाया और तब बिल्कुल निकट के छेद से साफ-साफ शल्य क्रिया को स्पेट्ज़लर के कंधों के ऊपर से होते देखा। परंतु उसकी आँखें और कान प्रभावी ढंग से बंद किए गए थे, जो कुछ उसने सोचा था वही वास्तव में हो रहा था। जैसे जीवन ने रेनाल्ड के शरीर को छोड़ा, उसने अपने आपको एक सुरंग में प्रकाश की ओर जाते देखा। इसके अंत में, उसने मरे हुए अपने संबंधियों और मित्रों को देखा। मरे हुए में से एक चाचा उसे वापस उसके शरीर तक लाया। तब रेनाल्ड ने स्पेट्ज़लर को वह सब सुनाया जो उसने देखा और अनुभव किया था।

निष्कर्ष–मौलिक साम्यता और सर्वव्यापकता के फलस्वरूप उपजी जीवन की विलक्षण एकता प्रोटीन संश्लेषण के स्तर पर समाप्त नहीं हो जाती बल्कि सभी जीवित प्राणियों के संरचनात्मक, संगठनात्मक और पुनरात्पादक तंत्र में बंद हो जाती है। यह शानदार एकता कोशिका की द्विगुणन प्रक्रिया में विस्मयकारी शुद्धता आनुवांशिकी कूट और मानव जीवन की अनश्वरता द्वारा और ऊपर उठ जाती है जिस पर कि जीवन के उच्चतम और गहनता मूल्य निर्भर होते हैं जिसका हर व्यक्ति द्वारा आदर किया जाता है। जीवन के मूल्य का बेहतरीन सम्मान तब होता है जब हम प्रत्येक को प्यार करते हैं। जीवन के मूल्य को बढ़ाने का बेहतरीन रास्ता प्रेम है।

प्रश्न 3. प्रेम के मूल्य पर टिप्पणी कीजिए।

उत्तर– हर एक प्रेम करने वाले को जो प्रेमी को प्यार करने का प्रयास करता है, प्रेमी की ओर मुँह करके बाद वाले पर पूरा ध्यान केंद्रित करता है। यह पूर्ण ध्यान, प्यार करने वाले के सभी तीन स्तरों पर पड़ता है : जीव विज्ञान, मनोविज्ञान और नैतिकता। प्रेम करने वाले की प्रियतम के लिए प्यार में प्यार करने वाले की प्रियतम के प्रति संपूर्ण श्रद्धा या समर्पण की जरूरत होती है। अत: यह संपूर्ण समर्पण प्रेम करने वाले का प्रियतम को स्वयं को संपूर्ण न्यौछावर करना या आत्म-दान है। यह प्रेम करने वाले को स्वयं को प्रियतम को देना है।

सर्वश्रेष्ठ उपहार आत्म-उपहार होता है, अपने आपको दूसरे के हवाले कर देना। प्रतिष्ठित ग्रीस में, विशेषकर प्लेटो को *संगोष्ठी* में प्यार के लिए दो शब्द हैं। ये शब्द हैं–*ईरोज* और *फिलिया। ईरोज* दूसरे के प्रति सशक्त अनुभूति पर आधारित होता है। यह प्राय: महिला और पुरुष के संबंध की प्रथम अवस्था में घटित होता है। यह अधिकतर शारीरिक गुणों पर आधारित होता है। उदाहरण के लिए, जब आदमी कहता है कि उसे महिला से 'प्रेम हो गया है' क्योंकि वह बुद्धिमान है, अच्छे खानदान की है इत्यादि। यह अधिकतर आत्म-लाभ पर आधारित होता है, किसी को क्या लाभ पहुँचता है बजाय अन्य व्यक्ति के। जब व्यक्ति उस व्यक्ति को प्यार करके अधिक प्रसन्नता का अनुभव नहीं करता, उसे विश्वास हो जाता है कि उसे उसके साथ प्रेम नहीं रहा है। *फिलिया* प्यार, दो व्यक्तियों के बीच भिन्नता पर आधारित होता है। नि:संदेह, मित्रता सफल मित्रता की नींव है। यह सच है भले ही यह विवाद हो, परिवार के सदस्यों के बीच संबंध, सहकर्मियों के नियोजक इत्यादि के बीच संबंध हो। यह पुरुष-महिला में रंगीन संबंधों के विपरीत है जो *ईरोज* से शुरू होता है। *ईरोज* के साथ व्यक्ति केवल एक-दूसरे की शक्ति, अच्छे पक्ष को देखते हैं, हर चीज रंगीन हो जाती है।

फिलिया "लेने और देने" पर आधारित होता है जहाँ दो व्यक्ति आपसी संबंध में एक-दूसरे को लाभ पहुँचाते हैं। एक साथी क्या ले सकता है/सकती है से अभी भी संबंधित होता है, लेकिन साथ ही वह संगी के लाभ से भी संबंधित है और इसलिए बदले में वापस देता है। यह *इरोस* से उच्चतर किस्म का प्रेम है। *फिलिया* देने और लेने का आपसी संबंध है जबकि *ईरोज* प्यार का आत्म-आधारित रूप है अर्थात् आत्म-लाभ से अधिक संबंधित है। एक तीसरा ग्रीक शब्द *"अगापे"* है जो ग्रीक के व्यवहार में कभी-कभार घटित होता है (नि:संदेह, क्रिया *अगापे* = प्यार करना, जो प्रतिष्ठित ग्रीक में आम था बाइबिल में लोकप्रिय मिस्र बोली से लिया गया)। यह प्यार

फिलिया और *इरोज* से ऊपर है। यह ऐसा प्यार है जो पूर्णतया स्वार्थ के बिना है, जहाँ व्यक्ति दूसरे व्यक्ति को प्यार देता है भले ही यह कार्य उसे किसी तरह से लाभ पहुँचाए या नहीं। चाहे दिया गया प्रेम वापस मिले न मिले, व्यक्ति बिना किसी अपने लाभ के निरंतर प्रेम करता रहता है। उदाहरण के लिए जैसे कहें कि एक व्यक्ति दूसरे व्यक्ति को सहायता पहुँचाता है यद्यपि वह दूसरा व्यक्ति उससे घृणा करता/करती हो या एक के साथी द्वारा की गई बेइज्जती को वह बदले में बिना कुछ कहे बर्दाश्त करता/करती है और फिर भी अपने साथी को अपने व्यवहार में संशोधन करने के लिए उसकी सहायता करता/करती है। अगापेक प्रेम की अभिव्यक्ति दया, करुणा, सौम्यता, धैर्य, नम्रता, क्षमा और समाधान होती है। सभी धर्मों के वेदों और उपनिषदों का यह आंतरिक संदेश है जो स्वतंत्रता के मूल्य को भी समर्थित करता है और उसकी शिक्षा देता है।

प्रश्न 4. स्वतंत्रता के मूल्य पर टिप्पणी कीजिए।

उत्तर– स्वतंत्रता एक प्राथमिक मूल्य है जिसे मानव अर्जित करने, सुरक्षित करने और संरक्षित रखने के लिए कुछ भी देने को तैयार रहते हैं। इसकी विशेषताओं में से एक विशेषता ऐसी है जिससे मानवों और पशुओं में भेद किया जाता है। 'मानव होने का' आवश्यक रूप से तात्पर्य है 'स्वतंत्र होना'। स्वतंत्रता एवं अधिकार के माध्यम से बंधनकारी जरूरतों से दूर और उत्कर्ष के रूप में परिभाषित की जा सकती है।

मानवों सहित सभी प्राणियों की कुछ जरूरत या कुछ देने के लिए होते हैं। गैर-मानवों के मामले में देने के सिवाय उसके पास कोई और मौका नहीं होता। वे इससे बँधे होते हैं। पक्षी लाजमी तौर पर अपने घौंसले बिल्कुल उसी तरह से बनाते हैं जिस तरह से वे उत्पत्ति के आरंभ से बनाते आ रहे हैं। वे इसमें कोई सुधार नहीं कर सकते। लेकिन मानव अपने देने के लिए या जरूरतों के लिए बँधे नहीं होते। वे इसका उत्कर्ष कर सकते हैं और इसलिए वे अपनी स्वतंत्रता के लाभ द्वारा आगे बढ़ने योग्य होते हैं और स्वयं सृजन करते हैं।

स्वतंत्रता को नकारात्मक या सकारात्मक के तरीके से समझा जा सकता है। नकारात्मक रूप में स्वतंत्रता का अर्थ है–स्वतंत्र होना अर्थात् बंधन न होने का संबंध, किसी चीज से स्वतंत्र होना। यह नकारात्मक धारणा भी अपेक्षित है क्योंकि विश्व में हर प्राणी अन्य प्राणियों से संबंधित है। यह इस या उसके प्रत्यक्ष संबंधों से स्वतंत्र है लेकिन सभी चीजों से नहीं। उदाहरण के लिए, प्राणी जो सभ्यता और इतिहास में सन्निवेश से स्वतंत्र हैं वे सभी लगभग प्रकृति और विश्व में पूर्णतया शामिल हैं। नकारात्मक सोच में पूर्ण स्वतंत्र व्यक्ति विश्व में व्यक्ति नहीं हो सकता। पूर्णतया अलग-अलग किसी संबंध के बिना व्यक्ति किसी पर आधारित नहीं होगा और कुछ भी नहीं होगा। प्रतिवाद हमेशा किसी सकारात्मक पर आधारित होता है। यदि नकारात्मक स्वतंत्रता को निरपेक्ष रूप में कल्पित किया जाए, जैसे–पूर्ण अनिश्चित व्यक्ति का विश्व से कोई सरोकार नहीं होगा और वह एक बेकार व्यक्ति बन कर रह जाएगा/जाएगी। नकारात्मक के विपरीत सापेक्ष सकारात्मक निरपेक्ष स्वतंत्रता की अवधारणा है। कोई व्यक्ति जब तक स्वयं में है, वह जरूरी तौर पर मुक्त है क्योंकि जब तक कि वह पर्याप्त शर्त के साथ अपने सभी सगे-संबंधियों के साथ स्वयं को काबू किए हुए है अतः स्वतंत्रता का अर्थ है स्वयं को काबू रखना, स्वयं में पूर्णतया उपस्थित रहना।

आत्म–आधिपत्य व्यक्ति का भी सार है। व्यक्ति अपने स्वयं के अधिकार में रहता है न कि दूसरे के अधिकार में। जब हम स्वतंत्रता को इस तरीके से देखते हैं, तो मानव स्वतंत्रता न तो केवल मात्र नकारात्मक और सापेक्ष होती है न ही पूर्णतया सकारात्मक और निरपेक्ष। निःसंदेह मानव का स्वयं पर कुछ अधिकार होता है और विश्व के कुछ भागों तक भी होता है। लेकिन इसी बीच वह व्यक्ति विश्व में सन्निविष्ट है और अन्य व्यक्तियों पर निर्भर होता है और स्वयं को उनमें ही पाता है। इस प्रकार मानव स्वतंत्रता अलगाव और शक्ति द्वारा संस्थापित होती है और उससे आजाद और उसे अपनाने के लिए आजाद होती है। मानवीय स्वतंत्रता के इस आधारभूत तरीके को सर्वव्यापक स्वतंत्रता कहते हैं जो मानव का मूलभूत मूल्य है जिसके द्वारा मानव ही यह कह सकता है कि "मैं हूँ"। मानव सभी प्राणियों से प्राणी के रूप में अपनी तुलना कर सकता है और उनको उसके सही दृष्टिकोण में समझ सकता है। इस प्रकार मानव में सभी वस्तुओं से दूर रहने की और सभी वस्तुओं को अपने से दूर रखने की क्षमता होती है। स्वयं से सभी वस्तुओं को दूर रखते हुए मानव सभी वस्तुओं को अपने अधिकार में करने के माध्यम से सबसे उत्तम होता है और उन अनिवार्यताओं से ऊपर होता है जिनसे वह बँधा होता/होती है।

मौलिक मानव अधिकार और कर्त्तव्य (Fundamental Human Rights and Duties)

भूमिका

अधिकार तथा कर्त्तव्य एक-दूसरे से जुड़े हैं, जहाँ एक व्यक्ति का अधिकार है, शिक्षा पाना तो दूसरे का कर्त्तव्य है शिक्षा देना। भारतीय संविधान स्त्री-पुरुष अधिकारों, बाल अधिकारों, नि:शक्तों के अधिकारों, बंधुआ मजदूरों के अधिकारों को बढ़ावा देता है। मनुष्य के मौलिक अधिकार हैं– जीवन का अधिकार, सम्मान से जीने का अधिकार, समान व्यवहार तथा भेदभाव न किए जाने का अधिकार, उत्पीड़न, बेगार, अन्यायपूर्ण हिरासत से स्वतंत्रता, उचित सुनवाई का अधिकार, सूचना, विवेचन, अंत:करण, धर्म की स्वतंत्रता, एकांतता का अधिकार, भाषा एवं अभिव्यक्ति की स्वतंत्रता का अधिकार, अन्यों के साथ मेल-जोल रखने का अधिकार तथा भोजन, आवास, स्वास्थ्य, शिक्षा, समान कार्य के लिए समान वेतन तथा हड़ताल करने का अधिकार। यह प्रत्येक नागरिक का मौलिक कर्त्तव्य है कि उपरोक्त मानव अधिकारों को परिपुष्ट करे।

प्रश्न 1. मानव अधिकार का क्या अर्थ है? प्राथमिक अधिकारों तथा माध्यमिक अधिकारों के बीच अंतर स्पष्ट कीजिए।

उत्तर– मौलिक रूप से मानव अधिकार का अर्थ होता था मानव जाति का निरपेक्ष भाव से आदर करना। यह एक विचारधारा है, अवधारणा है और एक विश्वास प्रणाली है जो कि हमारे समय की अत्यधिक क्रांतिकारी समझी जाती है। साधारण भाषा में, मानव अधिकार कतिपय आधारभूत अधिकार हैं जो मानव होने के नाते वंशागत होते हैं। यह शब्द जैसे कि हम आज जानते हैं द्वितीय विश्वयुद्ध के बाद ठोस रूप में आया जिससे अभूतपूर्व दु:ख, मृत्यु और विनाशलीला हुई और बड़े पैमाने पर मानव अधिकारों का उल्लंघन हुआ। सन् 1945 में अपने अन्य विशेषज्ञ अभिकरणों अर्थात् यूनेस्को, आई.एल.ओ., यूनीसेफ, यू.एन.डी.पी. के साथ अस्तित्व में आए। संयुक्त राष्ट्रों (यू.एन.) ने मानव अधिकारों के प्रोत्साहन में भारी योगदान दिया। संयुक्त राष्ट्रों के अलावा, विभिन्न स्थानीय, राष्ट्रीय और अंतर्राष्ट्रीय स्वैच्छिक संगठनों अर्थात् एमनेस्टी इंटरनेशनल एशिया वाच, कॉमनवेल्थ ह्यूमन राइट्स इनिशएटिव (सी.एच.आर.आई.), पीपुल्स यूनियन फॉर सिविल लिबरिटीज (पी.यू.सी.एल.), साउथ एशियन ह्यूमन डॉकुमेंटेशन सेंटर (एस.ए.एच. आर.डी.सी.), पीपुल्स यूनियन फॉर डेमोक्रेटिव राइट्स (पी.यू.डी.आर.), सेंटर फॉर डेमोक्रेसी (सी.एफ.डी.), इंटरनेशनल कमेटीज फॉर रेड क्रॉस, इंटरनेशनल लीग फॉर ह्यूमन राइट्स, दि इंटरनेशनल कमीशन ऑफ ज्यूरिस्ट्स इत्यादि, विश्व के प्रत्येक महाद्वीप में और प्राय: हर देश में मानव अधिकारों को बढ़ावा देने और संरक्षण करने के लिए कार्यरत हैं।

भारत का संविधान मानव जाति के अधिकारों को व्यक्ति, नागरिक, स्त्री-पुरुष जाति के सदस्यों, धर्मों, प्रदेशों और सांस्कृतिक समुदायों के रूप में स्वीकार करता है और दबी हुई जातियों, आदिवासियों और वर्गों के अधिकारों को सुरक्षित रखना चाहता है। आमुख मौलिक अधिकारों और राज्य नीति के निर्देशक सिद्धांतों के माध्यम से भारतीय संविधान हर नागरिक को न केवल मौलिक अधिकार सुनिश्चित करता है बल्कि सरकार से यह भी अपेक्षा करता है कि प्रोत्साहित करने और संरक्षण करने के द्वारा न्यायसंगत और समान सामाजिक व्यवस्था सुनिश्चित की जाए।

कुछ लेखकों ने माध्यमिक तथा प्राथमिक अधिकारों के बीच भेद किया है। प्राथमिक अधिकारों में सद्भावना अधिकार शामिल हैं, जैसे कि एक संविदा का प्रवर्तन, दांपत्य वफादारी, चोट से सुरक्षा और संपत्ति का संरक्षण। माध्यमिक अधिकार विधिक लिखित से संबद्ध होते हैं और उन मामलों में प्रयुक्त किए जाते हैं जहाँ प्राथमिक अधिकार नहीं माने जाते, जैसे कि हानियों के लिए प्रतिपूर्ति का अधिकार, विवाह संबंध विच्छेद तथा चोरी हुई संपत्ति की पुन: प्राप्ति। मानव अधिकार शुरू में प्राथमिक अधिकार थे लेकिन अंतर्राष्ट्रीय संधियों में शामिल विधिक संरक्षण को मान्यता मिलने के साथ धीरे-धीरे मानव अधिकार क्रमिक रूप से माध्यमिक अधिकारों जैसे होने लगे। अत: मानव अधिकारों की धारणा के दो आधारभूत अर्थ हैं। प्रथम का संबंध आदमी/औरत के उनके मानव होने के नाते अंतनिर्दिष्ट और अपरिवर्तनीय होते हैं। ये नैतिक अधिकार हैं और इनका उद्देश्य मानव होने के नाते व्यक्ति के सम्मान को सुनिश्चित करना है। दूसरा अर्थ विधि अधिकारों का है जो समाजों, राष्ट्रीय और अंतर्राष्ट्रीय दोनों की कानून सृजन प्रक्रियाओं के माध्यम

से संस्थापित किए जाते हैं। आम आदमी की भाषा में मानव अधिकार वे अधिकार हैं जिन्हें प्रत्येक व्यक्ति को "मानव परिवार का सदस्य होने के नाते", किसी अन्य सोच-विचार पर ध्यान दिए बिना जरूर करना चाहिए।

प्रश्न 2. अधिकारों की अवधारणा को स्पष्ट कीजिए।

उत्तर– सभी को जीने का अधिकार है। मनुष्य को भी और मनुष्य से इतर अन्य जीवधारियों को भी। जीवन चलाने के लिए बहुत-सी चीजों की आवश्यकता रहती है। हर प्राणी सुख चाहता है, दु:ख कोई नहीं चाहता। फिर इसमें कठिनाई क्या है? कठिनाई तब आती है, जब हम अपने सुख के लिए दूसरों के सुख, दूसरों के अधिकार छीनते हैं। दूसरों के अधिकारों का अपहरण करते हैं। दूसरों को दबाते हैं और कष्ट देते हैं। ऐसा होने पर समाज में द्वंद्व और संघर्ष होता है। विकास का एक सूत्र कहता है कि 'जो बलशाली है, वह जीत जाता है और जीवित रहता है, कमजोर हार कर जीवन गँवा बैठता है।'

ऑक्सफोर्ड अंग्रेजी शब्दकोश राइट की तिहरी परिभाषा करता है–

(1) एक चीज जिस पर कानूनी या नैतिक रूप से दावा कर सके, ऐसी स्थिति जिसमें विशेषाधिकार, निरापदता या कार्य करने के प्राधिकार की हकदारी हो।

(2) न्यायोचित या सही दावा।

(3) वह है जो नैतिक या सामाजिक रूप से सही है या न्यायसंगत है: स्वच्छ व्यवहार।

शब्द 'राइट' गिरगिट की तरह है जो कई विभिन्न संबंधों का वर्णन कर सकता है। मोर्टन ई. विसंटन (1999) अधिकारों को इस रूप में परिभाषित करता है। एक एजेंट का विशेष वस्तु (जी) पर अधिकार है यदि और केवल यदि एजेंट द्वारा अधिकार (आर) का स्वामित्व न्यायोचित नैतिक/कानूनी दावे के लिए आधार प्रदान करता है तो समाज के अन्य सदस्यों का कर्त्तव्य है कि एजेंट ए के वस्तुओं के उपयोग की सुरक्षा करनी चाहिए। विसंटन आगे स्पष्ट करता है कि संदर्भित विशेष वस्तुएँ कई विभिन्न प्रकार की वस्तुओं पर हावी हो सकती हैं। उदाहरण के लिए, हितों, स्वतंत्रता और शक्तियों या व्यक्ति के अपने हितों को संतुष्ट करने के तरीकों या व्यक्ति की स्वतंत्रता या शक्तियों के प्रयोग की सुलभता अधिकारों से प्राप्त दावे नैतिक या विधिक या दोनों हो सकते हैं। ये दावे अधिकारधारकों से समाज के अन्य सदस्यों के प्रति कर्त्तव्यों को सृजित करते हैं। समाज के अनुरूपी कर्त्तव्यों को निभाने का क्षेत्र कई विभिन्न एजेंटों को दिया जा सकता है, उदाहरणार्थ, सरकारें, जैसे कि निजी अभिकरण या निगमें। इसमें अधिकारधारकों को वस्तुओं की सुलभता प्रदान करने का कर्त्तव्य शामिल हो सकता है। तथापि अधिकारों में सामाजिक संस्थाओं, नियमों या प्रैक्टिस का विशेष सेट शामिल होता है। अधिकार, अधिकारधारकों और कर्त्तव्यधारकों को एक ऐसे संबंध में रखता है जो कि अधिकांशतया अधिकारधारकों के नियंत्रण के अंतर्गत हैं। अधिकारधारक साधारणतया अपने अधिकार का प्रयोग कमोबेश उसी तरह करता है जो उसे ठीक लगे। यह भी अधिकारों के दावों को साधारण तौर पर अन्य किस्म की माँगों से प्राथमिकता दी जाती है जैसे कि योग्यता या उपयोगिता।

लोगों के बीच अन्योन्यक्रिया का सिद्धांत अधिकारों का मूल आधार है। यह कार्य की स्वतंत्रता का दावा है। यह 'मूल स्वर्णिम नियम' का आधार है जो 'दूसरों का कुछ नहीं करता जैसे हम नहीं चाहते कि दूसरे हमारे लिए कुछ करें।' दूसरे शब्दों में यह सिद्धांत है जिसमें निहित है कि यदि व्यक्ति खुद को अकेले छोड़े जाने को कहे, तो उसकी यह मजबूरी है कि वह अन्यों को अकेला छोड़ दे। उसके अलावा कोई व्यक्ति या व्यक्तियों का समूह अन्य लोगों पर किस किस्म का दावा कर सकता है, लेकिन वे दावे साधारण दृढ़ कथन रहते हैं जब तक कि अन्य व्यक्ति दावे को उन पर बंधनकारी स्वीकार न करें। उस बिंदु पर दावा एक विशेषाधिकार बन जाता है (एक तरफा स्वीकृत दावा)। यदि सभी पक्ष (मूल दावेदारों सहित) ऐसे दावे की स्वीकृति का आदान-प्रदान करने को भी सहमत हों तो यह सभी पर लागू होता है अर्थात् उसी अर्थ में और उसी समय में हरेक पर लागू होता है और इसलिए एक अधिकार है।

जैसा कि न्यायमूर्ति ऑलिवर वेन्डेल हॉल्म्स ने कहा है, "The right to swing my fist ends where the other man's nose begins"। अधिकार सभी लोगों पर उसी अर्थ में और उसी समय लागू होने चाहिए। इसलिए अधिकार कुछ करने के लिए स्वतंत्रता के उन दावों तक सीमित होने चाहिए जो दूसरे की स्वतंत्रता का उल्लंघन नहीं करते। यह अपेक्षा की जाती है कि दूसरे की अकेले छोड़े जाने की इच्छाओं, जब वह ऐसा चाहे और कुछ भी करने की उसकी इच्छाओं को जो दूसरे की इच्छाओं का उल्लंघन न करती हों मान्यता दी जाए, आदर किया जाए और पालन किया जाए। यही कारण है कि कोई उस अधिकार का दावा नहीं कर सकता जो विशिष्ट प्रयोजन के लिए स्पष्ट, व्यक्तिगत रूप से दी गई सहमति के बिना हमारे जीवन में दखल देता हो। किसी व्यक्ति (या किसी समूह) के लिए अधिकार जैसी कोई चीज नहीं हो सकती जो जब कभी चाहे तो हमें झंझट पैदा करें क्योंकि यह स्पष्टतया हम पर इसी अर्थ में इसी समय लागू नहीं होती।

कुछ अधिकारों को नकारात्मक अधिकारों में बाँटा जा सकता है। वे अधिकार जिनमें केवल यह अपेक्षा हो कि हर व्यक्ति कुछ कार्यों से परहेज करे और न कि कोई किसी भी कार्य को सक्रिय रूप से निष्पादित करें, उदाहरण के लिए, अधिकार पर आक्रमण न किया जाए। ऐसे अधिकार का आनंद लेने के लिए यह जरूरी है कि अन्य लोग उस पर आक्रमण न करें। यह भारत सरकार पर लागू होता है, उदाहरण के लिए, भारतीय संविधान के अनुच्छेद 14 में व्यवस्था है कि राज्य (सरकार) किसी व्यक्ति को कानून के समक्ष समानता से वंचित न करें या भारत के अधिकार क्षेत्र के भीतर कानून में समान संरक्षण प्रदान किया जाए।

अधिकारों का सांख्यिकीविद् सत्तावादी दृष्टिकोण इस कल्पना पर टिका हुआ है कि अधिकार केवल तभी विद्यमान हैं यदि वे सत्तावादी निकाय द्वारा प्रदान किए गए हों। इस दृष्टिकोण के अनुसार अधिकारों का उस स्थिति में उल्लंघन हो जाता है जब कोई चोरी, आक्रमण, धोखाधड़ी इत्यादि करने वाला व्यक्ति अधिकारों की गारंटी देने वाले अर्थात् राजा या राज्य के विरुद्ध उसकी नियमों/कानूनों को तोड़ने का अपराध करे। खंडन करने वाले को प्राधिकारी के विरुद्ध अपराध के लिए प्राधिकारी द्वारा पूरी तरह से नियंत्रित किया जाता है, न कि पीड़ित के विरुद्ध तकनीकी तौर पर।

विधिशास्त्र और कानून में अधिकार, किसी काम को करने या किसी काम को करने से परहेज करने की विधिक या नैतिक पात्रता है। अधिकारों का केवल वहीं पर महत्त्व है जहाँ अनुरूपी कर्त्तव्य और जिम्मेदारियाँ उनका प्रवर्तन करने के लिए मौजूद हों क्योंकि लोगों को इन कर्त्तव्यों को करने और उनसे जुड़े जोखिमों के लिए प्रेरित करना चाहिए (उदाहरणार्थ–गिरफ्तारी का प्रतिरोध करना, मुकाबला करना)। ये अधिकार आमतौर पर केवल सरकार द्वारा ही प्रेरित होते हैं जो कर का संग्रहण कर सकती है और पुलिस तथा न्यायिक कार्मिकों को भुगतान कर सकती है। आमतौर पर यह कहा जा सकता है कि अधिकार अनुपूरक उत्तरदायित्व के अनुकूल है जो कि उसी उद्देश्य या क्षेत्र पर दूसरों का होता है; उदाहरणार्थ, यदि किसी व्यक्ति का एक चीज पर अधिकार हो तो साथ-साथ दूसरे पक्ष या पक्षों का यह उत्तरदायित्व है कि उस अधिकार को पूरी तरह से लागू करे, जैसे कि संपत्ति के अधिकार।

इसलिए, अधिकार कुछ करने की, किसी बात को छोड़ने या उसे करने से इंकार करने की या किसी चीज का दावा करने की शक्ति है। कुछ व्याख्याओं में किसी चीज का प्रयोग करने की शक्ति में अधिकार के कृत्रिम रूप को व्यक्त किया जाता है और यह अधिकतर संपत्ति के अधिकार को किसी चीज की आजादी या न्याय की वस्तु माना जाता है।

अधिकारों को व्यक्तिगत अधिकार जो कि नागरिकों और व्यक्तियों (या निगमों) के पास होते हैं और विधिक प्रणाली द्वारा मान्यता प्राप्त है और सामूहिक अधिकार जो नागरिकों या नागरिकों के उप-ग्रुपों के सामूहिक प्रभाव द्वारा जिनकी कार्रवाई उसी प्रणाली द्वारा नियंत्रित की जाती है, के पास होते हैं, विभाजित किया जाता है। व्यक्तिगत और सामूहिक अधिकारों के बीच तनाव होता है।

अधिकार, कतिपय स्वतंत्रता, वस्तुओं, शक्तियों या समाज द्वारा मानक खतरों के विरुद्ध संरक्षित किए जाने वाले व्यक्तियों द्वारा प्रतिरक्षा का वास्तविक आनंद लेने के लिए न्यायोचित दावों हेतु आधार प्रदान करते हैं। अतः अधिकारों की अवधारणा में न्यायोचित दावा करने के लिए कुछ कर्त्तव्यों और जिम्मेदारियों को निभाने की विस्तृत प्रणाली शामिल है।

मानव अधिकारों का अर्थ यह है कि कोई अधिकार तभी मानव अधिकार है जब मानव होने के नाते उस अधिकार को रखने के लिए पर्याप्त कारण या शर्त हो।

अधिकार उन जीवित प्राणियों पर लागू होते हैं जो अपनी सोच-समझ कर चुनाव करने की योग्यताओं पर विश्वास करते हैं क्योंकि वे उनकी नैतिक संहिता का अभिन्न भाग है–जिसका अर्थ है उन मामलों में निर्णय लेने के लिए मार्गदर्शक जहाँ अन्य निर्णय लेने वाले शामिल हों। पृथ्वी पर यह केवल मानव जाति और एक-दूसरे के साथ उनकी परस्पर क्रियाओं के लिए लागू होता है। व्यक्ति के पास अधिकार होते हैं, इस तथ्य के कारण क्योंकि वह व्यक्ति है, संपूर्ण है अपना और अपने कृत्यों का स्वामी है और इसके फलस्वरूप अंत तक पहुँचने का केवल तरीका ही नहीं है बल्कि अंत है, जिसे इसी तरह से मानना चाहिए। मानव के सम्मान की अभिव्यक्ति का अर्थ कुछ भी नहीं है यदि इसका अर्थ यह न हो कि प्राकृतिक कानून के नाते, यह मानव का अधिकार बनता है कि उसका आदर किया जाए। इसमें कई चीजें हैं जो इस तथ्य के कारण मानव के लिए ही हैं कि वह मानव है।

ये शब्द उन मूल सिद्धांतों को दर्शाते हैं जो व्यक्तिगत मानव के मूल्य पर जोर देते हैं और अपने अधिकारों को केवल इसलिए मान्यता प्रदान करते हैं क्योंकि वे मानव हैं। स्वरूप को समझने में हमें उपलब्ध संरक्षण के परिणाम, अप्रतिष्ठा या अपवादों के स्वरूप, विभिन्न अधिकारों को दी जाने वाली प्राथमिकताएँ, अधिकारों की शृंखला में श्रेणीबद्ध संबंधों का प्रश्न और इसी प्रकार की समस्याओं के हमारे विचारों को स्पष्ट करने में मदद मिलती है।

प्रश्न 3. मानव अधिकार की तीन पीढ़ियों की व्याख्या कीजिए।

अथवा

मानव अधिकार शब्द की व्याख्या कीजिए।

उत्तर– मनुष्य एक विवेकशील प्राणी है। वह चिंतनशील है एवं उसकी प्रकृति निरंतर तर्क-वितर्क करते रहने की है, जिसके परिणामस्वरूप उसे कुछ ऐसे मौलिक एवं अहरणीय अधिकार प्राप्त रहते हैं, जिसे जन सामान्य अथवा बोलचाल की भाषा में 'मानव अधिकार' कहा जाता है।

मानव अधिकार वे अधिकार हैं जो किसी के पास इसलिए हैं क्योंकि वह 'मानव' है। वे सभी व्यक्तियों के पास होते हैं; सभी नागरिकों, परिवारों के सदस्यों, कार्यकर्त्ताओं या निजी या सरकारी संगठनों/संघों के भाग, इस भेदभाव के बिना वे सभी के पास होते हैं।

मानव अधिकार विशेष प्रकार के अधिकार हैं। अपने अत्यधिक मौलिक अर्थ में वे प्रधान नैतिक अधिकार हैं। मानव अधिकारों की नींव प्राकृतिक अधिकारों के प्राकृतिक कानून पर आधारित पुरातन सिद्धांत पर रखी गई है।

उससे पहले मानव अधिकार अंतर्निष्ट, अपरिवर्तनीय सर्वव्यापी अधिकार थे जिनका सुख भोगने के लिए, मानव परिवार का सदस्य होने के नाते, प्रत्येक मानव हकदार है। मानव अधिकार निम्नलिखित हैं–

(1) *अंतर्निष्ट* है क्योंकि सभी मानव जाति का यह जन्मसिद्ध अधिकार है। लोग इन अधिकारों का सुख अपने मानव होने के कारण से भोगते हैं कि इस प्रकार उनका आनंद उठाने के लिए किसी सत्ताधारी द्वारा उन्हें प्रदान या अर्पित नहीं किया जाता।

(2) *अपरिवर्तनीय* इस अर्थ में है कि लोग इन्हें छोड़ने को या उनके छीने जाने को तैयार नहीं हो सकते।

(3) ये *सर्वव्यापी* होते हैं क्योंकि ये लोगों के कुछेक ग्रुपों पर ही लागू नहीं होते। सभी व्यक्तियों पर, उनकी राष्ट्रीयता, स्थिति, लिंग, जाति इत्यादि के भेदभाव के बिना लागू होते हैं।

इन अवधारणाओं को मानव अधिकारों के बारे में विभिन्न अंतर्राष्ट्रीय दस्तावेजों में मान्यता प्रदान की गई है और उनकी पुष्टि की गई है, जिनमें सबसे प्रमुख है मानव अधिकारों के बारे में सर्वव्यापी घोषणा।

आधुनिक अर्थों में मानव अधिकारों को मानवीय समुदाय के लिए अंततः वैध आधार के रूप में परिभाषित किया जा सकता है। मानव समुदाय का प्रसंग मानवों के आदर्श संघ का सूचक है जिसकी कल्पना इसके सदस्यों के व्यक्तिगत सामूहिक लाभ के लिए की गई है।

किसी को मानव अधिकारों की "आवश्यकता" तब होती है जब वे राष्ट्रीय कानून द्वारा प्रभावशाली ढंग से प्रदान नहीं किए जाते। यदि किसी को राष्ट्रीय, कानूनी प्रक्रियाओं के माध्यम से भोजन, समान व्यवहार या मुक्त संघ प्राप्त हो सकता है तो किसी के मानव अधिकारों का दावा करने की संभावना नहीं है। इसलिए अधिकारों का प्रश्न उन अधिकारों के उल्लंघन से पैदा होता है।

मूल अधिकारों के दर्शनशास्त्र की मूल विषयवस्तु व्यक्ति के नागरिक और राजनीतिक अधिकारों तक ही सीमित थी। ये प्रायः "प्रथम पीढ़ी" अधिकार कहलाते हैं। नागरिक और राजनीतिक अधिकारों में शामिल हैं—जीवन स्वतंत्रता, व्यक्ति की सुरक्षा प्राइवेसी और संपत्ति का अधिकार, विवाह करने और परिवार बनाने का अधिकार; सही सुनवाई का अधिकार; दासता से स्वतंत्रता, अवपीड़न और मनमानी गिरफ्तारी करना, आने-जाने की स्वतंत्रता और शरण लेना; राष्ट्रीयता का अधिकार; सोच-विचार करने की स्वतंत्रता, अंतःकरण और धर्म; मताभिव्यक्ति की स्वतंत्रता; संघ और एकत्र होने की स्वतंत्रता; मुक्त निर्वाचन का अधिकार, वयस्क मताधिकार तथा सरकारी कार्यों में भागीदारी।

"द्वितीय पीढ़ी" अधिकारों में आर्थिक, सामाजिक और सांस्कृतिक अधिकार सम्मिलित हैं क्योंकि यह माना गया कि आर्थिक, सामाजिक, सांस्कृतिक अधिकारों को मंजूर किए बिना नागरिक और राजनीतिक अधिकारों का पूरा लाभ उठाना असंभव है। आर्थिक और सामाजिक अधिकारों में शामिल हैं—कार्य करने का अधिकार और न्यायोचित प्रतिफल लेना; मजदूर संघ बनाने और उनमें कार्य करने का अधिकार; आराम करने, सुख-सुविधा और आवधिक छुट्टियों और वेतन का अधिकार, स्वास्थ्य और कल्याण के लिए पर्याप्त जीवनयापन का अधिकार; सामाजिक सुरक्षा का अधिकार; शिक्षा का अधिकार तथा समुदाय के सांस्कृतिक जीवन में भाग लेना।

जैसे-जैसे अवधारणा के अर्थ में विस्तार हुआ "तीसरी पीढ़ी" के अधिकार पैदा हो गए जिनमें आत्म-निर्धारण का अधिकार, प्राकृतिक धन-दौलत और देश की संसाधनों पर प्रभुसत्ता का अधिकार तथा विकास का अधिकार एवं वंचित ग्रुपों का विशेष संरक्षण के लिए अधिकार शामिल हैं।

प्रश्न 4. मानव कर्त्तव्यों की अवधारणा पर टिप्पणी कीजिए।

उत्तर– मनुष्य के अधिकारों एवं कर्त्तव्यों का जन्म इस तथ्य से होता है कि लोग साथ-साथ समाज में रहते हैं। समाज में सहयोग से रहना मानव अस्तित्व के लिए आवश्यक है। सामाजिक जीवन के अभाव में व्यक्तियों का कल्याण एवं विकास असंभव हो जाएगा। कुछ देशों में स्वतंत्रता, प्रजातंत्र और कायदा-कानून अस्तित्व में हैं, ऐसे अन्य देश हैं जहाँ स्थिति बहुत भयानक है। सभी मानव अधिकारों में अत्यधिक बुनियादी अधिकार हैं—जीवन और सुरक्षा का अधिकार, लेकिन यह अधिकार खतरे में लगता है। विश्व के विभिन्न भागों में चल रहे कई युद्धों ने लाखों लोगों के जीवन को प्रभावित किया है। लोग मारे जाते हैं या घायल होते हैं या फिर शरणार्थी बन कर इधर-उधर भटकते हैं। बहुत से "जातीय दंगों" के भाग के रूप में घरों से निकाल दिए जाते हैं। यह दृश्य-प्रपंच न केवल भूतपूर्व युगोस्लाविया में बल्कि सिविल युद्ध किस्म के अन्य झगड़ों में भी होता है। ये सभी मानव अधिकारों के गंभीर उल्लंघन हैं। लेकिन इनका समाधान कैसे किया जा सकता है?

क्या अंतर्राष्ट्रीय समुदाय को इसके लिए उत्तरदायी ठहराया जा सकता है और इन सभी मामलों में युद्ध दमन और उत्पीड़न के शिकार लोगों की सहायता करने के लिए उसे हस्तक्षेप करने को कहा जा सकता है जिससे उनके मानव अधिकारों की रक्षा हो? क्या संयुक्त राष्ट्र संघ से शांति लाने और शांति कायम करने के युद्ध की किस्म के लगभग 50 ऑप्रेशनों में कार्रवाई करने की उम्मीद की जा सकती है? ऐसे विकट कार्य के लिए सेना, संभार तंत्र और धनराशि कौन देगा? सोमालिया जैसे युद्धग्रस्त देश में आठ मिलियन लोगों का शांति और व्यक्तिगत स्वतंत्रता और सुरक्षा में रहने का अधिकार है। लेकिन उनका भी कर्त्तव्य है कि वे समझौता करें अपने स्वयं के घर को व्यवस्थित करें। मुट्‌ठी भर आदिवासी दल पूरे राष्ट्र को निष्क्रिय नहीं बना सकते और आतंक पैदा नहीं कर सकते जिससे अंतर्राष्ट्रीय समुदाय को खरबों डॉलरों को खर्च करना पड़े। अनवरत चलने वाले सिविल युद्ध के प्रभावों को कम करने के लिए विशाल मात्रा में राहत धनराशि की आवश्यकता होती है। युद्ध के समाप्त होने पर भी शांति स्थापित करने के लिए किए जाने वाले कार्यों पर भी भारी मात्रा में धनराशि की जरूरत होती है। संयुक्त राष्ट्र का इन क्षेत्रों में हस्तक्षेप मानवीय चिंताओं द्वारा प्रेरित किया जाता है और इरादा मानव अधिकारों की रक्षा करना होता है। लेकिन हमें यह नहीं भूलना चाहिए कि इसका हल निकालने के लिए क्षेत्र के लोगों का प्रथम कर्त्तव्य और जिम्मेदारी होती है। आत्म-निर्धारण के अधिकार का यह अर्थ नहीं है कि प्रत्येक गाँव प्रभुसत्ता संपन्न राज्य बन जाए।

इसके अलावा जब हम 'विकास के अधिकार' की बात करते हैं तो हमें समाज के अधिक धनाढ्य ग्रुपों के बारे में भी बात करनी चाहिए कि वे अपनी धन-दौलत कम भाग्यशाली लोगों के साथ शेयर करें। विकासशील समाज में सभी धनाढ्य व्यक्तियों का मौलिक कर्त्तव्य है कि अपनी पूँजी का अपने देश में निवेश करें और अपने करों का भुगतान करें ताकि सरकार गरीबों की मदद कर सके। इसलिए यदि हम मानव अधिकारों का संवर्द्धन करना चाहते हैं तो हमें अपने मानवीय कर्त्तव्यों को निभाना चाहिए। परोपकारी सामाजिक कार्यकर्त्ता होने के नाते, हमें अपने घर में शांति रखने के लिए अपने कर्त्तव्य को समझना चाहिए और उसे संवर्द्धित करना चाहिए और समाज में विभिन्न समूहों के बीच समझौता कराने का कार्य और आर्थिक हितों को संतुलित करने व आय और जीवनयापन में विसंगतियों को दूर करने का प्रयास करना चाहिए।

प्रश्न 5. अधिकार तथा कर्त्तव्य के बीच के संबंध को स्पष्ट कीजिए।

उत्तर– कर्त्तव्य का अर्थ है 'जो करना चाहिए', जो हमारा दायित्व है। नैतिक प्राणी होने के कारण जो हमें करना चाहिए, वही कर्त्तव्य है। मनुष्य का कर्त्तव्य अपने प्रति, कुछ व्यक्तियों या प्राणियों के प्रति होता है। जो हमारा अन्य के प्रति कर्त्तव्य है, वही उनके लिए उनका अधिकार होता है और जो अन्य का हमारे प्रति कर्त्तव्य वही हमारा अधिकार है।

कर्त्तव्य और अधिकार सापेक्ष (relative) हैं। जो हमारे लिए कर्त्तव्य हैं, वह अन्य का अधिकार है। यदि पिता का कर्त्तव्य है पुत्र का भरण-पोषण, तो पुत्र का अधिकार है पिता से भरण-पोषण की व्यवस्था पाना। इसी प्रकार यदि हमारा अपने प्रति कुछ कर्त्तव्य है तो हमारा अपने प्रति अधिकार भी है। आत्मरक्षा और आत्म-विकास के अधिकार ही सबसे मान्य और मौलिक

अधिकार भी हैं। प्रत्येक व्यक्ति का अधिकार है कि वह अपनी रक्षा करे और अपने विकास के लिए अपने को शिक्षित बनाए। दूसरे शब्दों में, आत्म-सिद्धि मनुष्य का जन्मसिद्ध अधिकार है। प्रत्येक मनुष्य एक व्यक्ति है। अतः यह उसका अधिकार है कि उसे साधन रूप में न व्यवहार किया जाए, बल्कि लक्ष्य रूप में।

अधिकार और कर्त्तव्य मनुष्य के व्यक्तित्व तथा मानव समाज के स्वरूप से ही उत्पन्न होते हैं। प्रत्येक मनुष्य एक व्यक्ति है अर्थात् आत्म-चेतन तथा आत्म-संचालित प्राणी है। वह स्वतंत्र है। अतः उसका अस्तित्व अपने लिए है, अन्य के साधन स्वरूप नहीं। इसलिए उसके कुछ मौलिक अधिकार हैं। पर कोई व्यक्ति पूर्णरूपेण स्वतंत्र नहीं होता। वह समाज का एक अंग होता है। समाज के व्यक्तियों से उसके भिन्न प्रकार के संबंध होते हैं–पिता-पुत्र का संबंध, भाई-भाई, पति-पत्नी, राजा-प्रजा, शिक्षक-विद्यार्थी, विक्रेता-खरीददार आदि के संबंध। अतः समाज का अंग होने के कारण अपने ही नहीं, उनके लिए भी उसका अस्तित्व है। अतः उनके प्रति उसका कर्त्तव्य भी है। ये कर्त्तव्य भिन्न संबंधों से निकलते हैं। अधिकार और कर्त्तव्य एक ही नैतिक नियम और संबंध पर निर्भर हैं। कर्त्तव्य की भाँति अधिकार भी उचित है। व्यक्ति के कुछ अधिकार राज्य के द्वारा सुरक्षित हैं, कुछ समाज के द्वारा और कुछ धर्म के द्वारा, पर वास्तव में अधिकार और कर्त्तव्य दोनों के लिए आंतरिक बाध्यता है।

कोई भी व्यक्ति अपने अधिकारों की सुरक्षा का तभी हकदार होता है जब वह अपने कर्त्तव्यों का पालन करे। यदि सभी अपने कर्त्तव्य का उल्लंघन करें तो अधिकार की रक्षा कैसे होगी? यह ठीक कहा गया है कि 'पहले अपने को योग्य बनाओ, तब इच्छा करो।'

कर्त्तव्य और अधिकार पर ही समाज की नींव खड़ी है। समाज ने इसलिए मनुष्य का कर्त्तव्य और अधिकार निर्धारित कर दिया है। मनुष्य के जितने कर्त्तव्य हैं, उनसे संबद्ध उतने ही अधिकार भी हैं।

प्रश्न 6. मौलिक मानवाधिकार तथा कर्त्तव्यों की चर्चा कीजिए।

उत्तर– प्राचीन भारत में अत्यधिक प्रख्यात और पूर्णतया अभिज्ञान कल्याण संबंधी नियम सशस्त्र इकाइयों के औचित्य पर आधारित था। शस्त्रों के प्रयोग में भी समानता का सिद्धांत माना जाता था। मनु धर्म और अन्य पुराने लेखों में सैनिक लक्ष्यों और किस पर आक्रमण नहीं करना चाहिए, का उल्लेख मिलता है। युद्ध में भी वे धर्म युद्ध का अनुसरण करते थे और महाभारत में युद्ध बंदियों, बीमारों व घायलों के साथ किए जाने वाले व्यवहार का विशेष उल्लेख किया गया है। *सार्वजनिक साम्यता* का सिद्धांत वसुधैव कुटुंबकम् द्वारा प्रस्तुत किया गया था (हम एक मानव परिवार हैं) और *मानवीय आत्मा की सर्वव्यापकता* की अवधारणा तत्वम असि (यह तुम हो) और अहम ब्रह्मास्मि में अंतर्निहित थी (वह मैं हूँ)। इसके अलावा *अहिंसा* (विश्व के सभी प्राणियों के प्रति कथनी और करनी में अहिंसा) ने सहनशीलता, शांति और सहयोग का सर्वव्यापी आचरण निर्धारित किया। इसके अलावा राजनीति सिद्धांत में चक्रवर्ती की अवधारणा में शांति स्थापित करने के लिए विश्व सरकार की कल्पना की। मनु ने अपनी कानूनी संहिता, धर्मशास्त्र, संपूर्ण मानव जाति के लिए लिखी, न कि किसी विशेष राष्ट्र के लिए।

मानवीय आदर्श 19वीं शताब्दी के आरंभ से प्रसिद्ध हुए। सती (1829), दासता (1811) और महिला शिशु हत्या (1830), सन् 1855 में मद्रास प्रेसीडेंसी में यातना आयोग की स्थापना, विधि निर्माण द्वारा (1856) विधवा विवाह प्रारंभ करना तथा बाल विवाह का निषेध (1929) ऐसे प्रतिबंध थे जो रूढ़ियों पर लगाए गए और मानववादी विधि निर्माण आरंभ हुआ। भारतीय दंड संहिता का सन् 1860 (XLV) में अधिनियम और विनियमों व अधिनियमों द्वारा कैद और जेल सुधारों की शृंखला सुधारवादी प्रवृत्तियों पर आधारित थी। महिला बच्चियों के अधिकारों का परिरक्षण, सहमति की आयु अधिनियम, 1891 और बाल विवाह अधिनियम, 1929 की समाप्ति को पारित किया गया। इसके अलावा मद्रास सरकार ने बाल अधिनियम, मद्रास और मद्रास प्रारंभिक शिक्षा अधिनियम, 1920 बच्चों की सुरक्षा और प्राथमिक स्तर पर बेहतर शिक्षा प्रदान करने के लिए पारित किया। इन मानवतावादी कानूनों को युद्ध के वर्षों के दौरान मानव अधिकारों के प्रति जागरुकता के लिए आधार तैयार किया।

मानव अधिकार परंपरा स्वतंत्रता संघर्ष के दौरान आई। स्वतंत्रता संघर्ष का शानदार आख्यान है। संघर्ष तरीका अनूठा अहिंसा का तरीका था–ऐसा तरीका जिसकी अभी तक न तो जानकारी थी न ही उसका परीक्षण हुआ था। इस अनूठी विधि ने बहुत सारी पहले की घोषणाओं और उद्घोषणाओं को प्रभावित किया जिन्होंने भारत के संविधान को अंतिम आकार दिया।

स्वतंत्रता के बाद मानव अधिकारों और मानव कल्याण के क्षेत्र में भारत संविधान निर्माताओं के मन में एक नया भाव उपजा। भारत के संविधान का मसौदा 1949 में तैयार किया गया था, लेकिन इसे सार्वजनिक उद्घोषणा (1950) के लिए विचार-विमर्श के वातावरण में अपनाया गया। संविधान तैयार करते हुए, लेखकों ने न केवल विभिन्न देशों के संविधानों का हवाला दिया बल्कि विभिन्न राजनीतिक, आर्थिक और सामाजिक मामलों के बारे में यू.एन. चार्टर का भी जिक्र किया। इसमें मानवीय अधिकारों के सम्मान और सुरक्षा के लिए कई उपबंध हैं। भारतीय संविधान की उद्देशिका व्यक्ति की मान-मर्यादा के विशिष्ट उल्लेख के साथ प्रेरणादायक आदर्शों को प्रदर्शित करती है। मौलिक अधिकार और राज्यनीति के निर्देशात्मक सिद्धांत लोकोपकारवाद और मानव अधिकारों पर आधारित हैं। राज्यनीति के निर्देशात्मक सिद्धांतों के आधार पर संघ सरकार ने मानव अधिकारों से संबंधित कई अधिनियमों की अधिनियमिती की है जैसे कि छुआछूत उन्मूलन अधिनियम, अनैतिक व्यापार उन्मूलन अधिनियम, 1956। मानव अधिकार संरक्षण अधिनियम, 1993 से अब तक राष्ट्रीय मानवाधिकार आयोग और राज्य मानवाधिकार आयोगों की 14 राज्यों में स्थापना हो सकी है। मानव अधिकारों को सुनिश्चित करने और समुदाय के अल्पसंख्यकों और कमजोर वर्गों के हितों को संरक्षित करने के लिए आयोग ने कई स्वतंत्र निकायों का सृजन किया है जैसे कि अल्पसंख्यक आयोग, अनुसूचित जाति और अनुसूचित जनजाति आयोग, राष्ट्रीय महिला आयोग इत्यादि। भारतीय संविधान स्त्री-पुरुष अधिकारों, बाल अधिकारों, निःशक्तों के अधिकारों, बंधुआ मजदूरों के अधिकारों इत्यादि को बढ़ावा देता है।

उपर्युक्त चर्चाओं से निम्नलिखित अधिकारों को मौलिक मानवाधिकार माना जाए–

(1) जीवन का अधिकार।

(2) सम्मान के साथ जीने का अधिकार।

(3) समान बर्ताव और भेदभाव न किए जाने का अधिकार।

(4) उत्पीड़न, बेगार, अन्यायपूर्ण हिरासत से स्वतंत्रता।

(5) उचित सुनवाई का अधिकार।

(6) सूचना, विवेचन, अंतःकरण, धर्म की स्वतंत्रता।

(7) एकांतता का अधिकार।

(8) भाषा एवं अभिव्यक्ति की स्वतंत्रता का अधिकार।

(9) अन्यों के साथ मेल-जोल रखने और सरकारी, सार्वजनिक और सामुदायिक कार्यों में भाग लेने की स्वतंत्रता।

(10) भोजन, आवास, स्वास्थ्य, स्वच्छ पर्यावरण, शिक्षा, कार्य, समान कार्य के लिए समान वेतन और हड़ताल करने का अधिकार।

(11) अपनी संस्कृति और जीवन शैली को संरक्षित रखने का अधिकार।

यह प्रत्येक नागरिक का मौलिक कर्त्तव्य और दायित्व है कि उपर्युक्त मानव अधिकारों को परिपुष्ट करे। परोपकारी सामाजिक कार्यकर्त्ता होने के नाते, यह हमारी जिम्मेदारी है कि उन लोगों में मौलिक मानव अधिकारों के संदेश को फैलाएँ जिन्हें सूचना की सुलभता नहीं होती। प्रत्येक व्यक्ति को अपने अधिकारों के प्रति जागरुक होना चाहिए और अपने कर्त्तव्यों तथा दायित्वों को उचित ढंग से निभाने की कोशिश करनी चाहिए।

प्रश्न 7. मानव अधिकारों की सार्वभौम घोषणा की प्रमुख विशेषताओं का वर्णन कीजिए।

उत्तर– संयुक्त राष्ट्र के चार्टर में यह कथन था कि संयुक्त राष्ट्र के लोग यह विश्वास करते हैं कि कुछ ऐसे मानवाधिकार हैं जो कभी छीने नहीं जा सकते; मानव की गरिमा है और स्त्री-पुरुष के समान अधिकार हैं। इस घोषणा के परिणामस्वरूप संयुक्त राष्ट्र संघ ने 10 दिसंबर, 1948 को मानव अधिकार की सार्वभौम घोषणा अंगीकार की।

यू.डी.एच.आर. की उद्देशिका निम्नलिखित को मान्यता प्रदान करती है–

(1) मानव परिवार के सभी सदस्यों की अंतर्निहित प्रतिष्ठा और समान और अपरिवर्तनीय अधिकार। यह विश्व में स्वतंत्रता, न्याय और शांति की नींव है।

(2) मानव अधिकारों के अनादर और घृणा के फलस्वरूप क्रूर कार्य हुए हैं जिन्होंने मानव चेतना को हिलाकर रख दिया। भाषण और विश्वास की स्वतंत्रता तथा भय और कमी से मुक्ति को आम लोगों की उच्चाकांक्षा के रूप में स्पष्ट किया गया है।

(3) यदि यह जरूरी है, यदि मनुष्य को अंतिम उपाय के रूप में, निरंकुश और दमन के विरुद्ध बगावत पर उतारू न होना पड़े तो मानव अधिकारों का संरक्षण कायदे-कानून से किया जाना चाहिए।

(4) राष्ट्रों के बीच मैत्री संबंधों की वृद्धि और विकास करना जरूरी है।

(5) संयुक्त राष्ट्रों के लोगों ने मौलिक मानव अधिकारों, मानव की प्रतिष्ठा और महत्त्व तथा पुरुष और महिला के समान अधिकारों के प्रति चार्टर में अपने विश्वास की दोबारा पुष्टि की है और व्यापक स्वतंत्रता उन्नति तथा जीवन स्तर के संवर्द्धन का निश्चय किया है।

(6) सदस्य देशों ने संयुक्त राष्ट्रों के साथ सहयोग करके मानव अधिकारों और मौलिक स्वतंत्रता के लिए सार्वजनिक सम्मान के संवर्द्धन और स्वीकृति को प्राप्त करने की शपथ ली है।

(7) इस शपथ का पूरी तरह कार्यान्वयन करने के लिए इन अधिकारों और स्वतंत्रता की सामान्य व्याख्या करना बहुत जरूरी है।

अंततः उद्देशिका निम्नलिखित की पुनः पुष्टि करती है–

"अब, इसलिए महासभा ने मानव अधिकारों की सर्वव्यापी घोषणा की, सभी लोगों और सभी राष्ट्रों के लिए उपलब्धियों के सामान्य मानक के रूप में इस उद्देश्य के लिए उद्घोषणा करती है कि प्रत्येक व्यक्ति और समाज का प्रत्येक अंग, इस घोषणा को मन में रखते हुए शिक्षण और शिक्षा द्वारा अधिकारों और स्वतंत्रता के लिए इनके सम्मान को प्रोत्साहित करेगा और उत्तरोत्तर राष्ट्रीय और अंतर्राष्ट्रीय उपायों द्वारा स्वयं सदस्य देशों के लोगों में और उनकी परिधि के अंतर्गत क्षेत्रों के लोगों में उनकी विश्व व्यापक और प्रभावशाली मान्यता को प्रबल करेगा।

प्रश्न 8. यू.डी.एच.आर. के अनुच्छेदों को सूचीबद्ध कीजिए।

उत्तर– यू.डी.एच.आर. में तीस अनुच्छेद हैं जो नीचे दिए गए हैं–

अनुच्छेद 1 : सभी मानव स्वतंत्र पैदा हुए हैं और अधिकारों में समान हैं। वे तर्कशक्ति और विवेक में समान हैं और उन्हें एक-दूसरे के प्रति भाईचारे के भाव से बर्ताव करना चाहिए।

अनुच्छेद 2 : सभी को इस घोषणा में उल्लिखित सभी अधिकारों और स्वतंत्रता को प्राप्त करने का हक है और इस मामले में रंग, जाति, लिंग, भाषा, जन्म, संपत्ति आदि के कारण भेदभाव पर विचार नहीं किया जाएगा। इसके अलावा राजनीतिक, क्षेत्राधिकार या देश या क्षेत्र की अंतर्राष्ट्रीय स्थिति, जिससे व्यक्ति संबंधित हो, चाहे वह देश/क्षेत्र स्वतंत्र हो, न्यास हो, गैर-स्वशासी हो या प्रभुसत्ता की किसी अन्य सीमा के अधीन हो, इस आधार पर कोई भेदभाव नहीं किया जाएगा।

अनुच्छेद 3 : प्रत्येक व्यक्ति को जीवन, स्वतंत्रता और सुरक्षा का अधिकार है।

अनुच्छेद 4 : कोई व्यक्ति दासता या गुलामी की हालत में नहीं रखा जाएगा और सभी रूपों में दासता पर रोक होगी।

अनुच्छेद 5 : किसी के साथ अमानवीयता या बेइज्जती का व्यवहार नहीं किया जाएगा और न ही शारीरिक यातना दी जाएगी।

अनुच्छेद 6 : हर किसी को, हर जगह कानून की निगाह में व्यक्ति के रूप में स्वीकृति प्राप्ति का अधिकार है।

अनुच्छेद 7 : कानून की निगाह में सभी समान हैं और सभी बिना भेदभाव के समान कानूनी सुरक्षा के अधिकारी हैं। यदि इस घोषणा का अतिक्रमण करके कोई भी भेदभाव किया जाए या उस प्रकार के भेदभाव को किसी प्रकार से उकसाया जाए, तो उसके विरुद्ध समान सुरक्षा का अधिकार सभी को प्राप्त है।

अनुच्छेद 8 : किसी को भी सक्षम राष्ट्रीय अधिकरण द्वारा उसे भारतीय संविधान द्वारा दिए गए मौलिक अधिकारों के उल्लंघन के कार्यों के लिए प्रभावशाली उपाय करने का अधिकार है।

अनुच्छेद 9 : किसी को मनमाने ढंग से हिरासत में नहीं लिया जाएगा, नजरबंद अथवा देश निष्कासित नहीं किया जाएगा।

अनुच्छेद 10 : सभी को समान रूप से हक है कि उनके अधिकारों और कर्त्तव्यों के निश्चय करने के मामले में और उन पर आरोपित फौजदारी के किसी मामले में उनकी सुनवाई न्यायोचित और सार्वजनिक रूप से निरपेक्ष एवं निष्पक्ष अदालत द्वारा हो।

अनुच्छेद 11 :

(1) प्रत्येक व्यक्ति जिस पर दंडनीय अपराध का आरोप लगा हो, कानून के अनुसार सार्वजनिक सुनवाई में जब तक दोषी साबित न हो, उसे निर्दोष माने जाने का अधिकार है।

(2) कोई भी व्यक्ति किसी भी ऐसे कृत या अकृत (अपराध) के कारण उस दंडनीय अपराध का अपराधी न माना जाएगा, जिसे तत्कालीन प्रचलित राष्ट्रीय या अंतर्राष्ट्रीय कानून के अनुसार दंडनीय अपराध न माना जाए और न उससे अधिक भारी दंड लिया जा सकेगा, जो उस समय लिया जाता है जिस समय वह दंडनीय अपराध किया गया था।

अनुच्छेद 12 : किसी व्यक्ति की एकांतता, परिवार, घर या पत्र व्यवहार के साथ, कोई हस्तक्षेप नहीं करेगा या उसके सम्मान और प्रतिष्ठा पर आक्रमण नहीं किया जाएगा। ऐसे हस्तक्षेप या आक्रमण के विरुद्ध प्रत्येक को कानून के संरक्षण का अधिकार है।

अनुच्छेद 13 :

(1) प्रत्येक व्यक्ति को आवाजाही की स्वतंत्रता और प्रत्येक राज्य की सीमा के भीतर आवास का अधिकार है।

(2) प्रत्येक को अपने देश सहित किसी देश को छोड़ना और अपने देश वापस लौटने का अधिकार है।

अनुच्छेद 14 :

(1) प्रत्येक को सताए जाने पर दूसरे देशों में शरण लेने और रहने का हक है।

(2) इस अधिकार का लाभ ऐसे मामलों में नहीं मिलेगा जो वास्तव में गैर-राजनीतिक अपराधों से संबंधित हैं या जो संयुक्त राष्ट्रों के उद्देश्यों और सिद्धांतों के विरुद्ध कार्य करते हैं।

अनुच्छेद 15 :

(1) हर व्यक्ति को राष्ट्रीयता का अधिकार है।

(2) किसी को मनमाने ढंग से उसकी राष्ट्रीयता से वंचित नहीं किया जाएगा न ही उसे राष्ट्रीयता बदलने से मना किया जाएगा।

अनुच्छेद 16 :

(1) पूर्ण आयु के पुरुषों और स्त्रियों को जाति, राष्ट्रीयता या धर्म की किसी सीमा के कारण के बगैर विवाह करने और परिवार बनाने का अधिकार है और विवाह के विषय में वैवाहिक जीवन में तथा विवाह-विच्छेद के बारे में समान अधिकार है।

(2) विवाह, विवाह का इरादा रखने वाले स्त्री-पुरुष की स्वतंत्र और पूर्ण सहमति के बाद ही विवाह हो पाएगा।

(3) परिवार समाज की स्वाभाविक और मौलिक सामूहिक इकाई है और उसे समाज तथा राज्य द्वारा संरक्षण पाने का अधिकार है।

अनुच्छेद 17 :

(1) प्रत्येक को अकेले एवं अन्यों के सहयोग से संपत्ति रखने का अधिकार है।

(2) किसी को मनमाने ढंग से अपनी संपत्ति से वंचित नहीं किया जाएगा।

अनुच्छेद 18 : प्रत्येक को विचार शक्ति, अंत:करण और धर्म की स्वतंत्रता है; इस अधिकार में अपने धर्म और विश्वास को बदलने की स्वतंत्रता शामिल है और यह स्वतंत्रता अकेले में या समुदाय में दूसरों के साथ और सार्वजनिक या निजी तौर पर अपने धर्म या शिक्षण में मत प्रैक्टिस, पूजा और व्यवहार द्वारा प्रकट करने की स्वतंत्रता है।

अनुच्छेद 19 : प्रत्येक को मत और उसकी अभिव्यक्ति की स्वतंत्रता का अधिकार है : इस अधिकार में बिना हस्तक्षेप के मत रखना और सीमाओं को नजरअंदाज करते हुए किसी भी माध्यम से तथा सीमाओं की परवाह किए बिना सूचना और विचारों को माँगना, प्राप्त करना और प्रदान करना शामिल है।

अनुच्छेद 20 :

(1) प्रत्येक को शांतिपूर्वक सभा और संघ की स्वतंत्रता का अधिकार है।

(2) किसी को किसी संस्था का सदस्य बनने को बाध्य न किया जाए।

अनुच्छेद 21 :

(1) प्रत्येक को अपने देश की सरकार में प्रत्यक्ष रूप से या स्वतंत्र रूप से चुने गए प्रतिनिधियों के रूप से भाग लेने का अधिकार है।

(2) प्रत्येक को अपने देश में सरकारी सेवा की बराबर सुलभता का अधिकार है।

(3) लोगों की इच्छा, सरकार के प्राधिकार का आधार होगी, यह इच्छा आवधिक और यथार्थ चुनावों में व्यापक और समान मताधिकार द्वारा व्यक्त की जाएगी और यह गुप्त मत से या समकक्ष स्वतंत्र मतदान प्रक्रिया द्वारा संपन्न होगी।

अनुच्छेद 22 : समाज का सदस्य होने के नाते प्रत्येक व्यक्ति को सामाजिक सुरक्षा का अधिकार है और राष्ट्रीय प्रयास और अंतर्राष्ट्रीय सहयोग के माध्यम से और प्रत्येक देश के संगठन और संसाधनों के अनुसार आर्थिक, सामाजिक और सांस्कृतिक अधिकारों, जो उसकी प्रतिष्ठा और उसके व्यक्तित्व के स्वतंत्र विकास के लिए अनिवार्य हों, को मानने का हकदार है।

अनुच्छेद 23 :

(1) प्रत्येक व्यक्ति को काम करने, रोजगार के स्वतंत्र चुनाव और कार्य की उचित व सुविधाजनक परिस्थितियों को प्राप्त करने तथा बेकारी से संरक्षण पाने का हक है।

(2) प्रत्येक व्यक्ति को, बिना किसी भेदभाव के समान कार्य के लिए समान वेतन पाने का अधिकार है।

(3) प्रत्येक व्यक्ति जो काम करता है उसे खुद के लिए अनुकूल पारिश्रमिक पाने का अधिकार है जिससे वह अपने परिवार के लिए जरूरी आजीविका का प्रबंध कर सके।

(4) प्रत्येक व्यक्ति को अपने हितों की रक्षा के लिए श्रमजीवी संघ बनाने और उनमें भाग लेने का अधिकार है।

अनुच्छेद 24 : हर किसी को आराम और अवकाश, काम करने के घंटों की उचित सीमा और वेतन के साथ आवधिक छुट्टियों का अधिकार है।

अनुच्छेद 25 :

(1) हर किसी को अपने और अपने परिवार के पर्याप्त जीवन स्तर को प्राप्त करने का अधिकार है जिसमें भोजन, आवास, चिकित्सा देखभाल और आवश्यक सामाजिक सेवाएँ शामिल हैं और उन परिस्थितियों में जो उसके नियंत्रण से बाहर हैं और बेरोजगारी, बीमारी, विधवापन वृद्धावस्था आदि में सुरक्षा का अधिकार है।

(2) मातृत्व और बचपन विशेष देखभाल और सहायता के हकदार हैं। सभी बच्चे जो विवाह से पहले या बाद में पैदा हुए सबको समान सामाजिक सुरक्षा का हक है।

अनुच्छेद 26 :

(1) प्रत्येक व्यक्ति को शिक्षा का अधिकार है, प्राथमिक और मौलिक स्तर पर शिक्षा मुफ्त होनी चाहिए। प्राथमिक शिक्षा अनिवार्य होनी चाहिए। तकनीकी और व्यावसायिक शिक्षा उपलब्ध होनी चाहिए और उच्च शिक्षा मैरिट के अधिकार पर सभी के लिए समान सुलभ होनी चाहिए।

(2) शिक्षा ऐसी होनी चाहिए जिससे मानव के पूर्ण व्यक्तित्व का विकास हो, जिससे मानव अधिकारों और मौलिक स्वतंत्रता को मजबूती मिले।

(3) माता-पिता को अपने बच्चों की शिक्षा चुनने का अधिकार होना चाहिए।

अनुच्छेद 27 :

(1) प्रत्येक को समुदाय के सांस्कृतिक जीवन में स्वतंत्र रूप से भाग लेने, कलाओं का आनंद लेने, वैज्ञानिक प्रगति और उसके लाभों में भागीदारी करने का अधिकार है।

(2) प्रत्येक को, जो किसी वैज्ञानिक, साहित्यिक या कलात्मक उत्पादन, जिसका वह रचयिता है, के परिणामस्वरूप, नैतिक और भौतिक हितों के संरक्षण का अधिकार है।

अनुच्छेद 28 : प्रत्येक व्यक्ति को उस सामाजिक और अंतर्राष्ट्रीय व्यवस्था की प्राप्ति का अधिकार है जिसमें उस घोषणा में उल्लिखित अधिकारों और स्वतंत्रता को पूरी तरह से प्राप्त किया जा सके।

अनुच्छेद 29 :

(1) प्रत्येक व्यक्ति का समुदाय के प्रति कर्त्तव्य है जिसमें रहकर उसके स्वतंत्र और पूर्ण व्यक्तित्व का विकास संभव है।

(2) अपने अधिकारों और स्वतंत्रताओं का उपयोग करते हुए प्रत्येक व्यक्ति केवल ऐसी ही सीमाओं द्वारा बंध होगा, जो कानून द्वारा निश्चित की जाएँगी और जिनका एकमात्र उद्देश्य दूसरों के अधिकारों और स्वतंत्रताओं के लिए आदर और समुचित स्वीकृति की प्राप्ति होगा तथा जिनकी आवश्यकता एक प्रजातंत्रात्मक समाज में नैतिकता, सार्वजनिक व्यवस्था और सामान्य कल्याण की उचित आवश्यकताओं को पूरा करना होगा।

(3) इन अधिकारों और स्वतंत्रताओं का उपयोग किसी प्रकार से भी संयुक्त राष्ट्रों के सिद्धांतों और उद्देश्यों के विरुद्ध नहीं किया जाएगा।

अनुच्छेद 30 : इस घोषणा में उल्लिखित किसी भी बात का यह अर्थ नहीं लगाना चाहिए जिससे यह प्रतीत हो कि किसी भी राज्य, समूह या व्यक्ति को किसी ऐसे प्रयत्न में संलग्न होने या ऐसा कार्य करने का अधिकार है, जिसका उद्देश्य यहाँ बताए गए अधिकारों और स्वतंत्रताओं में से किसी का भी विनाश करना हो।

□□

अध्याय

परोपकारी समाज कार्य की अवधारणा और अर्थ (Concept and Meaning of Philanthropic Social Work)

भूमिका

परोपकारी समाज कार्य का अर्थ है—लोकहित के लिए निजी पहलें करना, लोकहित के लिए स्वैच्छिक कार्यवाही करना और लोक प्रयोजनों के लिए निजी तौर पर समय देना तथा बहुमूल्य योगदान करना। आज के युग में परोपकारिता का उद्देश्य मानवीय जीवन की गुणवत्ता में सुधार लाना है। परोपकारी समाज कार्य विभिन्न संसाधनों को व्यक्ति, समूह और समुदाय की जरूरतों में वैज्ञानिक विधि के प्रयोग द्वारा अपनी सहायता स्वयं करने में मदद करने की कला है। दूसरे शब्दों में कहें तो परोपकारी समाज कार्य असहाय व्यक्तियों और समूहों एवं लाभवंचित समुदायों को यथासंभव आत्म-निर्भर बनाने में व्यवस्थित तरीकों का प्रयोग करते हुए उनकी सहायता करने हेतु विभिन्न संसाधनों का उपयोग करने की प्रक्रिया है।

प्रश्न 1. परोपकारी समाज कार्य के उद्भव पर टिप्पणी कीजिए।

अथवा

परोपकारी समाज कार्य की उत्पत्ति पर संक्षेप में नोट लिखें।

[दिसम्बर-2019, प्र.सं.-4(d)]

उत्तर– परोपकारिता का न्यूयॉर्क स्कूल, जो कि समाज कार्य का प्रथम स्कूल है, की स्थापना 1904 में हुई थी। इस स्कूल की उत्पत्ति 1898 से हुई जब न्यूयॉर्क शहर में परोपकारी कार्य पहली बार समर स्कूल में संचालित किया गया था। संयुक्त राज्य में लोगों को सामाजिक कार्य के क्षेत्र में प्रशिक्षित करने का यह प्रथम उच्चतर शिक्षा कार्यक्रम था। इसका आरंभ न्यूयॉर्क चैरिटी ऑर्गेनाइजेशन सोसाइटी द्वारा संचालित छह सप्ताह के समर कार्यक्रम के रूप में हुआ। शुरू-शुरू में कार्यक्रम कॉलेज पाठ्यक्रम की अपेक्षा एक कार्यशाला की तरह लगता था।

वर्ष 1904 में नए नामित न्यूयॉर्क स्कूल ऑफ फिलोसोफी में इसका आठ महीने के पूर्णकालिक स्नातक अध्ययन में विस्तार किया गया। तत्काल बाद इसका विस्तार दो वर्ष के स्नातक कार्यक्रम में किया गया। कोलम्बिया विश्वविद्यालय के साथ सहयोग सुनिश्चित करने के लिए इसके प्रेजीडेंट को सोसाइटी की समिति जो स्कूल के कार्यों के लिए जिम्मेदारी थी, का पदेन सदस्य बनाया गया। न्यूयॉर्क स्कूल ऑफ फिलेंथ्रॉफी ने 1917 में इसका नाम बदल कर न्यूयॉर्क स्कूल ऑफ सोशल वर्क कर दिया। न्यूयॉर्क स्कूल ऑफ सोशल वर्क सन् 1983 तक संचालित किया गया। इसका कोलम्बिया यूनिवर्सिटी में कोलम्बिया यूनिवर्सिटी स्कूल ऑफ सोशल वर्क के रूप में पूर्णतया विलय कर दिया गया।

प्रश्न 2. परोपकारी समाज कार्य का अर्थ समझाइए और उसे परिभाषित कीजिए।

उत्तर– भारत में परोपकारिता व्यावसायिक समाज कार्य का प्रमुख क्षेत्र है। परोपकारिता के पर्याय उदारता, अनुकंपा, मानवता, संरक्षण, दानशीलता और हितकारिता हैं। मानव देखभाल की सभी सेवाएँ परोपकारी सेवाएँ होती हैं, समाज कार्य, मानव देखभाल होने के नाते परोपकारिता का एक भाग है। परोपकारी समाज कार्य का अर्थ और अवधारणा समझने के लिए शब्द "परोपकारिता" और परोपकारी समाज सेवा से इसके संबंध को समझना आवश्यक है।

अर्थ–प्लैटॉनिक एकेडमी के दर्शनशास्त्रीय शब्दकोश में फिलेंथ्रॉपिया को एक शिक्षित स्वभाव की स्थिति के रूप में परिभाषित किया गया है जो मानवता के प्रति प्यार से उत्पन्न होती है। ऐसी स्थिति जो मानव जनित होती है। इस अर्थ में परोपकारिता, व्यावसायिक सामाजिक कार्य के अधिक समीप है। बाद में रोमनो द्वारा लैटिन में फिलेंथ्रॉपिया का अनुवाद ह्यमैनिटास या मानवीय के रूप में सरल रूप से किया गया क्योंकि प्रोमेथिइस 'ह्यूमन-इम्पावारिंग गिफ्ट्स अगेंस्ट ट्राइनी टायरिमी' (परोपकारिता के उद्गम के बारे में ग्रीक किवदंती), फिलेंथ्रॉपिया को प्रजातंत्र की स्वतंत्रता से सहयोजित किया गया। सुकरात और एथेन्स के कानूनों दोनों को परोपकारी और प्रजातंत्र के रूप में वर्णित किया गया भाव यह था कि परोपकारी मानव स्वराज्य के लिए विश्वसनीय तौर पर योग्य थे। परोपकारिता का यह विस्तारित अर्थ परोपकारी समाज कार्य के क्षेत्र को प्रकट करता है।

आधुनिक शैली में "परोपकारिता" का अर्थ है लोकहित के लिए निजी पहलें करना, लोकहित के लिए स्वैच्छिक कार्रवाई करना और लोक प्रयोजनों के लिए निजी तौर पर समय देना तथा बहुमूल्य योगदान करना है। परोपकारिता का उद्देश्य मानवीय जीवन की गुणवत्ता में सुधार लाना है। परोपकारिता को इस प्रकार से अच्छी तरह से परिभाषित किया जा सकता है, "लोकहित के लिए निजी पहलें, जो जीवन की गुणवत्ता पर केंद्रित हों। यह इस सरकार (लोकहित में सार्वजनिक पहलें) और व्यवसाय (लोकहित में निजी पहलें) से भेद दिखलाता है। जीवन के स्वरूप को शामिल करने से प्रोमेथियन आर्केटाइप के पुष्ट मानवीय महत्त्व को सुनिश्चित करता है।

'परोपकारिता' की पारंपरिक व्याख्या कुछ सीमित है जबकि परोपकारिता मात्र सहायता देना है, परोपकारी समाज कार्य अपनी स्वयं की सहायता के लिए सहायता देना है। परोपकारी समाज कार्य व्यावसायिक समाज कार्य से इस अर्थ में अलग है कि व्यावसायिक समाज कार्य अपनी सहायता के लिए मुहैया सेवा के रूप में सहायता है। व्यावसायिक सामाजिक कार्य में "सेवा प्रयोक्ता" शब्द का प्रयोग किया जाता है जिसमें सेवा शुल्क पर व्यावसायिक सामाजिक कार्यकर्त्ताओं से समाज कार्य में सहायता प्राप्त की जाती है। परोपकारी समाज कार्य व्यावसायिक समाज कार्य है जिसे स्वेच्छा की भावना से निष्कासित किया जाता है और सेवा प्रयोक्ताओं से कोई सेवा शुल्क नहीं लिया जाता। परोपकारी समाज कार्य के लिए निधियाँ सामान्य और धार्मिक दान और अंशदान से आती हैं। परोपकारी सामाजिक कार्यकर्त्ता की प्रेरणा, आत्म-परितोष, आत्म-संतुष्टि, धार्मिक बाध्यता (कभी-कभार) और स्वेच्छा से आती है।

इतिहास में यह पाया गया है कि परोपकारिता व्यावसायिक समाज कार्य की अग्रदूत रही है। व्यक्तिगत प्रेरणा के व्यापक क्षेत्र में परोपकारी भागीदारी में योगदान किया है क्योंकि दूसरों की सहायता करने का कार्य भावात्मक रूप से और सामाजिक रूप से प्रेरक रहा है। हालाँकि बहुत कुछ उपलब्धि परोपकारिता की रही है, उदारता प्रायः अनिश्चित रही है और इससे प्राप्तकर्त्ता की जरूरतें हमेशा पूरी नहीं हुईं। उदारता के लिए व्यावसायिक दृष्टिकोण की हमेशा जरूरत महसूस की जाती रही है। आधुनिक काल में परोपकारिता को कल्याणकारी राज्य शासन का उत्तरदायित्व माना जाता है। सामाजिक विज्ञानी की मान्यता है कि परोपकारक के रूप में अधिक की जाने लगी और शासन ने सामाजिक समस्याओं को पहचानने और प्रविभाजित करने और पहचानी गई विशिष्ट समस्याओं का उपचार करने के लिए सूचना इकट्ठी करने का काम आरंभ किया। समाज कल्याण संगठनों में समाजशास्त्र के शामिल किए जाने से परोपकारिता के प्रयासों को अधिक दक्ष बनाने में सहायता मिली। 19वीं शताब्दी में परोपकार का आधार धार्मिक परंपरा था जो सदियों से चलता रहा था। ऐतिहासिक रूप से समाज में धनाढ्य लोग गरीबों को एक धार्मिक कर्त्तव्य मान कर दान दिया करते थे। उदारता को दूसरों की सहायता करते अपनी आत्मा की रक्षा करने के रूप में देखा गया। उनमें से बहुतों को यह विश्वास था कि सामाजिक विवेक की माँग सामाजिक कार्रवाई है।

परोपकारिता की वित्तीय, भौतिक और आदर्श संसाधनों की व्यवस्था के लिए सांस्कृतिक, सामाजिक और शैक्षिक संस्थाओं के रूप में परिभाषित किया जा सकता है। समय के साथ-साथ ये उद्देश्य प्रतिष्ठानों, सीमित विभाजित कंपनियों, सदस्यी संगठनों के माध्यम से या वसीयतों और दानों द्वारा धीरे-धीरे फलीभूत होने लगे और आमतौर पर इन्हें मध्य और उच्च वर्गीय लोगों ने सुकर

बनाया। आज यह देखा जा सकता है कि परोपकारिता एक सुव्यवस्थित सामाजिक कार्य कार्यकलाप बन गया है। परोपकारी संगठन स्थानीय, राज्य, क्षेत्रीय, राष्ट्रीय और अंतर्राष्ट्रीय स्तरों पर उदारतावादी कार्यकलाप की व्यवस्था कर रहे हैं। विश्वभर में परोपकारी संगठनों का नेटवर्क दिखाई देता है और ख्याति प्राप्त परोपकारी संगठनों में व्यवहार लाया जाने वाला कार्य अपने व्यावसायिक अर्थ में परोपकारी समाज कार्य है।

परोपकारी समाज कार्य में मानव संसाधनों के विकास पर बल दिया जाता है। मानव संसाधन विकास समाज कार्य व्यवहार का आवश्यक केंद्र बिंदु होना चाहिए। इससे लोगों की अधीनता रुकेगी और प्रतिष्ठा बहाल होगी।

एशिया, पैसिफिक क्षेत्र में समाज कार्य हस्तक्षेपों जो चिकित्सा मॉडल दृष्टिकोण पर आधारित है जरूरी नहीं कि मुख्य उपचारी उपाय हों। विकास एवं सामुदायिक संरचना पर अधिक बल दिया जाना चाहिए। लोगों को स्व-सहायता दृष्टिकोण प्रोत्साहित करने पर बढ़ावा देना चाहिए। इसका अर्थ यह हुआ कि परोपकारी समाज कार्य में एकीकृत (कल्याण और विकास) दृष्टिकोण अपनाने की जरूरत है।

परिभाषा–व्यावसायिक समाज कार्य और परोपकारी समाज कार्य में बहुत थोड़ा-सा अंतर है। भले ही हम परोपकारिता और व्यावसायिक समाज कार्य के बीच भेद कर सकते हैं, परोपकारी समाज कार्य और व्यावसायिक समाज कार्य में भेद करना उतना आसान काम नहीं है। परोपकारी समाज कार्य सामाजिक कार्य में समाज कल्याण के बिल्कुल नजदीक है। परोपकारी समाज कार्य को समाज कार्य की किसी परिभाषा की सहायता से परिभाषित करना सरल है। समाज कार्य विभिन्न संसाधनों को व्यक्ति, समूह और समुदाय की जरूरतों में वैज्ञानिक विधि के प्रयोग द्वारा अपनी सहायता स्वयं करने में सहायता देने की कला है।

इस परिभाषा के अवधारणामूलक फ्रेमवर्क को लेते हुए हम परिभाषित कर सकते हैं कि परोपकारी समाज कार्य असहाय व्यक्तियों और समूहों एवं लाभवंचित समुदायों को यथासंभव आत्म-निर्भर बनाने में व्यवस्थित तरीकों का प्रयोग करते हुए उनकी सहायता करने हेतु विभिन्न संसाधनों का उपयोग करने की प्रक्रिया है। परोपकारी समाज कार्य में असहाय व्यक्तियों, समूहों और समुदायों, जैसे–यतीम, वृद्ध, असहास, असाध्य, अशक्त और अपंग व्यक्तियों, शरणार्थी ग्रुपों और शहरों के निर्धनतम और ग्रामीणों के गरीब समुदायों के संबंध में कार्रवाई की जाती है।

यदि ऐसे लोगों को आत्म-निर्भर बनाना असंभव से भी अधिक असंभव हो तो सभी प्रयास और वैज्ञानिक तरीके जैसे कि सामाजिक व्यक्तिगत मामला कार्य, समाज समूह कार्य, समुदाय संगठन, समाज कार्रवाई, कल्याणकारी प्रशासन और सामाजिक अनुसंधान उन्हें आत्म-निर्भर बनाने के लिए प्रयोग किया जाता है।

व्यक्तिगत अंत:शक्ति की वृद्धि के संदर्भ में परोपकारी समाज कार्य को परिभाषित किया जा सकता है। समाज कार्य का संबंध सहायता करने वाले लोगों से उनकी अंत:शक्ति को यह सुनिश्चित करते हुए अधिकतम साकार करने से होता है कि उनकी सहायता के लिए जो सुविधाएँ पहले से मौजूद हैं उनका भरपूर प्रयोग किया जाए, उनकी पूर्ति की जाए जो उनके पास नहीं है। यह परिभाषा परोपकारी समाज कार्य की आवश्यकता और क्षेत्र को उजागर करती है। परोपकारी

समाज कार्य असहाय व्यक्तियों की अंत:शक्ति का सभी उपलब्ध सरकारी और निजी दोनों प्रकार के संसाधनों और सुविधाओं का प्रयोग करते हुए और अतिरिक्त सुविधाओं और संसाधनों द्वारा जहाँ कहीं अपेक्षित हो, अनुपूर्ति करने के द्वारा अधिकतम प्रयोग करना है।

यूनाइटेड नेशन्स (1950) ने समाज कार्य की विशेषताओं का इस प्रकार उल्लेख किया है जो कि परोपकारी समाज कार्य पर काफी हद तक लागू होती है–

(1) यह एक सहायतार्थ कार्यकलाप है, जिसे उन समस्याओं के संबंध में सहायता करने के लिए तैयार किया गया है जो व्यक्ति, परिवारों और समूहों की सामाजिक और आर्थिक कल्याण के न्यूनतम वांछनीय स्तर की प्राप्ति से रोकती है।

(2) यह वह सामाजिक कार्यकलाप है, जिसका पालन निजी व्यवसायियों द्वारा व्यक्तिगत लाभ के लिए न करके सरकारी या गैर-सरकारी या दोनों के संरक्षण या संगठन के अंतर्गत सहायता की अपेक्षा करने वाले समुदाय के सदस्यों के लाभ के लिए किया जाता है।

(3) यह संपर्क का कार्यकलाप है जिसके माध्यम से समुदाय में लाभवंचित व्यक्तियों, परिवारों और समूहों के पास उपलब्ध सभी संसाधनों से उनकी असंतुष्ट आवश्यकताओं की पूर्ति की जा सकती है।

प्रश्न 3. परोपकारी समाज कार्य की पद्धतियों का वर्णन कीजिए।

अथवा

परोपकारी समाज कार्य की विधियों की व्याख्या कीजिए।

[जून-2019, प्र.सं.-1]

उत्तर– व्यावसायिक समाज कार्य और परोपकारी समाज कार्य के बीच काफी कम भेद पाया जाता है जबकि समाज कार्य परोपकारिता का आवश्यक अंग है, परोपकारिता समाज कार्य का प्रमुख क्षेत्र है। व्यावसायिक समाज कार्य की सभी पद्धतियाँ परोपकारी समाज कार्य में उपयोगी हैं। समाज कार्य की समस्या हल करने की पद्धति में निम्न प्रक्रिया की कल्पना की गई है–

(1) समस्या स्पष्ट करना (समस्या की पहचान और उद्देश्य विकसित करना)

(2) समस्या का विश्लेषण करना (आँकड़ों का संग्रहण और योजनाएँ विकसित करना) तथा

(3) समस्या का हल निकालना (योजना का चयन, योजना का कार्यान्वयन करना और फीडबैक)।

इस पद्धति को परोपकारी समाज कार्य में लागू करने के लिए हमें जिन लोगों के साथ हम काम कर रहे हों, उनकी समस्याओं को स्पष्ट तौर पर समझना, पहचानना, परिभाषित करना और उनकी समस्या को स्पष्ट करना, कार्रवाई के लिए लक्ष्य विकसित करना; समस्या के विभिन्न आयामों का मूल्यांकन करना (समस्या मुक्त मूल्यांकन) जो हमें कार्य करने के लिए समुचित कार्यनीति तैयार करने में आगे सहायक होगा और कार्य योजना का चयन (करने के द्वारा) कार्यान्वयन परिवीक्षण, विश्लेषण और उनकी प्रलेखन समस्या का हल निकालेगा। यह समाज कार्य पद्धति की सामान्य प्रक्रिया है।

समाज कार्य के प्रमुख तरीके निम्नलिखित हैं–

- सामाजिक वैयक्तिक कार्य
- सामाजिक समूह कार्य
- समुदाय संगठन
- सामाजिक कार्रवाई
- कल्याणकारी प्रशासन
- समाज कार्य अनुसंधान

सामाजिक वैयक्तिक कार्य–सामाजिक वैयक्तिक कार्य एक 'कला' है जिसमें मानव संबंधों के विज्ञान की जानकारी तथा संबंधित कौशल, ग्राहक और इस समग्र पर्यावरण के सभी या किसी भाग के बीच समुदाय में व्यक्तियों और संसाधनों के बेहतर समायोजन के लिए क्षमताओं को गतिशील बनाने में प्रयोग किया जाता है। समाज कार्य में परोपकारी समाज कार्य, समस्या का व्यक्तिगत स्तर पर हल करने का तरीका है।

सामाजिक वैयक्तिक कार्य की प्रक्रिया को कुछेक मानव कल्याण संस्थाओं द्वारा सामाजिक कार्यपालन में व्यक्तियों को अपनी समस्याओं से अधिक प्रभावी ढंग से निपटने में सहायता करने के लिए प्रयोग में लाया जाता है। समस्या के साथ एक व्यक्ति ऐसे स्थान पर आता है जहाँ व्यवसायी इस प्रक्रिया के माध्यम से उसकी सहायता करता है। 'व्यक्ति' वह आदमी, औरत या बच्चा, कोई यदि हो जिसे स्वयं को अपने सामाजिक भावात्मक जीवन के किसी पहलू में सहायता की जरूरत होती है चाहे वह जरूरत स्पर्शनीय प्रबंधों की हो या सलाह की। जैसे ही वह ऐसी सहायता लेना आरंभ कर देता है, तो वह ग्राहक कहलाता है। 'समस्या' किसी जरूरत या बाधा या कुंठाओं के संचयन या अव्यवस्था से उठती है और कभी-कभी इन सभी के एक साथ आने से उठती है जो व्यक्ति की निर्वाह करने की स्थिति को खतरा पहुँचाती है या उससे प्रभावी ढंग से निपटने की कोशिशों पर धावा बोल चुकी होती हैं। 'स्थान' है समाज सेवा अभिकरण या मानव कल्याण अभिकरण की अन्य किस्म का समाज सेवा विभाग। यह प्रक्रिया व्यावसायिक सहायता (केस कार्यकर्त्ता) और ग्राहक के बीच का प्रभावी लेन-देन है। इसमें सार्थक संबंधों के भीतर संचालित समस्या हल प्रचालनों का क्रम बना रहता है। इस प्रक्रिया का अंत नि:स्तर इसके उपायों में रहता है; इसलिए ग्राहक को इस तरह से प्रभावित किया जाता है कि वह इस समस्या से जूझने के लिए कारगरता विकसित करे और/या समस्या को इस तरह से प्रभावित किया जाए कि या तो वह हल हो जाए या उसका प्रभाव रद्द हो जाए। परोपकारी समाज कार्य में व्यक्ति असहाय होता है जैसे कि यतीम, अकिंचन, वयोवृद्ध, असाध्य, अशक्त, अपंग, शरणार्थी और शहरों और गाँवों का निर्धनतम व्यक्ति। स्थान परोपकारी संगठन होता है और व्यक्ति परोपकारी सामाजिक कार्यकर्त्ता होता है।

सिद्धांत निष्पादन का मार्गदर्शन करने के लिए कार्रवाई के नियम होते हैं। सोशल केस वर्क के सिद्धांत निम्नलिखित हैं–

(1) ग्राहक का स्पष्टीकरण

(2) विशिष्टता

(3) ग्राहक की भागीदारी

(4) निंदा न करने का दृष्टिकोण

(5) ग्राहक का आत्म-निर्भरता का अधिकार

(6) नियंत्रित भावात्मक आवेष्टन

(7) ग्राहक के मामले को गोपनीय रखना।

सामाजिक समूह कार्य—सामाजिक समूह कार्य समाज कार्य का एक तरीका है जो व्यक्तियों को उपयोगी समूह अनुभव के माध्यम से उनकी सामाजिक कार्यात्मकता से वृद्धि करने में मदद करता है और अपनी व्यक्तिगत, सामूहिक या सामुदायिक समस्याओं से अधिक कारगर ढंग से निपट सकता है।

परोपकारी सामाजिक कार्य में समूह दृष्टिकोण बहुत लाभदायक होता है। समूह के समर्थन के साथ असहाय व्यक्ति अपने आत्म-विश्वास, समस्या हल कौशल और आत्म-निर्भरता के लिए क्षमता में सुधार ला सकता है।

प्रत्येक सामाजिक कार्य पद्धति में मूल्यों और सिद्धांतों का कुछ सेट होता है। समाज कार्य मूल्य निम्नलिखित हैं–

(1) समस्या समाधान में सहयोगी प्रक्रिया

(2) व्यक्तियों और उनके पर्यावरण का आपसी संबंध

(3) मानवीय प्रतिष्ठा और मूल्य के लिए आदर

(4) गोपनीयता

(5) रचनात्मक मतभेद

(6) आपसी सहायता

(7) आत्म-निर्भरता

समाज कार्य के सिद्धांत निम्नलिखित हैं–

(1) निरंतर विशिष्टता का सिद्धांत

(2) उपयोगी कामगार समूह संबंध का सिद्धांत

(3) विशिष्ट उद्देश्यों का सिद्धांत

(4) सुनियोजित समूह गठन के सिद्धांत

(5) लचीले कार्यान्वियक संगठन का सिद्धांत

(6) कार्यदर्शक ग्रुप प्रभाव का सिद्धांत

(7) प्रजातांत्रिक ग्रुप निर्धारण का सिद्धांत

(8) विश्लेषण करने का सिद्धांत

(9) प्रगामी कार्यक्रम अनुभव का सिद्धांत

(10) संसाधन उपयोगिता का सिद्धांत

परोपकारी समाज कामगार की ओर से अपेक्षित कौशल निम्नलिखित हैं–

(1) उपयोगी संबंध स्थापित करने का कौशल

(2) समूह स्थिति का मूल्यांकन करने में कौशल

(3) समूह के साथ भागीदारी में कौशल

(4) समूह बोध से निपटने में कौशल

(5) कार्यक्रम विकास में कौशल–कार्यक्रम के क्या, कैसे और क्यों का निर्णय करें

(6) अभिकरण और समुदाय संसाधनों के प्रयोग में कौशल

(7) विश्लेषण में कौशल

समूह कार्यकर्त्ता की भूमिका–

(1) कार्यकर्त्ता द्वारा–व्यक्ति बोध, विचार या व्यवहार स्वीकार करना।

(2) संबंध–सदस्य या समूह का कामगार से; सदस्य या ग्रुप का सदस्य से; सदस्य का समूह से।

(3) सुयोग्य करना और समर्थन करना–व्यक्तियों या ग्रुप को स्वयं या अन्यों; व्यक्तियों या ग्रुप की आपस में अभिव्यक्ति; निष्पादित करना या निष्पादित करने का बोध, व्यक्तियों को आप को कार्यकलाप (कार्यक्रम) निर्णय लेने, जिम्मेदारियाँ लेने और निभाने; व्यक्तियों और समूह को अंतर्दृष्टि, समझ-बूझ और सुरक्षा हासिल करना।

(4) स्वयं या दूसरों के लिए हानिकारक, संपत्ति, सामग्री या संबंधों के लिए विनिष्टकारी व्यवहार को सीमित रखना।

(5) चर्चाओं, कार्यकलाप और ग्रुप गतिशीलता का पथ प्रदर्शन करना।

(6) तनाव कम करना–विवाद; भय और चिंता या अपराध।

(7) व्याख्या करना–ग्रुप में कार्य, कार्य और अभिकरण, व्यक्तियों का या ग्रुप का आचरण या बोध।

(8) प्रक्षेपण और विश्लेषण (नैदानिक अनुमोदन)–व्यक्तिगत आचरण; ग्रुप पर व्यक्ति का प्रभाव; ग्रुप आचरण, व्यक्तियों या ग्रुप पर कामगार का प्रभाव (स्वयं का व्यवहार)।

(9) आयोजन और तैयार करना (कामगार द्वारा)–ग्रुप संरचना और संघटन, कार्यक्रम; उपचार या सेवा।

सामुदायिक संगठन–'सामुदायिक संगठन' का अर्थ है एक प्रक्रिया जिसके द्वारा समुदाय अपनी जरूरतों या लक्ष्यों को चिह्नित करता है, इन जरूरतों या लक्ष्यों पर कार्य करने का विश्वास और इच्छा विकसित करता है, इन जरूरतों या लक्ष्यों पर संबंधित कार्रवाई करने के लिए संसाधनों का पता लगाता है, उनके संबंध में कार्रवाई करता है और ऐसा करते हुए सहकारी और सहयोगी दृष्टिकोण और समुदाय में व्यवहार विकसित करता है। परोपकारी सामाजिक कामगार शहरी और ग्रामीण समुदायों के अति गरीब लोगों के साथ कार्य करते हुए इस तरीके को लागू करता है।

सामाजिक क्रिया–सामाजिक क्रिया को संगठित समूह प्रयास के रूप में, बढ़ी सामाजिक समस्याओं का हल करने के लिए या सामाजिक तौर पर वांछनीय उद्देश्यों को, बुनियादी सामाजिक और आर्थिक दशाओं या प्रथाओं को प्रभावित करने के प्रयास द्वारा आगे बढ़ाने के लिए वर्णित करना चाहिए। कई बार परोपकारी समाज कार्यकर्त्ता गरीबों और असहाय लोगों, जिनके वह कार्य करता/करती है, वे मामलों का समाधान करने के लिए इस विधि का प्रयोग करता है।

कल्याणकारी प्रशासन–कल्याणकारी प्रशासन परोपकारी सामाजिक कार्य के मानवीय और वित्तीय संसाधनों का प्रबंधन है। इसमें परोपकारिता के प्रबंधन के लिए उपयुक्त जनशक्ति की पहचान करना, भर्ती करना और विकसित करना शामिल है। इसमें परियोजना तैयारी सहित धनराशि एकत्र करने की विभिन्न कार्य युक्तियों के द्वारा अपेक्षित वित्तीय और भौतिक संसाधनों की गतिशीलता भी शामिल है। संसाधन प्रबंध और परियोजना प्रशासन, परोपकारी समाज कार्य में सामाजिक कल्याणकारी प्रशासन के प्रमुख पहलू हैं।

सामाजिक कार्य अनुसंधान–सामाजिक कार्य अनुसंधान में अस्पष्ट सामाजिक दृश्य प्रपंच के स्पष्टीकरण का पता लगाने के संदेहास्पद को स्पष्ट करना और सामाजिक जीवन से गलत अर्थ लगाने संबंधी तथ्यों को सही करने की बात कही गई है। सामाजिक कार्य अनुसंधान परोपकारी समाज कार्य में भी संगत है क्योंकि यह सामाजिक कार्यकर्त्ताओं को अस्पष्ट परोपकारी मामलों जैसे कि कंगाली के लिए कारणों, गरीबी इत्यादि के कारणों का स्पष्टीकरण ढूँढ़ने में मदद करता है। यह परोपकारी सामाजिक कार्यकर्त्ता की गरीबी और असहायता और कई अन्य सामाजिक तथ्यों के बारे में मिथ्या धारणाओं को सही करने में भी मदद करता है।

प्रश्न 4. परोपकारी समाज कार्य के मूल्यों और सिद्धांतों को सूचीबद्ध कीजिए।

उत्तर– मूल्य को एक सुस्पष्ट या अव्यक्त अवधारणा के रूप में, किसी व्यक्ति या समूह की विशेषता से अलग, वांछनीय हो परिभाषित किया जा सकता है जो उपलब्ध प्रतिमानों, अर्थों और कार्रवाई के अवसान से चयन को प्रभावित करें। बुनियादी मूल्य महत्त्वपूर्ण रुचियों को प्रभावित करते हैं, जो व्यक्ति के जीवन को जैसा वह निर्मित करता है या जिस किस्म का वह व्यक्ति बनना चाहता है, आकार देते हैं।

सामाजिक स्थायित्व के लिए मूल्य आवश्यक होते हैं; जब तक प्रत्येक सदस्य उत्तरदायी आचरण के कतिपय मानकों से सहमत नहीं होता और बुनियादी मूल्यों को साँझा नहीं करता, यह कार्य नहीं कर सकता।

सामाजिक कार्य मूल्य आधारित व्यवसाय है। सामाजिक कार्यकर्त्ता का यह दायित्व है कि सेवा प्रयोक्ताओं का इस संबंध में लगातार मार्गदर्शन करता रहे कि करने के लिए कौन-सा कार्य अच्छा है और कौन-सा बुरा है जिसे नहीं करना चाहिए। परोपकारी समाज कार्य के लिए मूल्य महत्त्वपूर्ण हैं। किसी व्यावसायिक निर्णय को लेते हुए उन्हें समाज कार्य के व्यावसायिक मूल्यों को ध्यान में रखना चाहिए। यदि किसी के मूल्य अस्पष्ट और असंगत हैं तो उसका आचरण लक्ष्यहीन और अस्पष्ट होगा।

सामाजिक कार्य प्रथा 1982 के वर्गीकरण के लिए राष्ट्रीय सामाजिक कार्यकर्त्ता संघ के अनुसार समाज कार्य के मूल्य निम्नानुसार हैं–

(1) ज्ञान और कौशल को दूसरों में संचारित करने की इच्छा;

(2) व्यक्तिगत मनोभाव और जरूरतों को व्यावसायिक संबंध से अलग रखने की इच्छा;

(3) सामाजिक तौर पर मान्यता प्राप्त जरूरतों को पूरा करने हेतु सामाजिक बदलाव करने की प्रतिबद्धता;

(4) ग्राहक के साथ संबंध की गोपनीयता के लिए सम्मान;

(5) व्यक्ति का समाज में मूलभूत महत्त्व की प्रतिबद्धता;

(6) समाज में सभी की, सामाजिक न्याय के प्रति तथा आर्थिक, भौतिक और मानसिक बेहतरी के लिए प्रतिबद्धता;

(7) ग्राहकों की ओर से कुंठा के बावजूद कोशिश करते रहने की इच्छा;

(8) वैयक्तिक और व्यावसायिक उच्चतर स्तर के प्रति प्रतिबद्धता;

(9) व्यक्तिगत और समूह मतभेदों का आदर और सराहना; और

(10) ग्राहकों की स्वयं सहायता विकसित करने की योग्यता की वचनबद्धता।

संयुक्त राज्य अमेरिका के नेशनल एसोसिएशन ऑफ सोशल वर्क ने कुछ सामान्य आचरण संहिता तैयार की है जो नैतिक मानक कहलाते हैं। व्यवसायियों के व्यावसायिक प्रथा से संबंधित नैतिक ग्राहक, अभिकरण (फील्ड सैटिंग), समाज व्यवसाय, व्यवसायी के रूप में अपने और साथी व्यवसायियों के लिए नैतिक मानक हैं। इन नैतिक मानकों को निम्नलिखित रूप में सारांशित किया जा सकता है–

सामाजिक कार्यकर्त्ताओं की ग्राहकों के प्रति नैतिक जिम्मेदारियाँ–

- ग्राहकों के प्रति प्रतिबद्धता
- आत्म-संकल्प
- गोपनीय मामलों की संसूचना के संबंध में सूचित सहमति
- व्यावसायिक योग्यता
- सांस्कृतिक क्षमता और सामाजिक विविधता
- परस्पर विरोधी हितों का प्रबंध करना
- एकांत और गोपनीयता
- रिकॉर्ड की सुलभता पर नियंत्रण
- व्यवसाय में लैंगिक संबंधों से परहेज
- शारीरिक संपर्क पर प्रतिबंध
- लैंगिक उत्पीड़न की रोकथाम
- भद्दी भाषा का प्रयोग करने पर रोक
- सेवाओं के लिए भुगतान की शर्तें
- उन ग्राहकों के संबंध में निर्णय लेना जिनमें निर्णय लेने की क्षमता की कमी हो
- सेवाओं में व्यवधान के संबंध में
- सेवाओं की बर्खास्तगी के संबंध में

साथियों के प्रति सामाजिक कार्यकर्त्ताओं की नैतिक जिम्मेदारियाँ–

- आदर
- गोपनीयता
- अंतर-विषयक सहयोग
- साथियों को लेकर विवाद

- परामर्श
- सेवाओं विशेष पर चिकित्सीय सेवाओं के बारे में राय देना
- व्यवसाय में लैंगिक संबंधों से परहेज करना
- शारीरिक संपर्क पर प्रतिबंध
- भद्दी भाषा पर रोक
- साथी कर्मियों की हानि के संबंध में
- साथी कर्मियों की अक्षमताओं के प्रबंधन के संबंध में
- साथी कर्मियों के अनैतिक आचरण पर रोक

प्रैक्टिस सैटिंग में सामाजिक कार्यकर्त्ताओं की नैतिक जिम्मेदारियाँ–

- पर्यवेक्षण और परामर्श
- शिक्षा और प्रशिक्षण
- निष्पादन मूल्यांकन
- ग्राहक रिकॉर्ड
- बिलिंग
- ग्राहक अंतरण
- प्रशासन
- शिक्षा और स्टाफ विकास की निरंतरता
- नियोजनों के प्रति प्रतिबद्धता
- श्रम प्रबंधन विवाद

व्यवसायियों के रूप में सामाजिक कार्यकर्त्ताओं की जिम्मेदारियाँ–

- योग्यता
- भेदभाव का निषेध
- निजी आचरण
- बेईमानी, धोखा देने और जालसाजी
- व्यवधान पैदा न करने के संबंध में
- अन्यथा कथन
- याचना
- ख्याति और कर्त्तव्य स्वीकारना

सामाजिक कार्यकर्त्ताओं की समाज कार्य व्यवसाय के प्रति नैतिक जिम्मेदारियाँ–

- व्यवसाय के प्रति निष्ठा
- मूल्यांकन और अनुसंधान

व्यापक समाज के हित में सामाजिक कार्यकर्त्ता की नैतिक जिम्मेदारियाँ–

- समाज कल्याण
- सार्वजनिक भागीदारी
- सार्वजनिक आपातकाल
- सामाजिक और राजनीतिक कार्रवाई

प्रश्न 5. परोपकारी सामाजिक कार्यकर्त्ताओं के लिए अपेक्षित दक्षताओं को सूचीबद्ध कीजिए।

उत्तर– परोपकारी सामाजिक कार्यकर्त्ताओं के लिए अपेक्षित दक्षताएँ निम्नलिखित हैं–

(1) सामाजिक समस्याओं का विशेष करके परोपकारिता के क्षेत्र में निदान करने की दक्षता।

(2) व्यक्ति और उसकी समस्याओं को समझने की दक्षता।

(3) भागीदारी मिलनसारी में दक्षता–भागीदारी योजना, कार्यान्वयन मॉनीटरिंग और विकास।

(4) उसके व्यवसाय के सेवा प्रयोक्ताओं के साथ घनिष्ठता स्थापित करने की दक्षता।

(5) प्रेरणा देने और नेतृत्व में दक्षता।

(6) संप्रेषण में दक्षता।

(7) प्रलेखन में दक्षता।

(8) मृदुल भाषी और मानवीय संबंधों में दक्ष।

(9) व्यावसायिक समाज कार्य और एकीकृत समाज कार्य अभ्यास के विभिन्न तरीकों में कौशल।

(10) वह परोपकारी कार्यक्रम विकसित करने की दक्षता जो चिह्नित सामाजिक समस्याओं को हल करे।

प्रश्न 6. परोपकारी सामाजिक कार्यकर्त्ता की भूमिका पर टिप्पणी कीजिए।

उत्तर– समाज में परोपकारी सामाजिक कार्यकर्त्ता महत्त्वपूर्ण भूमिका अदा करते हैं। वे सामाजिक गुणों के संरक्षक की भूमिका भी निभा सकते हैं। सर्वप्रथम वे अत्यधिक मदद देने वाले होते हैं। वे लोगों और समय की आवश्यकता के अनुसार समर्थक, नेता, सुसाधक, सलाहकार, परामर्शदाता, शिक्षक, प्रबंधक, परोपकारी, शिक्षक, प्रशिक्षक, अधिवक्ता, अभिभावक, मित्र, दार्शनिक और पथ-प्रदर्शक के रूप में भूमिका निभा सकते हैं। परोपकारी सामाजिक कार्यकर्त्ता की प्रमुख भूमिका सामाजिक परिवर्तन के अभिकर्त्ता, सामाजिक सुधार और सामाजिक प्रगति के लिए कार्य करने के लिए होती है। समाज द्वारा सामाजिक कार्यकर्त्ता से यह आशा की जाती है कि वह–(1) व्यक्ति की उसकी आंतरिक प्रेरणा सामाजिक वातावरण में निष्ठा के साथ निर्धारण, स्पष्ट एवं सहायता, तथा (2) सामाजिक वातावरण को यदि वह व्यक्तियों के सामाजिक विकास के लिए अहितकर है तो उसमें बदलाव लाए।

अध्याय

व्यावसायिक समाज कार्य और परोपकारिता (Professional Social Work and Philanthropy)

भूमिका

परोपकारिता शब्द ग्रीक शब्द 'फिलेंथ्रॉप्रोस' जो दो शब्दों–फिलोस, "प्रेममय" लाभ पहुँचाने, देखभाल करने, पालन-पोषण करने के अर्थ में तथा एंथ्रॉस "मानव मात्र", "मानव जाति", "मानवता" या "मानवीयता" के अर्थ में लिया जाता है। अतः मानव देखभाल की सभी सेवाएँ परोपकारिता हैं। परोपकारिता व्यावसायिक समाज कार्य की अग्रणी है किंतु सभी परोपकारी सामाजिक कार्य कार्यक्रम व्यावसायिक सामाजिक कार्य नहीं होते। परोपकारी सामाजिक कार्य में सामाजिक कार्यकर्त्ता असहाय लोगों, ग्रुपों तथा समुदायों के साथ उनके दु:खों से छुटकारा दिलाने तथा उन्हें सशक्त बनाने का काम करता है, जबकि व्यावसायिक समाज कार्य का संबंध परोपकारी विकास क्षेत्र, जैसे कि युवा वर्ग, महिलाओं, छात्रों, कर्मचारियों, प्रबंधकों, जीवन के विभिन्न भागों से संबंधित अन्य व्यावसायिक व्यक्तियों से होता है।

प्रश्न 1. परोपकारिता और व्यावसायिक समाज कार्य के बीच समानता तथा भिन्नता पर चर्चा कीजिए।

अथवा

परोपकारिता और समाज कार्य में सांझे तत्त्व कौन-कौन से हैं?

अथवा

परोपकारिता और समाज कार्य के बीच संबंध के बारे में संक्षिप्त टिप्पणी लिखिए।

उत्तर– परोपकारिता शब्द ग्रीक शब्द 'फिलेंथ्रॉपोस' जो दो मिश्रित शब्दों–फिलोस "प्रेममय" लाभ पहुँचाने, देखभाल करने, पालन-पोषण करने के अर्थ में तथा एंथ्रॉस "मानव मात्र" "मानव जाति", "मानवता" या "मानवीयता" के अर्थ में लिया गया है। मानव देखभाल की सभी सेवाएँ परोपकारिता हैं। समाज कार्य के मानव देखभाल सेवा होने के नाते परोपकारिता का एक भाग है। आधुनिक शब्दावली में "परोपकारिता" का अर्थ है–'लोकहित के लिए निजी पहल करना', "लोकहित के लिए स्वैच्छिक कार्रवाई" और "सार्वजनिक प्रयोजनों" के लिए निजी तौर पर समय या मूल्यवान वस्तुएँ प्रदान करना। परोपकारिता का उद्देश्य मानव जीवन की कोटि में सुधार लाना है।

समाज कार्य एक कला है जो व्यक्ति, ग्रुप और सामुदायिक जरूरतों पर विभिन्न संसाधनों के वैज्ञानिक तरीके से लोगों को अपनी सहायता स्वयं करने के द्वारा अनुप्रयोग में लाया जाता है। समाज कार्य का संबंध लोगों को उनका अधिकतम सामर्थ्य जतला कर यह सुनिश्चित करने में होता है कि जो सुविधाएँ उनकी सहायता करने के लिए पहले से मौजूद हैं उनका पूर्ण प्रयोग किया जाए और उनकी अनुपूर्ति की जाए जिनकी उनमें कमी है।

(1) समाज कार्य एक सहायता करने वाला कार्यकलाप है जिसे उन समस्याओं के संबंध में सहायता करने के लिए तैयार किया गया है जो व्यक्ति, परिवारों, समूहों के सामाजिक और आर्थिक समृद्धि के न्यूनतम वांछनीय स्तर को प्राप्त करने से रोकती है।

(2) यह निजी व्यवसायियों द्वारा व्यक्तिगत लाभ के लिए चलाया जाने वाला कार्यकलाप नहीं है बल्कि यह सरकारी या गैर-सरकारी या दोनों के तत्वावधान में या संगठन के अधीन समुदाय के ऐसे सदस्यों के लाभ के लिए स्थापित किया जाता है जिन्हें सहायता की जरूरत वाला माना जाता है।

(3) यह संपर्क वाला कार्यकलाप है जिसके माध्यम से लाभवंचित व्यक्ति, परिवारों और समूहों को समुदाय में उपलब्ध सभी संसाधन उनकी असंतुष्ट आवश्यकताओं की पूर्ति हेतु मिल सकते हैं।

परोपकारिता और समाज कार्य के बीच समानताएँ–परोपकारिता और समाज कार्य कई अर्थों में समान हैं। उनकी कुछेक समानताओं का उल्लेख यहाँ किया जा रहा है–

- समाज सेवा और समाज कल्याण परोपकारिता के साँझे उद्देश्य हैं।
- परोपकारिता और समाज कार्य सहायता प्रदान करने वाले कार्यकलाप हैं।
- परोपकारिता और समाज कार्य लोगों की आवश्यकताओं की पूर्ति करते हैं और उनकी समस्याओं को कुछ सीमा तक हल करते हैं।

- परोपकारिता और समाज कार्य सामुदायिक कार्यकलाप हैं और मानव जाति दोनों से लाभ उठाती है।
- परोपकारिता और समाज कार्य में उच्च दर्जे की प्रतिबद्धता और सेवा प्रदाताओं की ओर से बलिदान की भावना होती हैं।
- परोपकारिता और समाज कार्य आवश्यकता आधारित सेवाएँ हैं। वे उन लोगों की आवश्यकताओं को ध्यान में रखते हैं जिनके लिए सेवा प्रदान की जाती हैं।

परोपकारिता और समाज कार्य में भिन्नता–परोपकारिता और समाज कार्य में कई मुद्दों पर मतभेद हैं–

- परोपकारिता मुख्यत: दानशीलता प्रदान करती है जिससे प्राप्तकर्त्ता, प्रदाता पर निर्भर हो जाता है जबकि समाज कार्य दानशीलता नहीं है बल्कि स्वयं सहायता के लिए सहायता है।
- परोपकारिता प्राय: तुरंत लाभ और राहत मिलती है जबकि समाज कार्य दीर्घावधि समर्थन प्रदान करने वाली सेवा है।
- परोपकारिता ज्यादातर परिणाममूलक होती है जबकि समाज कार्य प्रक्रियामूलक होता है। परोपकारिता में यह नहीं देखा जाता कि काम को कैसे किया जाए बल्कि उसकी रुचि निर्धारित समय सीमा के भीतर कितने लोगों तक परोपकारिता पहुँची है, इस तथ्य पर होती है।
- जनता के कुछ वर्गों के संबंध में केवल परोपकारिता ही संभव है और उनके समाज कार्य की गुँजाइश बहुत कम होती है। उदाहरण के लिए असाध्यों, अधिक अपंग बच्चों, बुजुर्गों जो परिरक्षा देखभाल में होते हैं, सदमें से पीड़ित रोगियों, शिशुओं आदि के साथ कार्य करते हुए निर्धारण की क्षमता वाले लोगों के साथ समाज कार्य अधिक प्रभावी होता है।
- परोपकारिता का व्यवहार स्वयं सेवाओं, राजनीतिज्ञों और धार्मिक लोगों द्वारा किया जाता है, समाज कार्य विधिवत् प्रशिक्षित और प्रमाणित व्यावसायिक सामाजिक कार्यकर्त्ताओं द्वारा किया जाता है।

परोपकारिता और समाज कार्य के बीच अति व्यापी क्षेत्र संबंध–परोपकारिता और समाज कार्य कई अर्थों में एक-दूसरे के पूरक हैं–

- परोपकारिता एक राहत और तुरंत सहायता का कार्य है, जबकि समाज कार्य कोई तत्काल हल न देकर दीर्घावधि हल देता है। दोनों एक-दूसरे के पूरक हैं। जब कभी तत्काल सहायता की आवश्यकता होती है; परोपकारिता व्यवहार में लाई जाती है और समाज कार्य बाद में शुरू होता है। उदाहरण के लिए भूखे आदमी के लिए भोजन देना दानशीलता है जबकि उसे व्यावसायिक प्रशिक्षण देना समाज कार्य है। तथापि इस स्थिति में तत्काल आवश्यकता भोजन की होती है और उस समय परोपकारिता को समाज कार्य से पूर्व व्यवहार में लाया जाता है।

- कुछेक लोगों के समूह के साथ दानशीलता या परोपकारिता दिखाना ही संभव समाज कार्य हो सकता है। परोपकारिता, समाज कार्य का निम्नतम स्तर होती है। परोपकारिता का व्यवहार करना भी कुछ स्तरों पर समाज कार्य करना होता है। जहाँ पर समाज कार्य करना संभव न हो वहाँ परोपकारिता का अनुप्रयोग किया जा सकता है। उदाहरण के लिए, मानसिक तौर से विकलांग बच्चों की देखभाल (गंभीर रूप से विकलांग) जो अभिरक्षा देखभाल में होते हैं, उनके साथ केवल समाज कार्य करना ही संभव होता है।
- परोपकारिता और समाज कार्य में अंतर, सहायता करने या समस्या का समाधान करने की प्रक्रिया में डिग्री और मात्रा का विषय है।
- जब व्यावसायिक सामाजिक कार्यकर्त्ता, समाज कार्य के सिद्धांतों, मूल्यों और तौर-तरीकों का प्रयोग करते हैं, तो परोपकारिता समाज कार्य बन जाती है।

प्रश्न 2. परोपकारी समाज कार्य तथा परोपकारिता के बीच संबंध को स्पष्ट कीजिए।

उत्तर– परोपकारी समाज कार्य, परोपकारिता का वह भाग है जहाँ समाज कार्य के मूल्यों, सिद्धांतों और पद्धतियों का प्रयोग किया जाता है। यह व्यावसायिक तरीके से किया गया दान है। यह विवेकपूर्ण व्यवहार में लाई गई करुणा है। परोपकारिता में देने वाले की संतुष्टि लेने वाले की संतुष्टि से ज्यादा जरूरी है। परोपकारिता में उप-कारक और प्रबंधक वही व्यक्ति हैं। परोपकारी समाज कार्य में सामाजिक कार्यकर्त्ताओं को उप-कारक या दानदाता की ओर से परोपकारी कार्यकलाप के प्रबंध के लिए सामाजिक कार्यकर्त्ताओं को नियोजित किया जाता है। दूसरे शब्दों में, परोपकारिता में कोई बिचौलिया नहीं होता। जब लोकोपकारक अपना दान देने का कार्य किसी व्यावसायिक व्यक्ति या संस्था के माध्यम से करता है तो यह परोपकारी समाज कार्य बन जाता है।

परोपकारिता में प्रशासनिक लागत न्यूनतम या शून्य होती है। यह एक स्वैच्छिक सेवा है या सामग्री या वित्तीय संसाधनों को जरूरतमंद लोगों को देना है। परोपकारी सामाजिक कार्य में प्रशासनिक लागत निहित होती है क्योंकि परोपकारिता का व्यवहार बड़े पैमाने पर होता है। यहाँ व्यावसायिक व्यक्ति, जैसे–लेखाकरण स्टाफ, परामर्शी सामाजिक कार्यकर्त्ता इत्यादि नियोजित किए जाते हैं। परोपकारी समाज कार्य में यात्रा और सभारतंत्र लागत भी शामिल होती है। परोपकारी समाज कार्य में परोपकारी निधियाँ विभिन्न स्रोतों से इकट्टी की जाती हैं और परोपकारी कार्य के लिए उन्हें इकट्ठा करके रखा जाता है। परोपकारिता का व्यवहार उस व्यक्ति द्वारा किया जाता है जो करुणामय, दयालु और साधन संपन्न है। परोपकारी समाज कार्य का अभ्यास व्यावसायिक सामाजिक कार्यकर्त्ताओं द्वारा किया जाता है जिन्हें समाज कार्य अभ्यास जैसे कि सामाजिक केस वर्क, सामाजिक समूह कार्य, सामुदायिक संगठन, सामाजिक अनुसंधान, सामाजिक कार्रवाई और सामाजिक कल्याण प्रशासन की जानकारी और हुनर हो। उसके पास परोपकारी समाज कार्य करने की सामग्री और वित्तीय संसाधन होने की जरूरत नहीं है लेकिन उसे विभिन्न स्रोतों से परियोजनाओं, निधियाँ उगाहने के कार्यकलाप करने और सरकारी अनुदानों के रूप में विभिन्न स्रोतों से एकत्रित परोपकारी निधियों का प्रबंध करने का हुनर होना चाहिए।

परोपकारिता का व्यवहार प्रायः व्यक्तियों द्वारा किया जाता है, जबकि परोपकारी समाज कार्य आमतौर पर सरकार और सामाजिक कल्याण में लगे गैर-सरकारी अभिकरणों द्वारा किया जाता है। परोपकारिता के लिए निधियाँ व्यक्तिगत चंदे और दान से आती हैं जबकि परोपकारी समाज कार्य के लिए निधियाँ सरकार, दानदाता अभिकरणों और निगमित सामाजिक जिम्मेदारी से आती हैं।

परोपकारिता आवश्यक रूप से बिना किसी लाभ की आशा के दी जाने वाली सहायता का मूल्य है या सहायता दिए जाने का कार्य करने के बाद प्राप्तकर्त्ता को क्या हुआ, इस बात की जानकारी भी नहीं ली जाती। परोपकारिता को प्राप्तकर्त्ता की समस्याओं का ब्यौरे से अध्ययन करने देने से पहले निर्धारण करने और सहायता करने का बेहतरीन तरीका देना है, यह जानकारी लेने की कोई रुचि नहीं होती। परोपकारी समाज कार्य आवश्यक रूप से प्रबंध करने का कृत्य है। इसमें एक व्यवस्थित प्रक्रिया के माध्यम देना होता है जैसे कि प्राप्त करने वाले की समस्याओं का निर्धारण करना, अपेक्षित सहायता की आदर्श किस्म का पता लगाना, अपेक्षित सहायता जुटाना, बेहतरीन सहायता देना, अनुवर्ती कार्रवाई करना और देखना कि क्या सहायता ने उस व्यक्ति को आत्म-निर्भर बना दिया है या नहीं।

परोपकारी समाज कार्य परोपकारिता का अभ्यास करने का आदर्श तरीका है जबकि परोपकारिता को प्रायः बनाए नहीं रखा जा सकता और वह प्राप्तकर्त्ता को परोपकारी पर निर्भर बना देती है। प्रत्येक परोपकारी सामाजिक कार्य में यह ध्यान रखा जाता है कि निरंतर प्रयास किए जाएँ ताकि प्राप्तकर्त्ताओं को यथासंभव अधिकाधिक सीमा तक आत्म-निर्भर बनाया जा सके।

प्रश्न 3. परोपकारी और व्यावसायिक समाज कार्य के बीच संबंध को स्पष्ट कीजिए।

उत्तर– व्यावसायिक तथा परोपकारी समाज कार्य एक-दूसरे के काफी नजदीक हैं। दोनों समाज कार्य के मूल्यों, सिद्धांतों और पद्धति का प्रयोग करते हैं। तथापि सभी परोपकारी सामाजिक कार्य कार्यक्रम व्यावसायिक सामाजिक कार्य नहीं होते। इसी प्रकार सभी समाज कार्य कार्यकलाप, परोपकारी समाज कार्य नहीं हैं। परोपकारी सामाजिक कार्य, समाज कल्याण प्रबंध के बहुत करीब होता है। परोपकारी समाज कार्य में सामाजिक कार्यकर्त्ता, असहाय लोगों, ग्रुपों और समुदायों के साथ उनके दु:खों से छुटकारा दिलाने और उन्हें सशक्त बनाने का काम करता है जबकि व्यावसायिक सामाजिक कार्य का संबंध परोपकारी विकास क्षेत्र, जैसे कि युवा वर्ग, महिलाओं, छात्रों, कर्मचारियों, प्रबंधकों, जीवन के विभिन्न भागों से संबंधित अन्य व्यावसायिक व्यक्तियों से होता है।

व्यावसायिक सामाजिक कार्यकर्त्ता अधिकाधिक संख्या में माइक्रो क्रेडिट और महिला सशक्तिकरण के क्षेत्र में होते हैं जो परोपकारी समाज कार्य से अधिक भिन्न होता है। विकास क्षेत्र व्यावसायिक कार्यकर्त्ताओं के लिए आदर्श अखाड़ा है जहाँ पर आत्म-निर्भरता का लक्ष्य परोपकारी क्षेत्र से भी अधिक तेजी से प्राप्त करने की संभावना है।

उदाहरण के लिए, ग्रामीण सामुदायिक विकास, शहरी सामुदायिक विकास और ग्लोबीय सामुदायिक विकास, व्यावसायिक सामाजिक कार्यकर्त्ताओं के विशिष्ट क्षेत्र हैं। वह सामाजिक कार्यकर्त्ता जो स्वावलंबी गाँव को आदर्श गाँव बनाने की कोशिश कर रहा है, वह परोपकारिता नहीं कर रहा है, बल्कि सामुदायिक संगठन का एक कार्यकलाप कर रहा है।

व्यावसायिक सामाजिक कार्यकर्त्ता भी श्रम कल्याण और मानव संसाधन प्रबंधन के क्षेत्र में है जो कि परोपकारी समाज कार्य से परे है। व्यावसायिक सामाजिक कार्यकर्त्ता, सामाजिक अनुसंधान, सामाजिक कार्रवाई और सामुदायिक संगठन के क्षेत्र में आते हैं वास्तव में परोपकारी लक्ष्य नहीं है।

सामाजिक घटना कार्य, सामाजिक समूह कार्य और सामुदायिक व्यवस्था के साथ-साथ परोपकारी समाज कार्य में सामाजिक अनुसंधान, सामाजिक कार्रवाई और सामुदायिक व्यवस्थापन का अभ्यास करने की संभावना है। परोपकारी सामाजिक कार्यकर्त्ता अकिंचनता के कारणों, गरीबों के लिए पुनर्वास के विकल्पों, भीख माँगने के कारणों, बेहद विकलांग बच्चों तथा बुजुर्गों का समुदाय आधारित पुनर्वास करने, लंबी बीमारी इत्यादि से पीड़ित लोगों की देखभाल करने जैसे परोपकारी मामलों पर कार्रवाई कर सकते हैं। इन अनुसंधान कार्यक्रमों से ऐसी जानकारी मिलेगी जो परोपकारी सामाजिक कार्यकर्त्ताओं के लिए उपयोगी होती है। परोपकारी सामाजिक कार्यकर्त्ता गरीबों, यतीमों, भिखारियों, लंबी बीमारी आदि से पीड़ित लोगों को संगठित करके समुचित तौर पर सामाजिक आंदोलन चला सकता है जिससे कि सामान्य तौर पर समाज और विशेष तौर पर नीति-निर्माताओं को सामाजिक न्याय के उत्पीड़न के विभिन्न पहलुओं की जानकारी मिले और सामाजिक सुरक्षा व्यवस्था का प्रभावी कार्यान्वयन हो। परोपकारी सामाजिक कार्यकर्त्ता किसी विशेष क्षेत्र के गरीबों को संगठित करने के लिए सामुदायिक संगठन तकनीकों का प्रयोग कर सकता है और स्वयं सहायता समूहों और अन्य स्वयं सहायता जैसे साहसी कार्यों को शुरू कर सकता है। परोपकारी सामाजिक कार्यकर्त्ता सामाजिक घटना प्रधान कार्य और सामाजिक समूह कार्य तकनीकों का प्रयोग करके सदैव व्यक्तियों और ग्रुपों के साथ कार्य करते हैं। वह परोपकारी सामाजिक कार्यकर्त्ताओं द्वारा व्यापक रूप से प्रयोग किए जाने वाली तकनीक है। मूल्यों, सिद्धांतों और अभ्यास पद्धति के अनुसार व्यावसायिक सामाजिक कार्य और परोपकारी समाज कार्य भिन्न नहीं है। अंतर सिर्फ अभ्यास क्षेत्र का है।

परोपकारी और व्यावसायिक सामाजिक कार्य के बीच संबंध आंशिक और संपूर्ण दोनों तरह के हैं। संपूर्ण परोपकारी समाज कार्य व्यावसायिक समाज कार्य का भाग है। परोपकारी समाज कार्य, समाज कार्य व्यवहार का क्षेत्र है। आज अधिकांश सामाजिक व्यवहार, परोपकारी, समाज कार्य के क्षेत्र से बाहर है। स्कूल, अस्पताल, नगर निगम, सरकारी अभिकरण, विकास संगठन और समाज कल्याण अभिकरण व्यावसायिक समाज कार्य के क्षेत्र हैं। परोपकारिता उन क्षेत्रों में से एक है। कल्याणकारी अभिकरणों में परोपकारी समाज कार्य के लिए काफी संभावना है क्योंकि कल्याणकारी अभिकरण प्रायः समाज के लघुतम, अंतिम और भटके हुए वर्गों के साथ कार्य करते हैं। परोपकारी समाज कार्य के अभ्यास के लिए सामाजिक कार्य के अन्य क्षेत्रों, जैसे-स्कूल समाज कार्य, सामुदायिक कार्य, गरीबों, विकलांग और अकिंचन बच्चों तथा माइक्रो क्रेडिट में भी संभावना है।

प्रश्न 4. परोपकारी समाज कार्य की आवश्यकता पर संक्षिप्त टिप्पणी कीजिए।

[दिसम्बर-2019, प्र.सं.-5(d)]

अथवा

परोपकारी समाज कार्य की क्या जरूरत है?

उत्तर– परोपकारिता का अभ्यास भारत में व्यापक पैमाने पर किया जाता है क्योंकि यह परोपकारी समाज कार्य के क्षेत्र में जनशक्ति की जरूरत को पूरा करता है। धार्मिक न्यासों, परोपकारी सोसाइटियों और उदार व्यक्तियों द्वारा बहुत सारे परोपकारी कार्यकलाप चलाए जाते हैं। परोपकारी दान और कुछेक तीर्थ स्थानों, जैसे–तिरुपति, शबरी माला, अमृतसर, अयोध्या, शिरडी आदि में अंशदान बड़ी मात्रा में प्राप्त होते हैं। यदि ऐसी धनराशि का उपयोग सद्भाव, तीर्थ यात्रियों को भोजन वितरण, रिहायशी व्यवस्था, गरीबों की चिकित्सा देखभाल और शिक्षा आदि में किया जाता है तो परोपकारी समाज कार्य की उपयोगिता की कारगरता बढ़ जाएगी।

कई परोपकारी संगठनों द्वारा किया जाने वाला अच्छा कार्य, मॉनीटरिंग मूल्यांकन और प्रलेखन की व्यावसायिक सहायता के अभाव में, ध्यान में आए बिना रह जाता है। कई योग्य परोपकारी संगठन जो कई दशकों से सामाजिक सेवा का कार्य कर रहे हैं, उन्हें सरकार से सहायता प्राप्त नहीं होती। परोपकारी सामाजिक कार्यकर्त्ताओं की नियुक्ति करने से परोपकारी संगठनों की क्षमता बढ़ जाएगी। वे अच्छे परियोजना प्रस्ताव तैयार करने में समर्थ होंगे और सरकारी अनुदान प्राप्त कर पाएँगे। वे प्रलेखन में भी कुशल होते हैं।

सरकारी और गैर-सरकारी संगठनों (राष्ट्रीय और अंतर्राष्ट्रीय निधियन संगठनों) के पास ढेर सारे परोपकारी संसाधन उपलब्ध होते हैं जिन्हें अच्छे परियोजना प्रस्ताव मिलने पर परोपकारी संगठनों को जारी किया जा सकता है। इस संबंध में परोपकारी सामाजिक कार्यकर्त्ता अच्छी सहायता कर सकते हैं।

परोपकारिता एक अच्छा कार्य है लेकिन उसका प्रबंध घटिया स्तर का होता है। भारत में कई लोकोपकारी संगठन विद्यमान हैं। परोपकारी सामाजिक कार्य से उनके व्यावसायिक कौशल में वृद्धि होगी।

प्रश्न 5. परोपकारी समाज कार्य के कार्यक्षेत्र तथा क्षेत्रों का वर्णन कीजिए।

अथवा

परोपकारी समाज कार्य के लिए स्कूल अच्छा क्षेत्र है। स्पष्ट कीजिए।

उत्तर– परोपकारी समाज कार्य का अभ्यास, संगठनात्मक स्तर पर दानशील समितियों और दानशील न्यासों के माध्यम से किया जाता है। दान का दानशील संगठन एक विशेष प्रकार का स्वैच्छिक संगठन है। स्वैच्छिक संगठन एक ऐसा संगठन है जो दानशील, सामाजिक, परोपकारी या अन्य प्रयोजनों के लिए गठित किया जाता है और यह किसी शासी विभाग, स्थानीय प्राधिकारी या अन्य सांविधिक निकाय का भाग नहीं है। सभी दानशील संस्थाएँ स्वैच्छिक संस्थाएँ हैं किंतु सभी स्वैच्छिक संगठन दानशील संस्थाएँ नहीं होतीं।

संगठन के सभी प्रयोजन उपकारी होने चाहिए क्योंकि परोपकारिता के कुछ प्रयोजन दानशील हों और कुछ दानशील न हों, ऐसा नहीं हो सकता। दानशील संगठन को अवश्य लोक लाभ भी प्रदान करने चाहिए। पूर्व अधिनियम 2006 (इंग्लैंड) के अनुसार स्वैच्छिक संगठन के सामान्य दानशील प्रयोजन निम्नलिखित हैं–

(1) शिक्षा की उन्नति

(2) धर्म की उन्नति

(3) गरीबी की रोकथाम या उससे राहत पहुँचाना

(4) स्वास्थ्य या जीवन बचाने की उन्नति

(5) कला, संस्कृति, पैतृक संपत्ति या विज्ञान की उन्नति

(6) नागरिकता या सामुदायिक विकास की उन्नति

(7) मानव अधिकारों, विवाद हल या समाधान या धार्मिक या जातीय सद्भाव या समानता और विभिन्नता की उन्नति

(8) अव्यवसायी खेल-कूद की उन्नति

(9) जवानी, आयु, रोगी स्वास्थ्य, अपंगता, वित्तीय कठिनाई या अन्य अलाभकारी परिस्थितियों के कारण जरूरतमंदों को राहत

(10) पर्यावरणीय संरक्षण या सुधार की उन्नति

(11) पशु कल्याण की उन्नति

(12) देश के सैन्य बलों या पुलिस, अग्निशमन और बचाव सेवाओं या रोगी वाहन सेवाओं की क्षमता का उन्नयन

(13) अन्य प्रयोजन जो वर्तमान में दानशील माने जाते हैं और कई नए अन्य दानशील प्रयोजन जो दूसरे दानशील प्रयोजन के समान हों।

परोपकारी समाज कार्य का अभ्यास निम्नलिखित तरह के विभिन्न क्षेत्रों में भी किया जा सकता है जैसे कि–

- समाज कल्याण अभिकरण
- ग्रामीण और शहरी समुदाय
- स्कूल ढाँचे
- चिकित्सा और अस्पताल ढाँचे
- औद्योगिक और निगमित ढाँचा
- धार्मिक और आध्यात्मिक संगठन

समाज कल्याण अभिकरण–समाज कल्याण अभिकरणों को मोटे तौर पर समाज विकास अभिकरण और समाज कल्याण अभिकरणों के रूप में बाँटा जा सकता है। समाज कल्याण अभिकरण वे समाज कार्य संगठन हैं जो मानवीय दु:खों को दूर करने में लगे हुए हैं। समाज कल्याण अभिकरण मुख्य रूप से अकिंचन, यतीम, दु:खी, महिलाओं, समाज के सामाजिक और आर्थिक रूप से पिछड़े वर्गों, विकलांगों, बुजुर्गों, लंबी बीमारी से पीड़ितों, शहरों और गाँव के अति गरीब लोगों के साथ कार्य करते हैं। समाज कल्याण अभिकरण हाशिए पर चले गए लोगों को मुख्य धारा में लाने और उनके सशक्तिकरण के लिए कार्य करते हैं।

समाज कल्याण के क्षेत्र में सरकारी, गैर-सरकारी तथा गैर-सरकारी संगठन हैं। समाज कल्याण का आदर्श वाक्य, सामाजिक न्याय को बहाल करना है। न्याय और सशक्तिकरण शब्द 'समाज कल्याण' का सही स्थानापन्न है। समाज कल्याण अभिकरणों में जिसका अभ्यास किया

जाता है वह ठेठ परोपकारी सामाजिक कार्य है। समाज कल्याण क्षेत्र में व्यक्तियों और व्यक्ति समूहों के साथ कार्य करने वाले सामाजिक कार्यकर्त्ता वे हैं जो उन लोगों के साथ कार्य करते हैं जो अपने आप सामाजिक न्याय और सामाजिक सुरक्षा पाने में असमर्थ होते हैं क्योंकि वे इतने गरीब होते हैं कि उनके पास अपनी जीविका के लिए दिन-प्रतिदिन के संघर्ष में व्यस्त रहने के सिवाय सुविधा के लिए कोई समय नहीं होता। परोपकारी सामाजिक कार्यकर्त्ता समाज कल्याण के सेवा प्रयोक्ताओं का प्रकरण अध्ययन करते हैं, उनकी जरूरतों का निदान करते हैं, उपयुक्त उपचार या समस्या का समाधान करने की कार्य युक्ति निकालते हैं, योजना की उचित निगरानी करते हैं, प्रगति को मॉनीटर करते हैं और प्रभावों को लेखबद्ध करते हैं।

आज परोपकारिता का विलय धर्म और अध्यात्मवाद से तथा समाज कल्याण के साथ किया जाता है। अन्यथा वे परोपकारिता का स्वतंत्र क्षेत्र उत्पन्न करेंगे जो परोपकारी समाज कार्य के अभ्यास के लिए समाज कल्याण निधियों हेतु मुख्य स्रोत हैं।

ग्रामीण, शहरी और जनजातीय समुदाय–समाज कल्याण अभिकरण ढाँचे के अतिरिक्त, परोपकारी समाज कार्य का अभ्यास, खुले समुदायों में ग्रामीण, शहरी और जनजातीय संदर्भ में किया जा सकता है। ग्रामीण, शहरी और जनजातीय क्षेत्रों में सुपात्र व्यक्ति, समूह और समुदाय हैं जिन्हें तत्काल परोपकारी सहायता की आवश्यकता होती है, जैसे–दैनिक भोजन, कपड़ा, मकान, चिकित्सा, देखभाल, बुनियादी शिक्षा इत्यादि। वे समाज के निर्धनतम वर्गों के होते हैं। ग्रामीण, शहरी और जनजातीय समुदायों में विकास संबंधी कार्य करते हुए सामाजिक कार्यकर्त्ता ऐसे सीमांतिक वर्गों के समुदायों को नजरअंदाज नहीं कर सकता। सामाजिक कार्यकर्त्ताओं को ऐसे संदर्भ में परोपकारी समाज कार्य करना पड़ता है। परोपकारिता, परोपकारी समाज कार्य में अन्यों के साथ, एक विकल्प भी है। परोपकारी सामाजिक कार्यकर्त्ता को समुदाय के लघुतम, अंतिम और भटके हुए लोगों की बुनियादी जरूरतों को पूरा करने के लिए तुरंत व्यवस्था करने की आवश्यकता होती है और धीरे-धीरे अपने तमाम व्यावसायिक कौशल और योग्यताओं का प्रयोग करते हुए उनके उपयुक्त पुनर्वास के लिए प्रयास किया जाता है। 'मानव संसाधन का विकास' समाज कार्य अभ्यास का केंद्रीय बिंदु होना चाहिए। इससे दूसरों पर निर्भरता रुकेगी और लोगों के सम्मान की बहाली होगी। एशिया-पैसिफिक क्षेत्र में समाज कार्य हस्तक्षेप चिकित्सा आदर्श दृष्टिकोण पर आधारित मुख्यतया उपरात्मक ही नहीं होने चाहिए। ज्यादा जोर विकास और सामुदायिक निर्माण पर दिया जाना चाहिए। लोगों में स्व-सहायता की उन्नति को प्रोत्साहित किया जाना चाहिए। स्व-सहायता समूह कार्य युक्ति अति गरीब लोगों, विकलांगों, अकिंचनों और बुजुर्गों के साथ कार्य करने की प्रमाणित युक्ति रही है।

स्कूल ढाँचा–शैक्षिक क्षेत्र में परोपकारी समाज कार्य के अभ्यास के लिए काफी संभावनाएँ हैं। वहाँ पर गरीब बच्चे, एच.आई.वी. प्रभावित बच्चे, अकिंचन बच्चे और यतीम बच्चे होते हैं जो सरकारी और प्राइवेट स्कूलों में जाते हैं जहाँ उनकी दिन-प्रतिदिन के आधार पर बुनियादी जरूरतें पूरा हुए बगैर रह जाती हैं। इसके कारण से वे शैक्षणिक कार्यकलाप का निष्पादन बुरी तरह से करते हैं, कक्षाओं में जाने में अनियमित होते हैं, पढ़ाई छोड़ देते हैं और कई बार अनुशासन संबंधी समस्या बन जाते हैं। ऐसे बच्चों को परामर्श देते हुए सामाजिक कार्यकर्त्ता परोपकारी समाज

कार्य के प्रति उनकी जरूरत को भाँप लेता है। सामाजिक कार्यकर्त्ता को, बच्चों के लिए कुछ बुनियादी सुविधाओं का तत्काल प्रबंध करना और धीरे-धीरे एक सतत् सहायता पैकेज विकसित करने के लिए उनके साथ कार्य करना होता है।

चिकित्सा और अस्पताल ढाँचा–चिकित्सा और मनोरोग सामाजिक कार्यकर्त्ता अस्पताल में होते हैं। चिकित्सा सामाजिक कार्यकर्त्ता प्रकरण अध्ययन तैयार करते हैं–रोगियों का समुचित निदान करने, इलाज करने और पुनर्वास करने में फिजीशियन की सहायता करते हैं। एच.आई.वी./एड्स से प्रभावित व्यक्ति को परामर्श देना चिकित्सा सामाजिक कार्यकर्त्ता की मुख्य जिम्मेदारी है। यह परोपकारी समाज कार्य का एक लोकप्रिय क्षेत्र है। देश में अपर्याप्त सामाजिक व्यवस्था के कारण महँगा चिकित्सा उपचार कराने के कारण बहुत से लोगों का दिवाला निकल जाता है। अस्पताल के सामाजिक कार्यकर्त्ताओं को ऐसे कई व्यक्ति मिलते हैं जिन्हें ऐसी स्थिति में परोपकारी कार्य करने की जरूरत पड़ती है। चिकित्सा संबंधी भारी खर्च के कारण गरीब लोग समुचित चिकित्सा इलाज नहीं करते। परोपकारी सामाजिक कार्यकर्त्ताओं की यह नैतिक बाध्यता होती है कि गरीबी के इलाज की तत्काल व्यवस्था करे और उनके लिए उपयुक्त पुनर्वास योजना युक्ति भी तैयार करे।

औद्योगिक और निगमित ढाँचा–औद्योगिक सामाजिक कार्यकर्त्ता मानव संसाधनों के साथ और श्रमिक बल के साथ भी कार्य करता है। औद्योगिक ढाँचे में परोपकारी सामाजिक कार्य के लिए काफी संभावना है। यहाँ ऐसे कई कर्मचारी होते हैं जिन्हें वैयक्तिक स्वास्थ्य से संबंधित समस्याएँ, पारिवारिक सदस्यों की चिकित्सा संबंधी समस्याएँ, वैयक्तिक चोटें, दुर्घटनाएँ, गरीबी, शैक्षिक और घर पर अन्य वित्तीय कठिनाइयाँ होती हैं जिसके कारण कर्मचारी कारखाने में आने में अनियमित रहते हैं। कभी-कभार घटिया मजदूरी के कारण सबसे निचले संवर्ग के कर्मचारी वित्तीय औद्योगिक सामाजिक कार्यकर्त्ता उनकी समस्याओं का अध्ययन कर सकते हैं और आवश्यक सहायता की व्यवस्था कर सकते हैं।

धार्मिक और आध्यात्मिक संगठन–आज परोपकारिता धार्मिक और आध्यात्मिक संगठनों और प्रतिष्ठानों का भाग होती है। प्रत्येक धार्मिक और आध्यात्मिक संप्रदाय परोपकारिता के लिए आबंटित प्रावधान का दावा करते हैं और परोपकारी सामाजिक कार्यकर्त्ता के लिए ऐसे उद्यमों के साथ संबद्ध होने की काफी गुँजाइश होती है। वर्तमान में धार्मिक स्वयंसेवक धर्म के परोपकारी कार्यों को चला रहे हैं। उपयुक्त धार्मिक और आध्यात्मिक प्रवृत्तियों वाले सामाजिक कार्यकर्त्ता धार्मिक संगठनों में सफल होंगे। धार्मिक प्रतिष्ठानों में यह बढ़ती हुई प्रवृत्ति है कि धार्मिक कार्मिकों को समाज कार्य शिक्षा के लिए भेजा जाए ताकि उनके द्वारा चलाए जाने वाले परोपकारी कार्यकलाप व्यावसायिक सेवा बन जाएँ।

अध्याय

परोपकारी समाज कार्य का इतिहास (History of Philanthropic Social Work)

भूमिका

परोपकारिता उतनी ही पुरानी है जितना कि मानवीय इतिहास। व्यावसायिक समाज कार्य परोपकारी कार्य से पैदा हुआ है। ऐतिहासिक तौर पर घटनाक्रम के रूप में, सबसे पहले परोपकारिता, उसके बाद समाज कार्य तथा सबसे बाद में व्यावसायिक समाज कार्य आता है। अब परोपकारी समाज कार्य व्यावसायिक सामाजिक कार्यकर्त्ताओं के लिए ज्ञान की एक नई शाखा बन गया है। अतः परोपकारी समाज कार्य के उद्‌गम की खोज करना बीती बातों को याद करने जैसा है, फिर भी भारत में परोपकारिता का उद्‌गम प्रत्येक ख्याति प्राप्त स्कूल, जैसे–दिल्ली समाज कार्य स्कूल (वर्तमान में समाज कार्य विभाग), दिल्ली विश्वविद्यालय, टाटा समाज विज्ञान संस्थान, सी.एस. आर.डी.-आई.एस.डब्ल्यू.आर. (समाज कार्य और अनुसंधान हेतु ग्रामीण विकास संस्थान अध्ययन केंद्र) तथा विदेशों में न्यूयॉर्क स्कूल ऑफ फिलेंथ्रॉपी के इतिहास में ढूँढ़ा जा सकता है।

प्रश्न 1. परोपकारी समाज कार्य हेतु विज्ञान से आप क्या समझते हैं?

उत्तर– लाभ की आशा किए बिना ही दूसरों की चिंता तथा सहायता करना, अपने लाभ के प्रति सजग न रहकर दूसरों के प्रति निष्ठा प्रदर्शित करना ही परोपकारिता है। परोपकारिता के पर्याय हैं–दानशीलता, करुणा, मानवता, आश्रय, उदारता, हितैषिता। शब्द फिलेंथ्रॉपी ग्रीक शब्द 'फिलेंथ्रॉप्स', दो संयुक्त शब्दों–फिलोस, "लविंग" और एंथ्रॉपोज के "मानवता" "मानवीयता" के अर्थ में "मानव मान" से जो लाभ पहुँचाने, देखभाल करने, पालन-पोषण अर्थ में है लिया गया है। एक ग्रीक पौराणिक कथा है जिसके अनुसार जो परोपकारिता के उद्‌गम के बारे में बताती है। विश्वास किया जाता है कि यह शब्द 2500 वर्ष पूर्व पुरातनकालीन ग्रीस में एक नाटककार द्वारा एस्चिलस या अन्य जिस किसी ने प्रोमेथिइस बॉण्ड लिखा था, द्वारा निर्मित किया गया था। इसमें लेखक ने एक पौराणिक कथा के रूप में बताया है कि कैसे आदिवासी जिन्हें मानव के रूप में सृजित किया गया था, को शुरू में कोई ज्ञान हुनर नहीं था या उनकी किसी प्रकार की संस्कृति नहीं थी इसलिए वे अंधेरी गुफाओं में, अपने जीवन के प्रति लगातार भय में रहते थे। ईश्वर के निरंकुश शासक जियूस ने उन्हें समाप्त करने का निर्णय लिया, लेकिन टिटन प्रोमेथिइस जिसके नाम का अर्थ है–"दूरदृष्टि", ने अपने "फिलेंथ्रॉपोज ट्राप्स" या "मानव प्रेमी चरित्र" के कारण उन्हें शक्तिशाली बनाने वाले जीवन बढ़ाने वाले दो उपहार, अग्नि जो सभी प्रकार के ज्ञान, हुनर, प्रौद्योगिकी कला और विज्ञान का प्रतीक थी और "ब्लाइण्ड होप" या आशावाद प्रदान किए। दोनों एक साथ आगे बढ़े–अग्नि के साथ मानव आशाकारी हो सकता था।

आशावाद के साथ वे मानवीय दशा को सुधारने के लिए अग्नि का रचनात्मक प्रयोग कर सकते थे। वास्तव में दोनों उपहारों से एक अलग किस्म के सभ्य जानवर जिसे मानव कहते हैं, का सृजन हुआ। 'फिलेंथ्रॉपिया' (उसे प्यार करना जो मानव है) को सभ्यता की कुँजी के रूप में माना गया। 'प्रोमेथिइस' परोपकारी कार्य परोपकारिता सामाजिक कार्य का प्रथम दृष्टांत हो सकता है।

प्लैटोनिक अकादमी की फिलासॉफिकल डिक्शनरी में फिलेंथ्रॉपिया की परिभाषा, मानवता के प्रति स्नेह से उपजी सुशिक्षित आदतों की दशा के रूप में मानव जाति के लाभ के लिए उत्पादकता की स्थिति है। फिलेंथ्रॉपिया को बाद में रोमनों ने लैटिन में केवल ह्यूमैनिटास या ह्यूमेननैस के रूप में अनुवादित किया क्योंकि प्रोमेथियूज 'ह्यूमन-इम्पावरिंग' उपहारों ने ज्यूज की निरंकुशता के विरुद्ध विद्रोह कर दिया, फिलेंथ्रॉपिया को स्वतंत्रता और प्रजातंत्र के साथ भी संबद्ध किया गया था। सॉक्रेट्स और एथेन्सय के कानूनों को परोपकार और प्रजातंत्र के रूप में वर्णित किया गया, विचार यह था कि परोपकारी मानव स्व-शासन के लिए विश्वसनीय तौर पर योग्य होते हैं।

आधुनिक शब्दावली में "परोपकारिता" का अर्थ है–'सार्वजनिक भलाई के लिए निजी सूत्रपात', सार्वजनिक भलाई के लिए स्वैच्छिक कार्रवाई सार्वजनिक प्रयोजनों के लिए निजी तौर पर समय और मूल्यवान वस्तुएँ प्रदान करना। परोपकारिता का उद्देश्य मानव जीवन की गुणवत्ता में सुधार लाना है। परोपकारिता को जीवन की गुणवत्ता पर जोर देते हुए और अच्छी तरह से इस प्रकार परिभाषित किया जा सकता है, सार्वजनिक भलाई के लिए निजी सूत्रपात। इसमें सरकारी (सार्वजनिक भलाई के लिए सरकारी पहलें) और व्यवसाय (निजी भलाई के लिए निजी पहलें)

से अंतर हैं। 'जीवन की गुणवत्ता' को शामिल करना प्रोमेथीन आर्कटाइप के मानवतावादी रुख को सुनिश्चित करता है।

परोपकारिता में मात्र सहायता दी जाती है जबकि परोपकारी समाज कार्य में स्व-सहायता के लिए सहायता दी जाती है। परोपकारी समाज कार्य में और व्यावसायिक समाज कार्य में महत्त्वपूर्ण अंतर है। व्यावसायिक समाज कार्य का अर्थ है सवेतन सेवा के रूप में स्व-सहायता के लिए सहायता करना।

इतिहास में यह देखा गया है कि परोपकारिता प्रायः व्यावसायिक समाज कार्य की अग्रणी रही है। व्यावसायिक समाज कार्य में शब्द "सेवा प्रयोक्ता" का प्रयोग उनके लिए किया जाता है जो व्यावसायिक कार्यकर्त्ताओं से सेवा शुल्क के रूप में समाज कार्य सहायता प्राप्त करते हैं। परोपकारी समाज कार्य व्यावसायिक समाज कार्य है जिसे स्वैच्छिक भावना के साथ निष्पादित किया है और 'सेवा प्रयोक्ताओं' से कोई शुल्क नहीं वसूला जाता। परोपकारी समाज कार्य के लिए निधियाँ, सामान्य और धार्मिक चंदे तथा अंशदान से आती हैं।

प्रश्न 2. परोपकारी समाज कार्य के उद्‌गम पर संक्षिप्त टिप्पणी कीजिए।

उत्तर– परोपकारिता बतलाती है कि पर-सुख का भी उतना ही महत्त्व है, जितना कि आत्म-सुख का। परोपकारिता व्यावसायिक समाज कार्य के लिए शुरुआती बिंदु रहा है। यह कहना सही होगा कि व्यावसायिक समाज कार्य परोपकारी कार्य से पैदा हुआ है। ऐतिहासिक तौर पर घटनाक्रम परोपकारिता (निःस्वार्थ समाज सेवा) पहले और तब समाज कार्य (आत्म-निर्भरता के लिए विस्तार शिक्षा और सामुदायिक सहायता) और अंततः व्यावसायिक समाज कार्य (शैक्षणिक विषय के रूप में) प्रायः व्यावसायिक समाज कार्यकर्त्ता अपनी विगत परोपकारिता की भर्त्सना करते हैं। अब परोपकारी समाज कार्य, व्यावसायिक सामाजिक कार्यकर्त्ताओं के लिए ज्ञान की नई शाखा बन गया है। तथापि परोपकारी कार्य के उद्‌गम की खोज करना, पिछली बातों को याद करने जैसा है। फिर भी भारत में परोपकारिता का उद्‌गम समाज कार्य के प्रत्येक ख्याति प्राप्त स्कूल जैसे कि दिल्ली समाज कार्य स्कूल (वर्तमान में समाज कार्य विभाग), दिल्ली विश्वविद्यालय, टाटा समाज विज्ञान संस्थान (टिस), सी.एस.आर.डी.-आई.एस.डब्ल्यू.आर. (समाज कार्य और अनुसंधान हेतु ग्रामीण विकास संस्थान अध्ययन केंद्र) और विदेशों में न्यूयॉर्क स्कूल ऑफ फिलेंथ्रॉपी या कोलम्बिया स्कूल ऑफ सोशल वर्क के इतिहास में ढूँढ़ा जा सकता है।

न्यूयॉर्क स्कूल ऑफ फिलेंथ्रॉपी की स्थापना 1904 में हुई थी। स्कूल का उद्‌गम 1898 से प्रथम समर स्कूल न्यूयॉर्क सिटी में परोपकारी कार्य विषय की पढ़ाई से था। लोगों को सामाजिक कार्य के क्षेत्र में प्रशिक्षित करने के लिए यूनाइटेड स्टेट्स में चलाया जाने वाला यह प्रथम उच्चतर शिक्षा कार्यक्रम था। इसका आरंभ छह सप्ताह के ग्रीष्मकालीन कार्यक्रम के रूप में न्यूयॉर्क चैरिटी ऑर्गेनाइजेशन सोसाइटी द्वारा चलाया गया। शुरू में कार्यक्रम एक कार्यशाला की तरह था न कि कॉलेज के एक पाठ्यक्रम की तरह।

सन् 1904 में कार्यक्रम का नए पुनर्नामित न्यूयॉर्क स्कूल ऑफ फिलेंथ्रॉपी में आठ माह के पूर्णकालिक स्नातक पाठ्यक्रम में विस्तार किया गया। तुरंत बाद, इसका विस्तार दो-वर्षीय स्नातक

कार्यक्रम में किया गया। कोलम्बिया विश्वविद्यालय के साथ सहयोग सुनिश्चित करने के लिए, इसके प्रेजीडेंट को, स्कूल कार्यों के लिए जिम्मेदार सोसाइटी की समिति का पदेन सदस्य बनाया गया। दी न्यूयॉर्क स्कूल ऑफ फिलेंथ्रॉपी सन् 1917 में इसका नाम बदल कर न्यूयॉर्क स्कूल ऑफ सोशल वर्क रख दिया गया। न्यूयॉर्क स्कूल ऑफ सोशल वर्क सन् 1963 तक कार्यात्मक रहा। इसका कोलम्बिया स्कूल ऑफ सोशल वर्क के रूप में कोलम्बिया विश्वविद्यालय में पूर्णतया विलय कर दिया गया।

फिलाडेल्फिया में फ्रैंक्लिन ने अमेरिका में संभवत: फर्स्ट पर्सनल सिस्टम ऑफ सिविक फिलेंथ्रॉपी का सृजन किया। सन् 1727 में युवा ट्रेड्समैन के रूप में उसने "जन्टों" का गठन किया–एक 12 सदस्यीय क्लब जो ज्वलंत मामलों और घटनाओं पर चर्चा करने के लिए शुक्रवार शाम को मिलता था। सदस्यता के लिए चार अर्हतकाओं में से एक थी "सामान्यतया मानवीयता से प्यार करना"। दो साल बाद (1729 में) उसने फिलाडेल्फिया राजपत्र की स्थापना की और अगले तीस सालों के लिए राजपत्र ने सार्वजनिक समर्थन संघटित किया, स्वयं सेवाओं की भर्ती की, परोपकारी निधियाँ एकत्र कीं और अमेरिका की प्रथम सब्सक्रिप्शन लाइब्रेरी (1731) एक वॉरेंटियर फायर एसोसिएशन, ए फायर इंश्योरेंस एसोसिएशन, दी अमेरिकन फिलोसॉफिकल सोसाइटी (1743-44), एक "एकेडमी" (1750–जो पेनसिल्वानिया यूनिवर्सिटी बनी), एक अस्पताल (1752–चैलेंज ग्रांट के साथ निधियाँ एकत्र करना), गलियाँ बनाना और सार्वजनिक सुरक्षा करना, सिविल मीटिंग हाउस का वित्त पोषण और निर्माण और बहुत से अन्यों का सृजन किया।

इसी तरह से परोपकारी पहलों के रूप में बहुत-सी समाज कार्य संस्थाएँ सृजित कीं। इसलिए परोपकारी समाज कार्य के उद्‌गम को हमेशा व्यावसायिक समाज कार्य के उद्‌गम से जोड़ा जाता है। परोपकारिता एक किस्म से मानवीय आत्मा के पास है और मानवीय प्रकृति का अभिन्न अंग है। परोपकारिता उतनी ही पुरानी है जितना मानव मात्र है। परोपकारिता का समकालीन केवल धर्म है। परोपकारी समाज कार्य की वास्तविक शुरुआत धार्मिक संदर्भ में है। परोपकारी आत्मा, दृष्टि और विश्व धर्म के मिशन की खोज करना संगत है ताकि परोपकारी समाज कार्य के वास्तविक ऐतिहासिक संदर्भ को समझा जा सके।

प्रश्न 3. परोपकार और धर्म पर टिप्पणी कीजिए।

उत्तर– परहित दो शब्दों के मेल से बना है–पर+हित अर्थात् दूसरों की भलाई। यदि एक-दूसरे के हित की भावना निहित है तो दूसरे में उपकार की भावना छिपी हुई है। अपने हित की चिंता न करते हुए दूसरों की भलाई करना ही सच्चे अर्थों में परोपकार है जो कि मानव चरित्र का एक प्रधान अंग है। वास्तव में परोपकार एक दिव्य गुण है।

सामाजिक प्राणी होने के कारण हमारा सबसे बड़ा धर्म है कि हम स्वत: जिएँ और दूसरों को भी जीने दें। इस दृष्टिकोण से धर्म और परोपकार दोनों एक ही हैं। दोनों में कोई भेद नहीं है। परंतु यदि हम और विशाल रूप से देखें तो परहित में बदले की भावना नहीं होती है। हमारा हित कोई चाहे या न चाहे, परंतु हम दूसरे का हित ही चाहेंगे, यही है सच्चे परहित की भावना। यह

मानवता की कसौटी है। वस्तुतः मानवता परहित से ही विभूषित होती है जैसा कि स्वर्गीय राष्ट्रकवि मैथिलीशरण गुप्त जी का कथन है–

"वही मनुष्य है कि जो मनुष्य के लिए मरे।"

सच्चा मानव तो वह है जो अपने सुख-दु:ख के साथ दूसरों के सुख-दु:ख को भी देखता है और अपने स्वार्थ को छोड़कर दूसरों का हित चिंतन करता है। केवल अपने सुख-दु:ख की चिंता करना, अपना ही स्वार्थ सिद्ध करना मानवता नहीं वरन् पशुता है, गुप्त जी के मत से–

"यही पशु प्रवृत्ति है कि आप-आप ही चरे।"

अतः परहित ही हमारा सच्चा धर्म है जो कि मानवता का लक्षण है। परहित एक महान् और मानवोचित भावना है। इसके द्वारा ही मानवता उज्ज्वल होती है। अतः इसकी महत्ता अनंत है। समस्त मानवीय गुणों में परहित को सर्वोच्च स्थान देने का एक कारण यह है कि जन्म से लेकर मृत्यु तक हम माता-पिता, गुरु आदि न जाने कितनों के ऋणी बन जाते हैं जिनका कर्ज चुकाने हेतु हमें इस वृत्ति को धारण करना आवश्यक है। हम जितना ही दूसरों का हित करते हैं उतना ही दूसरों से सम्मान प्राप्त करते हैं। परोपकारी व्यक्ति सच्चाई और ईमानदारी को अपनाता है जिससे समाज में उसका यश बढ़ता है। संपूर्ण मानव समाज की प्रगति इस पर ही निर्भर है। व्यक्तिगत जीवन में भी इसका बड़ा महत्त्व है। इसके बिना मनुष्य के गुणों का विकास संभव नहीं है। परोपकार से मनुष्य का हृदय निर्मल होता है और दया, क्षमा, दानशीलता इत्यादि गुणों से वह पूर्ण हो जाता है। परोपकार वह चमकीली कलई है जो मनुष्यों को उनके गुणों सहित चमका देती है। सब लोग परोपकारी को श्रद्धा की दृष्टि से देखते हैं। उसकी कीर्ति पताका युगों तक फहराती है।

मनुष्य अपनी सामर्थ्य के अनुसार विभिन्न ढंगों से परहित कर सकता है। दूसरों के प्रति सहानुभूति प्रकट करना ही परहित है। यह सहानुभूति किसी भी रूप में प्रकट की जा सकती है। परहित तन, मन और धन तीन प्रकार से किया जा सकता है।

प्रश्न 4. समकालीन युग में परोपकारी समाज कार्य पर चर्चा कीजिए।

अथवा

निगमित परोपकारिता पर टिप्पणी लिखिए।

उत्तर– वर्तमान युग में परोपकारी संगठनों का महत्त्व बढ़ रहा है। ऐसे कई परोपकारी संगठन हैं जो परोपकारी समाज कार्य कर रहे हैं जैसे कि सेलेशियन ऑफ डॉन बॉस्को (एस.डी.बी.), सोसाइटी ऑफ जेसस (एस.जे.), मिशनरीज ऑफ चैरिटी, रामकृष्ण मिशन, एक्शन एड, कैरिटस, वर्ल्ड वीजन, हैल्पेज इत्यादि। वे राहत कार्रवाई बाल और महिला विकास, सामुदायिक विकास गरीबी उन्मूलन इत्यादि में बड़े सक्रिय हैं। यह देखा गया है कि विगत में परोपकारी समाज कार्य के लिए धार्मिक प्रेरणा मुख्य प्रेरणा रही थी और यह आज भी मुख्य कारक है। परोपकारी समाज कार्य में अद्यतन प्रवृत्ति निगमित सामाजिक जिम्मेदारी के तरीके से निगमित दान देना।

आधुनिक यूरोप में परोपकारी समाज कार्य–रोमन साम्राज्य के पतन और सन् 1601 में प्रथम एलिजावैथन पुअर लॉ के अधिनियम की अवधि के बीच विभिन्न धर्मतंत्रीय संबंधों द्वारा परोपकारिता का चरित्र चित्रण सामंतवादी ढाँचे के भीतर किया गया। दूसरों की सहायता करना

प्रधानतया शाही योगदान का मामला होता था, लेकिन उसकी धनाढ्य व्यक्तियों की ओर से व्यक्तिगत दानशीलता से भी अनुपूर्ति की जाती थी। धर्म और मृत्यु के बाद जीवन के बारे चिंता ने बहुतों को दानशीलता के कार्यों की ओर खींच लिया। सोसाइटी में चर्चों की स्थिति लगातार बढ़ती गई और परोपकारिता के प्रयासों में उन्होंने मुख्य भूमिका निभानी शुरू कर दी। समय बीतने के साथ चर्च की भूमिका विकसित हुई जो दानशीलता के कार्यों का एक प्रमुख उपकरण बन गई। वैयक्तिक प्रेरणाओं की व्यापक श्रृंखला ने परोपकारी भागीदारी में योगदान किया क्योंकि दूसरों की सहायता करने को भावात्मक और सामाजिक रूप से प्रेरणा के रूप में देखा गया। इस अवधि के दौरान अन्य काफी उपलब्धियाँ हुईं, दानशीलता प्राय: अनिश्चित रही क्योंकि इससे प्राप्तकर्त्ताओं की आवश्यकताएँ अधूरी रह गईं।

दानशीलता संगठन विक्टोरिया युग की परोपकारिता की महत्त्वपूर्ण विशेषताओं में से एक विशेषता थी। इस अवधि के दौरान और पूर्व राष्ट्र देशों के उद्‌भव के साथ गरीबी और समाज कल्याण धीरे-धीरे कानून के मूर्त रूप बन गए।

19वीं शताब्दी में परोपकारिता धार्मिक उद्देश्य–19वीं शताब्दी में परोपकारिता, सदियों से चली आ रही धार्मिक परंपरा पर आधारित थी। ऐतिहासिक तौर से सोसाइटी के धनाढ्य लोग गरीबों को देना एक धार्मिक कर्त्तव्य मानते थे। दान को अपनी आत्मा की रक्षा और जरूरतमंदों की सहायता के रूप में भी देखा गया। प्रोटेस्टैंटों का विशेष तौर से वे जो सशक्त सुसमाचार प्रवृत्ति वाले थे, विश्वास था कि सामाजिक अंत:करण की माँग सामाजिक कार्रवाई थी। उनका कहना था कि मानव प्रवृत्ति के साथ विशेषतया उनके साथ जो जरूरतमंद थे, संपर्क करने से वे मसीह के साथ संपर्क करने योग्य हो जाते हैं। धार्मिक परोपकारी विश्वास करते थे कि जरूरतमंदों की मदद करने के द्वारा वे अपने कुटुंबियों की सहायता कर रहे थे क्योंकि हरेक भगवान का बच्चा होता है। अच्छे कार्य ईसाई धर्म की नींव का भाग थे और भाग हैं और उनसे मुक्ति का रास्ता प्रशस्त होता है। 19वीं शताब्दी में चर्च निजी और सार्वजनिक समाज कार्य का उत्तरोत्तर रूप से वाहन बन गया। परोपकारिता और धर्म संपूर्ण इतिहास में एक-दूसरे से गुत्थे हुए रहे हैं लेकिन कोई जरूरी नहीं कि वे एक-दूसरे पर निर्भर हों।

परोपकारिता और रामकृष्ण मिशन–19वीं शताब्दी के अंत तक रामकृष्ण मिशन ने भारत में अपने परोपकारी कार्यकलाप शुरू कर दिए थे। रामकृष्ण ऑर्डर का इतिहास उतना ही पुराना है जितना पुराना स्वयं मिशन है। अपनी स्थापना के आरंभ से ही उनके विभिन्न रचनात्मक कार्यों के अलावा प्रकृति के प्रकोप, मनुष्यों की मूढ़ता या महामारी फैलने के कारण जब भी देश को उनका सामना करना पड़ा तो रामकृष्ण मठ और रामकृष्ण मिशन तत्परता से सुधारात्मक और स्वास्थ्यकारी सेवाओं का आयोजन करता रहा है। ऑर्डर का पहला राहत कार्य, स्वामी विवेकानंद द्वारा 1 मई, 1897 को मिशन की स्थापना के बाद सिर्फ दो सप्ताह में स्वामी अखण्डानंद द्वारा शुरू किया गया था। जब रामकृष्ण मिशन ने 1897 में अपना पहला राहत कार्य आरंभ किया तो इस क्षेत्र में मुश्किल से ही कोई संगठित सेवा विद्यमान थी। वास्तव में आंदोलन का यह अग्रणी कार्यकलाप था।

स्वामी अखण्डानंद ने अपनी मानवीय सेवाओं के लिए प्रेरणा मुख्य रूप से स्वयं श्री रामकृष्ण से प्राप्त की। स्वामी यह कहा करता था यदि ईश्वर की मूर्त रूप से पूजा की जा सकती है तो क्या उसकी पूजा एक जीवित व्यक्ति के रूप में नहीं की जा सकती। स्वामी अखण्डानंद ने राहत और पुनर्वास को अक्षरशः पूजा के कृत्यों के रूप में रूपांतरित कर दिया।

आज की तारीख तक रामकृष्ण मिशन और मठ ने एक साथ भारत, बर्मा, बांग्लादेश और श्रीलंका में, बाढ़, सूखा, आग लगने, महामारी फैलने, ज्वार भाटा आने, टोरनैजे, भूःस्खलन, दंगे, भूचाल और दूसरों के कारण उपजे विभिन्न कारणों के दौरान आपदाओं और मुसीबतों में सैकड़ों राहत कार्यों का आयोजन किया है। कई भयंकर राष्ट्रीय आपदाओं के दौरान बहुत बड़े पैमाने पर निष्क्रांतों और शरणार्थियों के लिए राहत कार्य संचालित किए गए। प्रकृति और मानव मूढ़ता द्वारा आई विनाशकारी आपदाओं से बचने वाले लोगों की सहायता करने के बाद आंदोलन को पीड़ित लोगों का तत्काल पुनर्वास करने की मुश्किल का सामना करना पड़ता है।

ऑर्डर के दृष्टिकोण के कुछ महत्त्वपूर्ण तत्त्व और राहत की पद्धति निम्नलिखित हैं–

- नर में नारायण के रूप में पूजा एक पथप्रदर्शी आदर्श होना चाहिए।
- कार्य का सही अर्थ में अराजनीतिक आयोजन हो और लोकप्रिय प्रचार से बचा जाए।
- स्रोतों और निधियों की उपयोगिता के विस्तृत रिकॉर्ड के माध्यम से वित्तीय उत्तरदायित्व।
- सावधानी से किए गए सर्वेक्षणों के माध्यम से सबसे अधिक जरूरतमंदों तक पहुँचना।
- धार्मिक, जातीयता, वर्ग अथवा अन्य आधार पर कोई भेदभाव न करना।
- विशिष्ट कार्यक्रमों के आयोजन और कार्यान्वयन में स्थानीय लोगों का शामिल होना।
- जहाँ संभव हो सेवाओं की तेजी और दक्षता से व्यवस्था करना, वर्तमान प्रौद्योगिकी का प्रयोग करना।
- संसाधनों की बर्बादी तथा लाभभोगियों में आश्रित होने को रोकने के लिए समयबद्ध कार्यक्रम।
- मठवासियों, स्वयंसेवकों और तकनीकी विशेषज्ञों को शामिल करते हुए भागीदारी दृष्टिकोण।
- सामाजिक–आर्थिक, पर्यावरणीय और सांस्कृतिक विकास पर फोकस सशक्तिकरण और पुनर्वास में निवारक कार्य युक्तियाँ।

रामकृष्ण कहा करते थे कि नर स्वयं में नारायण है। यदि ईश्वर स्वयं को मूर्ति के माध्यम से प्रकट कर सकता है तो मानव के माध्यम से क्यों नहीं? उन्होंने स्पष्ट शब्दों में घोषणा की कि ईश्वर का अनुभव करना मानव जीवन का ध्येय है। उन्होंने महसूस किया कि क्या ईश्वर तभी मौजूद होता है जब आँखें बंद होती हैं और क्या जब आँखें खोली जाती हैं तो मौजूद नहीं होता। उन्होंने यह संकेत भी दिया कि भूखा पेट धर्म के लिए अच्छा नहीं है और इसलिए ऐसी कमियों को दूर करने के लिए कदम उठाए।

यद्यपि उन्होंने नाम और प्रसिद्धि के लिए इच्छा द्वारा परोपकारिता को बदनाम करने के विरुद्ध चेतावनी और दानशीलता के निःस्वार्थ कृत्यों को अति श्रेष्ठ मानकर सराहना की थी। उन्होंने ईश्वर चन्द्र विद्यासागर को जो प्रसिद्ध शिक्षाविद् और मानवतावादी दृष्टिकोण वाले थे बताया कि आप भोजन और शिक्षा का वितरण कर रहे हो। वह भी अच्छी बात है। अगर ऐसे कृत्य निःस्वार्थ भाव से किए जाते हैं तो वे ईश्वरत्व तक पहुँचाते हैं। उन्होंने 'दरिद्र नारायण' शब्द निर्मित किया, गरीब के रूप में भगवान और हमें उसकी सेवा करने के लिए कहा–'आप भगवान को ढूँढ़ने कहाँ जाते हो–क्या सभी गरीब दुःखी, कमजोर नहीं हैं, सर्वप्रथम उनकी पूजा क्यों नहीं करते, 'पूजा के रूप में सेवा' की अवधारणा, रामकृष्ण के आदेश के दृष्टिकोण को अपने समाज सेवा के सभी कार्यों में परिभाषित करती है।

स्वामी विवेकानंद ने सेवा के चार रूपों की ओर ध्यान आकर्षित किया–आध्यात्मिक का उपहार और आध्यात्मिक ज्ञान सर्वोच्च है, इससे अगला उपहार है धर्म निरपेक्षता का ज्ञान, अगला है जीवन का बचाव करना और चौथा है भोजन का उपहार। उनका सूखा राहत के लिए भी व्यापक विकासशील नजरिया था। जब स्वामी अखण्डानंद सूखा राहत के प्रथम मिशन में शामिल हुए थे तो स्वामीजी ने लिखा, 'यदि लोगों को अपनी सहायता स्वयं करना नहीं सिखाया गया तो विश्व की सारी दौलत एक छोटे से भारतीय गाँव की सहायता नहीं कर सकती। हमारा कार्य मुख्यतया नैतिक और बौद्धिक दोनों तरह से शिक्षित होना चाहिए।' यह समग्र-अधिकारिता परिदृश्य आज तक व्यवस्था का बंधनकारी दिव्य दर्शन बना हुआ है।

वह सशक्तिकरण जिसकी स्वामीजी ने संकल्पना की थी व्यावहारिक प्रायोगिक वेदांत पर आधारित था। रामकृष्ण ऑर्डर के सदस्यों के लिए सेवा 'व्यवहार में वेदांत' हैं। हमें दूसरों की सेवा करने की जरूरत है क्योंकि उनका दुःख वास्वत से, हमारा अपना दुःख है। हमें स्वयं को प्रसन्न करने का केवल एक तरीका है कि हम उन्हें प्रसन्न रखें।

परोपकारी संगठन–परोपकारी समाज कार्य का अभ्यास संगठन स्तर पर दानशील सोसाइटियों या दानशील न्यासों के माध्यम से किया जाता है। दानशील न्यास या दानशील संगठन एक विशेष प्रकार का स्वैच्छिक संगठन है। स्वैच्छिक संगठन ऐसा संगठन है जिसे दानशील, सामाजिक, परोपकारी या अन्य प्रयोजनों के लिए गठित किया जाता है। लाभ या अधिशेष को इसे केवल संगठन के प्रयोजनों के लिए ही प्रयोग में लाने की आवश्यकता है और यह किसी शासी विभाग स्थानीय निकाय या अन्य सांविधिक निकाय का भाग नहीं है। सभी दानशील संस्थाएँ स्वैच्छिक संगठन हैं लेकिन सभी स्वैच्छिक संगठन दानी संस्थाएँ नहीं हैं।

स्वैच्छिक संगठन के लिए दानशील संगठन या दानी संस्था होने के लिए उसके उद्देश्य जो कई बार संगठन के "प्रयोजन" कहलाते हैं, अवश्य दानशील होने चाहिए। संगठन के सभी प्रयोजन दानशील जरूर होने चाहिए क्योंकि दानशील संगठन ऐसा नहीं हो सकता कि उसके कुछ प्रयोजन दानशील हों और कुछ ऐसे हों जो दानशील न हों। दानशील संस्था सार्वजनिक लाभ के लिए ही होनी चाहिए। पैराटीज एक्ट्स, 2006 (इंग्लैंड) के अनुसार, स्वैच्छिक संगठन के आम दानशील प्रयोजन निम्नलिखित होते हैं–

- गरीबी की रोकथाम या उससे राहत
- शिक्षा की प्रगति
- धार्मिक उन्नति
- स्वास्थ्य की उन्नति या जीवन की रक्षा
- कला, संस्कृति, परंपरा या विज्ञान की प्रगति
- शौकिया मनो-विनोद
- मानवीय अधिकारों की प्रगति विवाद हल या समाधान या धार्मिक या जातीय सद्‌भाव या समानता और विविधता प्रोत्साहन के कार्य की प्रगति
- पर्यावरणीय संरक्षण या सुधार की प्रगति
- तरुणाई, आयु, बीमारी, नि:शक्तता, वित्तीय कठिनाई या अलाभकारी स्थिति के कारण से जरूरतमंद लोगों को राहत पहुँचाना
- जीव-जंतुओं के कल्याण की प्रगति
- सरकार के सशस्त्र बलों या पुलिस, अग्निशमन और राहत सेवाओं या एंबुलेंस सेवाओं की क्षमता की उन्नति
- अन्य प्रयोजन जो वर्तमान में दानशील माने जाते हैं तथा कोई नए दानशील प्रयोजन जो अन्य दानशील प्रयोजन के समान हों।

अनिगमित संघ, स्वैच्छिक क्षेत्र के भीतर संगठन का अति सर्वमान्य रूप है। अनिगमित संघ उन व्यक्तियों जो एकत्र होकर किसी विशेष प्रयोजन के लिए संघ बनाने को सहमत हो गए हैं, का अनिवार्यता एक अनुबंधात्मक प्रबंध है। अनिगमित संघ का अपना एक अधिशासी दस्तावेज, संविधान या नियमों का सेट होगा, जो आमतौर पर पदाधिकारियों की नियुक्ति जैसे मामलों और सदस्यता को अभिशासित करने वाले नियमों के संबंध में कार्रवाई करेगा। यद्यपि संगठन एक अलग वैधानिक निकाय नहीं होता। अत: यह वैधानिक कार्रवाई शुरू नहीं कर सकता, यह धन उधार नहीं ले सकता और यह अपने नाम से किसी संविदा को नहीं कर सकता। यह भी कि पदाधिकारी व्यक्तिगत तौर पर उत्तरदायी होंगे यदि दानशील संस्था पर कोई मुकदमा चलता है या उस पर कर्ज होता है।

न्यास अनिवार्य रूप से तीन पक्षों में संबंध होता है, कुछ परिसंपत्तियों का दानदाता, न्यासी जो परिसंपत्तिधारी होते हैं और लाभभोगी (वे लोग जो दान से लाभ के पात्र होते हैं)। जब न्यास का दानशीलता का कार्य होता है और वह दानशील हो तो वह दानशील न्यास कहलाता है। शासी दस्तावेज न्यास का घोषणा-पत्र होता है जो तब प्रचालन में आता है जब सभी ट्रस्टी उस पर हस्ताक्षर कर देते हैं। न्यास का प्रमुख घाटा यह है कि अनिगमित संघ के साथ इसकी अलग से विधिक हैसियत नहीं रह जाती और न्यासियों के पास अवश्य ही संपत्ति होनी चाहिए और संविदा हस्ताक्षरित होनी चाहिए। यदि दानी संस्था पर मुकदमा चलता है या दायित्व बनता हो तो न्यासी भी उत्तरदायी होते हैं।

भारत में एन.पी.ओ. को आमतौर पर गैर-सरकारी संगठन (एन.जी.ओ.) कहा जाता है। उन्हें चार तरीकों से पंजीकृत किया जाता है-

- न्यास
- सोसाइटी
- धारा 25–कंपनी
- विशेष लाइसेंसिंग

पंजीकरण, कंपनी रजिस्ट्रार/सोसाइटी रजिस्ट्रार के कार्यालय में कराया जा सकता है। गैर-सरकारी संगठनों के लिए भारतीय प्रजातंत्र के निम्नलिखित कानून या सांविधानिक अनुच्छेद संगत हैं–

- भारत के संविधान का अनुच्छेद 9(1) (ग) और 30
- आयकर अधिनियम, 1961
- विभिन्न राज्यों के लोक न्यास अधिनियम
- सोसाइटी रजिस्ट्रीकरण अधिनियम, 1860
- भारतीय कंपनी अधिनियम, 1956 की धारा 25
- विदेशी अभिदाय (विनियमन) अधिनियम, 1976

गैर-लाभकारी और गैर-सरकारी क्षेत्र के भीतर यह बढ़ती हुई प्रवृत्ति है कि स्वयं को अधिक सकारात्मक शब्दावली का प्रयोग करते हुए परिभाषित करते हैं। बिना शब्दों के परिभाषित करने के बजाय संगठन क्षेत्र का वर्णन नई शब्दावली से करने का सुझाव देते हैं। "सिविल सोसाइटी ऑर्गेनाइजेशन" (सी.एस.ओ.) शब्द का प्रयोग बढ़ती हुई संख्या में संगठनों ने किया है।

शब्द "सिटीजन सैक्टर ऑर्गेनाइजेशन" (सी.एस.ओ.) की भी नागरिकों के लिए, नागरिकों के एक क्षेत्र के रूप में, क्षेत्र का वर्णन करने की वकालत की है। "जनता के लिए नवाचारी" एक अन्य शब्दावली है। तथापि "पब्लिक सर्विस ऑर्गेनाइजेशन" या अन्य शब्द जो कि विधितः अनुपालनकर्त्ता नहीं है, स्व-वर्णित भाषा द्वारा शब्दों का प्रयोग करने से पब्लिक को नॉन-प्रॉफिट एबिलिटीज कैपेबिल्टीज और लिमिटेशन के बारे में जनता को भ्रमित करने का जोखिम रहता है।

परोपकारिता की निगमित रणनीति–निगमित सामाजिक उत्तरदायित्व के रूप में निगमित दानशीलता देना परोपकारी समाज कार्य की नवीनतम प्रवृत्ति है। कार्यनीति युक्त परोपकारिता में अंशदानों और सोसाइटल मामलों जो व्यवसाय की कार्यनीति योजनाओं के लिए महत्त्वपूर्ण होते हैं को स्टेकहोल्डरों के पास भेजा जाता है। उद्देश्य यह है कि अच्छे कार्य करने के द्वारा भलाई की जाए। निगमित परोपकारिता का व्यवसायीकरण आज व्यवहार में लाया जा रहा है।

निगमित परोपकारिता के सुव्यवस्थित कार्यक्रम के लिए ध्येय और उद्देश्य के सेट; यह निर्धारित करने के लिए मार्गदर्शन कि कार्यक्रम के लिए कितनी धनराशि आबंटित की जाएगी; अनुदान देने के लिए मानदंड और उनके प्रयोग का विश्लेषण तथा इन-हाउस व्यावसायिक स्टाफ या सुयोग्य सलाहकारों की आवश्यकता है। बढ़ते हुए व्यवसायीकरण का परिणाम, जैसे-जैसे निगमें अपने अंशदान के कार्यक्रम का विस्तार करती है, देने के प्रति अधिक केंद्रित दृष्टिकोण होता है। व्यावसायिक योगदान प्रबंधक शैक्षिक, सांस्कृतिक और सामाजिक प्रतिबद्धताओं, जो सोसाइटी की बेहतरीन सेवा कर सकती है और कंपनी की जरूरतों को परिभाषित कर सकते हैं। कार्यनीति परोपकारिता, जैसी कि विकसित की गई है, निगम की संपूर्ण कार्यनीति योजना में एकीकरण

अंशदान प्रबंधन का वर्णन करती है। बढ़ती हुई वैश्विक प्रतियोगिता के कारण निगम के पास दान के लिए डॉलर सीमित मात्रा में होते हैं। इसके परिणामस्वरूप कंपनियाँ अंशदानों के प्रबंधन की कार्य युक्ति के माध्यम से थोड़े से सामाजिक मामलों जो व्यवसाय की सफलता को प्रत्यक्ष प्रभावित करते हैं वे अधिक संसाधन जुटाने पर ध्यान केंद्रित करती हैं।

महिलाएँ और परोपकारिता–परोपकारिता को सांस्कृतिक, सामाजिक और शैक्षिक संस्थाओं के लिए वित्तीय, भौतिक और आदर्श संसाधनों की व्यवस्था के रूप में परिभाषित किया जा सकता है। 19वीं शताब्दी के दौरान ये उद्देश्य, प्रतिष्ठानों, लिमिटेड डिविडेंड कंपनियों, सदस्यता संगठनों या वसीयत करने और अंशदान देने के माध्यम से फलीभूत हुए और आमतौर पर इनकी मध्य से उच्च वर्ग के लोगों द्वारा सहायता की गई। 18वीं और 19वीं शताब्दी में मध्य वर्गों की बढ़ोतरी ने महिलाओं की ओर से बढ़ती हुई सार्वजनिक भागीदारी को जन्म दिया।

दानशील ग्रुपों और संस्थाओं में कार्य, महिलाओं के लिए उच्च वर्गीय सोसाइटी में प्रवेश के लिए एक सुअवसर बन गया और उन्हें घर के बाहर अपने स्थान और दिशा का बोध हुआ। 19वीं शताब्दी आते-आते महिलाएँ शिक्षा की दृष्टि से बेहतर हो गई थीं और सोसाइटी के कुछ पक्षों द्वारा एक अप्रयुक्त संसाधन के रूप में देखी जाती थीं। परोपकारी कार्य को महिलाओं को शामिल करने के लिए आदर्श स्थिति के रूप में देखा गया क्योंकि दानशीलता का कार्य व्यापक समाज में उनके मातृत्व के गुणों के सहज विस्तार के रूप में देखा गया। महिलाओं के 19वीं शताब्दी में परोपकारी कार्य की सुस्पष्ट विशेषता घर के बाहर घरेलू अनुभव और शिक्षा की मात्रा थी जिसका उन्होंने अनुप्रयोग किया। यह कहावत कि "दानशीलता घर से ही शुरू होती है" उससे भी व्यापक अर्थ है जिसे इसके प्रवर्तक मानते थे क्योंकि यह माना जाता था कि व्यापक क्षेत्र में अच्छे कार्य निष्पादित करने के लिए महिलाओं में अपेक्षित सहानुभूति और कुशलता का विकास घर से ही होता था। चूँकि परिवार पर सोसाइटी में सर्वोपरि सामाजिक इकाई के रूप में अधिकाधिक ध्यान दिया जाता था और महिलाएँ घर के स्वाभाविक रक्षक के रूप में समझी जाती थीं, इसलिए उनमें नया विश्वास पैदा हो गया।

19वीं शताब्दी सुसमाचारों के उदित होने से भी महिलाओं की संस्थागत परोपकारिता में विस्तृत होती भूमिकाओं ने योगदान दिया। धर्म के रूप में कर्त्तव्य जिसमें सेवा को धर्म सिद्धांत के ऊपर ला दिया, विशेषकर कि महिलाओं के सुसमाचार के रूप में भा गया क्योंकि धार्मिक संवेदनशीलता और सामाजिक करुणा उनके मनों में अमूर्त और ईश्वरमीमांसा से कहीं ऊँचे बैठ गए। घरेलू प्रबंधन में महिलाओं की मेहनत भी धन की तंगी वाले संगठनों के लिए लाभकारी सिद्ध हुई। बाजारों, डिनर पार्टियों, दावतों और संग्रह बॉक्सों के माध्यम से धनराशि की उगाही करने के अलावा महिलाएँ अतिरिक्त घरेलू कार्य करने लगीं और अपने संगठन के लिए अतिरिक्त धनराशि अर्जित करने लगीं। महिलाएँ संस्थागत और प्राइवेट परोपकारिता में देखभाल और मेहनत का प्रभाव लाईं। अगर परोपकारी कार्य केवल उनके प्रतिरूपी पुरुषों पर छोड़ दिया जाता तो इसकी प्रभाविता कम हो जाती।

□□

अध्याय

परोपकारी समाज कार्य में समकालीन मुद्दे (Contemporary Issues in Philanthropic Social Work)

भूमिका

वर्तमान में परोपकारी समाज कार्य को कई चुनौतियों का सामना करना पड़ता है। परोपकारी समाज कार्य में सामाजिक कार्यकर्त्ताओं को परोपकारी निधि से, जो आम जनता से या सहायता अनुदान से संग्रह की जाती है, से भुगतान किया जाता है और सेवा मुफ्त में दी जाती है। सेवा प्रयोक्ताओं को जो सेवा मिलती है वह दानशीलता है या लागत मुक्त होती है, इस कारण समाज कार्य के लिए वैचारिक मुद्दे, निर्भरता, व्यवसायिकता की कमी, क्षमता निर्माण, संस्थापक के संलक्षण, संसाधन कुप्रबंधन तथा संपोषण आदि चुनौतियों का सामना करना पड़ता है।

प्रश्न 1. परोपकारी समाज कार्य की बदलती प्रवृत्तियों का मूल्यांकन कीजिए।

अथवा

परोपकारी समाज कार्य में आधुनिक प्रवृत्तियों पर चर्चा कीजिए।

[जून-2019, प्र.सं.-2]

उत्तर– मध्य काल में केवल शाही परिवार और धनी लोग ही दान तथा दूसरों की सहायता जैसे कार्य करते थे। धर्म और मृत्यु के बाद जीवन के बारे में चिंता से अन्य लोगों को भी दानशीलता की प्रेरणा मिली। गिरजाघरों की स्थिति समाज में लगातार बढ़ती गई और परोपकारिता के प्रयास में उसने प्रमुख भूमिका निभानी शुरू कर दी। समय के साथ चर्च की भूमिका विकसित हुई जो दानशील कार्यों का प्रमुख उपकरण बन गई। बड़े पैमाने पर व्यक्तिगत प्रेरणाओं ने परोपकारी भागीदारी में योगदान किया क्योंकि दूसरों की सहायता करने के भावात्मक और सामाजिक तौर पर उत्प्रेरक के रूप में हालाँकि इस अवधि में काफी कुछ निष्पादित किया, फिर भी दानशीलता प्राय: अनिश्चित रही और इसने प्राप्तकर्त्ताओं की आवश्यकताएँ पूरी नहीं कीं।

दानशील संगठन आंदोलन विक्टोरिया युगीन परोपकारिता की महत्त्वपूर्ण विशेषताओं में से एक थे। इस अवधि के दौरान और इसके पूर्व राष्ट्रीय राज्यों के उद्‌भव से गरीबी और समाज कल्याण को धीरे-धीरे कानून में मूर्त रूप दिया गया। सरकार समर्पित सुधार प्राय: भ्रमित करने वाले, अत्यधिक नौकरशाही अंदाज वाले और गरीबों के लिए जो सहायता प्राप्त करते थे, आत्म-सम्मान कम करने वाले थे। तथापि, सरकार के कर्त्तव्य चूँकि बढ़ गए थे, सहायता देने वाली सोसाइटी परोपकारियों ने भी अपने संगठनात्मक प्रयासों को फैला दिया। गरीबों की देखभाल करने के लिए सिविल और धार्मिक ढाँचों ने मिश्रित होना शुरू कर दिया जिसके परिणामस्वरूप परोपकारिता में अधिक नौकरशाही और अनुशासिक दृष्टिकोण आ गया। परोपकारी के रूप में सामाजिक विज्ञानों का अधिक परामर्श लिया जाना शुरू हो गया और शासन ने सामाजिक समस्याओं की पहचान करने और उनका उप-विभाजन करना चाहा और विशेष जरूरतों के बारे में सूचना माँगी जिससे पहचानी गई समस्याओं का उपचार किया जा सके। समाज कल्याण संगठनों में सामाजिक विज्ञान को शामिल करने से परोपकारी प्रयासों को अधिक दक्ष बनाने में मदद मिली।

19वीं शताब्दी में परोपकारिता सैकड़ों वर्षों में बनी धार्मिक परंपराओं पर आधारित थी। ऐतिहासिक तौर पर समाज में धनवान लोग गरीबों को धार्मिक दानशीलता के रूप में देते थे। दान देना अपनी स्वयं की आत्मा का उद्धार करने के रूप में देखा गया, साथ ही जरूरतमंदों की सहायता के रूप में भी। ईसाई धर्म में कुछ लोगों का मानना है कि मानव प्रकृति के साथ विशेषकर कि उनके साथ जो जरूरतमंद थे, संपर्क में आने से वे ईसाईयत के साथ संपर्क में आने योग्य हो जाते थे। कुछ का विश्वास था कि जरूरतमंदों की सहायता करने के द्वारा वे अपने सहोदरों की ही सहायता कर रहे थे क्योंकि हरेक भगवान की संतान है। अच्छे कार्य मुक्ति का रास्ता प्रशस्त करने वाले होते हैं। तथापि यह नोट किया जाना चाहिए कि यद्यपि परोपकारिता की जड़ें धार्मिक और चर्च परंपरा में थीं, यह चर्च के बाहर भी फैल गईं। परोपकारिता और धर्म संपूर्ण इतिहास में एक-दूसरे से गुँथे हुए हैं लेकिन यह आवश्यक नहीं कि वे एक-दूसरे पर आश्रित हों।

परोपकारी समाज कार्य की बदलती प्रवृत्तियों का मूल्यांकन निम्नलिखित रूप में किया जा सकता है–

- व्यक्तिगत परोपकारिता से संस्थागत और संगठनात्मक परोपकारिता।
- धार्मिक प्रेरणा से धर्मनिरपेक्षता और मानवीय सोच।
- व्यक्तिगत अंशदान से निगमित अंशदान।
- निजी पहल से सरकारी स्पांसरशिप और सहायता-अनुदान पहलें।
- गुप्त, अनौपचारिक और लुकी-छिपी परोपकारिता से औपचारिक और विधिक पद्धति की परोपकारिता।

व्यक्तिगत परोपकारिता से संस्थागत और संगठनात्मक परोपकारिता तक–परोपकारिता मौलिक रूप से दान देने और गरीबों को व्यक्तिगत और धार्मिक सरोकार का कार्य रहा है। पुरातन काल और मध्य काल में दान देने के बारे में धार्मिक दबाव था। संस्कार संबंधी धर्म दान करने में असफल रहने के लिए मूर्त और अमूर्त 143सजाएँ देने की कल्पना की गई थी। दान देने के भी सख्त और पक्के कानून थे (उदाहरणार्थ–जकाह) जो व्यक्तियों पर लगाए जाते थे। धीरे-धीरे व्यक्तिगत प्रयासों को जोड़ा गया, समन्वित किया गया और संगठनात्मक ढाँचे के अधीन संगठित कराया गया। अंशदान प्राप्त करने और उनकी व्यवस्था करने के लिए संस्थागत प्रबंध किए गए। कर लाभ और अन्य प्रोत्साहन देकर सांविधिक निकायों द्वारा व्यक्तिगत और संस्थागत दोनों प्रकार के अंशदानों का प्रस्ताव किया गया। सी.एस.आर. नियमों के अधीन वार्षिक परिव्यय का कुछेक प्रतिशत परोपकारिता के लिए अलग से रखा जाता था। दानशील संगठनों के पंजीकरण के लिए नियम और विनियम अस्तित्व में आ गए। धर्म-दान के लिए अंशदान करने की बाध्यता का स्थान व्यवस्थित और महत्त्वपूर्ण लोकनिधि उगाही अभियानों ने ले लिया।

धार्मिक प्रेरणा से धर्मनिरपेक्ष और मानवीय विचार तक–इतिहास में एक बिंदु पर परोपकारिता के लिए धार्मिक बाध्यता, मुख्य प्रेरणा थी। बौद्ध धर्म में दान और हिंदू धर्म में यज्ञ, मुस्लिम धर्म में जकाह सदक, यहूदी धर्म में जुड़ेज्म और ईसाई धर्म में अगैव अनिवार्य परोपकारिता के कुछेक उदाहरण हैं। धार्मिक प्रेरणा पुरातन और मध्यवर्गीय युग के दौरान प्रचलित थे। आधुनिक प्रजातंत्र द्वारा पुरातन और मध्यकालीन राजतंत्र और सामंतवादी राजनीतिक संस्थाओं का एक बार स्थान लिए जाने पर परोपकारिता के लिए धार्मिक विधान को धीरे-धीरे धर्मनिरपेक्षता और मानवीय सोच ने बदल डाला। मानवीय अधिकारों की जागरुकता तथा समानता, मताधिकार और सार्वजनिक भ्रातृभाव के प्रजातांत्रिक मूल्यों ने हर राष्ट्र के लोगों को मानवीय कार्यों जैसे कि विश्व के किसी अन्य भाग में राहत कार्यकलाप के लिए दान देने के लिए लोगों को प्रेरित किया। मानवीय दु:ख-दर्द के सामान्यतया मानवता के प्रति चिंता करने के लिए आह्वान किया और जरूरतमंदों के पास विश्व के सभी भागों से सहायता पहुँची।

व्यक्तिगत अंशदान से निगमित अंशदान तक–निगमित अंशदान को विगत में कोई नहीं जानता था। परोपकारिता को गरीबों के भले के लिए धनवान व्यक्ति का व्यक्तिगत अंशदान होता था। धनवान लोगों को इस बात के लिए जागरुक किया जाता था कि वे धन-दौलत के अभिरक्षक हैं (न्यासी हैं) जो कि गरीबों के लाभ के लिए हैं। पूँजीवादी अर्थव्यवस्था में धन-दौलत निगमित

निकायों के पास संचित होनी शुरू हो गई जैसे कि कंपनियों और फर्मों के पास। यह महसूस किया गया कि निगमित विश्व की कुछ सामाजिक जिम्मेदारी है। उन्हें समाज को अपने व्यवसाय से अर्जित लाभ का कुछ हिस्सा वापस लौटाने की जरूरत है। यह निगमित सामाजिक जिम्मेदारी कहलाती है। व्यवसाय के विस्तार में वाणिज्यिक फर्में राष्ट्रीय अड़चनों को पार कर चुकी हैं। आज बहुराष्ट्रीय और अंतर्राष्ट्रीय फर्मों के पास विश्व में महत्त्वपूर्ण उद्योग हैं। निगमित अंशदानों का भी फैलाव हो चुका है। उन्होंने ग्लोब में सभी आवश्यक जगहों को कवर कर लिया है। निगमित अंशदान, ग्लोबीय खतरों, जैसे–एच.आई.वी., कैंसर जैसे असाध्य रोगों, कुपोषण और महिलाओं, बच्चों और बुजुर्गों की समस्याओं से निपटने के लिए आता रहा है। परोपकारिता बेहतर रूप से संगठित हो गई है और सामाजिक कार्यकर्त्ताओं की परोपकारिता प्रबंधन भूमिका महत्त्वपूर्ण हो गई है।

निजी पहल से सरकारी समर्थित तथा अनुदान सहायता पहलें–अपने मूल रूप में परोपकारिता निजी पहल थी। धार्मिक और प्रचलित बाध्यताओं से धनवान लोग अपनी दौलत का कुछ भाग जरूरतमंदों के कल्याण के लिए खर्च करते थे। धीरे-धीरे परोपकारिता सरकार की जिम्मेदारी बन गई है। मध्य काल में शाही अंशदान परोपकारिता का मुख्य माध्यम था। दीन-हीनों, गरीबों और बीमारों की देखभाल करना भी सरकार की जिम्मेदारी थी। कल्याणकारी राज्य के तत्वावधान में, परोपकारिता का प्रबंध सरकार द्वारा किया गया है। आज भी गरीबों, अकिंचनों और यतीमों की देखभाल सरकार की प्रमुख जिम्मेदारी है। तथापि प्रबंधन का तरीका काफी बदल रहा है। इसमें शामिल अनुचित प्रशासन की वजह से परोपकारिता कार्यकलापों का प्रत्यक्षतया प्रबंधन करने में सरकारी अभिकरणों को हिचकिचाहट होती है। निजी संगठनों ने सरकार समर्थित और अनुदान सहायता की विभिन्न स्कीमों के अंतर्गत देश की बहुत सारी परोपकारी जिम्मेदारियों को अपने हाथ में ले लिया है। दानशील संगठन और न्यास, विभिन्न परोपकारी कार्यकलापों को संचालित करने के लिए सरकारी, निजी, धार्मिक और निगमित अंशदानों को इकट्ठा करते हैं। राज्य के अधिकांश कल्याणकारी कार्य, सार्वजनिक निजी भागीदारी के तत्वावधान में निजी अभिकरणों से आउटसोर्स किए जा रहे हैं। जो दानशील संगठन सहायता अनुदान के अंतर्गत कार्य करते हैं उनकी प्रवृत्ति जटिल प्रक्रिया और नौकरशाही के साथ अर्द्ध-सरकारी संगठनों जैसा व्यवहार करने की होती है।

गुप्त, अनौपचारिक और गुमनाम परोपकारिता से संगठित, औपचारिक और विधि सम्मत प्रक्रिया हेतु परोपकारिता–प्राचीन काल में परोपकारिता का अभ्यास गुप्त रूप से और अनौपचारिक रूप से होता था। परोपकारिता की कारगरता का श्रेय इसके गुमनाम अभ्यास को दिया जाता था। व्यक्तियों को बिना किसी लाभ की उम्मीद के या स्वीकृति के करने के लिए प्रोत्साहित किया जाता था। यह असामान्य नहीं था कि लोग बड़ी मात्रा में मंदिरों और धार्मिक कार्यों को उनकी पहचान बताए बिना दान और अंशदान देते थे। ऐसे परोपकारियों द्वारा उनकी पहचान को दान के काम को गुमनाम रखने के लिए शाश्वत प्रतिफल की आशा होती थी। आधुनिक काल में लोग दान औपचारिक रूप से और समुचित कानूनी प्रक्रिया के माध्यम से देते हैं। परोपकारी संगठनों को सलाह दी जाती है कि कोई गुमनाम दान या योगदान प्राप्त न करें। प्रत्येक अंशदान को रसीद देकर प्राप्त करना होता है जिसकी उचित रसीद देनी होती है। परोपकारी अंशदानों का

हिसाब कानूनी रूप से रखा जाता है और परोपकारी उद्यमों की लेखा विवरणियाँ सार्वजनिक दस्तावेज होते हैं। दानशील संगठनों को सिफारिश की जाती है कि दान को सार्वजनिक धनराशि माना जाए और उसकी उपयोगिता के लिए विधिवत् देखभाल और सावधानी से प्रयोग किया जाए। दानशील न्यासों को दान में प्राय: कर की छूट दी जाती है और दानदाता अपने अंशदानों के लिए आयकर में छूट का दावा कर सकते हैं।

प्रश्न 2. परोपकारी समाज कार्य द्वारा अनुभव की जाने वाली समकालीन चुनौतियों का वर्णन कीजिए।

अथवा

परोपकारी समाज कार्य के लिए समकालीन चुनौतियों पर प्रकाश डालें।

[दिसम्बर-2019, प्र.सं.-3(b)]

उत्तर– वर्तमान में समाज कार्य को कई प्रकार की चुनौतियों का सामना करना पड़ता है जो कि निम्नलिखित हैं–

वैचारिक मुद्दे–जब दानशील संगठन को सामाजिक कार्यकलाप चलाने के लिए सहायता-अनुदान दिया जाता है, तो संगठन सरकार के कुछ कल्याणकारी कार्यों को बढ़ा रहा होता है। दानशील संगठन, सरकार की ओर से कार्य करता है। जब सेवा प्रयोक्ता मुफ्त सेवाओं का आनंद लेते हैं तो उनमें हमेशा से अभिकरण पर आश्रित रहने की प्रवृत्ति उत्पन्न हो जाती है।

मुफ्त में दी गई कोई सेवा चिरस्थायी नहीं होती। सेवा प्रयोक्ता विभिन्न स्रोतों से हमेशा बिना लागत सेवाओं की तलाश करते रहेंगे। इसलिए परोपकारी समाज कार्य और व्यावसायिक समाज कार्य के बीच भेद निर्भरता के मामले पर हो सकता है। व्यावसायिक सामाजिक कार्य सेवा प्रयोक्ताओं को निर्भर नहीं बनाता, जबकि परोपकारी समाज कार्य की प्रवृत्ति उन्हें अधिक निर्भर बनाने की होती है। भारत में परोपकारी समाज कार्य का क्षेत्र व्यावसायिक समाज कार्य के कार्य क्षेत्र से अधिक होता है। प्रसिद्ध समाज कार्यकर्त्ता और समाज कार्य उद्यम परोपकारी प्रकृति होते हैं। भारतीय संदर्भ में परोपकारी कार्य (बाबा आम्टे, मदर टेरेसा, साई संस्थान, रामकृष्ण मिशन, स्ट्रीट चिल्ड्रंस वर्क ऑफ डॉन बोस्को सोसाइटी एच.आई.वी. से संदूषित लोगों और कोढ़ तथा गरीबों के साथ कार्य करने वाली सोसाइटी ऑफ जेसस (जे.एस.) के कार्य मॉडल) समाज कार्य के प्रमुख प्रभाव क्षेत्र हैं और व्यावसायिकता इन सभी क्षेत्रों में महसूस की जाने वाली जरूरत हैं। जब कभी भी समाज कार्य का अभ्यास किया जाता है, चाहे वह परोपकारिता में हो या व्यवसाय में हो, वह कार्य शक्ति प्रदान करने वाला और आत्म-निर्भरता प्रदान करने वाला होना चाहिए।

निर्भरता–जैसा कि हम जानते ही हैं कि परोपकारी समाज कार्य की यह प्रवृत्ति है कि सेवा प्रयोक्ताओं की ओर से निर्भरता को प्रोत्साहित किया जाए। काफी हद तक यह अनिवार्य है। तथापि परोपकारी समाज कार्य में हर संभव प्रयत्न किया जाता है कि ऐसी प्रवृत्ति को कम किया जाए। चूँकि परोपकारी समाज कार्य में सेवा प्रयोक्ता निर्धनों में निर्धनतम, असाध्य रोगों से पीड़ित, अकिंचन, यतीम, असहाय और नि:शक्त होते हैं, वे अपने आप किसी समाज सेवा की माँग करने में समर्थ नहीं होते। उनमें से बहुत सारे उत्तरजीविता के लिए संघर्षरत होते हैं। परोपकारी लोग

जब तक उनकी देखभाल के लिए नहीं आएँ तो उनका जीना भी मुश्किल होता है। जिस क्षण ऐसी सेवाएँ हटा ली जाएँ तो सेवा प्रयोक्ता अपनी असहाय स्थिति में वापस आ जाते हैं। परोपकारियों द्वारा दी जाने वाली कल्याणकारी जरूरतें बहुत जरूरी हैं, इसलिए परोपकारी समाज कार्य में निर्भरता एक प्राकृतिक घटना है।

परोपकारी समाज कार्य में निर्भरता अनिवार्य है। इसे एक दृष्टांत से व्यक्त कर सकते हैं। यह पुरजोर सिफारिश की जाती है कि नि:शक्तों का पुनर्वास उनके अपने समुदायों में समुदाय आधारित पुनर्वास के दृष्टिकोण से किया जाना चाहिए। पुनर्वास का सांस्थानिक दृष्टिकोण नि:शक्तों के समावेशी दृष्टिकोण अधिकारों के प्रति अहितकर है। नि:शक्तों को मुख्यधारा में लाना समुदाय आधारित कार्य युक्ति के माध्यम से ही संभव है। इस संदर्भ में उन नि:शक्तों का क्या होगा जो अकिंचन हैं। कई नि:शक्त व्यक्ति जिन्हें अभिरक्षता देखभाल की जरूरत होती है, उन्हें गली में छोड़ दिया जाता है। उनके पास पुनर्वास के लिए समुदाय नहीं होता। ऐसे व्यक्तियों के लिए सांस्थानिक देखभाल ही मात्र विकल्प होता है। सांस्थानिक देखभाल प्राय: निर्भरता सृजित करती है और सांस्थानिक दृष्टिकोण कायम रहने वाली प्रक्रिया नहीं समझी जाती। एक बार व्यक्ति के सांस्थानिक हो जाने पर वह अपना शेष जीवन संस्था में ही बिताएगा/बिताएगी। इसलिए निर्भरता एक ऐसा मामला है जिसका निपटारा परोपकारी समाज कार्य में किया जाता है।

व्यावसायिकता की कमी—परोपकारी समाज कार्य प्रबंधन में व्यावसायिकता की कमी और परिणामिक समस्याएँ आज भी महत्त्वपूर्ण मामले हैं। परोपकारिता व्यावसायिक समाज कार्य की जननी है। हमने परोपकारी समाज कार्य के इतिहास में देखा है कि व्यावसायिक समाज कार्य प्राय: परोपकारी समाज कार्य के पहले आता है। भारत और विदेश में कई व्यावसायिक संस्थाएँ शुरू में परोपकारी संस्थाएँ थीं। आज भी भारत में अधिकांश कार्यकलाप परोपकारी क्षेत्र में किए जाते हैं। व्यावसायिकता धीरे-धीरे आती जा रही है। भारत में बहुत से सुप्रसिद्ध सामाजिक कार्यकर्त्ता परोपकारी हैं।

परोपकारिता में संगठनात्मक, जनशक्ति और सामग्री संबंधी संसाधनों की भरमार है। कमी, व्यावसायिक सामाजिक कार्यकर्त्ताओं की संख्या की है जो परोपकारी समाज कार्य का प्रबंध कर सकें। परोपकारिता के प्रबंधन में सामाजिक कार्यकर्त्ताओं को नियुक्त करने की आवश्यकता है। यदि परोपकारिता धार्मिक संदर्भ में अधिक प्रचलित हो भी, तो भी व्यावसायिक सामाजिक कार्यकर्त्ताओं को परोपकारिता प्रबंधन में लगाया जा सकता है। परोपकारी समाज कार्य में जिस बात की कमी है, वह है व्यावसायिक दृष्टिकोण।

व्यावसायिक सामाजिक कार्य दृष्टिकोण का फोकस सेवा प्रयोक्ताओं के सशक्तिकरण और आत्म-निर्भरता और निर्भरता को न्यूनतम करने पर होगा। यह पाया गया है कि अव्यावसायिक कार्मिकों को परोपकारिता और संसाधन प्रबंधन के लिए भर्ती कर लिया जाता है जिसका परिणाम सेवा प्रयोक्ता के निर्भर होने और अस्थिरता में निकलता है।

स्वैच्छिक सामाजिक कार्यकर्त्ताओं में समर्पण और प्रतिबद्धता की कोई कमी नहीं होती। कई बार स्वैच्छिक समाज कार्यकर्त्ताओं की ओर से अनजाने में गलती हो जाती है। उन्हें अपने व्यावसायिक कौशल, जैसे—सामाजिक केसवर्क, सामाजिक समूह कार्य, समुदाय संगठन, समाज

कल्याण प्रबंध, अनुसंधान और समाज कार्य कौशल को तैयार करने की आवश्यकता है ताकि परोपकारी संगठन फलदायी बन जाएँ।

क्षमता निर्माण–क्षमता निर्माण एक चलते रहने वाली समस्या है जिसका सामना अनेक कारणों से परोपकारी संगठनों द्वारा किया जाता है। अधिकांश परोपकारी संगठन अपने अभियानों को बनाए रखने के लिए बाहरी निधियन पर भरोसा करते हैं, जैसे–सरकारी निधियाँ, दानशील प्रतिष्ठानों से अनुदान और प्रत्यक्ष दान। राजस्व में इन स्रोतों में परिवर्तन से उनकी विश्वसनीयता या भविष्यवाणी जिनके साथ संगठन स्टाफ को किराए पर ले सकता है या रख सकता है, सुविधाओं को बरकरार रखना, कार्यक्रम सृजित करना या कर से छूट मिलने की स्थिति प्रभावित हो सकती है। इस संबंध में प्रमुख मामले अविश्वसनीय निधियन कार्य के लंबे घंटे और कम भुगतान है जिससे कर्मचारी न मिलने और टर्न ओवर उच्च दरों पर होने की समस्या होती है।

परोपकारिता अनिवार्य रूप से प्राइवेट निधियों को सार्वजनिक भलाई के लिए प्रयोग कर रही है। निधियों के स्रोत प्रायः अनिश्चित और असंगठित हैं। जब निधियन के स्रोत के बारे में अनिश्चितता हो तो संगठन का क्षमता निर्माण का कार्य प्रभावित हो जाता है। अभिकरण के कार्यक्रमों के लिए कोई नियमितता या स्थिरता नहीं होगी। संगठनात्मक क्षमता शक्तिहीन हो जाएगी। जो सामाजिक कार्यकर्त्ता नियमित काम को ढूँढ़ते थे, वे उस परोपकारी संगठन में कार्य करने को प्राथमिकता नहीं देंगे जहाँ पर हमेशा कार्यक्रम के समाप्त होने और कार्यकर्त्ताओं के निकाले जाने की संभावना होगी।

संस्थापक के संलक्षण–संस्थापक का संलक्षण एक ऐसा संगठन मामला है जिसे जैसे-जैसे प्रगति करते हैं उन्हें उसका सामना करना पड़ता है। गतिशील संस्थापक सशक्त दूरदर्शिता के साथ कि प्रोजेक्ट को कैसे चलाना है, संगठन पर नियंत्रण रखता है, भले ही नए कर्मचारी या स्वयंसेवक, प्रोजेक्ट के कार्य क्षेत्र का विस्तार करना चाहें और नई चीजें लाने का प्रयास करें। परोपकारी संगठन संस्थापकों की सीमा तक विकसित होते हैं और संगठन के कर्मचारियों और स्टाफ के सदस्यों से आशा की जाती है कि संस्थापक की मिशन में सहभागी हो। अन्यथा संगठन की एकता और अखंडता प्रभावित होती है। कई दृष्टिसीमाएँ नहीं हो सकतीं। आमतौर पर एक संगठन के कार्यचालन में सांविधिक विनियम नहीं होते सिवाय पंजीकरण के प्रयोजन के। सृजनात्मक और गतिशील सामाजिक कार्यकर्त्ता प्रायः कार्यचालन में संस्थापक की दृष्टिसीमा के भीतर कार्य करने में दबाव महसूस करते हैं। यह विशेष प्रतिभास, संस्थापक का संलक्षण कहलाता है और यह मामला परोपकारी समाज कार्य में व्यवस्थित किया जाता है।

संस्थापक का प्रतिभास अनिवार्य होता है क्योंकि संगठन का विकास संस्थापकों द्वारा दिए गए वित्तीय और भौतिक संसाधनों से हुआ होता है। जब तक संस्थापक जीवित रहते हैं, परोपकारी संगठनों को संस्थापक की आशा अनुरूप कार्य का संचालन करने के लिए प्रोत्साहित किया जाता है। संस्थापक के सेवानिवृत्त होने या मृत्यु होने पर संगठन की दृष्टिसीमा और दिशा-निर्देश, उत्तराधिकारी की प्रतिभा और प्रतिबद्धता के अनुसार बदल जाएँगे। संक्षेप में शीर्ष प्रशासनिक निर्णय और नीति-निर्माण के संबंध में दानशील संगठनों में प्रजातांत्रिक तरीके से सदैव निर्णय नहीं लिए जाते। प्रबंधन भले ही प्रजातांत्रिक ढंग से कार्य कर रहा हो। लेकिन संस्थापक का संलक्षण परोपकारी संगठन में प्रजातांत्रिक कार्यचालन की गुँजाइश को सीमित कर देता है।

संसाधन प्रबंधन—परोपकारी संगठन में संसाधन प्रबंधन एक आम समस्या है। प्रायः कर्मचारियों की परोपकारी संगठन के संसाधनों को संभालने के संबंध में किसी के प्रति उनकी जवाबदेही नहीं होती। उदाहरण के लिए, कर्मचारी बिना पूरे दायित्वों को प्रकट किए बिना नए कार्यक्रम को शुरू कर सकता है। कर्मचारी को, संस्था की छवि सुधारने के लिए, अन्य कर्मचारियों को प्रसन्न करने के लिए और नए दानदाताओं को आकर्षित करने के लिए पुरस्कार दिया जा सकता है। पूर्ण आस्था और संगठन की साख पर प्रतिज्ञात देयताओं का अभिलेख न करना धोखाधड़ी कहलाता है। प्रायः यह ऐसा होता है कि परोपकारी संगठन के संसाधन बिना लागत के मुफ्त अर्जित किए जाते हैं और प्रबंधन व कर्मचारी उनके रख-रखाव के लिए जिम्मेदारी और विधिवत् देखभाल महसूस नहीं करते। यह भी संभव है कि अपनी परिसंपत्तियों और संसाधनों के लिए परोपकारी संगठन किसी के प्रति जवाबदेह न हों जिससे उनकी अच्छी तरह देखभाल करने का दबाव प्रबंधन पर नहीं होता। इसलिए संसाधन प्रबंधन परोपकारी संगठनों द्वारा रिपोर्ट किया जाने वाला सामान्य मामला है।

प्रजातांत्रिक कार्यचालन में सीमाओं के कारण संगठन का निदेशक या अध्यक्ष अकेले ही निर्णय लेता है जिससे संगठन के संसाधन समाप्त हो सकते हैं। यदि संगठन अच्छा कार्य निष्पादन करता है तो निदेशक की सराहना की जाएगी और यदि उसका निष्पादन बुरा होता है तो निदेशक को दोषी ठहराया जाएगा। ऐसी कई परिस्थितियाँ आएँगी जिनमें जल्दी से निर्णय करने की माँग आती है जो कई बार गलत हो जाता है जिसका परिणाम संसाधनों का कुप्रबंधन होता है। परोपकारी संगठन निर्णय लेने में और कार्यक्रम का निष्पादन करने में सरकारी संगठनों की अपेक्षा प्रायः तेजी करते हैं। सीमित संसाधनों के कारण परोपकारी संगठन की मॉनीटर करने की तंत्रावली कमजोर हो सकती है जिसका परिणाम पुनः संसाधन कुप्रबंधन होता है।

स्थिरता—परोपकारी संगठनों में चिरकालिकता एक प्रमुख मुद्दा होता है। परोपकारी संगठन चंदे और अंशदान के लिए सरकारी अभिकरणों सहित आम जनता और दानदाता अभिकरणों पर निर्भर होते हैं। ऐसे परोपकारी दान नियमित और स्थिर नहीं होते। किसी समय अभिकरण ढेर सारा अनुदान प्राप्त करते हैं जिससे अभिकरण बड़ी संख्या में स्टाफ सदस्यों की नियुक्ति करता है और काफी कार्यकलाप को कार्यान्वित करता है। जब अनुदान समाप्त हो जाता है, तो अभिकरण नियुक्त स्टाफ को रखे-रखने के योग्य तो नहीं रह जाता पर कार्यक्रम को जारी रहने दिया जाता है। परोपकारी संगठन कब तक जीवित रहेगा या स्वयं को बचाएगा। कई दानशील न्यास और संगठन जब संस्थापक की मृत्यु हो जाती है या संगठन से सेवानिवृत्त हो जाता है तो बंद हो जाते हैं।

परोपकारी संगठनों में कई बार उस जगह पर तेजी से विस्तार होता है, जहाँ पर निधियाँ उपलब्ध हों। वे दानदाता अभिकरणों की आवश्यकता अनुसार अपने उद्देश्यों और नीतियों में बदलाव कर देते हैं। यदि दानदाता अभिकरण को या उसकी नीति में कुछ हो जाता है तो बिना पूर्व अनुमति के निधियाँ देना बंद कर देते हैं। ऐसी परिस्थितियों में अभिकरण अचानक काम करना बंद कर देते हैं। उदाहरण के लिए, यूरोप और यू.एस.ए. में हाल ही में आर्थिक मंदी से अन्य विकासशील देशों के दानशील निधियों का प्रवाह प्रभावित हुआ और कई परोपकारी दानशील पर निर्भर थे, स्वयं को बरकरार रखने में बड़ी कठिनाई का सामना करना पड़ा। बड़ी संख्या में कर्मचारियों की छँटनी हो गई और कार्यकलाप अचानक ही कम करने पड़े।

प्रश्न 3. परोपकारी समाज कार्य की चुनौतियाँ पूरी करने के उपायों का वर्णन कीजिए तथा इसमें सामाजिक कार्यकर्त्ता की भूमिका का उल्लेख कीजिए।

उत्तर– परोपकारी समाज कार्य की विभिन्न चुनौतियों से निपटने के लिए सामाजिक कार्यकर्त्ता कई बचाव कार्य कर सकते हैं। उनमें से कुछ उपाय निम्नलिखित हैं–

- उचित दृष्टि और मिशन विवरण
- पंजीकरण और कर लाभ स्थिति को बनाए रखने के संबंध में आवश्यक विधिक औपचारिकताएँ पूरी करना
- समुचित प्रलेखन और संचार उपायों के माध्यम से जनता के साथ अच्छे संबंध बनाए रखना खासतौर से निधियों का आधार
- आवश्यक व्यावसायिक स्टाफ की नियुक्ति जो दीर्घीकरण के संबंध में सावधानी बरतें
- निधियाँ एकत्र करने के लिए समुचित कार्यनीतियाँ
- आवश्यकता और परिणाम आधारित विकास कार्यक्रम
- परोपकारी परियोजनाओं का समुचित प्रबंधन
- अनुसंधान और विकास
- कार्यनीतियों के सामाजिक संशोधन और समुचित जनशक्ति विकास द्वारा संगठन का क्षमता निर्माण
- समुचित मानव संसाधन विकास और प्रबंधन कार्यनीतियाँ जैसे कि निष्पादन मूल्यांकन, गुण आधारित उन्नयन, प्रोत्साहन, प्रशिक्षण और विभिन्न अन्य स्टाफ कल्याण उपाय
- प्रजातांत्रिक कार्यचालन को प्रोत्साहित करना और सुकर बनाना
- सामाजिक लेखा परीक्षा करना, समुचित लेखा रखना और समय पर आयकर विवरण दाखिल करना
- चिरकालीनता बढ़ाने के उपाय

परोपकारी समाज कार्यकर्त्ता का अत्यधिक महत्त्वपूर्ण कार्य समकालीन चुनौतियों को दूर करना है। उक्त उपायों का विस्तारपूर्वक वर्णन इस प्रकार है–

उचित दृष्टि और मिशन विवरण–परोपकारी संगठन की दृष्टि और मिशन विवरण स्पष्ट होना चाहिए जिसे जनता सेवा प्रयोक्ताओं, संभावित परोपकारी दानदाताओं और समुचित पंजीकरण प्राधिकारियों को संप्रेषित करना चाहिए। इससे संगठन का कार्यपालन सरल हो जाएगा।

संभावित कर्मचारियों और सहयोगियों को संगठन की दिशा के बारे में स्पष्ट भाव पता चल जाएगा। विकलांगों के लिए परोपकारी संगठन की दृष्टि विवरण सभी के लिए समान अवसर का है मिशन स्टेटमेंट विकलांगों को मुख्यधारा में शामिल करना है। इनके अतिरिक्त संगठनों के कई लक्ष्य और उद्देश्य हो सकते हैं, जैसे कि समावेशी शिक्षा, समुदाय आधारित पुनर्वास, समेकित स्वास्थ्य देखभाल, महिला सशक्तिकरण, सामुदायिक विकास और बाल देखभाल आदि।

कार्यक्रम और परियोजनाएँ किसी एक उद्देश्य और लक्ष्य को लेकर चलती हैं। संगठन द्वारा संचालित करने के लिए परियोजनाओं और कार्यक्रमों की वार्षिक योजना हो सकती है। यह

युक्तियुक्त ढाँचे में तैयार की गई पाँच या दस वर्षों के लिए दीर्घावधि योजना हो सकती है। ऐसे प्रलेखन बड़े-बड़े अक्षरों में संगठन में प्रदर्शित किए जा सकते हैं। ये प्रयास उचित ढंग से संस्थापक को संगठन के स्टाफ में संप्रेषित करेंगे।

परोपकारी संगठन का प्रबंधन विजन, मिशन के लक्ष्य और उद्देश्य और इसके अलावा कार्यनीति योजना तैयार करने में व्यावसायिक समाज कार्यकर्त्ताओं की सहायता ले सकेगा। कार्य युक्ति योजना परोपकारी संगठन के कर्मचारियों को यह बताती है कि संगठन कहाँ खड़ा है, यह कहाँ जा रहा है और इसे कहाँ जाना चाहिए। ऐसी योजना संभावित परोपकारी दानदाताओं को आकर्षित करेगी।

पंजीकरण, दिन-प्रतिदिन के कार्यचालन और कर लाभ स्थिति को बनाए रखने के संबंध में आवश्यक विधिक औपचारिकताएँ पूरी करना–परोपकारी संगठन को देश के कानून के अनुसार उचित रूप से पंजीकृत करना होता है। दानशील उद्यमों के निष्पादन के लिए संगठनात्मक वातावरण ढेर सारी स्वतंत्रता देगा। भारत में सोसाइटी का रजिस्ट्रीकरण अधिनियम और लोकन्यास पंजीकरण के लिए अति लोकप्रिय अधिनियम हैं। प्राइमरी पंजीकरण के अतिरिक्त संगठनों को आयकर अधिनियम, 1961 की 12क के अंतर्गत संगठनों को दानशील संगठनों के रूप में पंजीकृत करना पड़ता है ताकि वे चल और अचल संपत्तियों का अर्जन और अनुरक्षण कर सकें जिन्हें कि कर से छूट प्राप्त है। वे आयकर अधिनियम, 1961 के 80जी या 35ए सी के अंतर्गत पंजीकरण के लिए आवेदन दे सकते हैं जिससे कि संगठन के परोपकारी दानदाताओं को कर का लाभ देंगे। ऐसी स्थिति कर का भुगतान करने वाले नागरिकों को परोपकारी संगठनों को अधिक मात्रा में दान देने के लिए आकर्षित करेगी। धारा 80जी में किए गए दानों के लिए 50 प्रतिशत छूट पाने के हकदार होते हैं जबकि धारा 35एसी दिए गए दानों पर 100 प्रतिशत कर से छूट मिलती है। परोपकारी संगठनों को उधार देने के लिए व्यक्ति और संस्थाएँ ये प्रोत्साहन प्राप्त कर सकती हैं।

विदेशी अभिदान विनियम अधिनियम, 1976 (एफ.सी.आर.ए.) के अधीन अतिरिक्त पंजीकरण कराने से परोपकारी संगठन वार्षिक विवरणी दाखिल करने के द्वारा गृह मंत्रालय की अभिस्वीकृति के साथ विदेशी चंदा प्राप्त करने के लिए प्रचार करने के हकदार होते हैं। भारत में परोपकारी संगठनों के सरल कार्यचालन और चिरंजीविता के लिए वार्षिक लेखा परीक्षा कराने और समय पर आयकर विवरणियाँ दाखिल करने के अतिरिक्त सभी विधिक औपचारिकताएँ पूरी करना जरूरी होता है।

व्यावसायिक सामाजिक कार्यकर्त्ताओं को जहाँ वे नियोजित हैं, ऐसी विधिक आवश्यकताओं की देखभाल करनी होती है। परोपकारी संगठन के लिए अन्य विधिक आवश्यकताएँ हैं, अपने कर्मचारियों को मजदूरी का न्यूनतम भुगतान करना, भविष्य निधि (पी.एफ.) की व्यवस्था तथा इसे कर्मचारी भविष्य निधि संगठन (ई.पी.एफ.ओ.) को हर महीने भेजना है। कर्मचारियों की नियुक्ति, छुट्टी संबंधी व्यवस्था, सेवा नियमावली, अनुशासनिक कार्यवाही प्रारंभ करना, बर्खास्तगी, छँटनी और सेवानिवृत्त करने पर प्रचलित श्रम कानूनों के अनुसार कार्रवाई करने के संबंध में समुचित प्रक्रिया अपनानी होती है अन्यथा संगठन अनावश्यक रूप से मुकदमेबाजी और श्रम विवाद में फँस जाएगा।

टी.डी.एस. (स्रोत पर कर कटौती), वार्षिक लेखा परीक्षा, आयकर विवरणियाँ और एफ.सी. आर.ए. विवरणियाँ, वार्षिक दाखिल करना तथा 80जी की स्थिति का समय पर यदि बिना चूक नवीकरण नहीं कराया जाता तो परोपकारी संगठन की स्थिति को बनाए नहीं रखा जा सकता। जिम्मेदार लेखा परीक्षक और दक्ष लेखाकरण स्टाफ नियुक्ति करना, परोपकार अभिकरण के सरल कार्यचालन की एक आवश्यकता है। आवधिक साहित्य के परिचालन की तैयारी करना परोपकारी संगठन का एक महत्त्वपूर्ण कार्यकलाप है और व्यावसायिक सामाजिक कार्यकर्त्ता इस संबंध में बड़े काम आ सकता है।

आवश्यक व्यावसायिक स्टाफ की नियुक्ति जो दीर्घावधि तक बने रहने के संबंध में सावधानी बरते—अपेक्षित संख्या में व्यावसायिक सामाजिक कार्यकर्त्ताओं की नियुक्ति, जो संगठन के दीर्घकाल तक बने रहने की जरूरत की देखभाल करे, अच्छे आचरण वाले परोपकारी संगठन को आवश्यक है। व्यावसायिक सामाजिक कार्यकर्त्ता परोपकारी संगठन को सरलता से चलाने की कानूनी एवं व्यावहारिक आवश्यकताओं को जानने की आवश्यकता है और ऐसे कार्यकर्त्ता संगठन की संपत्ति होते हैं। प्रबंधन ऐसे स्टाफ की पहचान करेगी और महत्त्वपूर्ण स्थितियों में नियुक्त करेगी, काम करने और स्वायत्तता के लिए उन्हें उपयुक्त वातावरण प्रदान करेगी तथा सहकारी और कुशल लिपिकीय सहायता भी प्रदान करेगा। धार्मिक एवं धर्मनिरपेक्ष क्षेत्र में परोपकारी कार्यकलाप हमेशा बढ़ते रहते हैं। परोपकारी प्रबंधन में व्यावसायिक सामाजिक कार्यकर्त्ताओं की जरूरत अधिकाधिक महत्त्वपूर्ण होती जा रही है। संस्थापक और शीर्ष के प्रशासकों, जो व्यावसायिक सामाजिक कार्यकर्त्ता नहीं होते, को अपने मानवीय उद्यम को व्यावसायिक जरूरत को पहचानने की आवश्यकता है।

धन एकत्र करने की समुचित रणनीतियाँ—परोपकारी संगठनों को, जब भी जरूरत हो, धन एकत्र करने की नवीन युक्तियाँ तैयार करने की जरूरत है। धन एकत्र करने के लिए सभी मीडिया संसाधन प्रयोग में लाए जाने चाहिए। इसमें व्यक्तिगत अपील जारी करना और परियोजना की समुचित तैयारी करना, उसे समय से प्रस्तुत करना और लगातार अनुवर्ती कार्रवाई करते रहना सम्मिलित है। व्यावसायिक सामाजिक कार्यकर्त्ता, परोपकारी संगठन की धन एकत्र करने और परियोजना विकास की देखभाल करने में सक्षम होना चाहिए।

आवश्यकता और मुद्दे आधारित कार्यक्रम विकास—परोपकारी संगठन को अपने सेवा प्रयोक्ताओं के लिए जरूरत और मामला आधारित कार्यक्रम की कल्पना करनी चाहिए। संगठन के उद्देश्य, मिशन और सामान्य लक्ष्यों और उद्देश्यों को ध्यान में रखते हुए सेवा प्रयोक्ताओं की जरूरत की पहचान करनी, व्याख्या करनी चाहिए और समुचित कार्यक्रम तैयार करना चाहिए जिससे संभावित दानदाता उन्हें धन देने के लिए प्रभावित होंगे। सामाजिक कार्यकर्त्ता जरूरत आधारित परोपकारी कार्यक्रम विकसित करने में सक्षम होते हैं।

परोपकारी परियोजनाओं का समुचित प्रबंधन—परोपकारी संगठन को परोपकारी परियोजनाओं के प्रबंधन में अवश्य सावधान रहना चाहिए और परियोजनाएँ दानदाता एजेंसियों तथा सेवा प्रयोक्ताओं की संतुष्टि के अनुरूप संचालित की जानी चाहिए। परियोजना का प्रबंध करना परियोजना विकास के रूप में उतना ही जरूरी है। परियोजना के प्रभावी प्रबंधन के लिए उपयुक्त

स्टाफ भर्ती करना होता है, जहाँ आवश्यक हो, क्षेत्रीय सर्वेक्षण करने होते हैं, अन्य संसाधनों (पूँजी और सामग्री) का प्रबंधन करना होता है, कार्यक्रमों का आयोजन ठीक से मॉनीटरण, मूल्यांकन प्रलेखन और सभी शेयरधारियों को संप्रेषित करना चाहिए। व्यावसायिक सामाजिक कार्यकर्त्ता परोपकारी परियोजना का प्रबंध करने के लिए सक्षम होगा।

अनुसंधान और विकास–अनुसंधान और विकास (आर एंड डी) दो साधारण शब्द हैं जो परोपकारी संगठन के गुणवत्ता प्रबंधन और संगठनात्मक विकास का रूपांतरण करते हैं। जब कभी संगठन कार्य निष्पादन में असफल हो जाए तो संगठनात्मक कार्यचालन में सीमाओं और बाधाओं का निदान करने के लिए कारगार अनुसंधान आयोजित करना होता है और सीमाओं और बाधाओं को कम करने के लिए सुधार करने की जरूरत होती है। व्यावसायिक सामाजिक कार्यकर्त्ता परोपकारी संगठन के लिए उचित अनुसंधान और विकास कार्यकलाप आयोजित करने में सक्षम होना चाहिए। अनुसंधान और विकास सतत् बनाए रखना, गुणवत्ता प्रबंधन और संगठनात्मक विकास के लिए जरूरी है।

रणनीतियों का समय पर संशोधन द्वारा संगठन की क्षमता निर्धारण और उचित जनशक्ति विकास–स्टाफ के सदस्यों की कुशलतम और तकनीकी विशेषज्ञता के अर्थों में संगठनात्मक क्षमता संगठनात्मक प्रक्रिया, संचार पैटर्न, जनसंपर्क तथा परियोजना प्रबंधन का आवधिक मूल्यांकन करना होता है और उपयुक्त प्रशिक्षण कार्यक्रमों की तरह समुचित निवेश से उनकी अनुपूर्ति करनी होती है। यह संगठन के सतत् बने रहने तक बढ़ाया जाएगा। प्रोत्साहन स्कीमों पर आधारित पदोन्नति और निष्पादन सोपान स्थापित किए जाने चाहिए ताकि संगठन के महत्त्वपूर्ण स्टाफ की अभिप्रेरणा बनाए रखी जाए। एक व्यावसायिक सामाजिक कार्यकर्त्ता संगठन के क्षमता निर्माण कार्यकलाप को संचालित करने में निपुण होगा।

उचित दस्तावेजों के माध्यम से अच्छे सार्वजनिक संबंध बनाए रखना खासकर दाता आधार पर और संगठन के धर्मार्थ कार्यों की प्रगति का संचार–एक परोपकारी संगठन तभी जीवित रह सकता है यदि जनता से अच्छे संबंध बनाकर रखे, खासकर दाता एजेंसियों से। उचित सार्वजनिक संबंधों को बनाए रखने के लिए जरूरी है समय-समय पर प्रगति रिपोर्ट को तैयार करना, समाचार-पत्रों और संचार द्वारा जनता और विभिन्न संगठनों के भागीदारों, दानदाताओं को वेबसाइट और ई-मेल के जरिए इसकी जानकारी देना। उपयुक्त मामला अध्ययन के लिए तैयार रहने की जरूरत। लिखित दस्तावेज उचित कार्रवाई तस्वीरों के साथ पूरक होने चाहिए। ऐसे प्रलेखन और संचार संगठन के दानकर्त्ताओं को संतुष्ट करने वाले हों कि उनके योगदान का सही इस्तेमाल हो रहा है।

जब कभी नए कार्यक्रम और गतिविधियाँ शुरू की जा रही हों तो उनका उचित प्रचार, ब्रोशर पत्रक, अपील और प्रेस विज्ञप्ति द्वारा होने चाहिए और इसकी जानकारी संगठन के भागीदारों को होनी चाहिए। समय-समय पर साहित्य के संचार की तैयारी करना परोपकारी संगठन की महत्त्वपूर्ण गतिविधि है और एक पेशेवर सामाजिक कार्यकर्त्ता इस संबंध में बहुत काम का हो सकता है।

समुचित मानव संसाधन विकास और प्रबंधन रणनीतियाँ जैसे कि निष्पादन मूल्यांकन, गुण आधारित पदोन्नति, निवेश, प्रशिक्षण और विभिन्न अन्य स्टाफ कल्याणकारी

राज्य– किसी संगठन को बने रहने के लिए मानव संसाधन विकास और प्रबंधन कार्य युक्तियों जैसे कि निष्पादन मूल्यांकन, गुण आधारित पदोन्नति, प्रोत्साहन प्रशिक्षण और अन्य स्टाफ कल्याणकारी उपाय जैसे कि चिकित्सा लाभ, पेंशन स्कीमें, भविष्य निधियाँ, बीमा लाभ, शैक्षिक भत्ता कैंटीन, यातायात और आवासीय सुविधाएँ संगठन के स्टाफ की प्रेरणा को टिकाऊ बनाएँगी। परोगकारी संगठन, इन संगठनात्मक व्यवहार संबंधी मानदंडों का अपवाद नहीं होता। मानव संसाधन किसी संगठन की अति मूल्यांकन संपत्ति होती है और परोपकारी संगठन की सहायता के लिए समुचित मानव संसाधन जरूरी है। व्यावसायिक सामाजिक कार्यकर्त्ता परोपकारी संगठन के सभी व्यक्तिगत कार्यकलाप को संचालित करने के लिए सक्षम होना चाहिए।

प्रजातांत्रिक काम-काज को प्रोत्साहित और सुसाध्य बनाना–हर एक परोपकारी संगठन के लिए प्रजातांत्रिक काम–काज को सुसाध्य बनाना अति महत्त्वपूर्ण है। संगठन के कार्यचालन में उपयुक्त सुधार लाने के लिए प्रशासक को स्टाफ के सदस्यों के हर स्तर से सुझाव लेने चाहिए। कई बार स्टाफ के वे सदस्य जो संगठन से लंबे अर्से से जुड़े होते हैं, संगठन को जीवन सुझाव देते हैं जिससे संगठन का प्रत्याशित संकट दूर हो सके। व्यावसायिक सामाजिक कार्यकर्त्ता किसी भी संगठन में प्रजातंत्र के रक्षक होने चाहिए जहाँ वे कार्य करते हों।

सामाजिक लेखा परीक्षा, समुचित लेखे का रख-रखाव, समय पर आयकर विवरणी दाखिल करना–परोपकारी परियोजनाओं को क्रियान्वित करने, मॉनीटर करने, मूल्यांकन करने और दस्तावेज बनाने में भागीदारी दृष्टिकोण को प्रोत्साहित करना चाहिए। सामाजिक लेखा परीक्षा पर परियोजना के सामाजिक लाभ का निर्धारण करेगी। परियोजना की सभी लेखा विवरणियाँ सामाजिक दस्तावेज हो सकते हैं और कोई भी उनकी दो–तरफा जाँच–पड़ताल परियोजनाओं की भौतिक उपलब्धियों के साथ कर सकता है। सही लेखा परीक्षा और आयकर विवरणियाँ समय पर दाखिल करने से संगठन की साख और बढ़ेगी और दानदाता ऐसे पारदर्शी संगठन को जिसके साथ वे संबद्ध हैं, दान देते हुए प्रसन्न होंगे, व्यावसायिक सामाजिक कार्यकर्त्ताओं की भूमिका उस संगठन की पारदर्शिता को बनाए रखने में जिसके साथ वे संबद्ध हैं, महत्त्वपूर्ण होगी।

स्थिरता को बढ़ाने के उपाय–संगठन की स्थिरता को बढ़ाने के लिए, सामाजिक कार्यकर्त्ता कई नवाचारी कार्य युक्तियाँ निकाल सकता है जैसे कि दानदाता आधार को व्यापक बनाना, सरकारी अभिकरणों की सहायता अनुदान योजनाओं का पता लगाना जो कि परोपकारी कार्यकलाप जैसे कि यतीमों, अनुसूचित जातियों, अनुसूचित जनजातियों के लिए छात्रावास, वृद्ध आवास चलाना, अपंगों के लिए घर और शैक्षिक संस्थाएँ चलाना, को संचालित करने के स्थायी स्रोत हैं। संगठन की जनसाधारण की नजरों में छवि को कई ऐसे सामुदायिक सहायता कार्यकलाप और जनता के लिए कल्याणकारी कार्यकलाप चला कर बढ़ाएँ जिनमें वित्तीय विपक्षाएँ अधिक नहीं होतीं। व्यावसायिक सामाजिक कार्यकर्त्ता परोपकारी संगठन को चिरस्थायी बनाए रखने में महत्त्वपूर्ण भूमिका निभाते हैं।

अध्याय 11

परोपकारी समाज कार्य के लिए मानवीय और वित्तीय संसाधन (Human and Financial Resources for Philanthropic Social Work)

भूमिका

कई धर्म संघों तथा धार्मिक मतों के स्वयंसेवक परोपकारी समाज कार्य के अधिकांश मानवीय संसाधन रहे हैं। कैथोलिक प्रीस्टों, ननों, ब्रह्माकुमारियों और मठवासियों ने अपना सारा जीवन आध्यात्मिक लाभ के लिए लगा रखा है। परोपकारी समाज कार्य में मानवीय संसाधन पूर्णकालिक स्वयंसेवक, अंशकालिक स्वयंसेवक, पंजीकृत तथा अपंजीकृत निकायों में संगठित स्वयंसेवक तथा परोपकारी समाज कार्य करने वाली महिलाएँ होती हैं तथा वित्तीय संसाधन हैं–व्यक्तिगत दान, सरकारी अनुदान, निगमित ग्रहों से सामाजिक जिम्मेदारी के रूप में मिलने वाली सहायता निधि तथा विदेशी दान।

प्रश्न 1. परोपकारी समाज कार्य के लिए मानवीय संसाधनों का मूल्यांकन कीजिए।

अथवा

परोपकारी संगठन के लिए पंजीकरण के क्या लाभ हैं?

अथवा

परोपकारी समाज कार्य के लिए मानव संसाधन के स्रोतों को सूचीबद्ध कीजिए।

[जून-2019, प्र.सं.-3(c)]

अथवा

परोपकारी समाज कार्य में महिलाएँ पर संक्षिप्त टिप्पणी कीजिए।

[दिसम्बर-2019, प्र.सं.-5(c)]

उत्तर– परोपकारी समाज कार्य के प्रमुख संसाधन स्वयंसेवक हैं। परोपकारी समाज कार्य के मानवीय संसाधनों का निम्नलिखित मूल्यांकन किया जा सकता है–

पूर्णकालिक स्वयंसेवक–ईसाई मत, इस्लाम, सिक्ख, बौद्ध, जैन, जुडैज्म और हिंदुओं में कई स्वयंसेवक हैं जो परोपकारी कार्यकलाप में पूर्णकालिक रूप से हैं जैसे कि बीमारों, अपंगों, अकिंचनों, गरीबों, वयोवृद्धों, यतीमों और असाध्य रोगों से पीड़ितों की देखभाल करना। वे निःस्वार्थ मानव सेवा करते हैं और उनकी जीविका प्रायः धार्मिक संघों और मतों द्वारा स्पांसर की जाती है। वे आमतौर पर सरल जीवन बिताते हैं जिसकी पहचान गरीबों में की जाती है। वे आध्यात्मिक प्रगति, अमरत्व पाने, मृत्यु के बाद जीवन में परमानंद प्राप्त करने, आत्म-संतोष, प्रेमभाव (मानवता के लिए बिना शर्त स्नेह) ब्रह्ममंड एकता (निर्वाण या मोक्ष) इत्यादि के उद्देश्य की प्राप्ति के लिए करते हैं। उनमें से बहुतों को विश्वास है कि सांसारिक जीवन उत्तम तथा अस्थायी है।

मानव का मृत्यु के बाद स्वर्ग में जीवन के लिए झुकाव होता है। धरती पर जीवन जरूरतमंदों और गरीबों की सेवा के लिए होता है। वे प्रायः इस बात के लिए भगवान को धन्यवाद देते हैं कि उन्हें मानवता की सेवा करने के लिए एक और दिन मिल गया। उनका ऐसा विश्वास है कि उनके सामने गरीब, अकिंचन या यतीम मानव के रूप में हर रोज भगवान प्रकट होता है और वे दुःखी इंसान की सेवा करते हैं। वे ऐसा करके वास्तव में भगवान की सेवा और पूजा कर रहे हैं।

परोपकारी समाज कार्य के क्षेत्र में बहुत सारे पूर्णकालिक स्वयंसेवक अविवाहित रहते हैं और उन्हें विश्वास है कि परिवार की जिम्मेदारियाँ पूर्णकालिक समाज सेवा के लिए बाधाएँ हैं। उन्हें मानव और मानवता से गहरा प्यार है। उनका विश्वास है कि मानव की सेवा करना भगवान की सेवा करना है। सांसारिक खुशियों को खोना शाश्वत आनंद प्राप्त करने जैसा है। वे धन या पारिश्रमिक की आशा के बिना सेवा करते हैं। वे अपने कर्त्तव्य का पालन करने के लिए भीख माँगने से भी नहीं हिचकिचाते। पूर्णकालिक स्वयंसेवकों के उदाहरण के रूप में प्रिसिन मिनिस्टरी के स्वयंसेवकों का दृष्टांत उल्लेखनीय है।

भारत में प्रिसिन मिनिस्टरी एक कैथोलिक संगठन है जो भारत भर में कैदियों की सेवा करता है। मिनिस्टरी में 6000 से ऊपर स्वयंसेवक हैं जिनमें बहुत सारे पूर्णकालिक स्वयंसेवक हैं। अभी हाल ही तक यह एक पंजीकृत निकाय है। इनमें से बहुत से कैथोलिक प्रीस्ट, ननें और ब्रदर्स हैं। उनके जीवन के सिद्धांत हैं कि 'असुविधा हमारी सुविधा है' और भीख माँगना हमारे जीवन की

शैली है। वे भारत भर में जेलों में कैदियों का दौरा करते हैं, कैदियों को पढ़ाते हैं, उन्हें सलाह देते हैं, उनके परिवारों के पास जाते हैं, कैदियों के बच्चों को पढ़ाते हैं, शिकार परिवारों की देखभाल करते हैं और अंततः रिहा हुए कैदियों का पुनर्वास करते हैं। सैंट मैक्सीमिलियन कोल्बे, कैथोलिक मठवासी, जिसने अपना जीवन द्वितीय विश्वयुद्ध के दौरान एक अन्य नाजी बहुलता वाले शिविर में विनियम में न्यौछावर कर दिया। वह प्रिजन मिनिस्ट्री इंडिया का पैटर्न है। प्रिजन मिनिस्ट्री इंडिया (पी.एम.आई.) स्वयंसेवकों का बैंगलोर में जेल शिविर के अंदर घर भी है जहाँ रहकर पूर्णकालिक स्वयंसेवक चौबीसों घंटे कैदियों की सेवा करते हैं।

अंशकालिक स्वयंसेवक–परोपकारिता के क्षेत्र में कई अंशकालिक स्वयंसेवक होते हैं। धार्मिक और आध्यात्मिक प्रेरणा अंशकालिक स्वयंसेवकों के बनने का मुख्य कारक है जबकि पूर्णकालिक स्वयंसेवक अधिकतर धार्मिक मतों से आते हैं। अंशकालिक स्वयंसेवक सभी क्षेत्रों हर व्यवसाय और क्षेत्र से आते हैं। अंशकालिक स्वयंसेवकों की कई किस्में हैं। कुछ स्वयंसेवक अपने जीवन के समय का कुछ भाग परोपकारी कार्यों के लिए जैसे कि हर वर्ष एक सप्ताह या एक महीना दिन में या सप्ताह में कुछ घंटे इत्यादि अलग से रख देते हैं। कुछ छात्र अपनी छुट्टियों को परोपकारी समाज कार्य के लिए खर्च करते हैं। कई विदेशी छात्र एवं व्यवसायी विशेष करके डॉक्टर और छात्र समाज कार्यकर्त्ता विकासशील देशों में परोपकारी कार्यों के लिए विकल्प देते हैं। ऐसे कई अंशकालिक कार्यकर्त्ता भारत में आते हैं और बीमारों, गंदी बस्तियों में रहने वाले बच्चों, ग्रामीण महिलाओं, मिशनरीज ऑफ चैरिटीज 'इंस्टीट्यूट होम' में अकिंचनों की सेवा करते हैं। भारत में कई परोपकारी संगठन हैं जो राष्ट्रीय और अंतर्राष्ट्रीय अंशकालिक कार्यकर्त्ताओं का विभिन्न परोपकारी कार्यकलाप संचालित करने के लिए स्वागत करते हैं।

राष्ट्रीय सेवा स्कीम (एन.एस.एस.) के माध्यम से स्वैच्छिक समाज सेवा भारतीय विश्वविद्यालयों में सह-पाठ्यचर्या कार्यकलाप बन गई है। स्वैच्छिक परोपकारी कार्य विश्वविद्यालयी शिक्षा का भाग बन गया है। अंशकालिक परोपकारी कार्य विदेश में विश्वविद्यालयी शिक्षा का एक रिवाज है। परोपकारिता में छात्रों और व्यवसायियों की अंशकालिक सेवा उदाहरण देने के लिए हम महाराष्ट्र की एक घटना का उल्लेख करना चाहेंगे। एन.ए.एन.ई.ओ.एच., इंडिया, बंबई स्थित राष्ट्रीय संगठन, अपंगता के क्षेत्र में कार्य करता है। जुलाई, 2003 महीने के दौरान एन.ए.एस.ई.ओ.एच. ने तीन ऑस्ट्रेलियाई व्यवसायियों और सिडनी विश्वविद्यालय के 2 फिजियोथ्रपिस्टों और व्यावसायिक थिरैपिस्ट की सहायता से सी.बी.आर. कार्यकर्त्ताओं, नि:शक्तताओं के माता-पिता पी.एच.सी. के बेसिक अपंगता प्रबंधन कौशलों के बारे में प्राथमिक स्वास्थ्य कार्यकर्त्ताओं का एक महीने का प्रशिक्षण आयोजित किया। इस प्रक्रिया में एन.ए.एस.ई.ओ.एच. में 3 सी.बी.आर. कार्यकर्त्ताओं, पी.एच.सी. के 30 स्वास्थ्य कार्यकर्त्ताओं, एक एन.जी.ओ. अर्थात् व्यापक ग्रामीण स्वास्थ्य परियोजना के डॉ. रजनीकांत आरोल से 15 स्वास्थ्य कार्यकर्त्ताओं और नि:शक्ततों के 30 अभिभावकों को प्रशिक्षित किया। यह एक उदाहरण है जिसमें पता चलता है कि अंशकालिक स्वयंसेवकों की सेवा का कैसे प्रभावी ढंग से उपयोग किया जा सकता है। भारत में ऐसी घटनाएँ बहुत कम हैं।

व्यवसायी और छात्र अंशकालिक परोपकारी सेवाओं में शामिल होने का आनंद लेते हैं। इसमें उन्हें व्यस्त जीविका से तरोताजा होने के लिए अवकाश मिलता है। उन्हें यह सुकून भी मिलता है कि उन्होंने जीवन का कुछ समय किसी मानवीय कार्य हेतु के बिताया है। धन या सामग्री का पुरस्कार अंशकालिक स्वयंसेवकों के लिए महत्त्वपूर्ण नहीं होता। यह महसूस किया गया है कि कुछ ऐसे कार्यकर्त्ता पूर्णकालीन सेवा के लिए सेवा तैयार हैं बशर्ते किसी संगठन द्वारा उस कार्य के लिए उनका समर्थन किया जाए।

कई शहरों में कार्यरत परोपकारी संगठन जैसे कि महानगरों में कार्य करने वाले संगठनों को अंशकालिक व्यावसायिकों की सेवा प्राप्त होने का लाभ मिलता है। अमर ज्योति, प्रयास, सी.आर.वाई., बटर फ्लाई, सुलभ अंतर्राष्ट्रीय इत्यादि दिल्ली में कार्यरत कुछ ऐसे संगठन हैं जिन्हें स्वैच्छिक व्यावसायिक सहायता अंशकालिक आधार पर मिलती है। यदि ठीक से संगठित किया जाए तो भारत में परोपकारी संगठन कई अंतर्राष्ट्रीय स्वयंसेवकों को अंशकालिक आधार पर आकर्षित कर सकते हैं। इस संबंध में सामाजिक कार्यकर्त्ताओं की सकारात्मक भूमिका रहती है।

पंजीकृत और गैर-पंजीकृत सामाजिक निकायों में संगठित स्वयंसेवक–परोपकारी समाज कार्य की जनशक्ति स्वयंसेवक होते हैं और यह पाया गया है कि अधिकांश पूर्णकालिक कार्यकर्त्ता पंजीकृत निकायों के तत्वावधान में कार्य करते हैं। पंजीकरण, परोपकारी को वित्तीय और सामग्री के रूप में संसाधनों का पंजीकृत निकाय के नाम से न कि व्यक्ति विशेष के नाम से प्रबंध करने का हक देता है। अधिकांश धार्मिक आदेश पंजीकृत निकाय हैं और स्वयंसेवकों के अपंजीकृत निकाय भी हैं जो पूर्णकालिक परोपकारिता में हैं। स्वयंसेवकों के संगठन से बने पंजीकृत निकाय हैं–सोसाइटी ऑफ जेसस (एस.जे.), विन्सेंट डी पॉल, चैरिटेबल ट्रस्ट, रामकृष्ण मिशन इत्यादि। परोपकारी सामाजिक कार्य की प्रमुख प्रेरणा देना होता है लेकिन सशक्त बनाने और स्वयं सहायता करने के इरादे से। 19वीं शताब्दी के दौरान ये उद्देश्य संस्थाओं, सीमित लाभांश कंपनियों, सदस्यता संगठनों या उत्तरदातों या दानों के माध्यम से फलीभूत होने लगे और इनकी सहायता के लिए प्रायः मध्य वर्ग और उच्च वर्ग के लोग आए।

संगठन ने पूर्णकालिक स्वयंसेवकों को कानूनी संरक्षण एवं कर में छूट दी। निगमन ने स्वयंसेवकों के कार्य को पारदर्शिता दी। संस्थापकों के संलक्षण के अवांछनीय प्रतिघात निगमत होने के कारण न्यूनतम हो गए। यही नहीं बल्कि संसाधन पर संगठन की लेखा परीक्षा और आयकर विवरणियों के सांविधिक उपबंध के कारण काफी नियंत्रण हो गया। निगमन के कारण पूर्णकालिक स्वयंसेवकों के उत्तरदायित्व में वृद्धि हुई।

परोपकारियों को संगठित होकर दानशील सोसाइटियों या न्यासों के रूप में एक पंजीकृत निकाय बनाकर काम करने के लिए बहुत प्रोत्साहित किया गया।

इससे इनके द्वारा संचालित परोपकारी कार्यों की सार्वजनिक छवि सुधरेगी। दानदाता और उप-कारक पंजीकृत निकायों को परोपकारी अंशदान देकर प्रसन्न होंगे क्योंकि वे आयकर से लाभ का दावा करने के योग्य होंगे। निगमित दान एवं सरकारी अनुदान केवल पंजीकृत निकायों को ही उपलब्ध होते हैं।

परोपकारी संगठनों द्वारा भर्ती किए गए सामाजिक कार्यकर्त्ता–शुरुआत में परोपकारिता व्यक्तिगत उद्यम माना जाता था। धीरे–धीरे परोपकारी संगठन कानूनी हैसियत के साथ अस्तित्व में आ गए। संगठन की कानूनी और दानशीलता की स्थिति को बनाए रखने में बहुत सारी प्रक्रिया निहित होती है जिसमें परोपकारी संगठन में व्यावसायिक स्टाफ की भर्ती करना अपेक्षित होता है। सांविधिक निकायों द्वारा व्यक्तियों और सांस्थानिक दानदाताओं को दिए गए कर संबंधी लाभों से परोपकारिक कार्यों के लिए आय के संसाधनों को जोर मिला।

समुचित दान प्राप्त करने से नहीं रिकॉर्ड रखने, कार्यकलाप रिपोर्ट और प्रगति रिपोर्ट रखने की जिम्मेदारी भी हो जाती है। इन सभी जिम्मेदारियों के लिए व्यावसायिक सहायक उत्तरदायी होता है। लेखाकरण और प्रलेखन प्रयोजन के लिए परोपकारी संगठनों द्वारा पूर्णकालिक एवं अंशकालिक व्यवसायी रखे गए थे।

परोपकारी संगठन जैसे कि दानशील सोसाइटी, सार्वजनिक न्यास, निर्धारित कानूनी ढाँचे के अंतर्गत सक्षम व्यावसायिक सहायता के साथ शैक्षिक और दानशील संस्थाएँ राष्ट्रीय सीमाओं को लाँघ कर अस्तित्व में आ गई हैं। दानशील संगठनों ने सरकारी मिशनरी के कल्याणकारी कार्य में वृद्धि की है। परोपकारी संगठनों द्वारा बड़ी संख्या में व्यावसायिक सामाजिक कार्यकर्त्ता भती किए गए हैं। व्यक्तिगत अंशदानों की बजाय, निगमित अंशदान परोपकारी समाज कार्य के प्रमुख स्रोत बन गए हैं। व्यावसायिक समाज कार्यकर्त्ता परोपकारी संगठनों के प्रबंधकों के महत्त्वपूर्ण पदों पर नियुक्त किए गए हैं।

वैयक्तिक प्रेरणाओं की व्यापक श्रृंखला ने परोपकारी भागीदारी में योगदान किया है क्योंकि दूसरों की सहायता करने के कार्य को भावनात्मक और सामाजिक रूप से प्रेरणा के स्रोत के रूप में देखा गया है। धर्म और मृत्यु के बाद जीवन की चिंता ने बहुतों को दानशील कार्यों के लिए प्रेरित किया है।

जबकि बहुत कुछ किया जा चुका था, दानशीलता ने प्रायः अनियमित और प्राप्तकर्त्ताओं की जरूरतों को हमेशा पूरी तरह से पूरा नहीं किया। आज यह महसूस किया जाता है कि व्यावसायिकता की कमी ने परोपकारिता में प्रबंधन को बुरी तरह से प्रभावित कर दिया है।

परोपकारिता में दानदाता की व्यक्तिगत संतुष्टि प्राप्तकर्त्ताओं से अधिक जरूरी होती है। परोपकारी समाज कार्य में सेवा प्रयोक्ता की आवश्यकता और संतुष्टि अधिक जरूरी है और इस संदर्भ में व्यावसायिक हस्तक्षेप अपेक्षित होता है। सामाजिक समस्याओं की पहचान करने और सामाजिक समस्याओं का उप–विभाजन करने के लिए सामाजिक विज्ञानों से मंत्रणा लेने और विशिष्ट जरूरतों के बारे में जो पता लगी समस्याओं का उपाय कर सके, का कार्य शुरू कर दिया गया है। समाज कल्याण संगठनों में सामाजिक विज्ञान को शामिल करके परोपकारी प्रयासों को अधिक सक्षम बनाने में सहायता मिली है।

परोपकारी समाज कार्य में महिलाएँ–आधुनिक युग में मध्यम वर्ग की बढ़ोतरी से महिलाओं की ओर से लोक भागीदारी में बढ़ोतरी हुई। दानशील समूहों और संस्थाओं में कार्य महिलाओं के विशिष्ट समाज में प्रवेश पाने का अवसर बन गया और उन्हें घर के बाहर स्थान और दिशा प्राप्त हुई। बेहतर शिक्षा वाली महिलाओं को समाज के किसी पहलू से कम प्रयुक्त

संसाधन के रूप में देखा गया। परोपकारिक कार्य में महिलाओं को शामिल करने के लिए आदर्श स्थिति के रूप में देखा गया क्योंकि दानशीलता का कार्य उनके मातृ सुलभ गुणों का व्यापक समाज में प्राकृतिक विस्तार लगता था। महिलाओं के परोपकारी कार्य की सुस्पष्ट विशेषता वह अंश है वे घर के बाहर अपने घरेलू अनुभव और शिक्षा के अनुप्रयोग में लगाएँ। इस कहावत कि "दानशीलता घर से आरंभ होती है" का उससे व्यापक अर्थ है जिसे कि इसके प्रवर्तक ने समझा था क्योंकि यह विश्वास किया गया था कि वह घर होता है जहाँ महिलाओं में व्यापक क्षेत्र में अच्छा कार्य निष्पादित करने के लिए अपेक्षित सहानुभूति और दक्षता विकसित होती है। चूँकि समाज में सर्वोपरि सामाजिक इकाई होने के नाते परिवार पर अधिकाधिक ध्यान दिया जाता है परिवार की प्राकृतिक संरक्षक माने जाने के कारण महिलाओं में नया विश्वास पैदा हो गया है।

घरेलू प्रबंधन में महिलाओं का परिश्रम प्राय: धन एकत्रित करने वाले संगठनों में लाभकारी सिद्ध हुआ है। बाजारों, डिनर पार्टियों, प्रीति भोजों और कलैक्शन बॉक्सों से धन उगाहने के अलावा महिलाओं ने अतिरिक्त घरेलू कार्य किया और अपने संगठनों के लिए अतिरिक्त धन अर्जित करने हेतु हाथ से बनी वस्तुओं को बेचना शुरू किया।

महिलाएँ संस्थागत और निजी परोपकारिता में देखभाल और परिश्रमी प्रभाव लेकर आईं जो परोपकारिक कार्य यदि उनके पुरुष पर छोड़ा होता तो इतना प्रभावी नहीं होता।

प्रश्न 2. परोपकारी समाज कार्य के लिए वित्तीय स्रोतों के बारे में बताइए तथा संगठित दान की प्राप्ति के लिए कानूनी आवश्यकताओं का वर्णन कीजिए।

उत्तर– पारंपरिक रूप से परोपकारिता के लिए वित्तीय संसाधन धार्मिक और मानवीय दान स्कूलों, निगमित गृहों सहित अन्य संगठनों से धर्मार्थ दान और सरकारी सहायता अनुदान से आते थे। 19वीं शताब्दी में परोपकारिता धार्मिक परंपरा पर आधारित थी जो कि विकास की शताब्दी थी। ऐतिहासिक तौर पर समाज में धनवान लोग गरीबों को धार्मिक कर्त्तव्य समझ कर दान देते थे। दानशीलता के अपनी स्वयं की आत्मा को बचाने के रूप में देखा जाता था और जरूरतमंदों की सहायता भी होती थी। ईसाई मत में, कुछ का मानना था कि मानवीय स्वभाव के साथ संपर्क में आने के द्वारा खासतौर से उनके साथ जो जरूरतमंद थे, वे ईसा मसीह से संपर्क साधने में समर्थ हो जाते थे। वित्तीय संसाधन और उनकी वसूली का वर्णन निम्नलिखित रूप में किया जा सकता है–

- परोपकारी समाज कार्य के लिए वित्त के स्रोत
- संगठित दान प्राप्त करने के लिए कानूनी आवश्यकताएँ
- धन एकत्र करना

परोपकारी समाज कार्य के लिए वित्त का स्रोत–परोपकारी कार्यों के लिए वित्त के मुख्य स्रोत में व्यक्तिगत दान, सरकारी अनुदान निगमित सामाजिक उत्तरदायित्व के अंतर्गत सांस्थानिक सहायता, ऋणों पर सब्सिडी तथा विदेशी और देशी अंशदान तथा दान शामिल हैं। परोपकारिता में निधियाँ प्राप्त करने के लिए संगठन बेहतर स्थिति में हैं।

धर्मार्थ संगठन भारत में कई विधायनों के अंतर्गत कानूनी लाभ उठा सकते हैं। धर्मार्थ संगठनों को दिए गए दान, दानदाताओं के लिए कर में कुछ छूट प्राप्त कर सकेंगे। परोपकारी समाज कार्य के लिए वित्त के प्रमुख स्रोतों का वर्णन निम्नलिखित भाग में किया जाता है–

व्यक्तिगत दान–धार्मिक पूजा के संदर्भ में किया गया दान परंपरा से परोपकारी कार्य का प्रमुख स्रोत था। ऐसे दान विभिन्न धर्मार्थ प्रयोजनों के लिए प्रयोग में लाए जाते हैं। शिरडी संस्थान में अन्नदान, गुरुद्वारा में लंगर और इस्लाम में जकात ये कुछेक उदाहरण धर्मार्थ दान के हैं। जुडैज्म व्यक्ति की आय का 10वाँ हिस्सा धार्मिक चंदे में देने के लिए निर्धारित करता है। बहाई मत में प्रतिदिन की आय का एक डॉलर प्रति सदस्य धार्मिक दान के रूप में निर्धारित किया गया है। अन्य सभी धर्म धर्मार्थ और मानवीय प्रयोजनों के लिए व्यक्तिगत दान को प्रोत्साहित करते हैं। ईसाई मत, बौद्ध और जैन धर्म व्यक्तिगत धनदान, श्रमदान और सामग्री दान पर अधिक जोर देते हैं।

सरकारी अनुदान–समाज कल्याण कार्यकलाप जैसे कि अकिंचन गृहों, यतीमखानों, वयोवृद्ध आश्रम को चलाने, गली के बच्चों के गृहों, दु:ख में महिलाओं के ठहरने के लिए अल्पाधि गृहों को चलाने, आश्रयालय चलाने, पिछड़े वर्गों इत्यादि के लिए शैक्षिक और प्रशिक्षण केंद्रों इत्यादि को संचालित करने के लिए वृद्धों यतीमों, अकिंचनों, नि:शक्तों, सामाजिक और आर्थिक तौर से पिछड़े समुदायों, अनुसूचित जनजातियों, गली के बच्चों, किशोरावस्था के अपराधियों तथा दु:खी महिलाओं की देखभाल करना बुनियादी तौर पर सरकार की जिम्मेदारी है। सरकारों ने, परोपकारी संगठनों के साथ सहायता अनुदान योजना के अंतर्गत जुड़कर इस जिम्मेदारी का प्रबंध करने का सरल तरीका ढूँढ़ निकाला है।

पात्र संगठनों जो पंजीकृत हैं, जिनके वार्षिक लेखे की लेखा परीक्षा होती है, आयकर विवरणियाँ दाखिल की जाती हैं जिनके पास पर्याप्त जनशक्ति और अवसंरचना मौजूद है और समय पर निर्धारित प्रारूप पर आवेदन पत्र भेजते हैं, को सहायता अनुदान प्रदान किया जाता है। गारंटी संगठनों द्वारा आवधिक प्रगति रिपोर्ट भेजने की जरूरत होती है। संगठन की परोपकारी सेवाओं का निरीक्षण और उनका मॉनीटरण सरकारी पदाधिकारियों द्वारा किया जाता है।

निगमित सामाजिक जिम्मेदारी के अंतर्गत सांस्थानिक सहायता–निगमित गृहों (व्यावसायिक गृहों, उद्योगों और लिमिटेड कंपनियों) को अपने निवल लाभ का कम-से-कम 10% सामाजिक तथा धार्मिक परोपकार के लिए प्रायोजित करना होता है। यह निधि निगमित सामाजिक जिम्मेदारी के अंतर्गत उपलब्ध धर्मार्थ निधि कहलाती है। निगमित गृह कई बार अपनी स्वयं की परोपकारी प्रतिस्थापनाएँ गठित करते हैं और इस धनराशि को प्रतिस्थापना के खाते में, जहाँ कि कंपनी की प्रमुख उत्पादन इकाइयाँ स्थापित होती हैं। इस बस्ती में विभिन्न कल्याणकारी कार्यकलाप चलाने के लिए परिवर्तित करते हैं। प्राय: वे इस निधि को सुप्रसिद्ध और विश्वसनीय परोपकारी संगठन जो मानवीय सेवाओं को संचालित करते हैं, जैसे कि एच.आई.वी./एड्स, कैंसर, हृदय रोगों इत्यादि, असाध्य रोगों के इलाज के लिए, अकिंचन बच्चों, बुजुर्गों और दु:खी महिलाओं इत्यादि की देखभाल के लिए देते हैं। कुछेक सुप्रसिद्ध निगमित परोपकारी संगठन हैं–फोर्ड फाउंडेशन, बिल गेट्स (माइक्रोसॉफ्ट), चैरिटेबल फाउंडेशन इत्यादि। इंडियन ऑयल कॉर्पोरेशन, बी.पी.सी.एल., किर्लोस्कर कॉर्पोरेशन क्रॉम्प्टन, टाटा, जी.एम.आर. बिरला और एल एंड टी भारत के कुछेक निगमित गृह हैं जिन्होंने सी.एस.आर. के अधीन उल्लेखनीय योगदान दिया है। इनकी और अन्य निगमित गृहों की सी.एस.आर. रिपोर्ट इंटरनेट पर उपलब्ध है।

अन्य दान और योगदान (विदेशी और देशी)–अन्य विदेशी और देशी दान परोपकारी प्रयोजनों के लिए उपलब्ध हैं। कुछ प्रतिष्ठित व्यक्ति अपने जीवन की कमाई और दौलत का कुछ भाग, कुछ न्यास या प्रतिस्थापनाएँ बना कर परोपकारी प्रयोजनों के लिए अलग रख लेते हैं। भारत में परोपकारी संगठनों के लिए विदेशी दान भी प्रमुख स्रोत हैं।

यूरोपियन यूनियन, जी.टी.जैड, कैरिटास, माइसेरियर, विदेशी राजदूत, यू.एस.ए.आई.डी., यूनीसेफ, यूनेस्को, यू.एन.डी.पी., ए.आई.एफ.ओ. आदि कुछ विदेशी दानदाता संस्थाएँ हैं। इन संस्थाओं ने निधियन की शर्तें और निबंध निर्धारित किए हैं। उदाहरण के लिए, ए.आई.एफ.ओ. निधि विशुद्ध रूप से कुष्ठ रोग की देखभाल और पुनर्वास के लिए दी जाती हैं; यू.एस.डी.पी. निधि मुख्यत: शरणार्थी देखभाल के लिए हैं।

यू.एन.आई.सी.एफ. निधि बच्चों इत्यादि के लिए है। ऐसे दान प्राय: परियोजना आधारित होते हैं और परोपकारी संगठन जो इन निधियों का उपयोग कर रहे हैं, उन्हें परियोजना के मॉनीटरण और प्रलेखन के लिए कुछ औपचारिकताएँ और प्रक्रिया पूरी करनी होती हैं। इनमें से कुछ शर्तें निम्नलिखित हैं–

संगठित दान की प्राप्ति के लिए कानूनी आवश्यकताएँ–सरकारी अनुदान एवं निगमित दान सहित संस्थागत दान प्राप्त करने के लिए परोपकारी संगठन को कई कानूनी मानदंड पूरे करने होंगे। इनमें भारत में संगठित दान प्राप्ति की कुछ कानूनी अपेक्षिताएँ हैं–

- समुचित विधायन (सोसाइटी रजिस्ट्रीकरण अधिनियम या लोक और पूर्व न्यास अधिनियम) के अधीन पंजीकरण
- आयकर अधिनियम, 1961 की धारा 12ए के अंतर्गत कर से छूट
- आयकर अधिनियम, 1961 की धारा 80जी या 35ए सी के अंतर्गत पंजीकरण
- एफ.सी.आई.ए. 1976 के अंतर्गत विदेशी दान प्राप्त करने की अनुमति

पंजीकरण और उसका अनुरक्षण–समुचित कानून के अंतर्गत पंजीकरण परोपकारी संगठन को एक विलक्षण कानूनी पहचान प्रदान करता है। कानूनी व्यक्ति की तरह संगठन संपत्ति रखने के लिए सक्षम हो जाता है, अन्य संगठनों और व्यक्तियों के साथ अनुबंध करने और एक व्यक्ति की तरह धन और सामग्री के लेन-देन की शक्ति होती है। पंजीकरण कराने के लिए, दिन-प्रतिदिन के कार्यचालन के लिए संघ का ज्ञापन और उप-विधि (नियम और विनियम) तैयार करने होते हैं जिनमें संघ के ज्ञापन और उप-विधि में संगठन के लिए एक विलक्षण नाम (नाम का खंड) लक्ष्यों और उद्देश्यों (लक्ष्य खंड) का सेट, संगठन का संविधान और शासी निकाय कार्य, संगठन की प्रधान सभा का संविधान और कार्य, नई सदस्यता का उपबंध, सदस्यता की समाप्ति, शासी निकाय तथा प्रदान सभा की शक्तियाँ और जिम्मेदारियाँ शामिल होती हैं। संघ के ज्ञापन में यह सुनिश्चित किया जाता है कि पंजीकृत संगठन के सदस्यों का एक-दूसरे से खूनी रिश्ता नहीं है और यह प्रजातांत्रिक ढंग से कार्य करता है।

संघ के ज्ञापन और उप-विधि में शासी निकाय के लिए आवधिक चुनाव (4-5 वर्षों में एक बार), प्रधान सभा की वार्षिक बैठक जिसमें वार्षिक बजट का अनुमोदन, वार्षिक रिपोर्ट का प्रस्तुतीकरण, लेखा परीक्षा विवरणी का अनुमोदन, लेखा परीक्षक की नियुक्ति तथा नई सदस्यता

के बारे में चर्चा होती है। शाही निकाय की सूची रजिस्ट्रार के पास हर वर्ष दाखिल करनी होती है। संगठन की लेखा परीक्षा विवरणियाँ आयकर विभाग में दाखिल करने की आवश्यकता होती है।

आयकर अधिनियम, 1961 की धारा 12ए के अंतर्गत कर छूट—आयकर अधिनियम, 1961 की धारा 12ए के अंतर्गत पंजीकरण में यह सुनिश्चित किया जाता है कि परोपकारी संगठन धर्मार्थ संगठन है और इसकी आय और परिसंपत्तियों को आयकर से छूट प्राप्त है। यह पंजीकरण सोसाइटी के रजिस्ट्रेशन के तुरंत बाद करना पड़ता है।

यह रजिस्ट्रेशन परोपकारी संगठन के कार्यचालन की व्याप्ति को सीमित करता है। 12ए के अधीन पंजीकृत संगठनों को कोई लाभ कमाने का कार्यकलाप करने की अनुमति नहीं होती क्योंकि उनका अभिप्राय केवल परोपकारिता होता है। यह धर्मार्थ की हैसियत भी 80जी या 35ए सी के अंतर्गत रजिस्ट्रेशन के लिए जरूरी है जो संगठन के दानदाताओं को कर का लाभ देता है।

धर्मार्थ सोसाइटी के रूप में पंजीकरण संगठन को चल और अचल परिसंपत्तियाँ अर्जित करने का हक प्रदान करता है जो कि विशुद्ध रूप से परोपकारी प्रयोजनों के लिए प्रयुक्त करनी होती हैं जबकि प्रत्येक नागरिक के लिए आय की एक सीमा होती है जिससे अधिक उसकी आय कर योग्य हो जाती है, धर्मार्थ संगठन के लिए ऐसी कोई सीमा नहीं है और दानशील न्यास या परोपकारी सोसाइटी की परिसंपत्तियाँ और दौलत कर योग्य नहीं होतीं। वे न्यास के रूप में दौलत को लाभ से वंचित लोगों के लाभ के लिए जिनकी वे सेवा करते हैं, रख सकते हैं। यह सरकार द्वारा परोपकारी संगठनों को दिए गए प्रोत्साहन और नैतिक समर्थन के रूप में है क्योंकि वे सरकार के कल्याणकारी कार्यों में भाग लेते हैं।

आयकर अधिनियम, 1961 की धारा 80जी या 35ए सी के अंतर्गत पंजीकरण—आयकर अधिनियम, 1961 की धारा 80जी या 35ए सी के अंतर्गत पंजीकृत परोपकारी संगठनों को अतिरिक्त लाभ मिलते हैं क्योंकि इससे दानदाता और उप-कारक परोपकारी दान के लिए कर की छूट के लिए दावा कर सकते हैं। धारा 80जी के अंतर्गत पंजीकरण से 50 प्रतिशत कर का लाभ मिलता है जबकि 35ए सी के अंतर्गत संगठन के उप-कारकों द्वारा दिए गए दान के लिए 100 प्रतिशत का लाभ दिया जाता है। धारा 80जी के पंजीकरण की स्थिति को तीन वर्षों में उस अवधि के दौरान प्राप्त दान और दानदाता का पता-ठिकाना भर कर उसका ब्यौरा आयकर विभाग को देकर नवीकृत कराने की आवश्यकता होती है। मॉनीटरिंग तंत्र से सुनिश्चित हो जाता है कि परोपकारी संगठनों द्वारा प्राप्त दान की समुचित अभिस्वीकृति की जाती है और दान का प्रयोग विशुद्ध रूप से परोपकारी प्रयोजनों के लिए किया जाता है।

धारा 35ए सी के अंतर्गत पंजीकरण परियोजना आधारित है और निर्धारित आयकर सीमा के साथ होता है। धारा 35ए सी के अधीन परोपकारी संगठन निधियों की कुछ मात्रा (प्राय: कुछ लाख का करोड़) किसी विशिष्ट परियोजना के संचालन के लिए किसी विशिष्ट समयावधि के लिए प्राप्त करने का हकदार होता है। परियोजना के निष्पादन के लिए प्राप्त दान और अंशदान 100 प्रतिशत कर से छूट होती है। यह परोपकारी संगठनों के दानदाताओं के लिए प्रोत्साहन है।

एफ.सी.आर.ए. 1976 के अंतर्गत विदेशी दान प्राप्त करने की अनुमति—परोपकारी संगठनों को विदेशी दान और अंशदान प्राप्त करने के लिए विदेशी अभिदान विनियमन

अधिनियम (एफ.सी.आर.ए.) 1976 के अंतर्गत, पंजीकरण प्राप्त करना आवश्यक होता है। परोपकारिता के लिए निधियों के अंतर्राष्ट्रीय स्रोत उपलब्ध हैं जैसे कि विदेशी राजदूत, यूरोपियन यूनियन, यू.एस.ए.आई.डी. इत्यादि। जब तक अनूठी एफ.सी.आर.ए. पंजीकरण संख्या द्वारा ग्रह मंत्रालय द्वारा संगठन को स्पष्ट अनुमति नहीं दी जाती, संगठन के लिए विदेशी अंशदान प्राप्त करना निषेध होता है। परोपकारी संगठनों को एफ.सी.आर.ए. के अंतर्गत निर्धारित फॉर्मेट में स्थायी पंजीकरण के तीन साल बाद पंजीकरण के लिए आवेदन करने की जरूरत है।

एफ.सी.आर.ए. के अंतर्गत पंजीकृत परोपकारी संगठनों को गृह मंत्रालय को हर साल विदेशी अंशदानों की विवरणी दाखिल करने की जरूरत है जिसमें रिपोर्टाधीन वर्ष के दौरान प्राप्त विदेशी अंशदानों का ब्यौरा, अंतर्राष्ट्रीय दानदाताओं और निधि देने वाले संगठनों का पता-ठिकाना, वह प्रयोजन जिसमें दान प्रयुक्त किए गए हों और प्राप्त दान की रकम में बची राशि का ब्यौरा शामिल होता है। इस तरीके से केंद्रीय सरकार द्वारा विदेशी अंशदानों की प्राप्ति और उपयोगिता मॉनीटर की जाती है।

धन उगाहने की प्रक्रिया–परोपकारी संगठन, धन एकत्र करने के लिए विभिन्न तरीकों और कार्य युक्तियों का अनुप्रयोग करते हैं। धन एकत्र करने के अभियानों द्वारा एकत्र धन परोपकारी संगठनों के वित्तीय संसाधनों का आवश्यक स्रोत है। हेल्थ एज इंडिया फाउंडेशन कई सालों से धन इकट्ठा करने के नवाचारी अभियान आयोजित करता रहा है। परोपकार के प्रयोजन आम जनता को दान देने के लिए हमेशा आकर्षक रहे हैं। धन इकट्ठा करने के विशिष्ट अभियानों के माध्यम से एक परोपकारी संगठन को निम्नलिखित करने की जरूरत है–

- धन इकट्ठा करने के लिए परोपकारी कारण का पता लगाना
- उद्देश्य के विधियन में रुचि लेने वाले अभिकरण/व्यक्ति/निगमन की खोज
- निर्धारित फॉर्मेट में आवेदन और आवेदन पर अनुवर्ती कार्रवाई
- चैरिटी शो आयोजित करना
- अन्य युक्तियाँ

धन इकट्ठा करने का परोपकारी उद्देश्य उजागर करना और पहचानना–धन इकट्ठा करने के अभियान की युक्ति के लिए सबसे पहले परोपकारी उद्देश्य का पता लगाना होगा और इसे आधुनिक सारे प्रभावशाली मास मीडिया का प्रयोग करते हुए आकर्षक ढंग से प्रस्तुत किया जाना चाहिए। अकिंचनता जैसे कारण, सुनामी जैसी प्राकृतिक आपदाएँ, भूकंप, बाढ़, अकाल और आग लगना, पर्यावरणीय संरक्षण, एच.आई.वी. से प्रभावित बच्चों का पुनर्वास, कैंसर रोगी, कुष्ठ रोग से प्रभावित व्यक्ति, बाल और महिला के साथ दुर्व्यवहार, परोपकारी निधि एकत्र करने के लिए उपयुक्त कारण हैं। हाल ही की संबंधित घटनाओं के पोस्टरों और चित्रों को धन इकट्ठा करने के अभियानों में प्रयोग में लाया जा सकता है। दानदाताओं द्वारा प्राप्त किए जाने वाले कर लाभों को उजागर किया जा सकता है। वेबसाइट, ई-मेल, एस.एम.एस., टेलीफोन, डाक और कुरियर का प्रयोग अभियान के प्रचार के लिए किया जा सकता है।

कारण के लिए धन देने में रुचि रखने वाले अभिकरण/व्यक्ति/निगमन की खोज करना– धन इकट्ठा करने के सुपात्र कारण की पहचान करने के बाद परोपकारी संगठन को

अभियान के लिए निधियों के सभी संभव स्रोतों की खोज करनी पड़ेगी और सभी अभिकरणों, व्यक्तियों और निगमन गृहों को पहचानना होगा जो किसी कारण के लिए दान दे सकते हैं। उदाहरण के लिए, चिकित्सा कंपनियाँ स्वास्थ्य से संबंधित मामलों के लिए दान देने में रुचि ले सकती हैं। स्कूल लाभवंचित बच्चों की शिक्षा और प्रशिक्षण के लिए योगदान करने में रुचि ले सकते हैं। महिला संगठन और चर्च संबंधी संस्थाएँ लाभ से वंचित महिलाओं के लिए योगदान करने में रुचि रख सकते हैं। वाहन कंपनियाँ दुर्घटना के शिकारों के कारण के लिए दान देने के लिए रुचि ले सकती हैं। आम अपील करने के बजाय संभावित दानदाता ग्रुप का पता लगा कर उसके पास जाने से अधिक प्रभाव पड़ेगा।

निर्धारित फॉर्मेट में परियोजना आवेदन और अनुवर्ती कार्रवाई—धन इकट्ठा करने के अभियान के लिए निगमित दान इकट्ठा करने के लिए आवेदन-पत्र निर्धारित फॉर्मेट में प्रेषित करना होता है। निधियन संगठनों ने परोपकारी प्रोजेक्ट भेजने के लिए प्रोजेक्ट फॉर्मेट निर्धारित किया है। परोपकारी संगठन वैज्ञानिक परियोजना प्रस्ताव तैयार करने में सक्षम होने चाहिए जिसके लिए सामाजिक कार्यकर्त्ता की व्यावसायिक सहायता लेने की जरूरत होगी। स्कूल, चर्च संगठनों जैसी कई संस्थाएँ, बैंकिंग संस्थाएँ, सरकारी और अर्द्ध-सरकारी संगठनों को रजिस्ट्रेशन प्रमाण-पत्र, 12ए पंजीकरण प्रमाण-पत्र की प्रति, 80जी रजिस्ट्रेशन की प्रति, वार्षिक रिपोर्ट, गत वर्षों के लेखाओं की लेखा परीक्षित विवरणियों इत्यादि सहित परोपकारी संगठनों को औपचारिक आवेदन-पत्र भेजने की जरूरत होगी ताकि वे यह सुनिश्चित कर सकें कि परोपकारी संगठन की परोपकारी दान प्राप्त करने, विश्वसनीयता और उनका प्रभावपूर्ण ढंग से उपयोग करने की क्षमता है।

एक ओर आवेदन दिए जाने पर यह आवश्यक है कि दान प्राप्त होने तक आवेदन का अनुवर्तन किया जाए। एक बार दान के प्राप्त हो जाने पर, इसकी विधिवत् अभिस्वीकृति भेजी जाए। एक बार कार्यकलाप के अपेक्षित हो जाने पर लेखक परीक्षक से उपयोगिता, प्रभाव-पत्र, रंगीन कार्यकलाप रिपोर्ट के साथ, दानदाता अभिकरण को भेजना होता है। ऐसे कार्यों से परोपकारी संगठन की विश्वसनीयता और बढ़ेगी जिससे उसी दानदाता संस्थाओं से भविषय में दान मिल सकता है। कई दानदाता संस्थाएँ अपनी पहचान का कार्यकलाप के स्थल पर प्रधानता से प्रदर्शन कराना चाहते हैं जिसके लिए योगदान प्राप्त किया जाता है।

चैरिटी शो का आयोजन—चैरिटी शो जैसे कि संगीत समारोह, इश्तिहार और चित्रकला प्रदर्शनी, चलचित्र और वृत्तचित्र प्रदर्शन, मैजिक शो, सांस्कृतिक घटना, वार्षिकोत्सव, खेलकूद और खेल शो (मैत्रीपूर्ण मैच) इत्यादि धन इकट्ठा करने के अच्छे साधन हैं।

प्रवेश पास के रूप में घटना के दान कूपन दिए जाते हैं। इस तरीके से दानदाताओं को मनोरंजक तरीके से जानकारी देने की घटना स्वरूप या जो दान वे देते हैं उसके लिए मनोरंजन सुविधा स्वरूप, कुछ लाभ दिए जाते हैं। दिए गए लाभ एकत्रित चंदे के समरूपी नहीं भी हो सकते। सहायतार्थ प्रदर्शन की विशेषता यह है कि आयोजित घटना उतनी महत्त्वपूर्ण नहीं होती लेकिन परोपकारी प्रयोजन, शो की कार्यवाहियों की उपयोगिता को हमेशा उजागर किया जाता है। लोग वास्तव में परोपकारी उद्देश्य के लिए दान देते हैं और दानदाता जरूरी नहीं कि सहायतार्थ शो में भाग ले ही। सहायतार्थ शो में मुख्य प्रयोजनों की पहचान प्रदर्शित करनी चाहिए।

संगीत समारोह (लाइव शो), अधिकतर आय संगठित सहायतार्थ प्रदर्शन होते हैं। प्रसिद्ध लोकप्रिय व्यक्ति, राजनीतिज्ञ, व्यवसायी, फिल्मस्टार और नौकरशाहों को सहायतार्थ शो में अपनी उपस्थिति दर्ज करने के लिए आमंत्रित किया जाए और यदि संभव हो तो परोपकारी कारण के बारे में संक्षिप्त संदेश भी दिया जाए। सहायतार्थ शो को प्राय: मीडिया कवरेज दिया जाता है। धन इकट्ठा करने के लिए सहायतार्थ शो एक अच्छा साधन है।

अन्य रणनीतियाँ–धन इकट्ठा करने के अभियान के लिए अन्य रणनीतियों में चंदा कूपन; लक्की ड्रॉ; किश्त योजनाएँ; धन की बचत करने के लिए स्वैच्छिक सेवाओं की जनशक्ति, तकनीकी इनपुट पर आह्वान करना; रसद, लेखन सामग्री, कपड़ा प्रशिक्षण सामग्री, भवन सामग्री, भोजन इत्यादि पर व्यय की बचत करने के लिए वस्तुओं के रूप में दान देने का आह्वान करना ये धन इकट्ठा करने के व्यापक रूप से प्रेषण में लाए जाने वाले साधन हैं जो कि प्राय: परियोजना और मामलों पर आधारित विशिष्ट कार्यक्रम हैं। धन संग्रहण विज्ञापन और मुद्रित प्रोत्साहन साहित्य धन इकट्ठा करने के दूसरे साधन हैं जैसे कि सोविनियर वार्षिक रिपोर्ट, ब्रॉशर, पर्चे और आवधिक पत्रिकाएँ। विभिन्न किस्मों के सोविनियरों की बिक्री जिसमें हस्तशिल्प वस्तुएँ, चित्रकारी, ड्रॉइंग, पुनर्चक्रण सामग्री से निर्मित वस्तुएँ इत्यादि भी धन इकट्ठा करने के लिए व्यापक प्रयोग में लाई जाने वाली युक्ति है। धन एकत्र करने की ऐसी कई और भी नवाचारी युक्तियाँ हैं जिन्हें जरूरत के अनुसार सामाजिक कार्यकर्त्ताओं द्वारा जो सृजनात्मक हैं, इजाद किया गया है।

ये धन इकट्ठा करने की रणनीतियाँ व्यक्ति-से-व्यक्ति अभियान में सफल रही हैं। ऐसी वैयक्तिक पहुँच परोपकारी प्रयोजन के संबंध में जनता में सामाजिक जागरुकता भी फैलाएँगी जिसके लिए धन एकत्र करने के अभियान संचालित किए जा रहे हैं। एक बार जब वित्तीय संसाधनों की व्यवस्था समुचित धन एकत्रण अभियानों से हो जाती है तो धन का प्रयोग भी प्रभावी तरीके से किया जाना चाहिए।

प्रश्न 3. परोपकारी समाज कार्य में संसाधन प्रबंधन पर चर्चा कीजिए।

अथवा

परोपकारी समाज कार्य में संसाधन प्रबंधन के दिशा-निर्देशों की व्याख्या कीजिए।

[दिसम्बर-2019, प्र.सं.-3(c)]

उत्तर– परोपकारी समाज कार्य का संसाधन प्रबंधन एक महत्त्वपूर्ण पहलू है। इसके लिए हमें परोपकारी निधियों के उपयोग की कुछ युक्तियों को सीखना पड़ेगा। परोपकारी समाज कार्य में कुछ सामान्य दिशा-निर्देश निम्नलिखित हैं–

अवसंरचना पर व्यय न करना–सार्वजनिक निधियों (दान, योगदान, सरकारी अनुदान और परियोजना अनुदान) को अचल संपत्ति, अवसंरचना के निर्माण और रख-रखाव पर खर्च नहीं किया जाएगा जब तक कि दान का संग्रह विशुद्धता उसी प्रयोजन के लिए न किया गया हो। आधुनिक प्रवृत्ति समुदाय आधारित पहुँच पर है जो संस्थापन निर्माण पहुँच की अनुमति नहीं देती। संस्थापन निर्माण के लिए निधियाँ कभी उपलब्ध नहीं होतीं। अत: परोपकारी संगठनों को संसाधनों की विशुद्धता पूर्व निर्धारण प्रयोजनों पर खर्च करने के लिए सावधान रहना चाहिए। संगठन की अपनी

निधियाँ और सोसाइटी के सदस्यों से संग्रह की गई राशि अवसंरचना विकास के लिए प्रयुक्त करनी होती है। आमतौर पर संभावित उपकारी इसे परोपकारी प्रयोजनों पर खर्च करने के उद्देश्य से परोपकारी संगठन को या प्रत्यक्षत: मानवीय सेवाओं के लिए दान देते हैं।

न्यूनतम प्रशासनिक लागत–प्रशासनिक लागत स्थानीय योगदान से पूरी करना–परोपकारी निधियाँ प्रशासनिक प्रयोजनों के लिए प्रयोग नहीं करनी होंगी। यदि इसे प्रशासनिक लागतों पर खर्च करना पड़े जैसे कि यात्रा, डाक खर्च, लेखाकरण, कंप्यूटर खर्च, मेजबानी इत्यादि तो यह न्यूनतम होनी चाहिए। उदाहरण के तौर पर यह कुल परिव्यय के 10 प्रतिशत से ज्यादा नहीं होना चाहिए। एफ.सी.आर.ए., प्रशासनिक लागत की ऊपरि बीमा, विदेशी अंशदान की उपयोगिता का, 10 प्रतिशत निर्धारित करता है। कम-से-कम 90 प्रतिशत दान, परोपकारी प्रयोजनों के लिए या सीधे समाज कल्याण सेवाओं के लिए प्रयोग में लाना चाहिए जिसके लिए धनराशि का संग्रहण किया जाता है।

प्रशासनिक लागत स्थानीय अंशदान के रूप में सृजित की जानी चाहिए या संगठन की अपनी निधियों से। प्रशासनिक सेवाओं का खर्च स्वैच्छिक सहायता द्वारा चुकाया जाना चाहिए। परोपकारी संगठन के किसी पदाधिकारी को उनकी संगठन की सेवा के लिए कोई पारिश्रमिक नहीं दिया जाना चाहिए। उनकी सेवाएँ बिना प्रभार के मुफ्त होनी चाहिए।

परोपकारी संगठन पर अधिक प्रशासनिक व्यय करने का दबाव, संगठन के कार्यालय के कार्य के लिए व्यवसायियों की भर्ती न करने के कारण होता है।

अभिप्रेत परोपकारी प्रयोजन और लाभभोगियों पर अधिकतम व्यय करना–परोपकारी समाज कार्य के संसाधन प्रबंधन का यह अनुभव सम्मत नियम है। दानदाता अभिकरण और व्यक्ति यह जान कर प्रसन्न होंगे कि उनको 100 प्रतिशत दान परोपकारी प्रयोजन पर खर्च हुआ है जिसके लिए दान दिया गया है। कोई दानदाता यह नहीं चाहता कि उनका दिया गया दान प्रशासनिक लागत पर खर्च किया जाए। कई उप-कारक परोपकारी अंशदान प्रशासनिक लागतों और असुविधाओं से जो उसमें अन्यथा शामिल होती है; बचने के लिए करते हैं। उदाहरण के लिए जब कोई व्यक्ति अकिंचन बच्चों के लिए खाद्यान्न की वसूली के लिए कुछ धनराशि का दान देता है तो वह नहीं चाहेगा कि यातायात की लागतों पर व्यय उसके दान से किया जाए। दानदाता यह जानकर प्रसन्न होगा कि दान की संपूर्ण राशि अकिंचन बच्चों के लिए खाद्यान्न की वसूली पर खर्च की गई है।

परोपकारकों से यह आशा की जाती है कि अपनी सेवाएँ मुफ्त प्रदान करें खासतौर से संगठन की प्रशासनिक और प्रबंधीय जिम्मेदारियाँ। इस अभिप्राय से ही सरकार परोपकारी संगठनों को दानशील हैसियत और संगठन व उप-कारक को कर लाभ प्रदान करती है। प्रशासनिक लागत, परोपकारी संगठन और निगमित या सरकारी अभिकरण के बीच अंतर का मुख्य कारण है।

समुचित प्रलेखन–विभिन्न स्रोतों से प्राप्त योगदानों, दान और अनुदान के साथ संचालित, परियोजनाओं का अंततः समुचित प्रलेखन, संसाधन प्रबंधन का जरूरी पक्ष है। प्रलेखन में न केवल परिणाम (भौतिक और वित्तीय निष्पादन) परियोजना का नतीजा और संघात शामिल होते हैं बल्कि खर्च करने की प्रक्रिया, गतिशील किए गए और उपयोग में लाए गए अतिरिक्त संसाधन, किया गया मॉनीटरण, परियोजना की कारगरता का निर्धारण करने के लिए विश्लेषण या संघात मूल्यांकन

भी शामिल होता है। सारांश अभिलेखन, प्रक्रिया अभिलेखन, शब्दशः अभिलेखन, वर्णनात्मक अभिलेखन, दृश्य-श्रव्य अभिलेखन, पावर प्वाइंट प्रस्तुतीकरण, समुचित रूप से लेखा परीक्षित सभी संगत लेखाकरण विवरणियाँ (आय और व्यय विवरणियाँ, प्राप्ति और भुगतान विवरणियाँ तथा लेखा परीक्षक की रिपोर्ट) तथा निधि-उपयोगिता रिपोर्ट ये महत्त्वपूर्ण दस्तावेज हैं जो परियोजना या परोपकारी कार्यक्रम के अंत में देने होते हैं। समापन रिपोर्ट में जनता को दी गई सेवाओं की मात्रा, जहाँ लागू हो परोपकारी सेवाओं के प्राप्तकर्त्ताओं की अभिस्वीकृति (उदाहरण के लिए, नि:शक्तों के लिए सहायकों और यंत्रों का वितरण) सही लेखे को समुचित सरकारी अभिकरणों में दाखिल करना (विदेशी अंशदान गृह मंत्रालय में और स्थानीय अंशदान आयकर विभाग में), किए गए खर्च की रसीदें और वाउचर, संचालित परोपकारी कार्यकलाप के संगत फोटोग्राफ और वीडियो क्लिपिंग्स, भविष्य योजना या परियोजना के जारी रहने का या परियोजना के विस्तार के प्रस्ताव का उल्लेख होना चाहिए।

समस पर प्रलेखन से संगठन की आवधिक प्रगति रिपोर्ट; वार्षिक रिपोर्ट; प्रेस रिलीजें, भविष्य के परियोजना प्रस्तावों, मामला अध्ययनों तथा अन्य प्रवर्द्धक साहित्य तैयार करने में सहायता मिलती है। इससे परोपकारी संगठनों के जन-संपर्क कार्य विशेषकर कि परोपकारी कार्यकलाप के दानदाता अभिकरणों और अन्य स्टेकहोल्डरों के साथ संबंधों में भी सुधार होता है।

परोपकारी संगठनों का मानवीय संसाधन प्रबंधन—सामान्य अर्थ में मानव संसाधन प्रबंधन का मतलब लोगों को रोजगार देना, उनके संसाधनों का विकास करना, उपयोग करना, उनकी सेवाओं को काम और प्रतिष्ठान की आवश्यकता के अनुरूप बनाए रखना और बदले में (भरण-पोषण) मुआवजा देते रहना है।

मानवीय संसाधनों के कारगर प्रबंधन के लिए समुचित मानव संसाधन विकास और मानव संसाधन प्रबंधन युक्तियाँ करनी होती हैं जैसे कि समुचित निष्पक्ष, गुण आधारित भर्ती प्रक्रिया, प्रशिक्षण और विकास, प्रजातांत्रिक प्रबंधकीय निर्णय निर्माण प्रक्रिया, समुचित संगठनात्मक संचार प्रक्रिया निष्पादन मूल्यांकन, निष्पादन आधारित प्रोत्साहन, पदोन्नतियाँ, न्यूनतम मजदूरी, वार्षिक वृद्धि, सेवा नियमों का प्रतिपादन और छुट्टी नियम, समुचित श्रमिक कानूनों और श्रम कल्याण उपबंधों का अनुप्रयोग, स्टाफ के लिए आवासीय और यातायात सुविधाएँ जहाँ कहीं संभव हो, उपयुक्त अनुशासनिक कार्रवाई करने की प्रक्रिया, समुचित छँटनी सेवानिवृत्ति और बर्खास्तगी प्रक्रिया आदि। वेतन और कार्मिक लागतें, जहाँ संभव हो कार्यक्रम लागत के अनुसार की जाएँ, वरना ये लागतें प्रशासनिक लागतों में जमा हो जाती हैं जिससे संगठन के समस्त आर्थिक निष्पादन पर इसका कुप्रभाव पड़ेगा।

□□

अध्याय 12

धर्म (Religions)

भूमिका

धर्म शब्द लैटिन भाषा के मूल शब्द 'रेलिगेयट' से उत्पन्न हुआ, जिसका अर्थ है 'वापस बाध्य करने के लिए'। इस अर्थ में वह धर्म है, जो उसके स्रोत के लिए वापस बाध्य करता है, जिसे सामान्य भाषा में 'भगवान' कहा जाता है। वास्तव में धर्म शब्द के बहुत से अर्थ हैं, जिनमें से कुछ हैं– कर्त्तव्य, अहिंसा, न्याय, सदाचरण, सद्‌गुण आदि। भारत के मुख्य धर्म हैं–हिंदू धर्म, इस्लाम धर्म, ईसाई धर्म, सिक्ख धर्म, जैन धर्म, बौद्ध धर्म, पारसी धर्म तथा बहाई धर्म।

प्रश्न 1. धर्म का अर्थ बताइए।

उत्तर– अंग्रेजी के शब्द रिलीजन जिस सूत्र से बना है, वह है रिलीगेयर जिसका अर्थ होता है– जोड़ना। मनुष्य को परमात्मा से जोड़ना।

इसके अलावा इस शब्द का आशय मानव और मानव एवं अन्य जीवों के बीच संबंध से भी है। इस अर्थ में, धर्म वह है, जो यथोचित संबंधों का मार्गदर्शन करता है।

भारत में, हिंदी 'धर्म' के समकक्ष हैं। धर्म की संस्कृत परिभाषा इस प्रकार है : *जो सहायता करे* (जीवन) *धरयाते इति धर्म।* तद्नुसार, धर्म की अवधारणा उन प्रणालियों की ओर संकेत करती है, जो मानव और अन्य जीवों की, उनकी पारस्परिक क्रिया को नियंत्रित करके और उनका मार्गदर्शन करके सहायता करती है।

इन्हें एक साथ देखने पर, धर्म को उन प्रणालियों के रूप में समझा जा सकता है जिसके द्वारा उचित संबंधों, शांति और समरूपता को सुनिश्चित करने के लिए सभी प्रकार के मानव व्यवहारों का मार्गदर्शन किया जाता है। शब्द के सामान्य अर्थ के रूप में, यह उन प्रणालियों का उल्लेख करता है जो संदर्भ के रूप में मानव व्यवहार को भगवान के साथ जोड़ता है और नियंत्रित करता है।

प्राय: धार्मिक अनुभूति, प्रत्येक धर्म में प्राधिकारियों द्वारा स्वीकृत संस्कारों और रस्मों के माध्यम से प्राप्त की जाती है।

सामाजिक वास्तविकता के रूप में, मानव व्यवहार और संबंध पर अद्भुत प्रभाव के होते हुए, सामाजिक कार्य के खलन में धर्म की उपेक्षा नहीं की जा सकती है। नि:संदेह, धार्मिक प्रेरणाएँ, जो समाज कल्याण अभिमुद्रा कार्यकलापों को प्रभावित करती हैं, को समझा जाना चाहिए और जहाँ तक संभव हो लोकहित को बढ़ाने के लिए इनका प्रयोग किया जाना चाहिए।

प्रश्न 2. साझेदार (स्टेकहोल्डर) कौन हैं?

उत्तर– साझेदार वह व्यक्ति या व्यक्तियों का समूह है जो संगठन द्वारा सृजित मूल्य के भाग का दावा करते हैं। साझेदार (स्टेकहोल्डर) सिद्धांत व्यवस्था के अंदर और बाहर उप-व्यवस्थाओं या पक्षों के बीच पारस्परिक क्रियाओं के समूह के अंतर्गत उलझी हुई संख्या के रूप में व्यवस्था का विश्लेषण करता है। संकेंद्रित व्यवस्था की तुलना में इन पक्षों के विभिन्न हित इन्हें संगठन के कार्य को अपने पक्ष में प्रभावित करने की कोशिश के लिए अग्रसर करते हैं। स्टेकहोल्डर की धारणा का विस्तार सर्वाधिक औपचारिक क्षेत्र (केंद्र और राज्य सरकारों, सरकारी एजेंसियाँ, गैर-सरकारी संगठन, कॉर्पोरेट निकाय आदि) से सर्वाधिक अनौपचारिक क्षेत्र (समुदाय, समुदाय आधारित संगठन, कार्यकलाप आदि) तक हुआ है।

स्टेकहोल्डर को पक्षों के समूह के रूप में परिभाषित किया जाता है, जो व्यवस्था या संगठन पर अपना प्रभाव डालते हैं या जो इससे प्रभावित होते हैं।

फ्रीमैन ने किसी भी संगठन में स्टेकहोल्डर की भागीदारी के "कानूनी" तर्क के बदले "वैधता" पर जोर दिया है। इसमें संगठन की सामाजिक-राजनीतिक व्यवस्था की परिभाषा में पक्षों को शामिल किए जाने का व्यापक स्थान है। स्टेकहोल्डर के कानूनी होने के बदले वैध होने से मीडिया,

उपभोक्ता या पारिस्थितिकीय आंदोलन जैसे स्टेकहोल्डर समूहों पर विचार करना न्यायसंगत हो जाता है।

सामाजिक कार्य और समाज सेवा के दृष्टिकोण से आदर्श स्टेकहोल्डरों को सामाजिक सेवाओं का उपभोक्ता, विभिन्न कार्यक्रमों का सेवा प्रदाता, सरकार, निधीयन या प्रायोजक एजेंसी, समुदाय, सी.एस.आर. कार्यकलापों में शामिल कॉर्पोरेट निकाय, कार्य प्रणाली के कर्मचारी और सिविल सोसाइटी समझा जाता है तथापि किसी भी विशेष संगठन या विशेष मामले में स्टेकहोल्डर का ढाँचा अत्यधिक जटिल हो सकता है।

प्रश्न 3. धर्म के प्रमुख लक्षण क्या हैं?

उत्तर– यद्यपि धर्म की परिभाषा वास्तव में जटिल है, व्यावहारिक दृष्टि से कुछ प्रमुख लक्षणों की पहचान की जा सकती है क्योंकि ये अधिकांश पर लागू होते हैं–

(1) अंतिम कारण पर विश्वास प्राय: जिसका भगवान के रूप में उल्लेख किया जाता है।

(2) अनुयायियों के लिए व्यवहार के मापदंड निर्धारित करने के लिए प्रमुख के साथ एक नेतृत्व संरचना।

(3) अंतिम कारण के साथ संबंध बनाए रखने के लिए भक्ति की एक व्यवस्था।

(4) बुराई की व्याख्या करने, बुराई पर विजय प्राप्त करने और बुराई का प्रायश्चित करने की एक पद्धति।

(5) स्वयं से, अन्य मानवों से और अन्य जीवों से आचार-व्यवहार और बर्ताव के नियम या दिशा-निर्देश।

प्रश्न 4. विश्व के विभिन्न धर्म कौन से हैं? उनके परोपकार के प्रति दृष्टिकोण पर टिप्पणी कीजिए।

उत्तर– विश्व के धर्म–विश्व के धर्मों को हम मुख्यत: दो वर्गों में विभाजित कर सकते हैं– प्राकृतिक धर्म और अलौकिक धर्म। प्राकृतिक धर्म उन हजारों धार्मिक प्रकारों से संबंधित है जहाँ धार्मिक अनुभव के लिए प्रकृति की भक्ति महत्त्वपूर्ण है। उनके पास प्रकृति के अनेक आभास के संबंध में अपने संदर्भ बिंदु हैं। इन्हें धर्म का प्राथमिक या प्राचीन प्रकार माना जाता है, जबकि अलौकिक धर्म उस भक्ति और सिद्धांत की परंपराओं से संबंधित है, जो काफी हद तक 'उद्घाटित सत्यों' और पुस्तकों पर विश्वास करती है और प्राय: प्रेरणा और विशेषज्ञता के रूप में एक या अधिक धार्मिक गुरुओं से जुड़ी होती है। इनके अनुयायियों की संख्या की दृष्टि से विश्व के मुख्य धर्म इस प्रकार हैं : ईसाई धर्म, जेनोवा विटनेस, सेवेंथ डे एडवेंटिस्ट, इस्लाम धर्म, हिंदू धर्म, चीनी धर्म, बौद्ध धर्म, सिक्ख धर्म, यहूदी धर्म, बहाई धर्म, कंफ्यशिसम धर्म, जैन धर्म, पारसी धर्म।

जहाँ तक भारत का संबंध है, भारत के मुख्य धर्म इस प्रकार हैं–हिंदू धर्म, इस्लाम धर्म, ईसाई धर्म, सिक्ख धर्म, जैन धर्म, बौद्ध धर्म, पारसी धर्म और बहाई धर्म। इस्लाम, ईसाई, पारसी और बहाई धर्म के अलावा उपरोक्त सभी अन्य धर्मों को भारत की संस्कृति का सामना करना पड़ा है और इस प्रक्रिया में काफी आदान-प्रदान हुआ है।

परोपकार के प्रति दृष्टिकोण–परोपकार वस्तुतः मानवता के प्रति प्रेम और उसके परिणामस्वरूप उनके प्रति भलाई के कार्य हैं जिसे सभी धर्म किसी-न-किसी तरीके से प्रोत्साहित करते हैं। अपेक्षाकृत, परोपकार के अधिकांश मामलों में हम पाते हैं कि यह एक धार्मिक प्रेरणा है। प्रत्येक धर्म परोपकार का समर्थन करता है। परोपकारी सामाजिक कार्य मूलतः परोपकार संबंधी कार्य के प्रति व्यावसायिक दृष्टिकोण में दक्षता प्राप्त करना है। धर्म परोपकार का क्षेत्र और साधन है। वर्तमान में धार्मिक संगठन और धार्मिक समाज के पास परोपकारी सामाजिक कार्य के लिए संसाधन हैं।

प्रश्न 5. बहाई धर्म पर टिप्पणी कीजिए तथा बहाई धर्म के परोपकार के प्रति दृष्टिकोण पर प्रकाश डालिए।

उत्तर– बहाई पंथ उन्नीसवीं सदी के ईरान में सन् 1844 में स्थापित एक नया धर्म है जो एकेश्वरवाद और विश्वभर के विभिन्न धर्मों और पंथों की एकमात्र आधारशिला पर जोर देता है। इसकी स्थापना बहाउल्लाह ने की थी और इसके मतों के मुताबिक दुनिया के सभी मानव धर्मों का एक ही मूल है। इसके अनुसार कई लोगों ने ईश्वर का संदेश इंसानों तक पहुँचाने के लिए नए धर्मों का प्रतिपादन किया जो उस समय और परिवेश के लिए उपयुक्त था। इस धर्म के संदेशवाहकों में कृष्ण, ईसा मसीह, मुहम्मद, बुद्ध और अन्य लोग शामिल हैं।

बहाई धर्म का परोपकार के प्रति दृष्टिकोण इस प्रकार है–

वह भाग्यवान है जो अपने भाई को पसंद करता है और यदि तुम्हारी नजरें न्याय की तरफ जाए, तो मेरे पड़ोसी के लिए वह चयन करें, जो आप अपने लिए चयन करेंगे।

यह बहाई धर्म के संस्थापक बहाउल्लाह के कथन बहाई अनुयायियों के लिए दूसरों के प्रति अच्छाई के मार्ग का अनुकरण करने हेतु प्रेरणा हैं। तथापि, भारत में यह बहुत छोटा-सा समुदाय है, फिर भी इनकी तरफ से अच्छे कार्यों का अभाव नहीं है।

प्रश्न 6. परोपकारी सामाजिक कार्य के विकास में यहूदी धर्म के योगदान का वर्णन कीजिए।

उत्तर– आज से करीब 4000 साल पुराना यहूदी धर्म वर्तमान में इजराइल का राजधर्म है। दुनिया के प्राचीन धर्मों में से एक यहूदी धर्म से ही ईसाई और इस्लाम धर्म की उत्पत्ति हुई है। यहूदी एकेश्वरवाद में विश्वास करते हैं। मूर्ति पूजा को इस धर्म में पाप समझा जाता है।

यहूदी धर्म में परोपकार या पुण्य महत्त्वपूर्ण संदर्भ हैं। परोपकार के महत्त्व के बारे में सशक्त घोषणाओं में से एक यहूदी धर्म में पाई जाती है। 8वीं सदी, बीसीई में यहूदी पैगंबर जैसे अमोस ने लोगों से परोपकार को अंगीकार करने का आह्वान किया, जैसे कि दूसरे यहूदी पैगंबर करते थे। मोसेस मेमोनिडस (1135-1204 ईस्वी) ने यहाँ महत्त्वपूर्ण योगदान दिया है। प्राचीन काल से परोपकार पर यहूदी दृष्टिकोण ने न्याय या सच्चाई पर बल दिया है।

यहूदी धर्म में जदाकह (Tzedakah) शब्द का प्रयोग परोपकार का वर्णन करने के लिए हुआ है, जिसका अर्थ अपने आप से प्यार नहीं है, बल्कि न्याय या सच्चाई है। परोपकार और समाज

कल्याण को एक ओर न्याय और दूसरी ओर प्रेम दोनों को आदर्श रूप में शामिल करना चाहिए। संत ऑगस्टीन (354-430 ई.) ने एक बार कहा था कि परोपकार "रोके गए न्याय का विकल्प नहीं है"। ईसाई धर्म यहूदी धर्म का वंशागत है, जो परोपकार के संबंध में शिक्षा की मूल्यवान विरासत है। वास्तव में, ईसाई धर्म के सच्चे संस्थापक स्वयं यहूदी नाजरेथ के शिशु थे। परंपरागत यहूदी अपनी आय का कम-से-कम 10 प्रतिशत परोपकार हेतु देते हैं। पारंपरिक यहूदी घरों में सामान्यतया पुश्के (pushka) होता है, यह गरीबों के लिए सिक्के जमा करने का एक डिब्बा होता है और इस डिब्बे में नियमित रूप से सिक्के डाले जाते हैं। यहूदी युवा विभिन्न नेक कार्यों के लिए धन इकट्ठा करने के लिए लगातार घर-घर जाते हैं। सामान्यत: शोक प्रार्थना में एक वाक्य शामिल होता है कि शोक करने वाला व्यक्ति मृत की याद में परोपकार हेतु दान देगा। कई प्रकार से, यहूदियों के जीवन में परोपकार के लिए दिया गया दान जानवर की बलि के रूप में भी होता है : परोपकार हेतु देना, भगवान के प्रति आभार व्यक्त करने, भगवान से क्षमा माँगने या भगवान से कृपा हेतु प्रार्थना करने के लिए यहूदियों की लगभग स्वाभाविक प्रतिक्रिया है। यहूदी परंपरा के अनुसार, गरीब को देने का आध्यात्मिक लाभ इतना बड़ा है कि वास्तव में भिखारी जेदाकह (Tzedakah) करने के लिए एक व्यक्ति उपलब्ध कराकर देने वाले व्यक्ति को एक मौका प्रदान करते हुए उस पर कृपा करता है।

"जेदाकह" हेब्रू शब्द है जिसे अंग्रेजी में "चैरिटी" कहते हैं : जो गरीबों और अभावग्रस्तों को सहायता, मदद और धन देती है। तथापि, जेदाकह परोपकार के विचार से बहुत अलग है। "चैरिटी" (परोपकार) शब्द भलाई और उदारता के बारे में बताता है, यह अमीर और शक्तिशाली व्यक्तियों द्वारा गरीब और जरूरतमंद लोगों के लिए किया गया उदार कार्य है। यहूदी धर्म में गरीब को देने के कार्य को उदारता के रूप में नहीं देखा जाता है; यह केवल न्याय धार्मिकता का कार्य है, यह अपना कर्त्तव्य निभाने जैसा है, जिसमें गरीब को ऋण को दिया जाता है।

जेदाकह उन तीन कार्यों में से एक है जो हमें हमारे पापों से मुक्त करते हैं। हाई हॉलीडे लिटर्जी ने बार-बार यह व्यक्त किया है कि भगवान ने सभी पाप करने वालों के लिए न्याय निर्धारित किया है, लेकिन तेशुवा (Teshuvah) (पश्चाताप), तेफिल (Tefilah) (प्रार्थना) और जेदाकह इनके प्रभाव को कम कर सकता है।

यहूदी कानून के अनुसार, हमें अपनी आय का दसवाँ भाग गरीब को देना होता है। यह सामान्य रूप से इस प्रकार समझा जा सकता है कि कर का भुगतान करने के बाद अपनी शुद्ध आय का दसवाँ भाग गरीब को देना होता है। जेदाकह देने के लिए स्वयं कर हमारी प्रतिज्ञा को पूरा नहीं करते, यद्यपि अमेरिका और कई अन्य देशों में कर राजस्व के बड़े भाग को गरीब और जरूरतमंद के लिए प्रयोग करने हेतु उपलब्ध कराया जाता है। जो लोग जन सहायता पर निर्भर हैं या हाशिए पर जीवन व्यतीत कर रहे हैं, वे कम दे सकते हैं, लेकिन उन्हें अपनी सामर्थ्य के अनुसार देना ही होता है; तथापि किसी भी व्यक्ति को इतना नहीं देना चाहिए जिससे वह समाज पर बोझ हो जाए।

'जेदाकह' करने का दायित्व गरीब, स्वास्थ्य देख-रेख संस्था, उपासना गृहों या शैक्षिक संस्थाओं को धन देकर पूरा किया जा सकता है।

यदि उपकार की अपेक्षा रखने वाले सभी लोग वास्तविक रूप से जरूरतमंद हैं, तो जरूरतमंद लोगों को मना करने के लिए हम सजा (भगवान से) के भागीदार होंगे। धोखेबाजों के कारण जरूरतमंदों को देने के प्रति हमारे दायित्व कम हो जाते हैं क्योंकि भिखारी की ईमानदारी पर शक करने के लिए हमारे पास कुछ तर्कसंगत आधार होते हैं। धर्मार्थ संगठन को दान देने से पहले उसकी सच्चाई की जाँच करने की अनुमति दी गई है।

जेदाकह की आवश्यकता से बचना हमारा कर्त्तव्य है। एक व्यक्ति को समाज पर आर्थिक बोझ बनने से बचने के लिए उपलब्ध किसी भी काम को करना चाहिए, यहाँ तक कि अगर वह सोचता भी है कि यह उसकी मर्यादा से नीचे का कार्य है तब भी उसे वह कार्य करना चाहिए। तथापि यदि एक व्यक्ति वास्तव में जरूरतमंद है और उसके पास स्वयं धन कमाने का मार्ग नहीं है तो उसे जेदाकह को स्वीकार करने में शर्मिंदा नहीं होना चाहिए। किसी भी व्यक्ति को दूसरों से धन लेने में गर्व नहीं करना चाहिए। जेदाकह के कुछ प्रकार दूसरे प्रकारों से महत्त्वपूर्ण माने जाते हैं। कम महत्त्वपूर्ण से अधिक महत्त्वपूर्ण उपकार के स्तर इस प्रकार हैं : ईर्ष्या से प्रभावित होकर देना; अपनी हैसियत से कम देना, लेकिन प्रसन्न होकर देना; कहने से उपरांत देना; कहने से पहले ही देना; पाने वाले की पहचान जाने बिना देना, लेकिन पाने वाला देने वाले की पहचान न जानता हो और अंततः पाने वाले को आत्मनिर्भर बनाना (परोपकारी सामाजिक कार्य)।

प्रश्न 7. बौद्ध धर्म के परोपकार के प्रति दृष्टिकोण का वर्णन कीजिए।

उत्तर– बौद्ध धर्म भारत की श्रमण परंपरा से निकला धर्म और दर्शन है। इसके प्रस्थापक महात्मा बुद्ध शाक्यमुनि (गौतम बुद्ध) थे। परोपकार बौद्ध धर्मी को दिन-प्रतिदिन के कार्यों में मिला हुआ है। बौद्ध धर्मो के लिए परोपकार और धर्म को अलग नहीं किया जा सकता है। प्रत्येक धर्मनिष्ठ बौद्ध धर्मी करीब-करीब परोपकार करने, नैतिकता का पालन करने और ध्यान करने का महत्त्वपूर्ण कार्य करता है। इन तीनों में से बौद्ध धर्मी सामान्यतः प्रतिदिन परोपकारी कार्य करता है। बौद्ध धर्मी के प्रत्येक घर में; वे प्रत्येक सुबह त्री-रतन को भोजन, जल और फूल समर्पित करते हैं।

इसके अलावा, वे उदारता से, उन संघों को भिक्षा देते हैं, जो जुलूस में या अकेले घर-घर जाकर भिक्षा इकट्ठी करते हैं। कुछ कस्बों में कई सैकड़ों संघ भिक्षा के लिए जुलूस में जाते हैं। बौद्ध धर्मी हृदय से यह विश्वास करते हैं कि संघ को प्रतिदिन भिक्षा देने से ही बौद्ध धर्म की शिक्षा है। वे कभी-कभी अपनी संपत्ति के अनुसार कुछ अन्य दान भी देते हैं, जैसे–भिक्षुओं को अपने घर आमंत्रित करना और उन्हें खाना देना, उनके लड़कों को दीक्षा देना और संघ को चार अपेक्षित सामग्री दान करना। दस पूर्णताओं को पूरा करने में बोधिसत्व ने पूर्णता से पहले परोपकार संबंधी पूर्णता को पूरा किया है। इसलिए दान दस पूर्णताओं में से प्रथम है। परोपकार दस महत्त्वपूर्ण कार्यों में से प्रथम है।

बौद्ध धर्म में परोपकार या उपकार का अर्थ अपनी संपत्ति में से अन्यों को देना होता है। तीन प्रकार के परोपकार होते हैं : वस्तु अर्पण करना (अमीसा दान), जानवरों को शरण और सुरक्षा (अभ्य दान) और सैद्धांतिक व्याख्या देना (धम्म दान)। परोपकार करते समय, काम में

इच्छाशक्ति (सेतना) और विश्वास और उसके परिणाम (सद्धा) महत्त्वपूर्ण भूमिका निभाते हैं। परोपकार करते समय इच्छाशक्ति के तीन चरणों की प्राप्ति दान करने वाले को बहुत लाभ दे सकते हैं। इच्छाशक्ति के ये तीन चरण इस प्रकार हैं : देने से पहले उत्पन्न होने वाली (पुब्बसेतना); देते समय उत्पन्न होने वाली इच्छाशक्ति (मुनकासेतना) और देने के बाद उत्पन्न होने वाली इच्छाशक्ति (अपरासेतना)। यह बहुत महत्त्वपूर्ण है कि परोपकार का कोई भी कार्य करते समय तीन गुना उत्साह और शुद्धि बनाई जानी चाहिए।

महात्मा बुद्ध ने परोपकार की कई प्रकार से प्रशंसा की है। ये स्वर्ग की प्रभुता की सीढ़ी हैं; पुनर्जन्मों के लंबे चक्र की व्यवस्था की गठरी; अच्छे स्थान का सीधा मार्ग; मगा, फाला और निभाना प्राप्त करने में सहायता; शासक बनने का कारण; भोग विलास और संपत्ति प्राप्त करने में समर्थ; सुख भोगने में समर्थ; स्वयं की रक्षा करने में समर्थ; असभ्यों को सभ्य करने में समर्थ; हर परिस्थिति में सफलता प्राप्त करने में समर्थ और उत्कृष्ट और मंगल।

धार्मिक व्यक्ति द्वारा किया गया परोपकार सपुरिसा दान (sappurisa-Dana) कहलाता है। पाँच प्रकार के सपुरिसा दान होते हैं नामत: सद्धादान, सक्कासादान, कलादान, अनुग्गाहितदान और अनुपहसादान। काम और उसके परिणाम में विश्वास पर आधारित परोपकार को शद्धा दान कहते हैं। जो व्यक्ति इस प्रकार के परोपकार को करता है। उसे लाभ के लिए उसका परोपकार किसी भी रूप में उसे बहुत सारी धन दौलत प्रदान करता है और उसे सुंदर रंग-रूप प्राप्त होता है। सक्कासादान का अर्थ आदर और श्रद्धा के साथ दान प्राप्त करने वाले को पहले से तैयार की गई भेंट को दान करना है। जो व्यक्ति इस प्रकार के दान को करता है वह धनी होता है और उसके बच्चे, पत्नी, नौकर और कर्मचारी उसके प्रति वफादार होते हैं। यदि कोई इसे तिरस्कारपूर्वक करता है तो अपने भविष्य के जीवन में धनी होते हुए भी उसके बच्चों, पत्नी और नौकरों पर इसका कोई प्रभाव नहीं पड़ता। उचित समय पर किया गया परोपकार कलाददान कहलाता है। उसे वह सब कुछ मिलता है, जो वह जब भी आवश्यकता पड़ने पर चाहता है। जो व्यक्ति उचित समय पर परोपकार नहीं करता, उसके धनी होने पर भी उसे वह नहीं मिलता जो वह आवश्यकता पड़ने पर चाहता है। चढ़ावे को ध्यान में न रखते हुए, लेकिन मन से किया गया परोपकार अनुग्गाहित दान कहलाता है। उसका मस्तिष्क सांसारिक सुखों के उपयोग की ओर होता है।

यदि एक व्यक्ति दान लेने वाले को सम्मान देने की भावना के बिना परोपकार करता है, तो वह अपनी अनमोल संपत्तियों का आनंद नहीं लेना चाहता है। वह परोपकार जो न तो दानी व्यक्ति और न ही किसी और को नुकसान पहुँचाता है, उसे अनूपहकादाना (Anupahaccadana) कहा जाता है। उसकी संपत्ति और स्वामित्व पाँच प्रकारों के खतरों से अप्रभावित हो सकती है नामत: बाढ़, अग्निकांड, तानाशाही, चोर और अनचाहे वारिस। यदि एक व्यक्ति अपने लिए या दूसरों के लिए तुच्छता के साथ परोपकार करता है तो उसके संपन्न होने पर भी उसकी संपत्ति पाँच प्रकार के खतरों से नष्ट हो जाएगी।

बौद्ध धर्म गौतम बुद्ध की शिक्षाओं पर आधारित है, जिसकी बुनियाद 'दु:ख' की मानव सत्यता की समझ पर आधारित है। संपूर्ण जीवन को दु:ख में डूबा हुआ पाने पर, प्रबुद्ध व्यक्तियों ने दु:ख से निकलने का सच्चाई के आष्टांगिक मार्ग को प्रस्तावित किया है। पिछले कुछ सालों में, बौद्ध

धर्म प्रतिष्ठान बन गया है और इसके अनुयायी पूरे संसार, विशेष रूप से भारत के पूर्व में स्थित देशों में हैं।

बौद्ध धर्म की मुख्य शिक्षाएँ जिनकी प्रतिध्वनि परोपकार में सुनाई देती हैं, वे इस प्रकार हैं–

(1) **करुणा**–सभी जीवों, विशेषकर कष्ट भोग रहे जीवों के प्रति करुणा।

(2) **मैत्री**–सभी जीवों के प्रति मैत्री अर्थात् दोस्ती का भाव।

(3) **संघ**–जीवन साझा करने का समुदाय है।

यह एक बहुत ही शांत और अहिंसक तरीका है, यह वर्तमान व्यवस्था में प्रभावशाली व्यक्ति और वर्चस्व और उत्पीड़न वाले मूल्यों को चुनौती देता है और उनकी आलोचना करता है और इन्हें सभी से संबंधित शांति और न्याय को सुनिश्चित करने वाली करीब-करीब समतावादी जीवन शैली से परिवर्तित कर देता है।

प्रश्न 8. परोपकारी सामाजिक कार्य में ईसाई धर्म के योगदान का उल्लेख कीजिए।

उत्तर– ईसाई धर्म के संस्थापक जीसस क्राइस्ट या ईसा मसीह का जन्म संभवत: लगभग 5 बी.सी. में फिलिस्तीन के बेथलेहम शहर में हुआ। उन्हें संभवत: 29 या 30 ए.डी. में येरूशलम में सूली पर चढ़ाया गया। बाइबिल में जिसको इब्राहिम का वंशज बताया गया है। बाइबिल के ही अनुसार उनकी माता कुँवारी मरियम (virgin Mary) थीं, जिनका विवाह जॉसेफ नाम के एक बढ़ई से हुआ था। ईसाई धर्म में ईसा मसीह को "ईश्वर का पुत्र" माना गया है। यह एक बुनियादी विश्वास है, जो ईसाई धर्म को एक ओर यहूदी धर्म और दूसरी ओर इस्लाम से अलग करता है। बाइबिल में जीसस को "मसीहा" और "ईश्वर पुत्र" कहा गया है। उन्हें "मनुष्य का पुत्र" भी कहा गया है।

ईसा मसीह यहूदी परिवार में जन्मे थे, लेकिन उन्होंने जेदाकह की संरचना के भी आगे जाने का आह्वान किया और गरीब की सेवा के लिए व्यक्तिगत रूप से आगे आने पर बल दिया। कैथोलिक, ऑर्थोडोक्स और प्रोटेस्टेंट ईसाइयों की धर्माचरण के लिए यह प्रबल प्रेरणा वंशागत है।

लेंट के दौरान, मसलन ईसाइयों से प्रार्थना करने, उपवास रखने और जरूरतमंद लोगों को भिक्षा (धन या सामान) देने के लिए प्रेरित किया जाता है। प्रेरणा महत्त्वपूर्ण है–ईसाई और मुस्लिम दोनों धर्मों में शिक्षा देने के लिए लोगों की प्रशंसा सुनने से अच्छा गुप्त रूप से भिक्षा देना माना जाता है। ईसाई धर्म में परोपकार केवल भिक्षा देना नहीं है और न ही इसे बाध्यता या कर्त्तव्य के रूप में देखा जाता है। परोपकार प्रेम है। ईसाई मानते हैं कि मानवता के प्रति भगवान का प्रेम और उदारता हमें बदले में प्रेम और उदारता के लिए प्रेरित करता है।

ईसा मसीह ने शिक्षा दी है कि भगवान और पड़ोसी को प्रेम करना सबसे बड़ा नियम है। परोपकार कोई विकल्प नहीं है बल्कि यह विश्वास का एक जरूरी हिस्सा है। मैथ्यू गोस्पिल (अध्याय 25) में ईसा मसीह ने अपने को गरीब और उपेक्षित की तरह ही माना है और यह शिक्षा दी है कि हमारी पहचान हमारी सुंदर वेदी से नहीं होगी, हमारी पहचान इस बात से होगी कि दूसरों के साथ हमारा व्यवहार कैसा है। हम गिरजाघर में ईश्वर की पूजा करने का दावा नहीं कर सकते और यह भी व्यक्त नहीं कर सकते कि हम व्यावहारिक रूप से अपने पड़ोसी को प्यार करते हैं

और हमारा पड़ोसी हमारे नजदीक रहने वाला व्यक्ति ही नहीं है। 'गुड सेमेरिटन' की कहानी में ईसा मसीह ने स्पष्ट किया है कि हमारे पड़ोसी संसार के दूसरी तरफ भी हो सकते हैं, जो 'हम में से नहीं है' मगर हमसे अलग है। हमारी सामान्य मानवता के कारण चूँकि हम सब भगवान द्वारा बनाए गए हैं और वह हमसे प्यार करता है–इसलिए हम किसी को भी सम्मानित जीवन के लिए आवश्यक परिस्थितियों/समान के बिना जाने नहीं दे सकते।

ईसाई गिरजाघर के पूर्व संतों का परोपकार के प्रति बहुत ही चुनौतीपूर्ण दृष्टिकोण था। उन्होंने यह तर्क दिया था कि भगवान ने जो हमें उदारता और खुशी से दिया है वह उनके द्वारा 'चुरा' लिया गया है जिन्होंने जरूरतमंदों को देने के स्थान पर अपनी संपत्ति का समझ कर रखा है। ईसाइयों का यह विश्वास है कि हमारे पास जो भी है, वह भगवान का उपहार है और यह केवल हमारे लिए ही नहीं है।

इसे यदि कोई जरूरतमंद हो तो उसके साथ बाँटना चाहिए। उसके बाद गिरजाघर की शिक्षा ने जरूरतमंद के साथ 'एकता' के रूप में अन्यों के प्रति इस प्रेम को व्यक्त किया। यदि हम इस सिद्धांत के साथ जीवन व्यतीत करेंगे, जिसमें हम परोपकार या प्रेम करते हैं, तब हम दया से सहायता नहीं करेंगे, बल्कि जनहित के लिए प्रतिबद्धता के साथ सहायता करेंगे, जिससे प्रत्येक मानव अपने पूर्ण सामर्थ्य को प्राप्त कर सके। वुड्स ने कहा है कि कैथोलिक ईसाई धर्म ने परोपकार को मुख्य स्थान प्राप्त करने को सुनिश्चित करने के लिए सशक्त सामाजिक ढाँचे का ऐतिहासिक रूप से निर्माण किया है और उसे बनाए रखा है। वैसे तो कई उदाहरण हैं, लेकिन कुछ ही श्रेष्ठ हैं। मध्ययुगीन मठों ने सेंट बैनिडिक्ट ऑफ नर्सिया (480-547 सी.ई.), बेनिडिक्टाइन व्यवस्था के संस्थापक और मौनेस्टिक रूल के लेखक से अपना सूत्र लिया था, जिन्होंने परोपकार और आतिथ्य के सशक्त घटक को शामिल किया था। सेंट फ्रांसिस एसीसि (1181-1266 सी.ई.) ने अपनी संपत्ति को त्याग दिया था और फ्रांसिस्कन व्यवस्था की स्थापना की, जिसने गरीब और जरूरतमंद के प्यार पर जोर दिया। आधुनिक युग की उदाहरण मदर टेरेसा (1910-1997) हैं, जो एक एल्बेनियन नन थीं जिन्होंने कलकत्ता, भारत में गरीब और बेघरों के बीच काम किया, यह भी इस उदार परंपरा का एक अन्य उदाहरण है। उन्होंने नन, परोपकार के मिशन की धार्मिक व्यवस्था की स्थापना की, जो विश्व के कई भागों में गरीबों के लिए काम कर रहे हैं। मुख्य रूप से, परोपकार को ईसाई धर्म के सभी पंथों के बीच एक केंद्रीय दर्जा प्राप्त है। कैथोलिक, ऑर्थोडोक्स और प्रोटेस्टेंट ईसाई धर्म विश्वव्यापी परोपकारी गतिविधियों के व्यापक तंत्र में कार्यरत हैं।

ईसा मसीह के स्वयं के शब्दों में ईसाई धर्म की मुख्य शिक्षा है : सभी वस्तुओं से अधिक ईश्वर को प्यार करें और अपने पड़ोसी को अपनी तरह प्रेम करें। इसे आगे 'स्वर्ण नियम' के रूप में स्पष्ट किया गया है–दूसरों के लिए इस प्रकार करें, जैसा कि हम उनसे अपने लिए अपेक्षा रखते हों।

अतः ईसाई धर्म के विश्वास की परीक्षा 'मानव के प्रति प्रेम' में होती है, जो सेवा भाव का स्वरूप लेता है। ईसा मसीह ने स्वयं ईश्वर के निर्देश को स्पष्ट किया जिसमें यह बताया गया है, यह बाइबिल गोस्पल में दिया गया है; मैथ्यू (25) के अनुसार, भूखे को खाना खिलाना, निर्वस्त्र को कपड़े देना, बीमार या पराधीन के पास जाना और सुविधा प्रदान करना, सहायता माँगने वाले अंजान व्यक्ति की सहायता करना। जब यह किया जाएगा, तो वास्तव में यह ईश्वर की सेवा होगी।

प्रश्न 9. हिंदू धर्म में परोपकार का वर्णन कीजिए।

उत्तर– एक विशिष्ट धार्मिक संप्रदाय के रूप में हिंदू धर्म, भारत में आर्यों के आगमन के साथ उत्तर भारत में कम-से-कम 1500 ईसा पूर्व तक अस्तित्व में आया।

महाभारत और रामायण लगभग 1500 ईसा पूर्व भारत में आर्यों के आक्रमण के तथ्य की ओर इशारा करते हैं। दूसरे अन्य धर्म की तरह, हिंदू धर्म में भी, व्यवहार में दर्शन का सशक्त आधार है। शास्त्रय (2007) ने हिंदू धर्म में दर्शन के लिए शास्त्र के आधार को सामने लाने की कुछ कोशिश की है।

गरीबी खराब होती है और किसी भी धर्म की दृष्टि से इसमें दो राय नहीं हो सकती। अतः शास्त्र कुछ नैतिक आचरणों द्वारा इसे समाप्त करने के लिए मार्ग निर्धारित करने में एकमत हैं। चार्ल्स डार्विन ने अपना सिद्धांत दिया है–स्वरूपतम की उत्तरजीविता! आदमी अपनी सभ्यता और संस्कृति के साधनों के द्वारा ही गरीब, कमजोर और असुरक्षित लोगों की सहायता करके इसका कुछ उपाय प्रदान कर सकता है। विकसित प्रजातियों में सबसे विकसित होने के कारण, यह हमारा नैतिक दायित्व है कि हम कम-से-कम मानव समुदाय में, जो है और जो नहीं है, उसके बीच संतुलन बनाएँ और अंतर को कम करें। परोपकार के महत्त्व को अतिशयोक्तिपूर्वक नहीं देखा जा सकता। "भगवान में विश्वास" या "परोपकार में विश्वास" इनमें से महत्त्वपूर्ण की चर्चा में, हमें विश्वास है कि भगवान भी अपने उन भक्तों का साथ देंगे जो पहले परोपकार में विश्वास करते हैं।

सच्चे अनुयायी हमेशा परोपकार के मार्गों, जैसे–दया, दान, उपेक्षित लोगों की मदद करने के निर्देश की तरफ आकर्षित होंगे। मंदिर के निर्माण के लिए दान देना, संगठनों, स्कूलों, अस्पतालों आदि को दान देना हिंदू के वैकल्पिक कर्त्तव्यों से संबंधित हैं। हिंदू शास्त्रों में ऐसे उदार लोगों के अनेक उदाहरण हैं जो उपेक्षित लोगों की सहायता करते हैं, पवित्र मौके और त्यौहारों पर भोजन, धन और यहाँ तक कि अपनी संपत्ति भी दान करते हैं। उनकी उदारता के ऐसे कार्य उन्हें समाज के लिए एक आदर्श बना देते हैं। वे अपने निःस्वार्थ त्याग द्वारा अपने युग को ऊँचा रखने के लिए जीवन व्यतीत करते हैं। इस प्रकार हमारे पास ऐसे असंख्य उदाहरण हैं, जिनमें भारत के पूर्व इतिहास के अत्यंत ही त्यागी व्यक्ति देखने को मिलते हैं–अपने शरीर से अपना माँस देना (शिबी), अपनी रीढ़ की हड्डी देना (रीढ़ की हड्डी दान करने वाली दधीची), अपनी पसलियों से अपना लहू देना (कर्ण) और अन्य द्वारा साँप को बचाने के लिए अपने प्राणों का त्याग कर देना–और ऐसे अनेक उदाहरण पाए जाते हैं।

ना ही बड़े कार्य द्वारा, ना ही बड़े वंश द्वारा बल्कि एक परोपकार अर्थात् सभी अधिकारों को त्यागने से व्यक्ति अमर हो सकता है। सबसे अच्छा दान वह माना जाता है जो अपरिचितों को दिया जाता है और जिसे हम कभी याद नहीं करते हैं।

यह लोगों का कर्त्तव्य है कि जो भी उनके पास हो उसे हमेशा दूसरों को देना चाहिए और त्यौहारों के दिनों में, यज्ञ में, शादी और अंतिम संस्कारों में इसे कभी नहीं भूलना चाहिए जो सदाचार के लिए निर्धारित किए गए हैं। वह सहायता सबसे बड़ी सहायता होती है जो अपरिचितों को दी जाती है जिसमें कोई लेन-देन (बदले में सहायता लेना) यहाँ तक कि भिखारी, जंगल में निवास करने वाले एक साधु को भी उसके आस-पास सहायता प्रदान करने के लिए तलाश करनी चाहिए।

धन ही सब कुछ नहीं होता है, प्रत्येक व्यक्ति को अपनी सहायता स्वयं करनी चाहिए और जिसे जरूरत हो उसकी भी मदद करनी चाहिए। संपूर्ण जगत परोपकार के इसी ईंधन द्वारा चलता है, जैसे–दान देना, त्याग और दूसरों का पालन–पोषण करना। परोपकार सबसे प्रभावशाली सदाचारों में से एक है जो मानव को आशीर्वाद स्वरूप मिला है।

जैसा कि गीता में बताया गया है कि भौतिक संपत्ति, जो अस्थायी है की तुलना में मृत्यु के बाद अच्छा जीवन प्राप्त करने के लिए हिंदू धर्म में नियमित रूप से किए जाने वाले 5 यज्ञ हैं जिसमें समाज के प्रति अपना ऋण चुकाना; गरीबों को भोजन खिलाना और भोजन देना; त्याग, दान प्रायश्चित द्वारा आध्यात्मिक योग्यता प्राप्त करना सम्मिलित है; यह सनातन धर्म में सेवा की आधारभूत अवधारणा है और अंततः धार्मिक ग्रंथ गरीबी को कम करने के लिए संस्कारों बच्चों के जन्म, शादी, मृत्यु इत्यादि के द्वारा संपूर्ण जीवन के विभिन्न कालों में दान देने की व्यवस्था के बारे में जिक्र करते हैं।

हिंदू धर्म में दान (शिक्षा भिक्षा देना) और सेवा (दूसरों की सेवा करना) की अवधारणा कर्म के आदेश और लगभग प्रतिदिन के अनेक संस्कारों के द्वारा हिंदू शैली में विकसित है। कर्म हमें अपने द्वारा अर्जित को ही लेने, न तो दूसरों की संपत्ति को लेने और न ही उस पर अतिक्रमण करने और समाज को हमेशा वापस देने की शिक्षा देता है क्योंकि अंततः मृत्यु के बाद सब कुछ छोड़ना पड़ता है। लोगों को देने की शिक्षा देने के लिए मुख्य संस्कार, 'यज्ञ' द्वारा पूरी की जाती है जहाँ अपनी वस्तुओं का परित्याग दूसरों के लिए जरूरी होता है। परोपकार हिंदू जीवन शैली में प्रतिदिन के जीवन का जरूरी भाग है।

हिंदू धर्म को धर्म के रूप में परिभाषित करना काफी कठिन कार्य है। यह विश्व में सभी धर्मों में सबसे पुराना धर्म माना जाता है और यह ऐसा धर्म है जिसके बारे में पता चला है, जिसका कोई संस्थापक नहीं है इसलिए इसे सनातन धर्म अर्थात् शाश्वत धर्म की परिभाषा भी दी गई है। इसे सांस्कृतिक ढाँचे के रूप में देखने को सैद्धांतिक रूप से सही माना गया है, जो मौलिक रूप से श्रेष्ठतम आलौकिक संबंधों पर आधारित है, हालाँकि इसमें निहित कुछ परंपराएँ आलौकिकता के किसी भी संदर्भ से पूर्णतः वंचित हैं। फिर भी हिंदू धर्म में प्रचुर मात्रा में परंपराएँ हैं जो 'उत्कृष्टता' की प्रक्रियाओं में बहुत ही सशक्त परोपकारी अभिविन्यास की ओर इशारा करती हैं।

हिंदू दर्शन में परोपकार की परंपरा की ओर इशारा करने वाली कुछ मुख्य अवधारणाएँ निम्नलिखित हैं–

(1) धर्म–यह हिंदू परंपरा में एक मौलिक सिद्धांत है। यह बहुत ही व्यावहारिक मत है, यह एक 'कर्त्तव्य' है। प्रत्येक व्यक्ति को अपने जीवन की अवस्था (आश्रम) या चरण, जैसे–विद्यार्थी, गृहस्थ, संन्यासी, त्यागी में अपने अनुसार (वर्ण जाति/व्यवसाय) कर्त्तव्य निभाने होते हैं।

(2) यज्ञ–यज्ञ संस्कृत भाषा का शब्द है जिसका अर्थ है–आहुति, चढ़ावा। सामाजिक जीवन में सक्रिय भागीदारी की मुख्य अवस्थाओं में से एक 'गृहस्थ' अवस्था है। इस मुख्य अवस्था के कर्त्तव्यों को पंच महायज्ञ या पाँच महान आहुतियों की परिभाषा दी जा सकती है।

वे ईश्वर, ऋषि, पित्र, भूत और अतिथि को अर्पण करते हैं। जहाँ तक परोपकारी परंपरा का संबंध है, इनमें से ऋषि यज्ञ, भूत यज्ञ और अतिथि यज्ञ बहुत महत्त्वपूर्ण हैं। परिणामस्वरूप ये

ज्ञान प्राप्त करने के लिए, सभी जीवों के प्रति, मानव के प्रति, अपरिचितों और सधताय–आने वालों (अतिथि–बिना सूचना दिए आने वाले) के प्रति अच्छे कार्य करते हैं।

(3) दान–हिंदू धर्म में दान को बहुत महत्त्व दिया जाता है। देना हर हिंदू का कर्त्तव्य है अर्थात् दान धर्म। यह प्रत्येक व्यक्ति का कर्त्तव्य है कि वह अपनी अवस्था या इच्छा की परवाह किए बिना जरूरतमंदों को दान दे।

(4) कर्म–'कर्म' (कार्य) की महान परंपरा है, जिसके आधार पर किसी के भविष्य का निर्धारण किया जाता है–भगवद् गीता 'निःस्वार्थ कर्म' या निष्पक्ष कर्म की मुख्य अवधारणा को प्रतिपादित करती है जो कि फल की परवाह किए बिना, कर्त्तव्य के रूप में किया जाता है। किसी को भी कर्म के फल की इच्छा किए बिना अपना कर्त्तव्य करना चाहिए (कर्मण्येवाधिकाररते मा फलेषु कदायन)। इस अवधारणा के कारण परोपकार, अच्छे जन्म, प्रतिष्ठा, ख्याति आदि के आत्म-केंद्रित लक्ष्यों से मुक्त करने, जीवन में सक्रिय भागीदारी के कर्त्तव्य के निष्पादन के समग्र दृष्टिकोण में मूलभूत परिवर्तन आया है।

(5) धर्माचरण के रूप में अच्छे कार्य–हिंदू परंपरा की मशहूर कहावतों में से एक महाभारत से है : परोपकाराय पुण्याय–दूसरों की सहायता करना या दूसरों के लिए अच्छा करना पुण्य है और दूसरों को नुकसान पहुँचाना पाप है।

(6) सबका भला–हिंदू परंपरा अपने प्रसिद्ध भजन में सभी के लिए कार्य करने, उनका भला करने पर जोर देता है जो इस प्रकार है–लोकः समस्तः सुखिनो भवंतु या सर्वे भवंतु सुसिना आदि।

इस प्रकार, संक्षेप में, हिंदू जीवन शैली की वृहत् और जटिल प्रणाली मानव और सभी जीवों के प्रति भलाई के कार्य का उल्लेख करती है क्योंकि किसी की (धार्मिक) भेंट, एक प्रकार का कर्त्तव्य होता है, यह सबसे बड़ी भलाई होती है जिसके बदले में फल की आशा नहीं की जाती है।

प्रश्न 10. इस्लाम में परोपकार की व्याख्या कीजिए।

अथवा

इस्लाम में परोपकार पर संक्षिप्त टिप्पणी कीजिए। [जून-2019, प्र.सं.-5(h)]

उत्तर– इस्लाम का उदय सातवीं सदी में अरब प्रायद्वीप में हुआ। परोपकार का इस्लाम में महत्त्वपूर्ण स्थान है। 7वीं शताब्दी ई. में मध्य पूर्वी जनजातीय संस्कृति में इसके उद्भव होने के कारण, यह विश्व में सबसे बड़े धार्मिक समुदायों में से एक समुदाय के रूप में विकसित हुआ। इस्लाम शब्द ईश्वर के प्रति 'समर्पण' की ओर इशारा करता है। यह ईश्वर के प्रति पूर्ण समर्पण वाला धर्म है। इसे शांति का धर्म भी कहा जाता है–इस्लाम, जो अपने अनुयायियों का अभिनंदन है जिससे एक-दूसरे का अभिनंदन किया जाता है।

इस्लाम में परोपकार को विभिन्न प्रकारों से व्यवस्थित किया गया है। संसार के प्रत्येक धर्म द्वारा परोपकार का उपदेश दिया गया है। इस्लाम धर्म ने सभी विश्वास करने वालों के लिए परोपकार अर्थात् 'जकाह' को अनिवार्य और बाध्यकारी बनाया है; इसे स्थायी और नियमानुकूल बनाने के लिए एक संस्था का रूप दिया गया है। एक समाज केवल तभी फल-फूल सकता है जब इसमें रहने वाले लोग अपनी संपत्ति केवल अपनी इच्छाओं को पूरा करने के लिए खर्च न करें बल्कि

इसका एक भाग माता-पिता, रिश्तेदारों, पड़ोसियों, गरीबों और रोगियों के लिए आरक्षित रखें। अतः भगवान में विश्वास करने वाला एक सच्चा भक्त अपने परिवार की इच्छाएँ पूरी होने के बाद जरूरतमंदों की सहायता करने के लिए हमेशा तैयार रहता है।

इस प्रकार दया और अच्छी भावना का भाव परोपकार का तत्त्व है। देने वाले को लाभार्थी से किसी भी प्रकार के प्रतिफल की इच्छा नहीं करनी चाहिए क्योंकि ईश्वर की तरफ से उसे बहुतायत में वे प्रतिफल–सामग्री, नैतिक और आध्यात्मिक प्रतिफल–दिए जाने हैं जो ईश्वर भक्त के लिए सही समझता है। देने वाले को परोपकार सही तरीके से प्राप्त करना चाहिए। इसमें दूसरों के प्रयोग और महत्त्व की वस्तुएँ शामिल होनी चाहिए।

परोपकार का सर्वोपरि उद्देश्य ईश्वर को खुश करना और हमारे अपने अच्छे आध्यात्मिक कार्य होने चाहिए। इस्लाम में परोपकार की अवधारणा न्याय के साथ जुड़ी हुई है। यह समस्याओं के निवारण तक ही सीमित हुई है। इसका तात्पर्य बाधाओं को दूर करने से अलग है, यह उस नीति को मान्यता प्रदान करती है जिससे प्रत्येक मानव को जीवन की पूर्णता प्राप्त करनी ही होती है।

भगवान का आशीर्वाद प्राप्त करने के लिए दूसरों की सहायता करने की भावना मुस्लिम समाज के शिक्षा क्षेत्र में ज्यादा देखने को मिलती है। ज्ञान संपूर्ण जगत में सबसे अद्भुत चीज है। यही कारण है कि एक आदमी से दूसरे आदमी को दिए जाने वाले ज्ञान से अधिक महत्त्वपूर्ण और कुछ भी नहीं है। मुस्लिम व्यक्तिगत रूप से और मक्तब एवं मदरसे अर्थात् प्राथमिक स्कूल और कॉलेज स्थापित करके बड़े स्तर पर ज्ञान प्राप्त करने और दूसरों को देने में लगे रहते हैं। ये शैक्षिक संस्थान शिक्षकों के घरों या अलग भवन में स्थापित किए जाते हैं जिसमें सामान्यतः पढ़ाने के लिए कोई शुल्क नहीं लिया जाता है। मध्यकालीन युग के दौरान, ये मदरसे पूरे मुस्लिम समाज में दसियों हजार की संख्या में विकसित हुए। धनवान लोगों ने इन मदरसों में न केवल जकाह द्वारा बल्कि अपनी संपत्ति का वक्फ देकर इन्हें चलाने में सहायता प्रदान की है। इन संपत्तियों से प्राप्त आय इन स्कूलों की आवश्यकताओं को पूरा करती हैं। यतीम और गरीब लोगों को आवास और भोजन के शुल्क के अलावा वजीफे दिए जाते थे।

इस्लाम में परोपकार के दो प्रकार हैं–अनिवार्य और स्वैच्छिक जिन्हें क्रमशः जकाह (Jakat) और सदाख (Sadaqah) कहा जाता है।

दान (जकात) एक वार्षिक दान है जो कि हर आर्थिक रूप से सक्षम मुसलमान को निर्धन मुसलमानों में बाँटना अनिवार्य है। अधिकतर मुसलमान अपनी वार्षिक आय का 2.5% दान में देते हैं। यह एक धार्मिक कर्त्तव्य इसलिए है क्योंकि इस्लाम के अनुसार मनुष्य की पूँजी वास्तव में ईश्वर की देन है और दान देने से जान और माल की सुरक्षा होती है। यह इस्लाम के पाँच स्तंभों में से एक है।

इस्लाम में परोपकार को धर्म के तहत समुदाय के आदर्श के विस्तारण के रूप में देखा जाता है। जब भी मुस्लिम व्यक्ति धन कमाता है तब वह धन को अजनबी के लिए एकत्रित नहीं करता है बल्कि वह अपने ही परिवार की ओर से कार्य करता है। इस्लाम समुदाय में प्रत्येक व्यक्ति लोगों के रूप में अल्लाह के घर में रहता हुआ प्रतीत होता है। अतः इस्लामिक परंपरा में परोपकार की परिभाषा अन्य संदर्भों में इसकी व्याख्या से कुछ अलग है।

कुरान में कहा गया है कि : 'अपनी प्रार्थना में अडिग रहो और दान देते रहो, आप अपने भविष्य के लिए जो भी इच्छा भेजते हैं आप वह अल्लाह के पास पाएँगे, अल्लाह सब जानता है कि आप क्या कर रहे हैं। सबसे उत्कृष्ट परोपकार भूखे व्यक्ति को संतुष्ट करता है', ऐसा पैगम्बर मौहम्मद ने कहा है। उन्होंने यह भी कहा है कि कोई भी संपत्ति परोपकार के कारण कम नहीं होती है।

जकाह का नियम है कि यह धनी व्यक्ति से लिया जाता है और गरीबों को दिया जाता है। संपत्ति का यह चक्र सामाजिक असमानता को संतुलित करने का एक उपाय है।

जकाह देते समय निम्नलिखित चार सिद्धांतों का पालन करना चाहिए–

(1) देने वाले को जकाह देने के लिए अपनी भावना ईश्वर के समक्ष व्यक्त करनी चाहिए।

(2) जकाह नियम दिन को दिया जाना चाहिए। यदि कोई जकाह नहीं दे पाता है तो लोग यह सोचते हैं कि वह भगवान की इच्छा को पूरा नहीं कर रहा है।

(3) दान दया से दिया जाना चाहिए। इसका अर्थ है कि यदि कोई अमीर है तो उसे अपनी आय का 2.5 प्रतिशत दान देना चाहिए। यदि उसके पास उतना धन नहीं है तो उसे अलग रूप में दान करना चाहिए, जैसे–अच्छे कार्य, दूसरों के प्रति अच्छा व्यवहार।

(4) जकाह उसी समुदाय में बाँटा जाना चाहिए जहाँ से यह लिया जाता है।

सदाकाह–सदाकाह (परोपकार) एक इबादत (पूजा) है। हदीथ के अनुसार, प्रत्येक व्यक्ति के लिए प्रतिदिन सदाकाह निर्धारित किया गया है। सड़क से ऐसी कोई भी वस्तु हटाना, जिससे चोट लग सकती है, उसे सदाकाह या परोपकारी कार्य कहते हैं। अन्य हदीथ के अनुसार, प्रत्येक नए दिन के साथ प्रत्येक अंग में सदाकाह (परोपकार) होता है और लोगों के साथ न्याय करना भी परोपकार है। सदाकाह बहुत ही वृहत् शब्द है और कुरान में सभी प्रकार के परोपकार के लिए प्रयोग किया जाता है। यशस्वी कुरान भी न केवल सभी लोगों (विश्वास करने वाले और विश्वास न करने वालों सहित) पर परोपकार करने बल्कि मूक जगत पर भी परोपकार करने के लिए कहती है। कुरान जरूरतमंद, यतीम, दीन-हीन और समाज के अभागे लोगों की देखभाल करने में विश्वास करने वालों पर जोर देती है। *विश्वास करने वाले .... अपनी भक्ति में अटल होते हैं और गरीब और दीन-हीन के लिए अपनी संपत्ति का सही प्रयोग करते हैं।* सदाकाह की कोई सीमा नहीं होती। किसी धर्मार्थ संस्थान को अपनी इच्छानुसार सदाकाह देना निश्चित रूप से श्रेष्ठ निर्णय है और यह सदाकाह-ए-जरिया के रूप में माना जाता है। वक्फ के रूप में सदाकाह-सदाकाह-ए-जरिया होता है अर्थात् स्थायी दान। किसी को व्यवसाय स्थापित करने के लिए सहायता करना, किसी को उचित शिक्षा देना, किसी की आर्थिक सहायता करके उसे बीमारी से ठीक करने में सहायता करना; यतीम और दीन-हीन की देखभाल, विद्यार्थियों को वजीफा देना ये सभी परोपकारी कार्य है और सदाकाह-ए-जरिया के तहत आते हैं।

स्वेच्छा से गुप्त दान करने का प्रतिफल, सार्वजनिक रूप से देने से 70 गुना अधिक होता है। सदाकाह का इतना बड़ा क्षेत्र है कि यहाँ तक वह गरीब भी सक्षम कर सकता है जिसके पास देने के लिए कुछ भी नहीं है। हदीथ में अच्छे कार्य करना भी अक्सर सदाकाह है। यह एक बड़ी भावना है, यहाँ तक कि प्रसन्न होकर किसी का अभिवादन करना भी सदाकाह ही है। संक्षेप में प्रत्येक अच्छा कार्य सदाकाह है।

एक मुस्लिम ईश्वर की अतिरिक्त कृपा प्राप्त करने के बजाय धर्मार्थ कार्य (सदाकाह) से भी अधिक दान कर सकता है। इस्लाम की शिक्षाओं के अनुसार, सदाकाह देने से कई कार्य पूरे होते हैं। सबसे पहले सदाकाह देने से पापों का प्रायश्चित होता है। स्वेच्छा से दान देने से जकाह (Zakah) के पिछले भुगतान की कमी को भी पूरा किया जा सकता है। सदाकाह सभी बुराइयों से भी रक्षा करता है। सदाकाह संसार में दु:खों और कयामत के दिन सजा को कम करता है। इसलिए ईश्वर की कृपा प्राप्त करने के लिए दिन-रात, गुप्त या सार्वजनिक रूप से सदाकाह देने की सिफारिश की जाती है।

ऐसा माना जाता है कि कभी-कभी अधिक देने की तुलना में थोड़ा-थोड़ा निरंतर देने से ईश्वर प्रसन्न होते हैं।

उग्र सुधारवादी स्तर पर, जिहाद (Jihad) के स्तंभ को भी भलाई का काम माना जाता है, तथापि अक्सर इसे 'धर्म युद्ध' या 'धार्मिक युद्ध' के रूप में भाषांतरित और प्रस्तुत किया जाता है, अनेक आधुनिक विद्वानों के अनुसार यह सामाजिक बुराइयों सहित, बुराइयों के खिलाफ एक सामूहिक युद्ध है।

प्रश्न 11. जैन धर्म और परोपकार पर एक संक्षिप्त टिप्पणी कीजिए।

उत्तर– जैन धर्म भारत की श्रमण परंपरा से निकला धर्म और दर्शन है। 'जैन' उन्हें कहते हैं, जो 'जिन' के अनुयायी हों। 'जिन' शब्द 'जि' धातु से बना है। 'जि' यानी जीतना। 'जिन' अर्थात् जीतने वाला। जिन्होंने अपने मन को जीत लिया, अपनी वाणी को जीत लिया और अपनी काया को जीत लिया, वे हैं 'जिन'। जैन धर्म अर्थात् 'जिन' भगवान का धर्म।

जैन धर्म, परोपकार या भलाई का जोरदार समर्थन करता है। जैन धर्म अपने अनुयायियों को संपत्ति एकत्रित न करने और अपने एवं दूसरों के लिए उपयोगी जीवन जीने के लिए प्रोत्साहित करता है। तथापि जैन धर्म की विशिष्टता अहिंसा और किसी को हानि न पहुँचाना है और अधिक सकारात्मक रूप से यह सकारात्मक या सभी जीवों के प्रति प्रेम का दृष्टिकोण है।

जैन धर्म की प्रेरणाओं को परोपकार के विभिन्न संस्थानों विशेषकर शिक्षा के क्षेत्र में प्रयोग किया गया।

जैन धर्म की मुख्य शिक्षा सभी जीवों के प्रति अहिंसा है। इसने निश्चय ही मोहनदास गाँधी को प्रभावित किया होगा, जो जैन नहीं थे लेकिन जैनियों के बीच पले-बढ़े थे। अहिंसा को निश्चय ही परोपकार के वृहत् दृष्टिकोण के संदर्भ में देखा जा सकता है। जैन धर्म में, परोपकार या दान को दया से दिया जाता है, जिसमें आर्थिक लाभ की कोई इच्छा नहीं होती है और इसमें आत्म-बलिदान की भावना होती है और फिर भी देने में आनंद होता है। जैन धर्म में परोपकार चार प्रकार के होते हैं–भोजन का दान (आहार दान), दवाइयों का दान (औषध दान), किताबों या शिक्षा का दान (ज्ञान दान), सुरक्षा प्रदान करना या डर से मुक्ति (अभय दान)। कुंदकुंद पंकास्तिकाय (kundakunda Pancastikaya) में यह कहा गया है कि जरूरतमंद व्यक्ति के पास जाने और उसे सहायता प्रदान करने से "पुण्यों की वर्षा" होती है। सुत्र-कीत-अंग (sutra-keit-anga) में, दूसरे धर्मों की तरह ही वर्णन किया गया है अर्थात् संसार के सभी प्राणियों के साथ वही व्यवहार करना चाहिए जो हम स्वयं के साथ चाहते हैं।

प्रश्न 12. सिक्ख धर्म में परोपकार किस प्रकार से किया जाता है? टिप्पणी कीजिए।

उत्तर– सिक्ख धर्म (सिखमत और सिक्खी भी कहा जाता है) एक एकेश्वरवादी धर्म है। इस धर्म के अनुयायी को सिक्ख कहा जाता है। सिक्खों का धार्मिक ग्रंथ श्री आदि ग्रंथ या ज्ञान गुरु ग्रंथ साहिब है। आमतौर पर सिक्खों के 10 सतगुरु माने जाते हैं, लेकिन सिक्खों के धार्मिक ग्रंथ में 6 गुरुओं सहित 30 भगतों की बानी है जिनकी सामान सिख्याओं को सिक्ख मार्ग पर चलने के लिए महत्त्वपूर्ण माना जाता है।

सिक्ख धर्म के तीन स्तंभों में से एक 'वंड छकों' (vand chakko) है जिसका अर्थ है–बाँट कर खाओ अर्थात् एक साथ उपभोग। सिक्खों को वंड का अनुसरण करके समुदाय में अपनी संपत्ति को बाँटने के लिए कहा गया था। समुदाय या साध-संगत सिक्ख धर्म का महत्त्वपूर्ण हिस्सा है। कोई भी इस समुदाय का हिस्सा बन सकता है, जो सिक्ख गुरुओं द्वारा स्थापित किए गए मूल्यों का अनुसरण करता है और प्रत्येक सिक्ख को यथासंभव समुदाय को देना होता है। आदर्श कार्यों में से 'सेवा' (नि:स्वार्थ सेवा) जो कुछ-कुछ हिंदू धर्म के निष्काम कर्म के समान गुण वाला है। एक प्रकार का कार्य होता है जिसे दसवंद कहा जाता है जिसका शाब्दिक अर्थ है–दसवाँ भाग और जिसमें ऐसे कार्य का उल्लेख है जिसके तहत अपनी उपज का दस प्रतिशत दान करना होता है, यह दोनों ही अर्थात् आर्थिक रूप से एवं समय और सेवा के रूप में होता है।

सिक्ख धर्म में परोपकार पर जोर दिया गया है। सिक्ख विश्वास करते हैं कि संपत्ति को तभी स्वीकार किया जाता है जब वह अन्य लोगों की सहायता के लिए प्रयोग की जाती है, जैसे किसी को काम या खाना देना। मेहनत करना भी सिक्खों के लिए जरूरी होता है–भीख माँगना या काम न करना आलस्य और स्वार्थ है। गरीबों का ध्यान रखना अमीर लोगों का उत्तरदायित्व है : धार्मिक और संपन्न व्यक्ति को आशीर्वाद प्राप्त होता है क्योंकि उन्हें परोपकार के उद्देश्य और दूसरों को खुशियाँ देने के लिए प्रयोग किया जा सकता है (गुरु अमरदास)। ईश्वर के पास तभी स्थान प्राप्त किया जा सकता है जब हम संसार में दूसरों की सेवा करें।

परोपकार सिक्ख धर्म की शिक्षा का बहुत ही महत्त्वपूर्ण भाग है क्योंकि समानता और करुणा माध्यमिक जीवन के लिए जरूरी हैं। सभी धर्मों और देशों को उचित और शांतिपूर्वक जीवन व्यतीत करने में सहायता करनी चाहिए। परोपकार परिवार की देखभाल करने से शुरू होता है–सिक्ख धर्म के लोग इस शिक्षा को अपनी सामाजिक नीतियों, अस्पताल, आश्रम, विशेष स्कूल और आश्रमों को बनाने में प्रयोग करते हैं। कई सिक्ख पूरे विश्व में होने वाले परोपकार के कार्यों में भाग लेते हैं, जैसे–ऑक्सफेम (oxfam) और क्रिश्चियन ऐड (Christian Aid)। उक सिक्ख के जीवन के लिए समुदाय (साध-संगत) की सेवा करना जरूरी होता है। उन्हें दूसरों की सहायता करने के लिए अपना कुछ समय और शक्ति देने के लिए तैयार रहना चाहिए।

सिक्खों के लिए, एक सप्ताह की पूजा-अर्चना के बाद परे समागम के लिए गुरुद्वारे में लंगर (भोजन) देना एक सौभाग्य और कर्त्तव्य है। लंगर (Langar) एक खुली और नि:शुल्क रसोई है, सिक्ख धर्म की परंपरा है कि इसे चलाएँ और समानता के गुणों को सुनिश्चित गुरुद्वारे में आने वाले सभी लोगों द्वारा तैयार और उनके बीच वितरित किया जाता है।

यह सिक्ख धर्म के अनुयायियों के बीच स्वेच्छा, सहयोग और सेवा के तत्वों को भी प्रोत्साहित करता है। लंगर (Langar) पूजा-अर्चना का एक भाग है और सिक्ख जीवन की बहुत महत्त्वपूर्ण अवधारणा है। गुरु नानक जी, भोजन की तैयारी करने, उसे बनाने, परोसने और बाद में बर्तन साफ करने के कार्यों की भागीदारी के लिए लंगर में सभी के द्वारा एक ही भोजन रखने पर बल देते थे।

प्रश्न 13. पारसी धर्म और परोपकार पर एक संक्षिप्त टिप्पणी कीजिए।

उत्तर– 'पारसी' या 'जरथुष्ट्र' धर्म एकैकाधिदेववादी धर्म है, जिसका तात्पर्य यह है कि पारसी लोग एक ईश्वर 'अहुरमज्द' में आस्था रखते हुए भी अन्य देवताओं की सत्ता को नहीं नकारते। यद्यपि अहुरमज्द उनके सर्वोच्च देवता हैं, परंतु दैनिक जीवन के अनुष्ठानों व कर्मकांडों में 'अग्नि' उनके प्रमुख देवता के रूप में दृष्टिगत होते हैं। इसीलिए पारसियों को अग्निपूजक भी कहा जाता है।

पारसी धर्म के अनुसार, उन्हीं के साथ अच्छा-अच्छा होता है जो अच्छे कार्य करते हैं। जो बुरा करते हैं उनके साथ भी बुरा ही होता है। पारसी धर्म की नैतिकता को एक वाक्य में समझा जा सकता है–"अच्छे विचार, अच्छे शब्द, अच्छे कार्य"। इंसानों को उन सभी परिस्थितियों के लिए जिम्मेदारी लेनी चाहिए जिसमें वे होते हैं और इस प्रकार वे एक-दूसरे के लिए कार्य करते हैं। प्रतिफल, दु:ख इस बात पर निर्भर करते हैं कि एक व्यक्ति अपना जीवन कैसे व्यतीत कर रहा है।

अत: पारसी समुदाय का संघर्ष अच्छे कार्यों को बढ़ाने के साथ-साथ अपने व्यवसाय को बढ़ाना है। इससे परोपकार की बड़ी संस्थाएँ स्थापित हुई हैं। इन दो नीतियों द्वारा टाटा-गोदरेज, वोल्टाज जैसे बड़े परिवारों ने विभिन्न उद्योग और प्रतिष्ठान की स्थापना की हैं।

प्रश्न 14. परोपकारी समाज कार्य में धर्म के साझेदार (स्टेकहोल्डर) होने का वर्णन कीजिए।

अथवा

परोपकारी समाज कार्य में साझेदार के रूप में धर्म के योगदान की व्याख्या कीजिए।

[दिसम्बर-2019, प्र.सं.-2]

उत्तर– धर्म कई प्रकार से परोपकारी सामाजिक कार्य में साझेदार (स्टेकहोल्डर) होता है–

(1) यह धार्मिक प्रेरणा है कि इतनी अधिक परोपकारी पहले की गई। व्यक्तिगत और कॉर्पोरेट परोपकार के प्रयत्न कुछ धार्मिक प्रेरणाओं या अन्य का ही परिणाम थे।

(2) स्थापित धार्मिक संस्थाओं और उनकी एजेंसियों द्वारा कई पहलें की गईं जिन्होंने उत्कृष्ट सेवाएँ प्रदान कीं और जो ऐसे प्रयत्नों में मार्गदर्शक का कार्य कर रहे हैं। विश्वविख्यात संगठन, जैसे– कैरीटस (caritas), इटैलियन बिशप कॉन्फ्रेंस (Italian Bishops conference), मिशैरियर (Miserior), कैथोलिक रिलीफ सोसाइटी (Catholic Relief Society), माता अमृतानन्दमाई फाउंडेशन (Mata Amritananda mayi foundation), विभिन्न जैन न्यास, वक्फ न्यास, अलीगढ़ मुस्लिम विश्वविद्यालय, संट जोंस मेडिकल कॉलेज, रामाकृष्ण मिशन आदि कुछ ऐसे अग्रणी संगठन हैं जो सीधे धार्मिक एजेंसियों द्वारा चलाए जाते हैं जिन्होंने मानवता को,

प्रायः उनसे संबंधित विश्वास रखने वाले समुदायों की सीमाओं से परे बहुमूल्य सेवाएँ प्रदान की हैं। इनके परोपकारी कार्यों का वार्षिक कारोबार कई देशों के वार्षिक बजट के समान होगा। कई राज्य और समुदाय इनके प्रयत्नों से लाभ उठा रहे हैं। धन के संबंध में इनके कार्यों के परिणाम वास्तव में विशाल हैं। कई मामलों में इन कार्यों के परिणाम वास्तव में विशाल हैं। कई मामलों में इन्होंने मॉनीटरिंग और मूल्यांकन के सख्त उपायों को लागू किया है, इस प्रक्रिया में सभी संबंधित व्यक्तियों, संस्थाओं को शामिल करने का प्रयत्न किया है। कई मामलों में ये मार्गदर्शक रहे हैं और मॉडल हस्तक्षेप किए हैं बाद में जिसे क्षमता प्राप्त करने के बाद राज्य ने ग्रहण किया है।

संक्षेप में, धर्मों ने प्रदान की गई प्रेरणा और व्यक्तियों और समुदायों की भलाई को सुनिश्चित करने के लिए निरंतर पहलों के द्वारा मुख्य साझेदार (स्टेकहोल्डर) के रूप में भूमिका निभाई है।

वे राज्य के कार्यकलापों को पूरा करने के लिए हमेशा शक्तिशाली साधन के रूप में कार्य कर सकते हैं और इसलिए विशेष रूप से कम प्रयासों के साथ राज्यों के कल्याणकारी लक्ष्य को प्राप्त करने में सहायता करते हैं।

लिहाजा यह अनिवार्य है कि राज्य ऐसे साझेदारों (स्टेकहोल्डरों) की भागीदारी के लिए सहायक नीतियों पर विचार करे और इसके लाभ समाज तक पहुँचाए।

अध्याय

13

सरकार
(GOVERNMENT)

भूमिका

सरकार कुछ निश्चित व्यक्तियों का समूह होती है जो राष्ट्र तथा राज्यों में निश्चित काल के लिए तथा निश्चित पद्धति द्वारा शासन करती है। प्रायः इसके तीन अंग होते हैं–व्यवस्थापिका, कार्यपालिका तथा न्यायपालिका। सरकार के माध्यम से राज्य में राजशासन नीति लागू होती है। सरकार के तंत्र का अभिप्राय उस राजनीतिक व्यवस्था से होता है जिसके द्वारा राज्य की सरकार को जाना जाता है।

प्रश्न 1. साझेदार (स्टेकहोल्डर) के रूप में सरकार का वर्णन कीजिए।

उत्तर– कोई भी सरकार चाहे वह पूँजीवादी हो या समाजवादी हो, वह राष्ट्र और उसके नागरिकों के लिए विकास के प्रति जिम्मेदार होती है। वह सामाजिक विकास और निष्पक्ष उन्नति के लिए प्रयत्न करती है। वह सेवाओं–शिक्षा, स्वास्थ्य, रोजगार आदि, वृद्ध लोगों, नि:शक्तों, अनुसूचित समूहों और लोगों और सामाजिक रूप से अपवर्णित लोगों को कल्याणकारी सेवा देने–के सार्वभौमीकरण को प्राप्त करने के लिए भी कार्य करती है। वह इन विविध उद्देश्यों को प्राप्त करने के और बड़ी संख्या में आपदा के प्रभाव सहित सामाजिक समस्याओं और संकटों का शमन करने के लिए विभिन्न सेक्टरों, जैसे–गैर-लाभकारी संगठनों, व्यवसायों और कॉर्पोरेट निकायों, व्यक्ति विशेष व्यवसायिकों और अन्य निजी एजेंसियों की सहायता माँगती है।

यह समझना महत्त्वपूर्ण है कि 'सिद्धांत के रूप में सरकार' और अभिकर्त्ता के समूह के रूप में परोपकारी/गैर-लाभकारी सेक्टर की भूमिका क्या है, सरकार, सामूहिक रूप से किससे सेवाओं के प्रावधान को अधिकतम करना चाहती है। आवश्यक रूप से, स्टेकहोल्डर के रूप में सरकार की भूमिका निर्देशात्मक दृष्टिकोण को अधिरोपित करती है, जिससे हमें परोपकार के क्षेत्र का मूल्यांकन करने की जरूरत है। राज्य के पास ऐसे परोपकारी/गैर-लाभकारी तीसरे सेक्टर को प्रोत्साहित करने के कई कारण हैं जो लाभ और आधारभूत वस्तुओं के सरकारी प्रावधान की पूरक व्यवस्था करे।

बेइसब्रॉड (1975) ने तर्क दिया है कि प्रावधान के सरकारी स्तर का लोकतांत्रिक चयन संपन्न या गरीब और जरूरतमंद नागरिकों को संतुष्ट नहीं कर पाएगा और उनकी शेष माँगों की पूर्ति गैर-लाभकारी प्रावधान या परोपकारी कार्य के परिणाम द्वारा हो सकेगी। अत: परोपकारी और गैर-सरकारी सेक्टर के क्षेत्र में सरकार की सक्रिय भूमिका की जरूरत है।

यदि हम परोपकारी सेक्टर में सरकार को साझेदार (स्टेकहोल्डर) के रूप में मानते हैं तो यह प्रश्न उठता है कि परोपकारी और परोपकारी संगठन के प्रबंधन में सरकार कौन-सी भूमिका निभाती है और उसे निभानी चाहिए? इस संबंध में सरकार का क्या महत्त्व होगा? क्या न्यायों और अन्य परोपकारी संगठनों द्वारा धारण की जाने वाली वित्तीय पूँजी और संपत्तियों पर नियंत्रण के संबंध में कम या अधिक सरकारी विनिमय होने चाहिए, उनके द्वारा पूरे किए जाने वाले कार्यों और प्रदान की जाने वाली सेवाओं की प्रकृति, ये सभी परोपकारी संगठनों को सीधे तौर पर प्रभावित करेंगे? यह बहस तब तक जारी रहेगी, जब तक समाज में सरकार और देने की संस्कृति और ऐसे मामले रहेंगे, जो सरकार का ध्यानाकर्षण चाहते हों।

प्रश्न 2. कल्याणकारी राज्य के रूप में सरकार की भूमिका का वर्णन कीजिए।

उत्तर– कल्याणकारी राज्य एक ऐसी व्यवस्था है जहाँ से राज्य अपने नागरिकों विशेषकर वित्तीय रूप से जरूरतमंदों के कल्याण और स्वास्थ्य को सीधे तौर पर सुरक्षा प्रदान करने की जिम्मेदारी लेता है। कल्याणकारी राज्य वह राज्य है जिसमें व्यवस्थित शक्ति को निजी और बाजार की शक्तियों के कार्य को संशोधित या नियंत्रित करने की कोशिश में कम-से-कम तीन दिशाओं में सीधे तौर पर प्रयोग (राजनीति और प्रशासन) किया जाता है–पहला, व्यक्तियों और परिवारों

को न्यूनतम आय की गारंटी देकर; दूसरा, सामाजिक अनिश्चित घटनाओं (अर्थात् बीमारी, वृद्धावस्था और बेरोजगारी) से निपटने के लिए व्यक्ति और परिवार संकट में आ जाएँगे और तीसरा, यह सुनिश्चित करना कि सभी नागरिकों को प्रतिष्ठा या स्तर के भेदभाव के बिना सामाजिक सेवाओं की कुछ श्रेणियों के संबंध में उत्कृष्ट गुणवत्ता प्रदान की जाएगी।

पहले और दूसरे उद्देश्य को कम-से-कम आंशिक रूप से प्राप्त किया जा सकता है, जिस राज्य में सांप्रदायिक संसाधनों को गरीबी को कम करने और दु:खी लोगों की सहायता करने के लिए लगाया गया हो, उसे "सामाजिक सेवा वाला राज्य" कहने से क्या लाभ। तथापि तीसरा उद्देश्य 'सामाजिक सेवा वाले राज्य' के लक्ष्यों से दूसरी ओर चला गया है। यह 'न्यूनतम' के पुराने विचार के स्थान पर 'इष्टतम' के विचार को लाया है। अधिक-से-अधिक लोगों तक पहुँचने और उनके लिए काम करने का यह विचार ही है जो नागरिकों की आवश्यकताओं के लिए विभिन्न प्रणालियों और माध्यमों को अपनाने की सरकार की नीति का निर्धारण करता है। परोपकारी संगठनों और प्रतिष्ठानों और गैर-लाभकारी संगठनों की स्थापना और उनकी कार्य प्रणाली के लिए सरकार की प्रोत्साहन संबंधी नीतियों के कारण ही इसका पता लग पाया है। इसके अलावा "सामाजिक आकस्मिकताओं" की अवधारणा, गरीब और वित्तीय एवं सामाजिक रूप से पिछड़े व्यक्तियों पर औद्योगिक और आर्थिक मंदी पड़ने के कारण बहुत अधिक प्रभावित हुई है।

पूँजीवादी मूल का होने के कारण कुछ अध्ययन कई मायनों में सरकार की भूमिका न होने की अपेक्षा उसे खारिज करते हैं। 'सामाजिक न्याय' और 'सामाजिक समावेशन' पर संवाद के संदर्भ में कई चिंतक और मुख्यधारा के लेखक सरकार को लोकनीति प्रक्रिया और समाज में इसकी भूमिका में मुख्य कर्त्ता के रूप में मानते हैं।

न्यायसंगत सामाजिक प्रबंध को बनाए रखने और देश के कम नागरिकों की आवश्यकताओं को पूरा करने में भी इसकी स्पष्ट रूप से भूमिका है। इस अर्थ में, यह एक मुख्य साझेदार है।

व्यापारी से उद्यमी बने लोगों के बीच मुख्य रूप से सामुदायिक प्रभाव और पेटर्नलिज्म की सशक्त धरोहर के कारण उन्नीसवीं सदी के मध्य से भारत में परोपकार महत्त्वपूर्ण है।

भारत के संदर्भ में और जैसा कि भारत के संविधान के भाग-IV में राज्यनीति के निर्देशक सिद्धांतों के अनुच्छेद 37 में प्रतिष्ठापित है यह कहा गया है कि लोगों के कल्याण को प्रोत्साहित करने के लिए सामाजिक व्यवस्था को सुरक्षित रखना राज्य का उत्तरदायित्व है। इस उद्देश्य की प्राप्ति और उपयुक्त और गुणकारी अभिशासन के लिए, सरकार की उन नीतियों और कानून को बनाने में स्पष्ट भूमिका है जो सभी के लिए विशेष रूप से कमजोर और जरूरतमंद लोगों के कल्याण के लिए सामाजिक व्यवस्था को स्थापित करने में मदद करेंगी।

प्रश्न 3. परोपकारी क्षेत्र तथा सरकार के बीच संबंध पर टिप्पणी कीजिए।

उत्तर– दूसरे विश्व युद्ध के बाद के दशकों में परोपकारी और गैर-मालिकाना संरचनाओं के लिए सबसे बड़े और सबसे तेज विकास ने कल्याणकारी राज्य के विकास को बराबर कर दिया। बीसवीं सदी की दूसरी छमाही में सरकार तथा निजी पहल के बीच पारस्परिक रूप से मजबूत होते हुए संबंध वैश्विक रूप से प्रकट हो गए। अमेरिका में अधिकांश गैर-स्टॉक निगम थे जो धर्मार्थ

कर मुक्त थे। "गैर-लाभकारी" संगठनों के रूप में संघीय सरकार के साथ पंजीकृत थे। भारत में अधिकांश परोपकारी संगठन और प्रतिष्ठान, समितियों, ट्रस्ट का गैर-लाभकारी धारा-25 सांप्रदायिक और गैर-सांप्रदायिक दोनों कंपनियों के रूप में पंजीकृत हैं।

पिछले कुछ सालों में कई गैर-लाभकारी और धर्मार्थ संस्थानों में तीव्र विकास हुआ है। इसमें कोई आश्चर्य नहीं है कि यह नाटकीय विस्तार इसके विकास को बढ़ाने के लिए केंद्र/संघीय या राज्य सरकारों द्वारा दी गई बड़ी सहायता, कर में छूट और अन्य पहलों के कारण हुआ है। यद्यपि यह सरकार ही है जिसकी समाज कल्याण की मुख्य रूप से जिम्मेदारी है; निजी क्षेत्र जिसमें गैर-सरकारी संगठन, व्यक्तिगत व्यवसायी और कॉर्पोरेट निकाय शामिल हैं-समाज कल्याण की व्यवस्था में निरंतर रूप से प्रोत्साहन और नियामक दोनों भूमिकाएँ निभा रही हैं।

समाज कल्याण के दृष्टिकोण से, परोपकार मुख्य रूप से शायद केवल असाधारण समूहों से संबंधित है। राज्य का परोपकार संबंधी हस्तक्षेप इसके कमजोर वर्गों की ओर से होता है और विशेषकर उन वर्गों से जिनमें जब उनके आपदा के परिणाम कुछ खास और अनेक अक्षमताओं से आते हैं।

प्रश्न 4. परोपकार में राज्य के नियामक कार्यों का उल्लेख कीजिए।

उत्तर– भारत में परोपकार की परंपरा सदियों पुरानी है। ऐसा माना जाता है कि 'देना' जीवन और मुक्ति का आवश्यक घटक है। गरीबों और बेसहारों को राहत देने की प्रकृति के पास इससे भी अधिक है, पूजा स्थलों में नकद या अन्य प्रकार की भिक्षा देने या दान देना भी यही है जो अंतत: गरीब और वंचितों के पास ही पहुँचता है। देने के अन्य प्रकार प्राय: शैक्षिक संस्थाओं या स्वास्थ्य देख-रेख सुविधाओं को सहायता देना है, जो पुन: समुदाय देख-रेख सुविधाओं को सहायता देना है, जो पुन: समुदाय की आत्म-निर्भरता या राष्ट्रीय विकास के लिए नियमित अंशदान की अपेक्षा धर्मार्थ-उत्तरदायित्व के रूप में अधिक है। दान का उपयोग करने और उसे प्रबंधित करने में पारदर्शिता और जवाबदेही की भावना को सुनिश्चित करने के लिए गैर-लाभकारी और परोपकारी संगठनों के कार्यों को नियंत्रित करना सरकार के लिए चुनौती से भरा काम है।

ये सभी और अनेक प्रकार के लोगों को पता है कि समकालीन समाज में परोपकार का काम इस लक्ष्य के लिए स्थापित परोपकारी संगठनों द्वारा बड़े स्तर पर किया जाता है। सामान्य और परोपकारी कार्यक्षेत्र में विकास सेक्टर के संदर्भ में, विशेष रूप से सरकार ही मुख्य स्टेकहोल्डर होती है क्योंकि इसे परोपकारी और धर्मार्थ संगठनों के कार्यों को नियंत्रित करना होता है जिससे लोक निधि और संसाधनों का सही इस्तेमाल हो सके।

भारत में परोपकार समवर्ती सूची का विषय है जहाँ केंद्र और राज्य दोनों ही कानून बनाने के लिए सक्षम हैं। उसी तरह कुछ नियम केंद्र के हैं और संपूर्ण भारत पर लागू होते हैं, वहीं कुछ कानून राज्यों पर ही लागू होते हैं। भारत में परोपकार और धर्मार्थ आधारित संगठन समितियों, न्याय, वक्फों और अन्य संस्थाओं के रूप में स्थापित हैं और ये चार बड़े समूहों में विभाजित किए जा सकते हैं–

(1) संपूर्ण देश के लिए अधिनियमित, सोसाइटी पंजीकरण अधिनियम, 1860 के तहत पंजीकृत समितियाँ और राजस्थान (1958), मैसूर (1960), कर्नाटक (1960), प. बंगाल (1961), मध्य प्रदेश (1961), तमिलनाडु (1975), मणिपुर (1989), मेघालय (1983), जम्मू और कश्मीर (1998), आंध्र प्रदेश और उत्तर प्रदेश (2000) जैसे राज्यों के पृथक् रूप से सोसाइटी पंजीकरण अधिनियम। ऐसे अधिनियमों के तहत पंजीकृत संगठनों को पंजीकृत करने और नियंत्रित करने के लिए प्रत्येक राज्य में एक रजिस्ट्रार होगा।

(2) न्याय और धर्मार्थ संस्थान, भारतीय न्यास अधिनियम, 1882; धर्मार्थ दान अधिनियम, 1810; बॉम्बे लोक न्यास अधिनियम, 1950 और ऐसे ही अन्य राज्य अधिनियमों के तहत पंजीकृत होते हैं। तथापि लोक धर्मार्थ न्यासों को पंजीकृत करने या नियंत्रित करने के लिए कोई भी केंद्रीय अधिनियम नहीं है। भारतीय न्यास अधिनियम में 1882 में किया गया परिवर्तन, जो केवल निजी न्यासों पर लागू है, अलग-अलग राज्यों में लागू किया गया है। बॉम्बे लोक न्यास अधिनियम, 1950 के तहत महाराष्ट्र और गुजरात में धर्मार्थ आयुक्त के कार्यालय बनाए गए हैं, जिससे इन राज्यों में धर्मार्थ संस्थाओं की देख-रेख की जा सके; तमिलनाडु में धार्मिक और धर्मार्थ निधि विभाग है और अन्य राज्यों में धर्मार्थ न्यास के लिए कुछ ऐसे ही संगठन हैं।

(3) भारत के संविधान की 7वीं अनुसूची के तहत 'न्यास और न्यासाधीश विषय' का समवर्ती सूची की प्रविष्टि संख्या 10 में वर्णन किया गया है। धर्मार्थ संगठन और धर्मार्थ संस्थान को सूची की प्रविष्टि संख्या 28 में स्थान दिया गया है। इस विषय पर पहला कानून तब के राज्य बॉम्बे ने 1950 में अधिनियमित किया था जो बॉम्बे में 1950 में अधिनियमित किया था, जो बॉम्बे लोक न्यास अधिनियम, 1950 के नाम से जाना जाता था। इसे लोगों; धार्मिक या धर्मार्थ उद्देश्य या दोनों के लिए एक्सप्रेस या रचनात्मक ट्रस्ट से लेन-देन करने के उद्देश्य से बनाया गया था, जिसमें मंदिर, मठ, वक्फ या कोई भी अन्य धार्मिक या धर्मार्थ निधि और धार्मिक या धर्मार्थ उद्देश्य या दोनों के लिए और सोसाइटी पंजीकरण अधिनियम, 1860 धारा 2(13) के तहत बनाई गई सोसाइटी शामिल है।

न्यास वसीयत से उत्पन्न होने वाला एक विशेष प्रकार का संगठन है। वसीयत बनाने वाला व्यक्ति विशेष प्रयोजन के लिए प्रयोग किए जाने के लिए संपत्ति के स्वामित्व को विशेष रूप से अंतरित करता है। यदि इसका उद्देश्य किसी विशेष व्यक्तियों को लाभ पहुँचाना है तो यह निजी न्यास बन जाता है और यदि इसका संबंध सामान्य जन या वृहत् रूप से समुदाय से होता है तो यह लोक न्यास कहलाता है।

यह देखना उल्लेखनीय होगा कि अलोकतांत्रिक शासन पद्धति के कारण न्याय के कुप्रबंधन की संभावना अधिक है। समितियों की तुलना में सरकार और धर्मार्थ आयोग के अधिकारियों की न्यास के कार्यों में हस्तक्षेप करने की अधिक शक्ति है।

(4) इस प्रकार के संगठन पूर्ण रूप से धार्मिक और धर्मार्थ कार्य में संलग्न होते हैं जो विभिन्न धर्मों या संप्रदायों का प्रतिनिधित्व करते हैं और जो धार्मिक धर्मार्थ निधि अधिनियम, 1863; धर्मार्थ और धार्मिक न्यास अधिनियम, 1920; वक्फ अधिनियम, 1995 और ऐसे ही अन्य राज्यों के अधिनियमों के तहत पंजीकृत होते हैं।

(5) गैर-लाभकारी कंपनियाँ, कंपनी अधिनियम, 1956 की धारा 25 के तहत पंजीकृत होती हैं। यह कंपनी रजिस्ट्रार द्वारा शासित होती है।

कानूनी संरचना—परोपकारी/गैर-लाभकारी संगठनों के लिए केंद्र सरकार और राज्य सरकार द्वारा निम्नलिखित अधिनियमों को अधिनियमित किया गया—

(1) समितियों से संबंधित अधिनियम—समितियों से संबंधित अधिनियमों को कानूनी रूप से और समाज की पहचान के लिए परोपकार और सामाजिक कार्य के क्षेत्र में संगठनों को कार्य प्रणाली प्रदान करने के लिए आंशिक रूप से अधिनियमित किया गया था जबकि 1860 का वास्तविक अधिनियम ऐसे संस्थानों के कार्य में राज्य के किसी भी प्रकार को शुरू न करने में आश्चर्यजनक रूप से स्पष्ट था, जिसमें वार्षिक विवरणों को दाखिल करने के नियमित कार्य शामिल नहीं थे, राज्यों के कई कानून (स्वतंत्रता के बाद के संशोधन द्वारा बनाए गए कानून) समाज की बुराइयों, दुष्कर्म और कार्य से निपटने के लिए व्यापक सरकारी नियंत्रणों के लिए शुरू किए गए। कानूनी उपायों में ये शामिल हैं—राज्यों की जाँच और तहकीकात की शक्ति : समितियों के पंजीकरण को रद्द करना और परिणामस्वरूप उनका विघटन करना; सरकारी निकाय का अधिक्रमण; प्रशासक की नियुक्ति; विघटन और निष्क्रिय संगठनों को हटाना। समिति की संपत्ति को राशि निकाय या कार्यकारी सदस्यों द्वारा साझा नहीं किया जा सकता है। यहाँ तक कि समिति के विघटन के बाद भी, अधिनियम में उसी क्षेत्र या सरकार के साथ कार्य करने वाले अन्य संगठनों की ऐसी संपत्ति को अंतरित करने की व्यवस्था है।

(2) धर्मार्थ धर्मादा अधिनियम, 1890—इस अधिनियम में न्यास में पड़ी हुई संपत्ति को परोपकार के उद्देश्य से अधिकृत करने और उसके प्रशासन की व्यवस्था की जाती है। इस अधिनियम में परोपकार के उद्देश्य में गरीबों की सहायता, शिक्षा, चिकित्सा सहायता और सामान्य जनता के उपयोग की अन्य किसी भी वस्तु की प्रोत्तति शामिल है। तथापि, यह पूर्णतः धार्मिक संस्थानों पर लागू नहीं होता, जिसमें इसका केवल धार्मिक शिक्षण या पूजा-अर्चना से संबंधित उद्देश्य शामिल है, इसके लिए समय-समय पर अलग कानून पारित किए जाते हैं।

(3) हिंदू धर्म और धर्मार्थ धर्मादा अधिनियम, 1951—यह अधिनियम राज्य सरकारों को हिंदू मंदिरों को अधिकार में ले लेने की शक्ति प्रदान करता है। यह अधिनियम सरकारों को अनेक शक्तियाँ प्रदान करता है, जैसे—मंदिर की निधियों का लेखा परीक्षा, पुजारियों को नियुक्त करना, मंदिर के कार्यों को देखने/मॉनीटर करने के लिए समिति गठित करना, सार्वजनिक पूल निधि की स्थापना करना, पूजा नवीनीकरण का नियंत्रण आदि को मॉनीटर करना और नियंत्रित करना।

(4) धर्मार्थ और धार्मिक न्यास अधिनियम, 1920—यह अधिनियम धर्मार्थ और धार्मिक न्यासों के प्रशासन पर और अधिक शक्तिशाली नियंत्रण की व्यवस्था करता है। यह जम्मू और कश्मीर राज्य को छोड़कर पूरे भारत में लागू होता है। तथापि यह अधिनियम वक्फ (waqfs) के निरीक्षण करने के लिए किसी भी प्रकार की प्रशासनिक तंत्र की व्यवस्था नहीं करता है, कोई भी इच्छुक व्यक्ति जिला न्यायालय में आवेदन करके वक्फ के मूल्य, स्थिति, प्रबंध, प्रवृत्ति और वस्तु के संबंध में जानकारी माँग सकता है। लेखों की जाँच करने और उनका लेखा परीक्षा करने के लिए न्यायालय की अनुमति लेनी होगी। तथापि, यह कानून केवल जन परोपकार के लिए बनाए गए वक्फ के लिए है और विशेष रूप से यह निजी वक्फ पर लागू नहीं होता है।

(5) विदेशी अंशदान विनियमन अधिनियम (एफ.सी.आर.ए.), 1976–विदेशी निधियाँ प्राप्त करने वाले संगठनों को इस अधिनियम का पालन करना होता है। यह अधिनियम गृह मंत्रालय द्वारा नियंत्रित किया जाता है। कुछ व्यक्तियों या संघों द्वारा विदेशी अंशदान या विदेशी अतिथि सरकार को स्वीकार करने और उसके प्रयोग को नियंत्रित करने के लिए यह केंद्रीय कानून बनाया गया है, जिसमें इस विचार को सुनिश्चित किया जाता है कि राष्ट्रीय स्तर पर महत्त्वपूर्ण क्षेत्रों में कार्य करने वाले व्यक्तियों के साथ-साथ संसदीय, प्रभुत्व संपन्न लोकतांत्रिक गणराज्य और इससे संबंधित मामलों या इसके प्रासंगिक मूल्यों के साथ सुसंगत रूप में कार्य कर सकें। गैर-सरकारी संगठनों के लिए द्विपक्षीय विकास सहायता विदेशी अंशदान (विनियमन) अधिनियम, 1976 द्वारा निरंतर रूप से नियंत्रित की जा रही है। केवल इस अधिनियम के तहत पंजीकृत संगठनों–वर्तमान में लगभग 30,000 को ही द्विपक्षीय सहायता प्राप्त करने की इजाजत है।

यह सुनिश्चित करने के लिए कि बाहर के स्रोत से प्राप्त निधियाँ अपराध या आतंक या देश या क्षेत्र में अस्थिरता उत्पन्न करने वाले संचालकों के हाथों में न जा पाएँ। इसके लिए भारत सरकार को निधियों के स्रोत और इसके प्रयोग के उद्देश्य का पता लगाना होता है। सामान्यत: नागरिकों का कल्याण ही सरकार के लिए सर्वोपरि कार्य होता है। इसलिए यह अनिवार्य है कि एफ.सी.आर.ए. के तहत पंजीकृत संगठन ही बाध्य स्रोतों से निधियाँ प्राप्त करने के पात्र होंगे। इससे संगठन के कार्यों का पता लगाने में मदद मिलेगी और यह सुनिश्चित किया जा सकेगा कि निधियों का प्रयोग विद्रोह, सांप्रदायिक भावनाओं, आतंकवाद, जातीय संघर्ष को भड़काने के लिए नहीं किया जा रहा है।

नागरिकों के प्रतिनिधि होने के रूप में सरकार ऐसे साधनों पर रोक लगा सकेगी, जिसमें धन का व्यय किया जा रहा है। प्रत्येक विदेशी निधियाँ प्राप्त करने वाले संगठन को धन प्राप्त करने के लिए केवल एक बैंक खाता रखना होगा जिससे गृह मंत्रालय इनका पता लगा सकेगा और इन्हें मॉनीटर कर सकेगा। तथापि ये उपयोग करने के उद्देश्य से एफ.सी.आर.ए. विधेयक, 2010 की धारा 17 के अनुसार एक ही बैंक में अनेक खाते खोल सकते हैं।

प्रश्न 5. परोपकार को प्रोत्साहित करने में सरकार की भूमिका का उल्लेख कीजिए।

उत्तर– जॉन डी. मैक आर्थर और टेड टर्नर और हाल ही के बिल गेट्स और वारेन बुफे जैसे परोपकारियों द्वारा दिए गए बड़े दान ने बड़े स्तर पर विकास क्षेत्र को लाभ पहुँचाया है। यदि हम भारत में परोपकार में शामिल व्यावसायिक घरानों के उदाहरण देखते हैं, तो यह बहुत अधिक व्यवस्थित नहीं हैं और पूरे देश में समान रूप से भी नहीं फैले हुए हैं। वास्तव में, दो बड़े स्तर के विकास अभिमुखी परोपकारी पुराने वैश्विक मार्गदर्शक, भारत के उद्योगपति थे–जमशेद टाटा और जी.डी. बिड़ला और उनका परिवार जिन्होंने सुव्यवस्थित तरीके से दान देने के उत्कृष्ट प्रकार के मॉडल को स्थापित किया, जिसमें व्यक्तिगत लाभ की कोई आशा नहीं थी। हाल ही में, विकास से संबंधित मुद्दों के लिए उच्च निवल मूल्य (HNW) वाले व्यक्तियों और संगठनों ने परोपकारी अंशदान दिया गया है, जो सामान्यत: इन उद्यमियों या उद्यमों द्वारा अर्जित धन से आता है। उच्च निवल मूल्य (HNW) वाले भारतीयों द्वारा परोपकार स्वरूप देना अभी हाल ही में शुरू हुआ है और आने वाले सालों में और बढ़ेगा, यह नारायण मूर्ति और सुधा मूर्ति, अजीम प्रेमजी, नंदन

नीलखानी और रोहिणी नीलखानी और देशपाण्डे जैसे सूचना प्रौद्योगिकी के नक्शे कदम पर चलते हुए—इनसे प्रेरणा लेते हुए—दिया गया है, लेकिन वर्तमान में इनके द्वारा प्राप्तकर्त्ताओं को दी गई कुल राशि में, आत्मनिर्भर व्यवसायिकों की संख्या अभी भी कम है।

सरकार परोपकार के कार्य को प्रोत्साहित कर इसे कई प्रकार से सुकर बना सकती है। कल्याणकारी राज्य के अपने लक्ष्यों को प्राप्त करने में अपने कार्य का अनुपूरक प्राप्त करने के लिए सरकार विभिन्न विकास कार्यक्रमों को शुरू करने के लिए अनुदान और सहायता प्रदान करके गैर-सरकारी संगठन सेक्टर और सिविल सोसाइटी संगठनों के साथ मिलकर काम कर रही है। ये गैर-सरकारी संगठन वर्तमान में भारत सरकार पर निर्भर हैं क्योंकि भारत सरकार परोपकार को प्रोत्साहित करने और परोपकारी सेक्टर की उन्नति के लिए आयकर अधिनियम की धारा 12(ज) और 35(झ) या 35(क) के तहत परोपकार के लिए देने को कर में छूट प्रदान कर रही है। एच.एन.डब्ल्यू. परोपकारी नवाचारों का मार्ग प्रशस्त करके परिणाम का प्रदर्शन करके और पक्ष जुटा कर, सरकार की नीतियों और कार्यों को प्रभावित करने की विशिष्ट स्थिति में हैं। परोपकारी कार्यकलाप, विशेषकर सामाजिक-आर्थिक विकास के लक्ष्य को प्रोत्साहित करने के लिए व्यापक और अधिक व्यवस्थित नीतियों की अपेक्षा है।

प्रश्न 6. परोपकारी अंशदान के लिए भारत सरकार द्वारा दी जाने वाली कर में छूट का उल्लेख कीजिए।

उत्तर– परोपकारी सेक्टर और गैर-लाभकारी को प्रोत्साहित करने के लिए और परोपकार के लिए दिए गए दान से संसाधनों के प्रयोग को सरल बनाने के लिए, भारत सरकार आयकर अधिनियम के तहत परोपकारी और स्वैच्छिक संगठनों के लिए कर में छूट के तीन प्रमुख प्रकार प्रदान करती है–

(1) धारा 80 (जी) विशिष्ट धर्मार्थ क्षेत्र माने जाने वाले क्षेत्रों में कार्य करने वाले स्वैच्छिक संगठनों को आयकर प्राधिकरण में पंजीकरण कराने की अनुमति प्रदान करती है। यह डोनर (व्यक्ति विशेष और कंपनी) को दान दी गई राशि का 50%, डोनर की आय का 10% तक कर राहत का दावा करने में समर्थ बनाती है। लाभार्थी संगठनों को दान देने वाले व्यक्ति को कर में कटौती का दावा करने के लिए उसे एक निर्धारित प्रारूप में एक पावती या प्रमाण-पत्र जारी करना होता है। इसे धर्मार्थ रूप से दिए गए धन के लिए कर में लाभ के लिए व्यापक रूप से प्रयोग किया जाता है।

(2) धारा 36ए सी अंशदानों को 100% कटौती योग्य बनाती है। तथापि इसका प्रयोग संगठनों की बजाय परियोजनाओं, सामान्य शोध परियोजना विशेष है। इस धारा के तहत लाभ के लिए प्राप्तकर्त्ता संगठन को विशेष रूप से स्वयं परियोजना को कार्यान्वित करना होगा। नई दिल्ली में स्थित राष्ट्रीय सामाजिक और आर्थिक प्रोन्नति समिति से अनुमोदन प्राप्त करना होगा। राष्ट्रीय और राज्य सरकार द्वारा स्थापित विभिन्न निधियों (राष्ट्रीय रक्षा निधि, जवाहर लाल नेहरू मेमोरियल निधि, प्रधानमंत्री बाढ़ राहत निधि और राष्ट्रीय सांप्रदायिक मैत्री संस्थान) में दिए गए दान 100% कर मुक्त होंगे (अर्थात् दान दी गई राशि कटौती के रूप में स्वीकार्य होगी)।

(3) धारा 35 (I और III) में वैज्ञानिक अनुसंधान संघ, जैसे–विश्वविद्यालयों, कॉलेजों या वैज्ञानिक शोध, सामाजिक विज्ञान में शोध या सांख्यिकी शोध के लिए अन्य संस्थानों को अनुमोदित करने के लिए दिए गए दान हेतु ऐसी ही 100% छूट की व्यवस्था है।

(4) धारा 25 के तहत की गई व्यवस्था तब तक "गैर-लाभकारी संगठनों की वस्तुओं की प्राप्ति में प्रासंगिक" लाभों पर आयकर देने से मुक्त रहेंगे जब तक कि एक अलग लेखा पुस्तक नहीं रखी जाती।

प्रश्न 7. स्वयंसेवी सेक्टर पर राष्ट्रीय नीति की चर्चा कीजिए।

अथवा

स्वैच्छिक क्षेत्र पर राष्ट्रीय नीति के उद्देश्यों पर चर्चा करें।

[दिसम्बर-2019, प्र.सं.-4(e)]

उत्तर– भारत में स्वयंसेवी क्षेत्र से संबंधित नीति मई 2007 में योजना आयोग द्वारा बनाई गई और केंद्रीय मंत्रिमंडल द्वारा अनुमोदित केंद्र सरकार की स्वयंसेवी क्षेत्र पर इसकी राष्ट्रनीति केंद्र सरकार द्वारा उन प्रणालियों की पहचान करने की आवश्यकता पर तत्काल सूचित करने की एक कोशिश थी जिसके द्वारा सरकार विश्वास और सम्मान और साझे उत्तरदायित्व के वातावरण में स्वयंसेवी और परोपकारी संगठनों के साथ निकट सहयोग से कार्य कर सके। नीति के मुख्य उद्देश्यों में ये शामिल हैं–

(1) स्वयंसेवी संगठनों के लिए ऐसा योग्य वातावरण बनाना जो न केवल उनके प्रभाव को बढ़ाए बल्कि उनकी स्वायत्तता की पहचान और हितों की रक्षा भी करे।

(2) स्वयंसेवी संगठनों को भारत और विदेश से जरूरी वित्तीय संसाधनों को वैध तरीके से संगठित करने के लिए समर्थ बनाना।

(3) ऐसी प्रणालियों की पहचान करना जिसके द्वारा सरकार स्वयंसेवी सेक्टर के साथ मिलकर काम कर सके।

(4) स्वयंसेवी संगठनों को अभिशासन और प्रबंध की पारदर्शी और उत्तरदायी प्रणालियों को अपनाने के लिए प्रोत्साहित करना।

'समर्थकारी वातावरण की स्थापना' के भाग में यह समितियों, ट्रस्टों और गैर-लाभकारी कंपनियों को पंजीकृत करने के लिए सरल और उदार/केंद्रीय कानून संभावना की जाँच करेगा।

विकास में भागीदारी के तहत सरकार और स्वयंसेवी सेक्टर के बीच भागीदारी के तीन साधनों की पहचान की गई है और उस पर चर्चा की गई है। 'स्वयंसेवी सेक्टर को सशक्त करने' के भाग में यह योग्य स्वयंसेवी संगठनों को वित्तीय सहायता प्रदान करने के लिए स्वतंत्र परोपकारी संस्थाओं के प्रोत्साहन हेतु प्रतिबद्ध है। स्वयंसेवी सेक्टर की राष्ट्रनीति, स्वयंसेवी सेक्टर के लिए योग्य वातावरण प्रदान करने और इसे उत्तरदायी बनाने का भी उद्देश्य रखती है जिससे स्वयंसेवी संगठन विकास संबंधी कार्यों में प्रभावशाली रूप से अपनी सकारात्मक भूमिका निभा सके। आशा की जाती है कि नीति, अभिशासन, जवाबदेही, पारदर्शिता में सुधार करने के लिए स्वयंसेवी संस्था को प्रोत्साहित करेगी। यह सामान्य जन द्वारा उठाए गए मामलों पर ध्यान केंद्रित कर सकती है जो

निधियों को गलत तरीके से प्रयोग करने और जवाबदेही की कमी, संसाधनों को जुटाने में बाधाओं, सहयोग की कमी की शिकायतों की ओर संकेत करती है।

गैर-सरकारी संगठनों के साथ-साथ सरकार व्यापक रूप से आशावादी है कि यह नीति कुछ वर्षों में स्वयंसेवी सेक्टरों को राज्यों और इसकी विभिन्न एजेंसियों व गैर-सरकारी संगठनों के बीच सहभागिता हेतु आगे आने के लिए प्रोत्साहित करेगी।

□□

अध्याय 14

कॉर्पोरेट सेक्टर (Corporate Sector)

भूमिका

प्रारंभ में कॉर्पोरेट अर्थात् औद्योगिक संगठन समाज में न्यूनतम योगदान देते थे तथा अपने लाभ को अधिकतम करने की इच्छा रखते थे और उनके व्यापार भी छोटे पैमाने के ही होते थे किंतु समय के साथ-साथ उद्योगपति दीर्घकालीन विकास के दर्शन से प्रेरित हुए और उन्होंने उत्तरदायी और नैतिक उद्योग के बारे में अनुभव प्राप्त किया और उन्होंने जो लाभ समाज के लोगों और प्राकृतिक संसाधनों से कमाया था, उसका कुछ अंश कॉर्पोरेट सामाजिक दायित्व के रूप में उन्हें लौटाने का निश्चय किया। इसी का इस अध्याय में वर्णन किया गया है।

प्रश्न 1. कॉर्पोरेट सामाजिक उत्तरदायित्व तथा कॉर्पोरेट परोपकार का अर्थ समझाइए।

अथवा

कॉर्पोरेट परोपकार पर संक्षिप्त टिप्पणी कीजिए। **[जून-2019, प्र.सं.-5(c)]**

अथवा

कॉर्पोरेट सामाजिक जिम्मेदारी क्या है? **[दिसम्बर-2019, प्र.सं.-4(f)]**

उत्तर– कॉर्पोरेट परोपकार औद्योगिक संगठनों द्वारा समुदाय के संपूर्ण विकास और उन्नति के लिए उनकी मूल आवश्यकताओं की पूर्ति हेतु सामाजिक कल्याणकारी कार्यक्रमों को दर्शाता है। तथापि 'परोपकारी' कार्य व्यक्तियों/संस्थाओं द्वारा लोगों की भलाई के लिए उनकी मूल और आधारभूत आवश्यकताओं को पूरा करने के लिए धर्मार्थ कार्य को दर्शाता है, इसमें कुछ धार्मिक भावनाएँ जुड़ी होती हैं। वस्तुतः कॉर्पोरेट सामाजिक उत्तरदायित्व (CSR) को कॉर्पोरेट उत्तरदायित्व, कॉर्पोरेट नागरिकता, कॉर्पोरेट के विवेक, जिम्मेदार व्यवसाय, दीर्घकालीन उत्तरदायी व्यवसाय या कॉर्पोरेट सामाजिक निष्पादन के रूप में भी जाना जाता है। यह कॉर्पोरेट के स्वयं विनियमन का एक प्रकार है जो व्यवसाय मॉडल में एकीकृत है। आदर्श रूप से भी सी.एस.आर. नीति निहित, स्वयं विनियमित तंत्र के रूप में कार्य करेगी जहाँ से व्यवसाय को मॉनीटर किया जाएगा और कानून, नैतिक मापदंड, राष्ट्रीय-अंतर्राष्ट्रीय मापदंडों को दिए जाने वाले इसके सहयोग को सुनिश्चित किया जाएगा।

फलस्वरूप यह व्यवसाय, पर्यावरण, उपभोक्ताओं, कर्मचारियों, समुदायों, स्टेकहोल्डरों और सार्वजनिक क्षेत्र के अन्य सदस्यों पर अपने कार्यों के प्रभाव के उत्तरदायित्व को वहन करेगा। इसके अलावा, सी.एस.आर. केंद्रित व्यवसाय समुदाय के विकास और उन्नति को प्रोत्साहित करके और कानून पर ध्यान दिए बिना सार्वजनिक क्षेत्र को हानि पहुँचाने वाले कार्यों को खत्म करके जनहित को सक्रिय रूप से प्रोत्साहित करेगा। वास्तव में, सी.एस.आर., कॉर्पोरेट निर्णयन में जन को सोहेरम समावेशित करती है और ट्रिपल बॉटम लाइन (TBL) को उचित स्थान प्रदान करती है। दीर्घकालीन व्यवसाय और नीति के लिए लोग, प्रवृत्ति और लाभ हेतु चिंतन, इसका अर्थ यह है कि उद्योग केवल लाभ के लिए ही नहीं, बल्कि ये लोग और प्रकृति से भी संबद्ध हैं जो दीर्घकालीन व्यवसाय की एकलता का मूल मंत्र है।

फ्राइडमैन और लॉज ने इस ओर संकेत किया कि आदर्श स्थापित करना राजनीति (राज्य अंडमान) का कार्य है न कि निजी व्यवसाय का कार्य। हम उनकी इच्छा के अनुसार एक व्यवसायी देंगे, जैसा कि अन्य नागरिकों को दिया गया है; उन्हें अपने पदों की शक्ति, समाज के स्थापित मानदंडों के बाहर मुक्त रूप से नहीं करना चाहिए। विवेक इन मानदंडों को प्रभावशाली संवेदनशीलता प्रदान कर सकता है लेकिन शायद ज्ञान से अधिक नहीं। कई समाज सुधारकों की यह राय है कि व्यवसाय को सामाजिक लक्ष्य प्राप्त करने के लिए अपने लाभ के भाग को छोड़ना होगा। नील चैंबरलिन जैसे रूढ़िवादी अर्थशास्त्री यह मानते हैं कि अधिक बदलाव लाने के लिए इनका अधिक लाभ नहीं मिलता है कि उसे व्यवसाय से निकाला जा सके। अन्य शब्दों में, कहा जा सकता है कि उद्योग अपने लाभ को क्यों छोड़े जबकि प्राप्त लाभ को लक्ष्य प्राप्त करने के लिए व्यवसाय की उन्नति और विकास के लिए निवेश किया जाता है।

सी.एस.आर. के पक्ष और उसके विपक्ष में कई तर्काधार हो सकते हैं लेकिन उद्योग द्वारा सामाजिक लक्ष्य के लिए देने का यह मूल कारण है कि उद्योग एक सामाजिक व्यवसाय है और इसका अस्तित्व समकालीन समाज के लिए और इसके साथ ही है और इसलिए सी.एस.आर. या कॉर्पोरेट नागरिकता उद्योग जगत का जरूरी भाग है। इसके अलावा ये संगठनों को मूल्य भी प्रदान करते हैं।

सेठी (1975) ने कॉर्पोरेट सामाजिक उत्तरदायित्व को "आर्थिक और कानूनी दायित्व और व्यवहार से बाहर के रूप में परिभाषित किया है जो प्रचलित सामाजिक मानकों, आदर्शों और समाज की अपेक्षाओं के समानुरूप है।" सी.एस.आर. की व्याख्या समाज के मानकों और आदर्शों से संबंधित है, इसलिए औद्योगिक संगठन नैतिक रूप से लोगों के प्रति जिम्मेदार है।

कॉर्पोरेट परोपकार और धर्मार्थ परोपकार को ऐसे परोपकारी संस्थान और धर्मार्थ संगठनों की सेवा की अवधारणा के संबंध में बराबर माना जाता है क्योंकि कई मामलों में सेवाओं की प्रवृत्ति और भावना संयुक्त होती है। चूँकि संस्थान लोगों के द्वारा धनार्जन करता है इसलिए इस कमाई का कुछ हिस्सा लोगों तक वापस जाना चाहिए।

ई.सी.ओ.एस.ओ.सी. के विशेष अवसर को उद्धृत किया जा सकता है–"कॉर्पोरेट परोपकारी समाज को भविष्य में इस विचार को बनाए रखने के लिए आमंत्रित किया गया था। विशेष बैठक को विकास सहायता एवं परोपकार के प्रभाव को बढ़ाने के लक्ष्य से विचारों के आदान-प्रदान की एक श्रृंखला के रूप में देखा गया था।" विचार-विमर्श के सारांश में, "पैनल के लोग इस बात पर सहमत थे कि कॉर्पोरेट परोपकार सामाजिक बदलाव के लिए एक ताकत बन रहा है तथा इसके दृष्टिकोण को अधिक रणनीतिक बनाकर इसका व्यापक विकास प्रभावित हो सकता है। रणनीतिक परोपकार में किसी सामाजिक मुद्दे या कारण का समाधान करने के लिए कारोबारी प्रतिष्ठानों के परोपकार को उनकी मुख्य कारोबारी दक्षताओं के साथ संबद्ध किया जाता है। वित्तीय योगदान के अलावा कॉर्पोरेट परोपकार के माध्यम से कंपनियाँ अंतर्राष्ट्रीय विकास को एक रणनीतिक लाभ प्रदान कर सकती हैं–एक कारोबारी मॉडल समस्याओं के समाधान के लिए निवेश दृष्टिकोण उच्च तकनीकी दक्षताएँ, विपणन कुशाग्रता, बहु-राष्ट्र उपस्थिति, नाम ब्रांड दृश्यता एवं संभार विशेषज्ञता। इसमें प्राय: निगम उत्पाद स्रोत एवं आपूर्ति श्रृंखला प्रक्रियाओं, परोपकारी धन का ऐसे क्षेत्रों में निवेश करने का ध्यान रखा जाता है जिससे समुदाय का अधिकतम लाभ हो तथा अधिकतम मापनीय प्रभावशीलता एवं प्रभाव की उच्चतम डिग्री प्राप्त करने के लिए परोपकारी संगठनों तथा कारोबारी एवं सरकारी संगठनों के साथ साझेदारी की जाती है।"

इससे आज के दौर में कॉर्पोरेट के माध्यम से सामाजिक विकास की चिंता का संकेत मिलता है। वास्तव में, सभी कारोबारी घराने अपने लाभ का अधिकतर हिस्सा या उसके एक भाग के अनुपालन में कॉर्पोरेट सामाजिक उत्तरदायित्व के तौर पर सामाजिक विकास कार्यों पर खर्च करते हैं और अपनी कॉर्पोरेट नागरिकता दर्शाते हैं। कुछ राशि विधिक अनुपालन के रूप में भी संलग्न की जाती है क्योंकि संगठन के लिए आई.एस. और प्रमाणन की जरूरत होती है जो कॉर्पोरेशन की सकारात्मक ब्रांडिंग की रचना करती है। आज के दौर में कॉर्पोरेशन सतत् मानवीय विकास

एवं परोपकार के लिए व्यावसायिक विशेषज्ञता को अपनाते हैं तथा समाज के असुरक्षित लोगों की विशेष आवश्यकताओं का समाधान करने के लिए स्वैच्छिक/गैर-सरकारी संगठनों को वित्तीय एवं सामग्री/उपकरण की मदद देते हैं।

प्रश्न 2. भारत में कॉर्पोरेट क्षेत्र के आविर्भाव तथा विकास का वर्णन कीजिए।

अथवा

भारत में कॉर्पोरेट सेक्टर के उद्भव और विकास का वर्णन करें।

[दिसम्बर-2019, प्र.सं.-3(d)]

उत्तर– भारत में परोपकारिता की उत्पत्ति को राजाओं, जमींदारों तथा व्यापारी समुदायों की सक्रिय भागीदारी के साथ देखा जा सकता है जो गरीबों, असुरक्षित लोगों तथा यात्रियों की सेवा करके धर्मार्थ कार्यों को किया करते थे। चूँकि वे समाज के लोगों से काफी ज्यादा अर्जित करते थे इसलिए नैतिक एवं धार्मिक कारणों से वे कल्याणकारी कार्यों पर उदारता में खर्च करते थे। परोपकार करने के दो मूलभूत कारण होते हैं। एक, पुण्य कमाने के लिए धार्मिक महत्त्व के कार्य के रूप में और दूसरा नाम और प्रसिद्धि प्राप्त करने तथा लोगों की मान्यता (सामाजिक मान्यता) एवं सहायता प्राप्त करने के लिए अच्छी नागरिकता दिखाने के लिए। इसीलिए इन ज्यादातर परोपकारी कार्यों का आयोजन मंदिरों, मस्जिदों अथवा उन व्यक्तियों के नाम पर ट्रस्ट का गठन करके किया जाता है जिन्होंने मानवीय सेवा में उल्लेखनीय कार्य किया है या किसी अमीर व्यक्ति द्वारा इनका आयोजन किया जाता है। व्यक्तियों एवं धार्मिक/परोपकारी संस्थाओं के लिए पानी, भोजन एवं कपड़े प्रदान करना प्राथमिक तथा प्राकृतिक आपदा के समय लोगों को आश्रय तथा अन्य जरूरतों को पूरा करना द्वितीयक कार्य होता है। घरेलू परोपकार मुख्यत: अच्छे धार्मिक कार्यों तक सीमित है तथा इसके पीछे यह धारणा है कि भिखारियों, आवारा लोगों, बूढ़ों तथा विकलांगों एवं किसी परिस्थिति में असुरक्षित लोगों को दक्षिणा प्रदान करके उन्होंने भगवान की सेवा की है।

यह परंपरा औद्योगिक क्रांति के आगमन तक जारी रही जिसने भारत में 19वीं सदी के मध्य में अपना प्रभाव दिखाया। संयुक्त परिवारों ने विधवाओं एवं अनाथों सहित शारीरिक, मानसिक तथा अन्य विकलांग व्यक्तियों को आश्रय प्रदान करने या उनके जीवन की अन्य आवश्यकताओं को पूरा करने में महत्त्वपूर्ण भूमिका निभाई है। प्राचीन एवं मध्यकालीन भारत में जरूरतमंदों की सेवा करने में सामुदायिक उत्तरदायित्व का संदर्भ भी दिया जा सकता है। मध्यकालीन युग में व्यापारियों का परोपकार सहायता एवं दान का मुख्य स्रोत होता था। भारत में ब्रिटिश आक्रमण तथा शासन ने देश भर में कई धर्म प्रचारकों की स्थापना के साथ ही इकाई परोपकार भी प्रकट हुआ।

हालाँकि, परंपरागत परोपकार या कॉर्पोरेटिज्म व्यक्तिगत अध्यात्म एवं मानव तथा अन्य जीवों की सांस्थानिक सहायता तक ही सीमित था। आधुनिक कॉर्पोरेटिज्म औद्योगिक क्रांति तथा सामाजिक समाज के पोस्ट-आधुनिकीकरण युग का उप-उत्पाद है। दूसरे शब्दों में, मौजूदा कारोबारी संगठनों ने अपने आस-पास के लोगों तथा आम लोगों के लिए सामाजिक विकास के कार्यक्रमों की शुरुआत की ताकि राज्य में सामाजिक परिवेश में सुधार किया जा सके या उसका पुनरुद्धार किया जा सके। यह त्रि-तल पंक्ति (टी.बी.एल.) (कारोबार, समाज एवं पर्यावरण)

अर्थात् लाभ, लोगों एवं ग्रह के प्रति चिंता की अनुपालना का एक संघटक है। इस चर्चा में कॉर्पोरेट सेक्टर एवं व्यावसायिक सामाजिक कार्य–इसकी आवश्यकता, क्षेत्र एवं अंत:क्षेप हेतु संभावना को भी सम्मिलित किया गया है।

परिवर्तन की लहर–कॉर्पोरेट सामाजिक दायित्व की स्वीकृति–विश्व का कॉर्पोरेट समाज औद्योगिक क्रांति का परिणाम है और समाज सी.एस.आर. के प्रति उनका उत्तरदायित्व द्वितीय विश्वयुद्ध के बाद तब उभर कर सामने आया जब व्यवसाय संगठन राष्ट्रीय हित और वृहत् स्तर पर समाज की भलाई के लिए कार्य शुरू कर रहा था। क्राउमर द्वारा उद्धृत "संगठनों को समुदाय के मूल्यों के प्रति उत्तरदायी होना चाहिए"। इसलिए इसे इसके आर्थिक, कानूनी, नैतिक और सामाजिक प्रभावों पर विचार करना चाहिए लेकिन कॉर्पोरेट सामाजिक दायित्व (सी.एस.आर.) के सच्चे पिता बोइन हैं जिनकी ऐतिहासिक किताब (1953) "द सोशल रिस्पोंसिबिलिटी ऑफ द बिजनेस मैन" थी। दो विख्यात अमेरिकी परोपकारी कार्निज रोककिलर और फोर्ड, जो दान और समाज सेवा की ऐच्छिक व्यवस्था के लिए अपने ही साधनों का प्रयोग करते थे। उनकी नीतियाँ अन्य व्यावसायिकों मुख्य रूप से रिकॉर्डो से सिद्धांत का अनुकरण करने के विपरीत थीं, जो श्रमिकों को मात्र उत्पादन लागत के कारक के रूप में देखते थे, इन्हें लाभ न मिलने की स्थिति में सरलता से बदला जा सकता था। औद्योगीकरण की प्रारंभिक अवधि के दौरान उद्योगपतियों का उद्योगों के लिए कार्य करने वाले लोगों से कोई सरोकार नहीं था, लेकिन धीरे-धीरे कर्मचारियों ने व्यवस्थित आंदोलन द्वारा सरकार का ध्यान इस ओर दिलाया और कार्य की मानवीय दशाओं को लाने में सफल रहे। नैतिक और दीर्घकालीन व्यवसाय सामाजिक दायित्व के शुरू होने के दौरान अंतिम लाभार्थी है। 1960 से सामाजिक उत्तरदायित्व की अवधारणा और अर्थ में राज्य और जनता के दबाव के कारण परोपकारी और नैतिकता से सामाजिक संवेदनशीलता और बाध्यता के रूप में जबरदस्त परिवर्तन आया। पीटर डर्कट ने लिखा है–एक व्यक्ति स्वयं के प्रभाव के लिए उत्तरदायी है, चाहे अभीष्ट हो या नहीं। यह पहला नियम है। अपने संगठन के सामाजिक प्रभावों के लिए प्रबंध के उत्तरदायित्वों के संबंध में कोई शंका नहीं है। ये प्रबंध के कार्य हैं। इसलिए प्रबंध का पहला कार्य प्रभावों को शांत भाव और यथार्थ रूप से पहचानना और उनका पूर्वानुमान लगाना है। प्रश्न यह नहीं है कि "हम सही क्यों करें", प्रश्न यह है कि "क्या हम वह करते हैं जिसके लिए समाज और उपभोक्ता हमें भुगतान करते हैं?" और यदि एक कार्य संस्थान के उद्देश्य और मिशन के अनुकूल नहीं हैं, तो इसे सामाजिक प्रभाव के रूप में मानना चाहिए और यह अवांछनीय है।

भारतीय समाज और इसके मूल्यों और मापदंडों सहित इसकी संरचना में विशेष रूप से ब्रिटिश शासन (1757-1947) के दौरान एक बड़ा परिवर्तन आया। भारत में औद्योगिक क्रांति का प्रभाव ब्रिटिश सरकार की उन पहलों के साथ, 19वीं शताब्दी की शुरुआती अवधि से देखा जा सकता है, जब वे देश में प्राकृतिक और मानव संसाधन के साथ देश को समर्थ बनाने के लिए अपने व्यापार और उद्योग को आगे बढ़ा रहे थे। विशेषकर यह प्रवृत्ति औद्योगिक रूप से विकसित देशों में अभी भी जारी है जो इन घनी आबादी वाले देशों में उत्पादों के क्रम-विक्रम सहित उपर्युक्त अवसरों के कारण आज भी विकासशील दक्षिणी एशियाई देशों में निवेश कर रहे हैं। तथापि, भारत में उद्योग और व्यवसाय, कॉर्पोरेट परोपकार को एक कदम आगे लेकर आए हैं, उदाहरणार्थ–टाटा,

बिड़ला और अन्य व्यवसायियों जैसे देश के उद्योगपति 20वीं शताब्दी के आरंभ में बड़े कॉर्पोरेट के रूप में उभरे हैं। भारत में, राष्ट्रपिता (सदी के पुरुष) गाँधी जी ने ट्रस्टशिप (Trustship) की अवधारणा दी है जिसमें कर्मचारी और नियोक्ता व्यावसायिक संगठन के बराबर के भागीदार अर्थात् स्टेकहोल्डर होंगे। चूँकि ये दोनों ही व्यवसाय के लाभ को साँझा करते हैं इसलिए दोनों ही समाज के प्रति जिम्मेदार हैं। अतः व्यवसाय के संचालन के कारण प्रभावित होने वाले प्राकृतिक और सामाजिक वातावरण के लिए सभी उत्तरदायी हैं। सर दोराबजी टाटा भारत के ऐसे पहले कॉर्पोरेट व्यक्तित्व हैं जिनका यह विश्वास था कि व्यक्ति को समुदाय को वापस देना चाहिए जिसके लिए संगठन उत्पादन कर रहा है और लाभ कमा रहा है। उन्होंने कर्मचारियों और लोगों (उपभोक्ताओं) के मुद्दों पर प्रकाश डाला है जिनके लिए उद्योग को चलाया जाता है और लाभ कमाया जाता है। कॉर्पोरेट समूह, जैसे–टाटा, बिड़ला, गोदरेज, श्रीराम, महिन्द्रा, सिंघानिया और साराभाई समूह भारत में औद्योगिक विकास सहित सामाजिक सुधार के क्षेत्र में सक्रिय थे। वे अभी भी कर का भुगतान करने के बाद लाभ के प्रतिशत को अपने आस-पास के क्षेत्रों, जहाँ वित्तीय या अन्य सहायता की आवश्यकता है, सी.एस.आर. कार्यक्रम के लिए परोपकार और परंपरागत सरोकार से समाज के कमजोर समूहों के लिए बड़े मुद्दों के साथ सीधे मुख्यधारा इसमें दोनों ही कॉर्पोरेट इच्छाशक्ति द्वारा आंतरिक रूप से और बड़े सरकारी, गैर-सरकारी संगठनों और जन अपेक्षाओं द्वारा बाह्य रूप से उभर कर सामने आए हैं। इसलिए कॉर्पोरेट नागरिकता दोनों ही नैतिक और दीर्घकालीन व्यवसाय और सशक्त जन सुविधा है, जो औद्योगिक प्रतिष्ठान को विश्वसनीयता प्रदान करती है।

भारत में सी.एस.आर. को चार चरणों में बाँटा जा सकता है। सी.एस.आर. का पहला चरण उन्नीसवीं सदी के मध्य से बीसवीं सदी के प्रारंभ तक का है जब सामान्य रूप से औद्योगिक उद्यम परोपकारी संगठनों और धर्मार्थ संस्थानों को सहायता प्रदान करते थे जो निश्चित सीमा तक सीमित थे क्योंकि उद्योग केवल निर्माण के चरण पर थे और कॉर्पोरेट परोपकार की अवधारणा मौजूद ही नहीं थी।

दूसरा चरण वर्ष 1920 से वर्ष 1960 तक का था जो गाँधी जी के ट्रस्टशिप से प्रभावित था जिसमें औद्योगिक उद्यम के स्वामित्व और सभी संस्थानों से संबंधित समाज के नियोक्ताओं, कर्मचारियों और लोगों की जवाबदेही की वकालत की गई है। प्रत्येक राज्य और समाज इन उद्योगों से प्राप्त लाभ के लिए योग्य है, अतः लाभ को बाँटा जाना चाहिए उद्योग के स्वामियों को इसे जनसमूह को लौटा देना चाहिए।

तीसरा चरण वर्ष 1961 से वर्ष 1980 तक का था जो सी.एस.आर. के निर्माण चरण की अवधि थी क्योंकि देश की मिश्रित अर्थव्यवस्था में दोनों ही निजी और सार्वजनिक सेक्टर तेजी से आगे बढ़ रहे थे। पर्यावरण और श्रम पर सरकारी विनियम, उद्योगों की कार्यप्रणाली और सामान्य जनसमूह पर उसके प्रभाव के कारण सख्त होते जा रहे थे। टाटा, बिरला, महिन्द्रा, साराभाई और अन्यों ने लोगों के प्रति अपनी प्रतिबद्धता और चिंता व्यक्त करते हुए अपनी ही सी.एस.आर. परियोजनाएँ चलानी शुरू कर दीं।

सी.एस.आर. का चौथा चरण अर्थात् वर्ष 1981 से आज तक की काल अवधि का परंपरागत परोपकारी कार्य, संगठन से अभिभूत है, जो अंतर्राष्ट्रीय बाजार के खिलाड़ी थे, जिन्होंने सी.एस.आर. को दीर्घकालीन व्यवसाय और सामाजिक विकास कार्यनीति में एकीकृत करने के लिए प्रयास करने के साथ-साथ सी.एस.आर. अधिदेश कॉर्पोरेट स्वयंसेवा का अनुसरण किया। देश ने व्यापार और उद्योग को मुक्त कर दिया और सभी औद्योगिक उद्यमों को अंतर्राष्ट्रीय मापदंडों के साथ प्रतिस्पर्धा करने के लिए आगे ला कर भूमंडलीयकरण के लिए आगे बढ़ा। स्वाभाविक रूप से, ट्रिपल बॉटम लाइन दृष्टिकोण का अनुकरण करने वाली व्यापार नीति को उसे अपनी व्यापार नीति में सम्मिलित करना पड़ा।

प्रश्न 3. कॉर्पोरेट सेक्टर के सामाजिक विकास की जिम्मेदारी उठाने के औचित्य की चर्चा कीजिए।

अथवा

कॉर्पोरेट क्षेत्र सामाजिक विकास की जिम्मेदारी क्यों लेता है?

[जून-2019, प्र.सं.-4(e)]

उत्तर– व्यवसाय या उद्योग समाज और लोगों के साथ जीवित रहता है और उन्हीं के साथ बढ़ता है। किसी भी व्यवसाय का विकास समाज में लोगों के विकास पर निर्भर करता है। स्वाभाविक रूप से उद्योग वस्तुओं और सेवाओं में उपभोक्ताओं की सहज पहुँच को सुकर बनाता है और बदले में उपभोक्ता व्यवसाय अर्थव्यवस्था को सशक्त बनाता है। यह एक प्राकृतिक नियम है जो सृष्टि को चलाता है। इस संबंध में विविध और व्यापक श्रेणी के मत और तर्क हैं और औद्योगिक संगठनों के सामाजिक विकास की पहलों के कार्यक्रम पर सवाल उठाए जाते हैं। इनमें से कुछ इस प्रकार हैं–

(1) उद्योग प्राकृतिक और मानव संसाधनों का प्रयोग करते हुए अपने व्यवसायों से लाभ कमाते हैं और इन्हें लोगों को बेचते हैं, लिहाजा कुछ राशि सामान्य हितों के लिए खर्च की जानी चाहिए, जैसे–लोगों और सामाजिक परिवेश के विकास के लिए संसाधनों का विकास, परिरक्षण और पुनर्सृजन। यह एक स्वाभाविक नियम है और सरकारी बंदोबस्त भी उद्योग को उत्तरदायी बना रहा है।

(2) सरकार और बिजनेस हाउस इसे समाज, अर्थव्यवस्था और प्रकृति के साथ तालमेल से बने रहने के उद्देश्य से उद्योग की सामाजिक और नैतिक जिम्मेदारी के रूप में स्वीकार करते हैं।

(3) इसका सामाजिक न्याय परोपकार के रूप में वर्णन किया जा सकता है जिसका लक्ष्य गरीब, लाभान्वित और हाशिए पर रहने वाले लोगों तक पहुँचना है। कॉर्पोरेट परोपकार को इनकी देखभाल करने की जरूरत है जिसे समावेशी विकास कहा जाता है। यह सामाजिक और सांस्कृतिक रूप से स्थापित असमानता, कलंक और भेदभाव का अंत करेगा।

(4) कंपनियाँ आधुनिक व्यापार परिदृश्य में लोगों का विश्वास प्राप्त करके, ब्रांड के नाम का निर्माण करके और अपने उत्पाद के प्रयोग के लिए ललित उपभोक्ताओं तक पहुँच कर सामाजिक विकास कार्यक्रम से प्रतिस्पर्धात्मक लाभ लेती हैं। इस प्रकार यह व्यापार के हित संगठन के हित से होता है।

(5) इसके नैतिक व्यापार के लिए राष्ट्रीय और अंतर्राष्ट्रीय मानदंड सर्वोपरि हैं और प्रत्येक कंपनी प्राकृतिक और सामाजिक वातावरण जो औद्योगिक कार्यकलापों से व्यापक रूप से प्रभावित होता है–के बारे में विचार करने के लिए कानूनी रूप से बाध्य हैं।

(6) आलोचक कहते हैं कि चूँकि कंपनियाँ अपने उद्योग से बड़ा मुनाफा कमाती हैं, कुछ तो इसे कर बचाने के मार्ग के रूप में या लाभ के एक भाग को सी.एस.आर. में लगाने के रूप में लेते हैं। यह सत्य नहीं भी हो सकता है लेकिन व्यापार संगठनों के विरुद्ध ऐसे आरोप तब से प्रचलित हैं जब से औद्योगिक उद्यम का सी.एस.आर. कार्यक्रम शुरू हुआ था।

डेनमार्क में सी.एस.आर. पर कानून है। 16 दिसंबर, 2008 को डेनमार्क की संसद एक विधेयक लाई जिसमें डेनमार्क की 1100 बड़ी कंपनियों, निवेशकों और राज्य के स्वामित्व वाली कंपनियों के लिए अपनी वार्षिक रिपोर्ट में कॉर्पोरेट सामाजिक उत्तरदायित्व (सी.एस.आर.) पर जानकारी देना अनिवार्य बना दिया गया। सूचना देने की जरूरत 1 जनवरी, 2009 से लागू हुई। अपेक्षित जानकारी में ये शामिल हैं–

- सी.एस.आर. या सामाजिक रूप से उत्तरदायी निवेश (एस.आर.आई.) के लिए कंपनियों की नीति पर जानकारी।
- व्यावहारिक रूप से इन नीतियों को कैसे कार्यान्वित किया जाए पर जानकारी।
- सी.एस.आर./सी.एस.आई. के संबंध में अभी तक क्या परिणाम प्राप्त हुए हैं और प्रबंध की भविष्य के लिए क्या अपेक्षाएँ हैं।

यह कंपनी के उद्योग और व्यवसाय पर सरकार की सूचना के अधिकार जैसा है। भारत में ऐसा कोई कानून नहीं है लेकिन कंपनियाँ सरकार और समुदाय के प्रति कई प्रकार से जिम्मेदार हैं, जैसे–पर्यावरण मानकों का अनुपालन और सरकार की जाँच के लिए किताबों और लेखों को रखना।

कोई भी कारण और प्रभाव क्यों न हों, सी.एस.आर. को प्रत्येक व्यापार संगठन के सामाजिक उत्तरदायित्व के रूप में देखा जाता है क्योंकि यह नैतिक और कानूनी प्रकृति का है। कृषि, जीविका, उद्योग उपक्रम, वातावरण, स्वास्थ्य और शिक्षा के क्षेत्र में विभिन्न प्रकृति के सी.एस.आर. कार्यक्रमों के साथ राष्ट्रीय व अंतर्राष्ट्रीय व्यापार संगठन आगे बढ़ रहा है।

प्रश्न 4. भारतीय कॉर्पोरेट और सी.एस.आर. से संबंधित कुछ मामलों की चर्चा कीजिए।

अथवा

सी.एस.आर. की बाधाएँ पर संक्षिप्त टिप्पणी कीजिए। [जून-2019, प्र.सं.-5(e)]

उत्तर– कॉर्पोरेट सामाजिक उत्तरदायित्व की महिन्द्रा समूह ने सामाजिक रूप से उत्तरदायी उत्पादों, सामाजिक रूप से उत्तरदायी कर्मचारी संबंध रखने और आस-पास के समुदाय से वचनबद्धता रखने के रूप में व्याख्या की है। महिन्द्रा समूह में, कॉर्पोरेट सामाजिक दायित्व केवल एक काम नहीं है; यह एक जीवन पद्धति है। 2005 में समूह ने कॉर्पोरेट सामाजिक उत्तरदायित्व के प्रति अपनी प्रतिबद्धता दोहरा कर 60वीं वर्षगांठ मनाई। उसने कॉर्पोरेट सामाजिक उत्तरदायित्व

का अपने लाभ (कर कटौती के बाद) का 1 प्रतिशत समर्पित करने की प्रतिज्ञा ली। एक विशिष्ट प्रकार के ई.एस.ओ.पी.-कर्मचारी सामाजिक विकल्प को, महिन्द्रा के कर्मचारियों को अपनी पसंद के सामाजिक रूप से उत्तरदायी कार्यकलाप में शामिल होने में समर्थ बनाने के लिए शुरू किया गया था। समूह ने विशेष उपहार की घोषणा भी की है–जिसने गंभीर रूप से 60 बधिरों, लाभवंचित बच्चों का निःशुल्क कर्णवत प्रत्यारोपण किया जाएगा।

जे.आर.डी. (1969) ने लिखा है, "प्रत्येक कंपनी जहाँ स्थित है, वहाँ के लोगों के प्रति उसकी विशेष सतत् जिम्मेदारी है। कंपनी को अपने डॉक्टरों और प्रबंधकों को गाँव के लोगों को सलाह देने और उनके एवं कंपनी के बीच सहकारी सहयोग द्वारा किए जा रहे विकास का निरीक्षण करने के लिए खाली रखना चाहिए। उपर्युक्त उद्धरण न केवल लोकाचार को दर्शाता है, बल्कि 'टाटा स्टील' के संस्थापक जमशेदजी नुसीरवानजी टाटा द्वारा निर्धारित दिशा-निर्देशों का सार भी प्रयुक्त करता है। संस्थापक की उत्कृष्ट विशाल अवधारणा का पहलू उसकी पहचान औद्योगीकरण के अभियान के लिए आधार है, यह उनके एक सिद्धांत की व्याख्या करता है कि "जो संपत्ति लोगों के पास वापस जानी चाहिए।" टाटा स्टील, सामाजिक उत्तरदायित्व को विकसित करने वाले पद प्रदर्शक कॉर्पोरेट सेक्टरों में से एक है, जो जे.एन. टाटा, संस्थापक का अनुसरण कर रहे हैं जिनके सपने ने वर्ष 1979 में उन ग्रामीण क्षेत्रों के साथ अपने संस्थानों को बाँटने के लिए टाटा स्टील ग्रामीण विकास समिति (टी.एस.आर.डी.एस.) स्थापित की जिनके तहत कंपनी अपना व्यवसाय करती थी।

कार्यक्षेत्र झारखंड और उड़ीसा में फैली हुई खदानों और कोयले की खदानों तक विस्तारित है।

टाटा स्टील ग्रामीण समिति के उद्देश्य–टाटा स्टील ग्रामीण समिति के उद्देश्य निम्नलिखित हैं–

- एकीकृत ग्रामीण विकास की आत्मनिर्भर प्रक्रिया का सृजन करना।
- ऐसा मॉडल बनाना जो एक-सी सोच रखने वाले औद्योगिक प्रतिष्ठानों और अन्य संगठनों द्वारा भारत में एक-सी सामाजिक परिस्थिति के साथ कहीं भी दोहराया जा सके।
- साथ काम करने वाले ग्रामीण समुदाय के लिए उपलब्ध संसाधन और कार्य प्रणाली उत्पन्न करने के लिए सरकारी, गैर-सरकारी, राष्ट्रीय और अंतर्राष्ट्रीय एजेंसियों के साथ नेटवर्किंग।

संगठन की प्रतिज्ञा इस प्रकार है–

"हम अपने को अपने समुदाय को समर्पित करते हैं। हम समुदाय को आर्थिक स्वतंत्रता और सामाजिक एकीकरण प्राप्त करने में समर्थ बनाने के लिए ज्ञान आधारित मुख्य स्रोत बनाने की लगातार कोशिश करेंगे।

हम निरंतर सहभागिता और लोगों के सशक्तिकरण द्वारा स्थिरता को सुनिश्चित करेंगे।

हम अपने लक्ष्य को प्राप्त करने के लिए वर्तमान प्रबंध कार्य प्रणाली अपनाएँगे।"

यह टी.बी.एल. व्यापार की नैतिकता और समाज के कमजोर वर्गों से संबंधित सामान्य ज्ञान के प्रति अपनी जवाबदेही के लिए कंपनी की प्रतिबद्धता को दर्शाता है। कंपनी की ओर से उस

आदेश का पालन आई.एस.ओ.-14001 के जैसा अंतर्राष्ट्रीय मानक है जो पर्यावरण नीति अर्थात् लोगों और पर्यावरण के प्रति चिंता प्रकट करता है।

लूपिंस लैब्रटोरीस लिमिटेड भारत में प्रमुख औषधि उद्योगों में से एक है, जिसने सी.एस.आर. कार्यक्रम के द्वारा भरतपुर और अलवर जिलों में 250 से भी अधिक समुदायों के जीवन की गुणवत्ता को पूर्णत: बदलने का वचन दिया है जहाँ विकास की रणनीतियाँ राज्य, लाभार्थियों और कंपनियों की भागीदारी से बनाई गई है। लूपिंस मानव कल्याण और अनुसंधान प्रतिष्ठान दीर्घकालीन परियोजनाओं के साथ आगे बढ़ रहा है, जो व्यावसायिक विशेषज्ञता के सहयोग से अपने एक-तिहाई शेयर का योगदान कर रहा है और इसकी योजना बना रहा है।

सी.एस.आर. के लिए बाधाएँ–औद्योगिक उद्यम शेयरधारकों द्वारा नियंत्रित होते हैं। वे इन पर अपनी निर्णय लेने की शक्ति से अधिकार रखते हैं। मुख्य शेयरधारक औद्योगिक प्रतिष्ठानों के स्वामी होते हैं। स्टेकहोल्डर के रूप में शेयरधारक किसी भी परिस्थिति में उन्हें निर्वाचित नहीं कर सकते। सी.एस.आर. की पहलों के लिए 50 प्रतिशत से ज्यादा शेयर रखने वाले स्वामियों का स्वरूप जरूरी है। टाटा, बिरला, महिन्द्रा और महिन्द्रा और सैकड़ों अन्यों ने सकारात्मक प्रवृत्ति दिखाई है और कॉर्पोरेट नागरिकता के भाग के रूप में कुछ कार्यक्रम या अन्य कार्यक्रम के साथ आगे आए हैं।

एशियन डेवलपमेंट बैंक के लिए परियोजना रिपोर्ट में इंडोनेशिया की परिस्थिति के बारे में कहते हुए डॉ. सुआद हुसनान (1999) ने लिखा है कि "इस संकीर्ण प्रणाली का एक विनाशकारी परिणाम एशियाई संकट से पहले के वर्षों में विदेशी मुद्रा के ऋण को जमा करने के लिए इंडोनेशियाई निगमों का निर्णय था, जिसके फलस्वरूप 1997 के बाद कई का पतन हो गया और आज बहुत से तकनीकी रूप से दिवालिया हैं। यही परिदृश्य अनेक कठिनाइयों के साथ पूरे एशिया में घटित हुआ है।" पिछले कुछ सालों में औद्योगिक ढिलाई के कारण उद्योग के विकास और इसके संभावित भविष्य में रुकावट आई है। सामाजिक विकास की पहलों में कॉर्पोरेट की वित्तीय भागीदारी में संगठन बुरी तरह प्रभावित हुए हैं।

कॉर्पोरेट के लिए अन्य अस्थायी बाधाएँ कमजोर व्यावसायिक निष्पादन और औद्योगिक मंडियाँ हैं जैसे पिछले कुछ सालों (2007-2010) में प्रत्येक भारतीय उद्योग को अपने संगठनों को बचाने के लिए लोगों के सभी शीर्षों की लागत में कमी करनी पड़ी थी। व्यावसायिक प्रतिष्ठानों को अपने स्वाभाविक सी.एस.आर. कार्यक्रम पर ही चलना चाहिए जो आने वाले वर्षों में व्यापार अर्थव्यवस्था में सुधार के विश्वास के साथ जारी रखने के लिए मुख्य शेयरधारकों की इच्छा और कंपनी के अध्यक्ष के फैसले पर ही आश्रित हैं।

प्रश्न 5. सामाजिक कार्य और कॉर्पोरेट नागरिकता में संबंध व्यक्त कीजिए।

उत्तर– भारत में सर दोराबजी टाटा ने व्यावसायिक शिक्षा के रूप में सामाजिक कार्य की शुरुआत की थी–जो तब 1936 अर्थात् सी.एस.आर. के विकास के दूसरे चरण के दौरान मुख्य उद्योगपति थे। वास्तव में वर्ष 1920 से 1960 की वह अवधि थी जब कॉर्पोरेट सामाजिक उत्तरदायित्व, औद्योगिक विकास से प्रभावित लोगों सहित उद्योगपतियों और उपभोक्ताओं दोनों के लिए ही औपचारिक स्वरूप ले रहा था और चिंता व्यक्त कर रहा था। जब हम कॉर्पोरेट सेक्टर

और सामाजिक कार्य के बारे में बात करते हैं तो भारत में सामाजिक कार्य से संबंधित शिक्षा को लाने वाले कॉर्पोरेट हाउस के संस्थापक अध्यक्ष का विशेष महत्त्व है। पाठ्यक्रम के आधारभूत उद्देश्यों से कॉर्पोरेट द्वारा अपने संयंत्रों के लिए नियोजित कल्याण अधिकारी के साथ-साथ सामाजिक विकास व्यावसायिकों को प्रशिक्षित करना था। समय के साथ-साथ व्यावसायिक कार्मिक प्रशासन सहित कर्मचारी संबंधी मामलों का भी कार्यभार स्वीकार कर रहे थे। वर्ष 2001 में सदी में बदलाव के साथ औद्योगिक संगठन में लगभग 14% कार्मिक/मानव संसाधन प्रबंधक (राष्ट्रीय कार्मिक प्रबंधन संस्थान) सामाजिक कार्य व्यावसायिक में से थे। सामाजिक कार्य से कार्मिक प्रबंध की शुरुआत औद्योगिक दशक में हुई लेकिन श्रम कल्याण, कार्मिक प्रबंध और औद्योगिक संबंध में विशेषीकृत पाठ्यक्रम प्रदान करने वाले सामाजिक कार्य संस्थान/स्कूल की अच्छी संख्या है। हाल ही में सामाजिक कार्य शिक्षा में इन विशेषज्ञता का मानव संसाधन विकास और प्रबंध के नाम से पुनः नामकरण हुआ है। भारत में सामाजिक कार्य शिक्षा प्लेटिनम जुबली की ओर बढ़ रही है और राज्य या गैर-राज्य संस्थानों द्वारा शुरू किए गए सभी सामाजिक विकास संगठनों को अपनी उपस्थिति दर्ज कराई है। व्यवसायियों के योगदान को सामाजिक विकास संगठनों ने पूर्ण रूप से मान्यता प्रदान की है। पिछले कुछ दशकों से सामाजिक कार्य शिक्षा का पाठ्यक्रम और पाठ्यचर्या विशेष रूप से तेजी से बदलते हुए समाज में समय की जरूरत को पूरा करने के लिए निरंतर परिवर्तन के दौर से गुजर रहा है।

तथापि ऐसी विकास पहलों के बुनियादी दृष्टिकोण और महत्त्वपूर्ण कार्यक्षेत्र लोक केंद्रित, सहभागी और समावेशी प्रकृति के रहे हैं। गरीब उन्मूलन, शिक्षा और स्वास्थ्य देखभाल जैसे मामलों पर ध्यान देने के लिए आवश्यक ज्ञान और कौशल, अनेक उपयोगी रणनीतियों की अपेक्षा करता है जिसमें ज्ञान और कौशल भी शामिल है, जो सामाजिक कार्य के महत्त्वपूर्ण कौशल के द्वारा निरंतर बदलते रहते हैं, जैसे-मानव संबंधों में निपुणता, विश्लेषण के द्वारा मूल्यांकन/पहचान की आवश्यकता, समुदाय संघटन, व्यक्तियों और संगठन में समन्वय, कल्याण कार्यक्रमों का प्रबंधन; अनुसंधान और विकास जो एक समान रहते हैं। अब व्यावसायिकों को सक्रिय रहना चाहिए और नियोजित और निष्पादित हस्तक्षेपों के तात्कालिक और अंतिम प्रभाव का अनुमान लगाना चाहिए। कार्य की प्रगति की मॉनीटरिंग के कौशल निरंतर रूप से व्यावसायिक सामाजिक कार्यकर्त्ता के निष्पादन के मुख्य तत्त्वों में से एक रहे हैं।

सामाजिक कार्य के व्यवसाय के आधारभूत सिद्धांत और उद्देश्य कमजोर के लिए ऐसे सक्षम वातावरण का निर्माण करने, उसे आगे बढ़ाने और आत्मनिर्भर बनाने और मुख्यधारा में आने योग्य बनाना है। एकीकृत और अनेक नियमों की जानकारी रखने वाले सामाजिक कार्य की कार्य प्रणाली समग्र विकास के दृष्टिकोण से मेल खाती है जो कॉर्पोरेट हाउस द्वारा नियोजित और प्रबंधित सी.एस.आर. परियोजनाओं का वर्तमान दृष्टिकोण है। इसलिए, सी.एस.आर. परियोजनाएँ व्यवसाय की विश्वसनीयता में योगदान देने और उसे बढ़ाने के लिए व्यावसायिकों के लिए संभावित रास्ता है।

व्यापार संगठन, व्यावसायिकों से इस आशा के साथ कॉर्पोरेट सामाजिक जिम्मेदारी संबंधी कार्यक्रम शुरू कर रहे हैं कि वे निम्नलिखित ज्ञान, कौशल और मनोदृष्टि से संपन्न हो सकें-

(1) वे समाज की सामाजिक संरचना और समुदाय में लोगों के कार्यों के बारे में संपूर्ण ज्ञान प्राप्त कर सकेंगे, जिसमें उनके मानक, मूल्य और नीति सम्मिलित है।

(2) प्रचलित सामाजिक परिवेश और ऐसे जन समूह के व्यवहार से अच्छी तरह परिचित होंगे।

(3) लोगों की संस्कृति, राजनीतिक गतिशीलता और बदलते दृष्टिकोण के बारे में संपूर्ण ज्ञान प्राप्त कर सकेंगे।

(4) लोगों की सामाजिक, मनोवैज्ञानिक और आर्थिक परिस्थितियों को समझना और इन्हें बदलने के लिए इनके भले-बुरे के साथ इनका विश्लेषण करना।

(5) दी गई समयावधि के समय, लागत और संभावित परिणाम के साथ कुल परियोजना का नियोजन।

(6) मानव संबंध में कौशल का मजबूत आधार जो इसे लोगों का कार्यक्रम बनाता है वह उनके स्वयं के विकास में पूर्ण भागीदारी के साथ उन्हें प्रभावित करता है।

(7) परिस्थिति का विश्लेषण करने के लिए अनुसंधान, तत्काल ध्यान देने योग्य मामलों के इष्टतम और दीर्घकालीन उपायों के लिए हस्तक्षेप का मूल्यांकन करना और उसके लिए योजना बनाना।

(8) मानव और अन्य संसाधनों के प्रभावशाली उपयोग के लिए समय पर निधि प्रवाह करने सहित परियोजना के कार्यान्वयन हेतु ऋण नीतियाँ विकसित करने में समर्थ होना।

(9) योजनाबद्ध परिवर्तन के लिए जन और अन्य संसाधनों को मनचाही दिशा में प्रयोग करने में समर्थ होना।

(10) निरंतर मॉनीटरिंग और अल्प-विधिक मूल्यांकन के लिए सूचकों को बनाने को सक्षम होंगे और हस्तक्षेपों के प्रभाव के बारे में दूसरों को अवगत कराएँगे।

पिछले कुछ सालों में, सामाजिक कार्यकर्त्ता सामाजिक विकास के कार्यक्रमों की योजना बनाने, उन्हें मॉनीटर करने और उनका मूल्यांकन करने में व्यस्त है। पिछले पाँच दशकों से सी.एस.आर. के प्रस्ताव उनके संगठनों के लिए कार्य करने वाले व्यावसायिकों की माँग कर रहे हैं और ऐसे हस्तक्षेपों में सामाजिक कार्य करने वाले व्यावसायिक सी.एस.आर. प्रस्तावों को सुव्यवस्थित और कार्यान्वित करने में प्रभावी पाए गए हैं। यह दर्शाता है कि देश में सी.एस.आर. कार्यक्रम के लिए सामाजिक कार्य में व्यावसायिक शिक्षा औद्योगिक संगठनों की जरूरत से मेल खाती है। तार्किक रूप से सामाजिक कार्य करने वाले व्यावसायिकों को उचित रूप से सामना करने और कॉर्पोरेट सेक्टर का विश्वास बढ़ाने के लिए आवश्यक प्रवृत्ति, ज्ञान कौशल और क्षमता से लैस होने की जरूरत है और इसके अलावा सामाजिक कार्य करने वाले व्यावसायिकों की आवश्यकता आधारित और दीर्घकालिक कार्यक्रम बनाने के लिए भागीदारी की भी जरूरत है।

इन बातों से यह स्पष्ट है कि कॉर्पोरेट सामाजिक दायित्व कॉर्पोरेट संवेदनशीलता, कॉर्पोरेट नागरिकता, उद्योग और समाज के बीच परस्पर आदान-प्रदान के संबंध पर आधारित विवेक का परिणाम है। यह दिलचस्प बात है कि ऐसा संबंध मुख्य तत्त्व है जिस पर भारत का प्राचीन और मध्यकालीन समाज आधारित था। हम सी.एस.आर. या कॉर्पोरेट नागरिकता द्वारा प्रकट किए गए

ऐसे संबंधों के अस्तित्व को नकार नहीं सकते, वर्तमान में उद्योगों द्वारा अपनाई गई परंपरा परस्पर आदान-प्रदान के संबंध के आधुनिकतम प्रकारों में से एक है।

हम आगे भी इस संबंध को सामाजिक कार्य में अपने कौशल आधारित और प्रमाण आधारित कार्य प्रणाली द्वारा सशक्त कर सकते हैं जो विकास पहलों में हमारी कोशिशों से कॉर्पोरेट सेक्टर को समझा सकता है और जो लागत और व्यापक रूप से लोगों और समाज को मिलने वाले दीर्घकालीन प्रमाण दे सकता है। यह उद्योग और समाज के दृष्टिकोण को समझने का आह्वान करता है और परस्पर लाभ के लिए हस्तक्षेप किए जा सकने वाले क्षेत्रों की पहचान करता है। सामाजिक कार्य करने वाले व्यावसायिक को सी.एस.आर. हेतु नैतिक और कानूनी प्रावधानों के लिए हमेशा अपना समर्थन करना चाहिए जैसा कि डेनमार्क में किया गया है।

ट्रिपल बॉटम लाइन अर्थात् समाज, अर्थव्यवस्था और प्रकृति के दिशा-निर्देशों का अनुगमन अब कॉर्पोरेट के लिए एक आचार संहिता है और कुछ औद्योगिक रूप से विकसित देशों में कानून के तहत अनिवार्यता है। अब यह विकासशील देशों के भी लोकप्रिय हो रहा है जिसमें व्यावसायिकों को दीर्घकालीन सामाजिक विकास को विशेषज्ञता प्रदान करने हेतु उनके लिए अवसर खोले जा रहे हैं।

कॉर्पोरेट सेक्टर ने समग्र और दीर्घकालीन विकास को सुनिश्चित करने के लिए अपने प्राचीन परोपकारी और धर्मार्थ दृष्टिकोण को छोड़कर सी.एस.आर. कार्यक्रम शुरू किया है। इसलिए यह सफर कॉर्पोरेट परोपकार या स्वयं सेवा से शुरू हुआ या जिसने कॉर्पोरेट संवेदनशीलता और कॉर्पोरेट के विवेक के रूप में आवृत्ति ली है और यह आने वाले दिनों में समाज को अपना योगदान देता रहेगा।

□□

अध्याय 15 गैर-लाभकारी संगठन (दान देने वाली एजेंसी) (Non-Profit Organizations (Donor Agencies))

भूमिका

गैर-लाभकारी संगठन (एन.पी.ओ.) का प्रयोग व्यापक रूप से संयुक्त राज्य अमेरिका एवं यूरोप में किया जाता है, लेकिन भारत में इन्हें स्वैच्छिक संगठन (वी.ओ.) एवं "गैर-सरकारी संगठन" (एन.जी.ओ.) के रूप में जाना जाता है। इसके संगठन के स्वरूप तथा कार्यक्रम एक जैसे ही होते हैं। गैर-लाभकारी संगठन को लाभ न कमाने वाले संगठन अर्थात् ऐसा संगठन जो इसकी आधिक्य निधियों को मालिकों या शेयरधारियों में वितरित नहीं करता है, के रूप में भी जाना जाता है बल्कि इन निधियों का प्रयोग वह लोगों की सहायता करने तथा सांगठनिक लक्ष्यों को प्राप्त करने के लिए करता है ताकि कमजोर वर्गों का सामाजिक तथा आर्थिक विकास हो सके।

प्रश्न 1. गैर-लाभकारी संगठन का अर्थ तथा विशेषताएँ बताइए।

उत्तर– गैर-लाभकारी संगठन (एन.पी.ओ.) का प्रयोग व्यापक रूप से संयुक्त राज्य अमेरिका एवं यूरोप में किया जाता है लेकिन भारत में इन्हें 'स्वैच्छिक संगठन' (वी.ओ.) एवं 'गैर-सरकारी संगठन' (एन.जी.ओ.) के रूप में जाना जाता है। इसके संघटन के स्वरूप और कार्यक्रम एक जैसे ही होते हैं। गैर-लाभकारी संगठन (एन.पी.ओ.) को लाभ न कमाने वाले संगठन अर्थात् ऐसा संगठन जो इसकी आधिक्य निधियों को मालिकों या शेयरधारियों में वितरित नहीं करता है, के रूप में भी जाना जाता है बल्कि इन निधियों का प्रयोग यह लोगों की सहायता करने तथा सांगठनिक लक्ष्यों की पूर्ति करने के लिए करता है जिसके फलस्वरूप कमजोर वर्गों का सामाजिक एवं आर्थिक विकास होता है। ऐसे गैर-लाभकारी संगठनों की सूची में परोपकारी धर्मार्थ संगठन, ट्रेड यूनियनें, सार्वजनिक कला संगठन तथा सिविल सोसाइटी संगठन सम्मिलित हैं। ज्यादातर सरकारी एवं गैर-सरकारी एजेंसियाँ परिभाषा की इन अपेक्षाओं को पूरा करती हैं। लेकिन अधिकतर देशों में उन्हें अलग प्रकार का संगठन समझा जाता है तथा उन्हें गैर-लाभकारी संगठन के तौर पर नहीं पहचाना जाता है। इन संगठनों में कई देशों के कॉर्पोरेट को भी शामिल किया जाता है जिन्हें आय एवं संपत्ति कराधान से छूट दी जाती है।

गैर-लाभकारी संगठनों की विशेषताएँ–स्वामित्व अधिकार लाभकारी एवं गैर-लाभकारी संगठनों के बीच परिमाणात्मक विभेद है। लाभकारी संगठनों का स्वामित्व निजी हाथों में हो सकता है तथा कर योग्य पूँजी को कर्मचारियों एवं शेयरधारियों में पुनः वितरित किया जा सकता है। इसके विपरीत गैर-लाभकारी संगठनों का स्वामित्व निजी हाथों में नहीं होता। उनके नियंत्रण करने वाले सदस्य या बोर्ड होते हैं। परंतु वे स्टेकहोल्डर होते हैं तथा आधिक्य राशि को अन्य में विपरीत या बेच नहीं सकते या किसी भी प्रकार से व्यक्तिगत तौर पर लाभ प्राप्त नहीं कर सकते। यदि कोई गैर-सरकारी संगठन अथवा गैर-लाभकारी संगठन साल की समाप्ति पर आधिक्य अर्जित करने में सफल रहता है तो ऐसी अर्जित को संगठन द्वारा अपने स्वयं के संरक्षण विस्तार या भविष्य की योजनाओं के लिए कायम रखा जाता है जबकि कई गैर-लाभकारी संगठन अपने आंतरिक निगम नेतृत्व, मध्य-प्रबंधन कर्मियों एवं अन्य कर्मियों को पुरस्कृत करने एवं मेहनताना प्रदान करने के लिए व्यापक स्तर पर निधियों को खर्च करते हैं। अन्य गैर-लाभकारी संगठन एवं गैर-सरकारी संगठन बिना भुगतान किए स्वयंसेवियों की सेवाएँ लेते हैं तथा कार्यकारी अधिकारी भी बिना किसी भुगतान के कार्य करते हैं, तथापि, 1980 के उत्तरार्द्ध में इस बात पर आम सहमति बढ़ती जा रही है कि गैर-लाभकारी संगठन लाभ कमाने वाले उपक्रमों द्वारा उपयोग में लाई जा रही कुछ पद्धतियों का प्रयोग कर अपने कॉर्पोरेट लक्ष्यों को अधिक प्रभावी ढंग से प्राप्त कर सकते हैं। इनमें शामिल हैं–प्रभावी आंतरिक प्रबंधन, परिणामों के लिए जवाबदेही सुनिश्चित करना एवं विभिन्न प्रयोगों या परियोजनाओं के कार्य निष्पादन की निगरानी करना ताकि उनकी पूँजी एवं कर्मियों से लाभ उठाया जा सके। इनके लिए प्रभारी प्रबंधन अपेक्षित है और यह संगठन के मिशन एवं विपणन के सामंजस्य के अनुकूल है।

गैर-लाभकारी संगठन की पहचान प्रायः सेवा संगठनों के तौर पर की जाती है; उनका गठन एक गैर-लाभकारी कॉर्पोरेशन या एक न्यास के तौर पर किया जा सकता है अथवा यह पूर्णतः

अनौपचारिक हो सकता है। कई बार इन्हें प्रतिष्ठान या धर्मार्थ संगठन के नाम से भी जाना जाता है, जिनके पास व्यापक निधियाँ होती हैं। इसी प्रकार का एक संगठन जिसे सहायक संगठन के नाम से जाना जाता है वह प्रतिष्ठान की तरह कार्य करता है लेकिन उनका संचालन करना ज्यादा जटिल होता है और अधिक करों के पक्ष में होते हैं, दानदाता एजेंसियों से प्राप्त दान से सार्वजनिक धर्मार्थ कार्यों का आयोजन करते हैं तथा अंत:क्षेप के मुद्दे पर दृढ़ संबंध होता है, प्रतिष्ठान अन्य गैर-लाभकारी संगठनों को अनुदान प्रदान करते हैं या भागीदारी से अध्येतावृत्ति और सीधा अनुदान प्रदान करते हैं, जबकि प्रतिष्ठान शब्द का प्रयोग गैर-लाभकारी कॉर्पोरेशन–स्वैच्छिक संगठनों या मूल स्तर के समूहों द्वारा भी किया जा सकता है। जर्मनी या नार्दिक कानून (अर्थात् जर्मनी, स्वीडन, फिनलैण्ड) को लागू करते हुए गैर-लाभकारी संगठनों को विशिष्ट तौर पर स्वैच्छिक संघ कहा जा सकता है, हालाँकि इनमें से कुछ का कॉर्पोरेट ढाँचा (अर्थात् हाउसिंग को-ऑपरेटिव) होता है। सामान्य तौर पर एक स्वैच्छिक संघ का गठन एक-व्यक्ति-एक-मत के सिद्धांत पर आधारित होता है।

डोरोथिया हिलहार्स्ट ने कहा है, "गैर-सरकारी संगठनों पर साहित्य में कुल मिलाकर उनकी सांगठनिक विशेषताओं को स्वीकृत माना गया है। इसके फलस्वरूप, इस बात पर विस्तृत वाद-विवाद हुआ है कि गैर-सरकारी संगठनों के बारे में गैर-सरकारी क्या है, जबकि इससे भी महत्त्वपूर्ण बात कि उनके बारे में सांगठनिक क्या है, पर ध्यान नहीं दिया गया है। इस नजरिए से यह सही है कि जिसका संचालन सरकार या सार्वजनिक सहायता से किया जा रहा है, उसमें गैर क्या है, जबकि दूसरी तरफ निहित एवं सामान्य हितों की वजह से सांगठनिक भाग पर कई मंचों से प्रशन उठाए गए हैं। कॉपनहेगन में सामाजिक विकास पर आयोजित विश्व सम्मेलन तथा बीजिंग में आयोजित चौथे विश्व महिला सम्मेलन, दोनों का आयोजन 1995 में किया गया, ये विकास पहले के संकेंद्रण पर खाली विचार-विमर्श एवं वाद-विवाद किया गया तथा नीतियाँ एवं सिद्धांत तैयार किए गए तथा विश्व भर में अनुपालन के लिए एक सामान्य एजेंडा भी तैयार किया गया लेकिन दुर्भाग्य से समन्वय में अनुवर्ती कार्रवाई की कमी रही, जिसके फलस्वरूप गैर-सरकारी संगठन अब अपने पुराने सिद्धांतों एवं नीतियों की अनुपालना कर रहे हैं, जिन्हें सामान्य मंच के लिए गैर-सरकारी संगठन कहा जा सकता है परंतु इसमें व्यक्तिगत/सांस्थानिक हितों का ध्यान रखा जाता है। सामान्य हित के साथ सामान्य उद्देश्यों की संधारणीय को जोखिम में डाला गया है।

इसलिए, एक गैर-लाभकारी संगठन, स्वैच्छिक संगठन या गैर-सरकारी संगठन का अर्थ है एक ऐसा संगठन जिसका प्राथमिक उद्देश्य लोगों का कल्याण करना है तथा इसके द्वारा मुख्यत: समाज की तात्कालिक एवं दीर्घकालिक आवश्यकताओं को ध्यान में रखते हुए रणनीतियों को अपनाया जाता है। तात्कालिक आवश्यकताओं का संदर्भ पुनर्वास एवं आपदा राहत कार्यों से है जबकि दीर्घकालिक आवश्यकताओं में लोगों की क्षमता निर्माण को शामिल किया जा सकता है ताकि वे अपनी गरीबी, स्वास्थ्य तथा लोगों के दृष्टिकोण में बदलाव संबंधी समस्याओं का सामना कर सकें। गैर-लाभकारी संगठन, स्वैच्छिक संगठन या गैर-सरकारी संगठन के गठन से इन उद्देश्यों के संघटकों को शामिल किया जाना चाहिए। इसका संचालन लोकतांत्रिक सिद्धांतों पर आधारित होना चाहिए तथा इसके शासी निकाय का चुनाव आम निकाय के सदस्यों द्वारा किया जाना चाहिए।

लेखा बहियों को इसके पंजीकरण के अधिनियम के अंतर्गत सदस्यों तथा प्राधिकारियों के निरीक्षण के लिए उपलब्ध कराया जाना चाहिए। संगठन के प्रत्येक कार्यक्रम का अनुमोदन शासी निकाय द्वारा किया जाना चाहिए जिसमें संगठन के मुख्य कार्यकारी की प्रशासनिक जिम्मेदारियाँ निहित होती हैं। वर्ष में कम-से-कम एक बार वार्षिक आय बैठक का आयोजन किया जाना चाहिए तथा प्रत्येक तिमाही में शासी निकाय की बैठक का आयोजन किया जाना चाहिए तथा भविष्य की कार्यवाहियों पर विचार-विमर्श करते हुए निर्णय लिया जाना चाहिए। यह अधिकार में स्वतंत्र होता है लेकिन सार्वजनिक हित के प्रबंधन एवं उत्तरदायित्व को अभिशासित करने वाले कानून इस पर भी लागू होंगे। भारत में गैर-सरकारी संगठनों का अब व्यापक दायरा है तथा सरकार के सहयोग करने तथा विभिन्न स्तरों पर नीति-निर्माण एवं कार्यान्वयन को प्रभावित कर सकते हैं। अभी हाल ही में, अप्रभावी सरकारी प्रबंधन तथा उच्च स्थापना एवं प्रशासनिक लागत के कारण सरकार सभी सामाजिक कल्याण कार्यक्रमों का प्रयोजन गैर-सरकारी संगठनों द्वारा कर रही है। तब से विशेष तौर पर पिछले तीन दशकों के दौरान गैर-सरकारी संगठनों के पंजीकरण में काफी वृद्धि हुई है। लाभ कमाने वाले उद्योग भी गैर-सरकारी संगठनों को शुरू कर रहे हैं तथा कारोबार की एक जिम्मेदारी के तौर पर गैर-लाभकारी आधार पर सामाजिक विकास के कार्यक्रमों में निवेश कर रहे हैं। कुछ कॉर्पोरेट घरानों, जैसे-टाटा, महिन्द्रा ने काफी समय पूर्व ही कर्मचारियों के अतिरिक्त सामाजिक कल्याण एवं सामुदायिक विकास कार्यों का आयोजन शुरू किया है। भारत सरकार ने देश के कानून के अंतर्गत सभी कॉर्पोरेट घरानों के लिए कर के बाद लाभ का एक भाग (उद्योग के स्वरूप के आधार पर 2% से 25% तक) कॉर्पोरेट के सामाजिक उत्तरदायित्व के रूप में सामाजिक कल्याण एवं पारिस्थितिक विकास कार्यक्रमों पर खर्च करना अनिवार्य कर दिया है।

प्रश्न 2. गैर-लाभकारी संगठनों के आविर्भाव एवं विकास पर चर्चा कीजिए।

उत्तर– भारत में सभी धर्मों ने गैर-सरकारी संगठनों के विकास में महत्त्वपूर्ण योगदान दिया है। हिंदू लोग मानव सेवा को भगवान की सेवा मानते हैं। इसलिए, परोपकारी कार्यकलाप हिंदुओं के लिए वह आधार है, जिसके अनुसार वे धर्मार्थ कार्य करते हैं। प्रभु ईसा मसीह ने कहा है, अपने पड़ोसी से प्यार करो तथा जरूरत के समय दूसरों को सभी प्रकार की सेवाएँ प्रदान करो। मुसलमानों में 'जकात' अदा करने की परंपरा रही है– यह एक वार्षिक दान देने का समारोह होता है जिसमें जरूरतमंदों एवं गरीबों को उपयोग हेतु घरेलू सामान प्रदान किया जाता है। गुरु नानक-सिक्ख गुरु ने कहा था 'जो लोग दान नहीं देते उनका धन हाथ से चला जाएगा।' 20वीं सदी के प्रारंभ में विभिन्न प्रकार के गैर-लाभकारी संगठनों अर्थात् 'महिला मंडलों', 'युवा क्लबों' एवं 'सेवा समितियों' का आविर्भाव हुआ तथा मुख्य महिलाओं, बच्चों, गंदी बस्तियों में रहने वाले तथा ग्रामीण क्षेत्रों में रहने वाले गरीबों की सेवा करने वाले संगठनों के साथ सहयोग करना शुरू किया।

गरीबी, बहुविवाह प्रथा, बाल विवाह इत्यादि जैसी सामाजिक बुराइयों को दूर करने के लिए वर्ष 1880 में श्रीराम्पोर मिशनरी की स्थापना की गई थी परंतु हिंदुओं द्वारा इसे स्वीकार नहीं किया गया क्योंकि यह मूलतः एक ईसाई धार्मिक संस्थान था। मुंबई में श्रमिकों एवं उनके बच्चों की शिक्षा के लिए वर्ष 1890 में बॉम्बे मिल संघ की स्थापना की गई थी। स्वामी विवेकानन्द द्वारा गरीबों

एवं बीमार लोगों की सेवा के लिए वर्ष 1898 में कलकत्ता में रामकृष्ण मिशन की स्थापना की गई थी। बाद में इसने विभिन्न सामाजिक एवं आर्थिक मुद्दों को मुख्य कार्यकलापों के रूप में शामिल करने के लिए शिक्षा कार्यक्रमों का भी विकास किया। रामकृष्ण मिशन का एक प्रमुख उद्देश्य राष्ट्र के समग्र विकास हेतु स्वास्थ्य एवं शिक्षा के बारे में युवाओं को जागरुक बनाना था। पुणे में दूसरे स्वैच्छिक गैर-लाभकारी संगठन के तौर पर 'सेवा सदन' की स्थापना की गई, जिसका प्रमुख उद्देश्य महिलाओं की मुक्ति एवं शिक्षा था। संगठित परोपकार एवं धर्मार्थ उद्देश्यों के साथ 20वीं सदी के मध्य में ऐसे सैकड़ों स्वैच्छिक संगठनों का आविर्भाव शुरू हुआ। इसी प्रकार के मिशन के साथ वस्त्र मजदूर संघ (टी.एल.ए.) की भी स्थापना की गई, जिससे गाँधी भी जुड़े हुए थे। इन संगठनों ने इसके बाद अपने संबंधित क्षेत्रों में श्रमिकों के समग्र सामाजिक विकास के लिए अपने कार्यकलापों का विस्तार किया।

'सेवापुरी' उत्तर प्रदेश के वाराणसी जिले का एक विशिष्ट स्थान है, जिसकी स्थापना गाँधी जी के सृजनात्मक सामाजिक कार्य दर्शन के आधार पर की गई है। गाँधी जी द्वारा गरीब ग्रामीणों के लिए कार्य करने संबंधी आह्वान किए जाने पर स्वतंत्रता संग्राम में लगे हुए कई कार्यकर्त्ताओं ने संगठन के लिए कार्य करना शुरू किया। वर्ष 1956 में 'संघटन क्षेत्र विकास समिति' का गठन किया गया जिसका उद्देश्य कारीगरों को सशक्त करना तथा किसानों की सहायता करने एवं उनकी आजीविका प्रणाली के सुदृढ़ीकरण हेतु कृषि आधारित उद्योगों का संवर्धन करना है। इन संस्थाओं ने लक्षित जनसंख्या की क्षमता निर्माण के जरिए संधारणीय विकास पर संकेंद्रित विकास संगठनों का मार्ग प्रशस्त किया। यह परिवर्तन धर्मार्थ दृष्टिकोण से क्षमता निर्माण दृष्टिकोण में देखा जा सकता है जिसका लक्ष्य आत्म-क्षमता तथा आत्म-निर्भरता उत्पन्न करना है।

गैर-लाभकारी संगठनों की संरचना एवं उद्देश्यों में व्यापक विविधता है। कानूनी वर्गीकरण तथा संभावित समीक्षा के लिए फिर भी विधिक महत्त्व के कुछ ढाँचागत पहलू हैं–

- आर्थिक कार्यकलाप
- निरीक्षण एवं प्रबंधन प्रावधान
- प्रतिनिधित्व एवं समर्थन
- जवाबदेही एवं लेखा परीक्षा
- निगमीकरण की सांविधियों एवं अनुच्छेदों के संशोधन के लिए प्रावधान
- संस्था के विघटन हेतु प्रावधान
- कॉर्पोरेट एवं प्राइवेट दानदाताओं की कर स्थिति
- प्रतिष्ठान की कर स्थिति

ज्यादातर अधिकार क्षेत्रों में उपर्युक्त में से कुछ की अभिव्यक्ति स्थापना दस्तावेजों में की जाती है। अन्य का प्रावधान निरीक्षण प्राधिकारी द्वारा प्रत्येक विशिष्ट अधिकार क्षेत्र में किया जा सकता है जबकि संबद्धताओं से कानूनी स्थिति पर कोई प्रभाव नहीं पड़ेगा फिर भी उद्देश्य के संकेतक के तौर पर कानूनी प्रक्रिया विधियों में उन पर विचार किया जा सकता है। अधिकतर देशों में गैर-सरकारी संगठनों की स्थापना एवं प्रबंधन को विनियमित करने के लिए कानून हैं। इन्हें कॉर्पोरेट अभिशासन पद्धति की अनुपालना करनी पड़ती है। अधिकतर बड़े संगठनों को अपनी वित्तीय रिपोर्ट

प्रकाशित करनी होती है जिनमें लोगों के लिए किए गए खर्च तथा उनकी आय का ब्यौरा दर्शाया जाता है। कई पहलुओं में वे कारोबारी संस्थाओं के समान ही हैं, हालाँकि उनमें प्रायः महत्त्वपूर्ण भिन्नताएँ होती हैं, गैर-लाभकारी एवं लाभकारी दोनों ही संस्थाओं के लिए बोर्ड सदस्य, संचालन सीमित सदस्य या न्यासी होने चाहिए, जिनका कर्त्तव्य संगठन के प्रति विश्वास एवं निष्ठा है। इसका एक उल्लेखनीय अपवाद चर्च होते हैं जिनके लिए चर्च सदस्यों सहित किसी के लिए भी अपनी वित्तीय स्थिति दर्शाना जरूरी नहीं होता है।

संयुक्त राज्य अमेरिका में गैर-लाभकारी संगठनों का गठन उन्हें उस राज्य में निगमित करते हुए किया जाता है जहाँ उनके कारोबार करने की संभावना होती है। निगमित किए जाने से ये संगठन एक कानूनी संस्था का रूप ले लेते हैं तथा संगठन को कानून के अंतर्गत एक निगम माना जाता है जिससे यह कारोबारी लेन-देन कर सकते हैं, अनुबंध कर सकते हैं और किसी अन्य व्यक्ति अथवा लाभकारी निगम की तरह संपत्ति पर स्वामित्व का अधिकार रख सकते हैं। गैर-लाभकारी संगठनों में सदस्य होते हैं लेकिन कई संगठनों में सदस्य नहीं होते। गैर-लाभकारी संगठन एक न्यास अथवा सदस्यों का संघ भी हो सकता है। संगठन को इसके सदस्यों द्वारा नियंत्रित किया जाता है, जो निदेशक बोर्ड, शासी बोर्ड या न्यासी बोर्ड का चुनाव करते हैं। गैर-लाभकारी संगठन में समूहों या कॉर्पोरेशन के सदस्यों के रूप में प्रतिनिधित्व प्रदान करने के लिए प्रतिनिधि मंडल ढाँचा भी होता है। वैकल्पिक तौर पर, यह एक गैर-सदस्यता वाला ढाँचा होता है तथा निदेशक बोर्ड अपने स्वयं के उत्तराधिकारी का चुनाव कर सकता है।

गैर-लाभकारी एवं लाभकारी निगम के बीच मुख्य अंतर यह है कि गैर-लाभकारी संगठन स्टॉक जारी नहीं करता अथवा लाभांश का भुगतान नहीं करते (उदाहरण के लिए, वर्जिनिया की राष्ट्रमंडल संहिता में नॉन-स्टॉक निगम अधिनियम को शामिल किया गया है जिसका प्रयोग गैर-लाभकारी संस्थाओं को निगमित करने के लिए किया जाता है) तथा अपने निदेशकों को संपन्न नहीं बनाते हैं जबकि लाभकारी निगमों की तरह गैर-लाभकारी संगठनों में कर्मचारी हो सकते हैं तथा युक्तिसंगत सीमाओं के अंदर अपने निदेशकों को क्षतिपूर्ति प्रदान कर सकते हैं। गैर-सरकारी संगठन मुख्यतः दो प्रकार के होते हैं–

(1) सदस्यता संगठन बोर्ड का चुनाव करते हैं तथा इसकी नियमित बैठकों का आयोजन किया जाता है और इसके पास उप-विधियों को संशोधित करने का हक होता है। संगठनों का संचालन गठन से मानदंडों एवं कार्यकलापों में लोकतांत्रिक सिद्धांतों के आधार पर किया जाता है, ऐसे संगठनों के नियमों के अंतर्गत शासी बोर्ड के सदस्यों को चुना जाना जरूरी है। निर्णय लेने की प्रक्रिया एवं सामूहिक प्रक्रिया होती है तथा इसका निर्धारण लोकतांत्रिक सिद्धांतों अर्थात् बहुमत के आधार पर किया जाता है।

(2) एक बोर्ड केवल संगठन में ही विशिष्ट तौर पर स्व:चयनित बोर्ड होता है और सदस्यता की शक्तियाँ बोर्ड द्वारा सीमाओं तक ही सीमित रहती हैं। केवल बोर्ड वाले संगठन के उप-नियमों में यह भी उल्लेख किया जा सकता है कि संगठन की कोई सदस्यता नहीं है, हालाँकि संगठन के साहित्य में इसके 'दानदाताओं' का उल्लेख सदस्यों के तौर पर किया जा सकता है; इससे कई

जटिलताएँ पैदा होती हैं और सदस्यता पर निर्णय लेने की अपेक्षा होती है। उसी प्रकार कई संगठनों ने केवल बोर्ड वाले ढाँचे का निर्माण किया है।

राष्ट्रीय संसद सदस्य संघ ने गैर-लाभकारी संगठनों में स्वतंत्रता, उत्तरदायित्व तथा तृणमूल स्तर की चिंताओं को समझने के लिए भविष्य में ऐसी प्रवृत्ति के निहितार्थों के बारे में चिंता जताई है, विशेष तौर पर उनका मानना है कि गैर-लाभकारी संगठन की कारोबारी घरानों की तरह उत्पादों के लिए बाजार के अनुशासन तथा पूँजी पर शेयरधारियों के नियंत्रण के अध्यधीन नहीं है; इसलिए मुख्य निर्णयों, जैसे–बोर्ड का चुनाव करना, पर सदस्यता नियंत्रण के बिना इनके दुरुपयोग को रोकने के लिए बहुत कम सुरक्षा उपाय बाकी बचते हैं। इससे मना करने पर गैर-सरकारी संगठनों का तेजी से विकास होगा और ज्यादा दान प्राप्त करेंगे और लेखा परीक्षित वित्तीय ब्यौरों की संभावनाओं सहित समीक्षा के स्तरों में भी वृद्धि होगी।

भारत में गैर-सरकारी संगठनों (एन.जी.ओ.) की स्थिति पश्चिमी देशों से भिन्न है। हमारे देश में सभी संगठनों को सोसाइटी अधिनियम, 1861, वर्ष 1961 में यथा संशोधित अथवा भारतीय न्यास अधिनियम के अंतर्गत पंजीकृत किया जाता है तथा नियंत्रण एवं उत्तरदायित्व के साथ इस अधिनियम की उप-विधियों द्वारा इन्हें अभिशासित किया जाता है। यदि संगठन किसी भी रूप में लाभ कमाता है, तो इसे आयकर नियमावली के अंतर्गत कर का भुगतान करना होगा। इनमें शासी निकाय का चुनाव सामान्यत: सामान्य निकाय सदस्यों द्वारा किया जाता है, जिन्हें सामान्य सदस्य, आजीवन सदस्य एवं मानद सदस्यों आदि के रूप में वर्गीकृत किया जा सकता है। राज्य के मानदंडों के अनुपालन में इनके पंजीकरण को बनाए रखने के लिए वार्षिक आय सभा, रिपोर्ट एवं वित्तीय प्रतिलाभों का ब्यौरा प्रदान किया जाना जरूरी है।

संयुक्त राष्ट्र संघ की स्थापना के साथ ही वर्ष 1945 में गैर-सरकारी संगठन बहुत लोकप्रिय हो गए। हालाँकि, इससे पूर्व भी कई अन्य संगठन, जैसे–प्रसिद्ध रोटरी इंटरनेशनल इत्यादि मौजूद थे, जिसने वर्ष 1904 में कार्य करना शुरू किया। वर्ष 1914 की समाप्ति तक, 1083 गैर-सरकारी संगठन की स्थापना की जा चुकी थी। अंतर्राष्ट्रीय गैर-सरकारी संगठनों ने दासता-रोधी आंदोलन एवं महिला उत्पीड़न रोधी आंदोलन में महत्त्वपूर्ण भूमिका निभाई। अंतर्राष्ट्रीय गैर-सरकारी संगठनों को औपचारिक तौर पर दिनांक 27 फरवरी, 1950 को ई.सी.ओ.एस.ओ.सी. के संकल्प 288 (x) द्वारा परिभाषित किया गया था। भारत में गैर-सरकारी एजेंसियों की संख्या का अनुमान लगाना बहुत कठिन काम है लेकिन कुल मिलाकर यह कहा जा सकता है कि देश में इनकी संख्या 200000 से भी ज्यादा है। इनमें कुछ एजेंसियाँ ऐसी भी हो सकती हैं जो खत्म हो चुकी हैं। विभिन्न प्रकार के गैर-सरकारी संगठनों में शामिल हैं–

(1) अंतर्राष्ट्रीय गैर-सरकारी संगठन, जैसे–चैरिटी, ऑर्गेनाइजेशन सोसाइटी ऑक्सफैम, एक्शन एड, डी.एफ.आई.डी., यू.एन.डी.पी. इत्यादि जैसे वे संगठन हैं, जिन्होंने अपनी शाखाओं का विस्तार दुनिया भर के देशों में किया है तथा ये अन्य एजेंसियों के लिए काम करते हैं और उन्हें निधियाँ प्रदान करते हैं।

(2) दानदाता (डोनर) आयोजित गैर-सरकारी संगठन, वे संगठन हैं जो व्यक्तिगत, सांस्थानिक, राष्ट्रीय स्तर पर दानदाताओं की नेटवर्किंग एवं उनके संगठन पर बल देते हैं ताकि

गरीबों, अज्ञानियों तथा ऐसे बीमार लोगों की सहायता के लिए स्थानीय, राष्ट्रीय एवं अंतर्राष्ट्रीय स्तर पर सामाजिक विकास कार्यक्रमों के आयोजन के लिए निधियों को इकट्ठा किया जा सके जिन्हें राज्य द्वारा कोई सामाजिक सुरक्षा प्रदान नहीं की गई है।

(3) पर्यावरणीय गैर-सरकारी संगठन अपने कार्यों को केवल पर्यावरणीय मुद्दों, जैसे–प्रदूषण, आपदा एवं वैश्विक गर्मी को स्थानीय, राष्ट्रीय एवं अंतर्राष्ट्रीय स्तर पर उठाने के लिए तथा इनके संरक्षण एवं उन्नति के कामों तक ही सीमित एवं केंद्रित रखते हैं। ऐसे संगठनों की लोगों एवं ग्रह के प्रति अधिक दिलचस्पी होती है।

(4) सरकार द्वारा संचालित एन.जी.ओ. का गठन केंद्र एवं राज्य स्तर पर स्वास्थ्य, शिक्षा एवं आजीविका आदि जैसे मूलभूत मुद्दों का समाधान करने के लिए किया जाता है। राष्ट्रीय एड्स नियंत्रण संगठन (नाको), राज्य एड्स संरक्षण एवं नियंत्रण सोसाइटी (एस.ए.पी.सी.एस.), राज्यों द्वारा गठित, देश में एच.आई.वी./एड्स के नियंत्रण एवं संरक्षण के लिए कार्य कर रही है। ऐसे राज्य सृजित संगठनों की समयावधि कुछ अवधि तक सीमित होती है।

(5) अर्ध-स्वायत्त एन.जी.ओ. का संचालन भी राज्य निकायों द्वारा किया जाता है जिन्हें काम करने और विशेष समूहों अथवा समुदायों को सेवा प्रदान करने की स्वायत्तता होती है।

(6) तकनीकी सहायता एन.जी.ओ. विशिष्ट संस्थाएँ होती हैं जो परियोजना निर्माण, मॉनीटरिंग एवं मूल्यांकन तथा ऐसे संगठनों एवं व्यक्तियों को नवीनतम प्रौद्योगिकी प्रशिक्षण प्रदान करने जैसी तकनीकी सेवाएँ प्रदान करती हैं; जिन्हें अपनी व्यावसायिक विशेषज्ञता अन्य लोगों को प्रदान करने के लिए आधुनिकतम बनाने की जरूरत होती है।

(7) मूल स्तर के सहायता संगठन गैर-सरकारी संगठनों, क्लबों एवं अन्य प्रभावी स्तर के संगठनों को सहायता प्रदान करते हैं ताकि वे अपनी क्षमता का निर्माण कर सामाजिक एवं आर्थिक कार्यकलापों को शुरू कर सकें।

(8) बाजार परामर्शी संगठन जैसे उपभोक्ता मंच उपभोक्ताओं के हित की वकालत करते हैं। ये संगठन जैव-अनुकूल उत्पादों का प्रोन्नयन करने के साथ ही ऐसे उत्पादों की निंदा भी करते हैं जो मानवीय पारिस्थितिकी एवं सामाजिक पर्यावरण के लिए हानिकारक है।

(9) आस्था आधारित संगठन (एफ.बी.ओ.) मूलतः ऐसे सांस्थानिक संगठन होते हैं, जो धार्मिक आस्था या विश्वास तैयार करते हैं जिससे लोगों का विकास एवं कल्याण होता है; उदाहरण के लिए, भारत में कैथोलिक बिशप कॉन्फ्रेंस (सी.बी.सी.आई.)।

उपर्युक्त सूची निदर्शी है न कि सर्वांगीण। विश्वभर में असंख्य गैर-सरकारी संगठन, गैर-लाभकारी संगठन हैं जिनका उद्देश्य, मिशन एवं विजन भिन्न होता है। 20वीं सदी के अंत तक सभी एन.जी.ओ. एवं एन.पी.ओ. निधियों के लिए सरकार या गैर-सरकारी दाता एजेंसी पर निर्भर थे। अभी हाल ही के वर्षों में, दाता एजेंसियों ने ऐसे संगठनों के लिए निधियों के प्रवाह में कमी की है तथा उनकी परियोजनाओं के लिए निधियाँ सृजित करने पर बल दे रही है। राजशेखर ने कहा है कि, "धर्मार्थ एवं कल्याणकारी संघटकों वाले बिखरे हुए एवं अलग-अलग विकास मॉडलों के स्थान पर समेकित विकास मॉडलों को लागू किया गया है। महिला-पुरुष न्याय, पर्यावरणीय चिंताओं एवं मानवीय अधिकारों को समाज के ढाँचागत पहलुओं का एक अभिन्न अंग

माना गया है जो वर्ग, जाति एवं धार्मिकता के साथ-साथ समाज के लिए हाशिए पर रहने वाले लोगों के शोषण के लिए उत्तरदायी थे। दानदाता एजेंसियों की प्राथमिकताओं एवं कार्यसूची ने जमीनी स्तर पर विकास परिप्रेक्ष्य एवं कार्यक्रम को प्रभावित किया है।" इसके फलस्वरूप देश में गैर-सरकारी संगठनों द्वारा सामाजिक विकास की अवधारणा में बदलाव आया है, जिसमें संधारणीयता पर ज्यादा ध्यान दिया जा रहा है।

गैर-सरकारी संगठनों के आविर्भाव के सारांश के तौर पर आइए स्वैच्छिक एवं गैर-सरकारी संगठनों के संकेंद्रण पर गौर करें, जो अधिकतर गरीब लोगों की गरीबी दूर करने के लिए काम करते हैं। अब गरीब को ऐसे व्यक्ति के तौर पर परिभाषित किया जाता है, जो आर्थिक एवं सामाजिक अवसरों को प्राप्त करने में अपनी इच्छा के अनुरूप कार्य करने में असमर्थ है। इस परिदृश्य में, गरीबी को दूर करने के लिए चलाई जा रही कई सरकारी नीतियों एवं कल्याणकारी योजनाओं के बावजूद भी राज्य के गरीब लोग गरीब ही बने रहते हैं। अक्सर गरीब लोग यह समझते हैं या उन्हें यह समझाया जाता है कि विकास के लाभ उपर्युक्त द्वारा निःशुल्क प्रदान किए जाते हैं। वे अपने मूलभूत मानवीय अधिकारों के बारे में जागरुक नहीं होते हैं। उदाहरण के लिए, बाढ़ प्रभावित लोग राहत में विलंब होने पर भी निष्क्रिय एवं चुप रहते हैं। देश के उन हिस्सों में मुश्किल से ही लोगों की भूख के कारण मृत्यु हो रही है। गरीबों एवं हाशिए पर रहने वाले लोगों की सदियों से की जा रही उपेक्षा के कारण उनमें यह हताशापूर्ण दृष्टिकोण काफी गहरी जड़ें जमा चुका है। यह जरूरी तथा एक पूर्व शर्त है कि गरीब एवं हाशिए पर रहने वाले लोगों को अच्छे स्वास्थ्य एवं आर्थिक स्थिति के साथ सुदृढ़ एवं जागरुक बनाया जाए। सामाजिक रूप से प्रत्येक गरीब व्यक्ति को सुदृढ़ करने का प्रयास व्यर्थ नहीं है और न ही लोगों को ऊपर से चीजें प्रदान करना अच्छी बात है। हमने विकास को आवश्यकता के अनुसार व्यक्ति आधारित बनाने के लिए पंचायती राज संस्थाओं (पी.आर.आई.) के साथ मिलकर पहले ही एक बॉटम-अप दृष्टिकोण अपनाया है। वैकल्पिक तौर पर संपूर्ण प्रणाली तभी कायम रह पाएगी, जब समाज में तृणमूल स्तर पर काम करने वाले स्टेकहोल्डरों को संयुक्त तौर पर मानवीय गरिमा के लक्ष्य को प्राप्त करने के लिए सुदृढ़ किया जाए। गरीब घरों द्वारा मानवीय गरिमा तभी प्राप्त की जा सकती है, अगर वे निम्नलिखित में समर्थ हों–

(1) आर्थिक अवसर की सुलभता प्राप्त करने में,

(2) अपनी चेतना के स्तर में सुधार करने में,

(3) अपनी पर्यावरणीय एवं स्वास्थ्य स्थिति में सुधार करने में,

(4) मानव के तौर पर अपने लोकतांत्रिक अधिकारों का प्रयोग करने में।

आज के दौर में गैर-सरकारी संगठन तथा गैर-लाभकारी संगठन मुख्यतः समाज के सामान्य लोगों के बुरे स्वास्थ्य, गरीबी एवं निरक्षरता को खत्म करने का काम करते हैं।

प्रश्न 3. दानदाता एजेंसी पर टिप्पणी कीजिए।

अथवा

सामाजिक कार्य में दाता एजेंसियों का क्या योगदान है? [जून-2019, प्र.सं.-4(f)]

अथवा

दाता एजेंसी पर संक्षिप्त टिप्पणी कीजिए। [दिसम्बर-2019, प्र.सं.-5(e)]

उत्तर– दानदाता एजेंसी एक ऐसे संगठन को कहते हैं, जो सूक्ष्म एवं विस्तृत स्तरों पर सामाजिक एवं आर्थिक विकास की परियोजनाओं के लिए निधियाँ दान करती हैं। वर्ष 1950 तक दानदाता एजेंसियों को केवल परोपकारी संगठनों के तौर पर जाना जाता था। 1950 के दशक के बाद अस्तित्व में आने वाली कॉर्पोरेट डोनर एजेंसियाँ मूलत: औद्योगिक घराने एवं कारोबारी संगठन हैं। ये घराने आज के दौर में अपने कारोबारी कार्यकलापों के अलावा सामाजिक जिम्मेदारी तथा नैतिक कारोबार के रूप में सामाजिक विकास पर भी ध्यान केंद्रित कर रहे हैं। लोगों एवं ग्रह की चिंता को भी नागरिकता या कॉर्पोरेट जागरुकता के तौर पर माना जाता है क्योंकि वे इन दोनों से अलग हटकर काम नहीं कर रहे हैं। वास्तव में लोगों एवं गृह के अस्तित्व के बिना कारोबार का कोई वजूद नहीं हो सकता है। इसलिए, इसे 'लेन-देन' की परंपरा के रूप में परिभाषित किया जा सकता है, जिसका पालन भारतीय समाज में काफी पहले से किया जा रहा है। यह उल्लेख करना उपयुक्त होगा कि आधुनिक युग में परिवार एवं धार्मिक संस्थाओं, जिनका सामाजिक कल्याण के क्षेत्र में एकल प्रभुत्व था, के स्थान पर दानदाता एजेंसियों का प्रभुत्व स्थापित हो चुका है। इसके विपरीत, परिवारों एवं धार्मिक संस्थाओं ने व्यक्तिगत एवं सामुदायिक कल्याण का उत्तरदायित्व गैर-सरकारी संगठनों एवं दानदाता एजेंसियों को सौंप दिया है। केवल कुछ ऐसे संगठनों एवं एजेंसियों को छोड़कर जिनके पास अपने स्वयं के आय स्रोत हैं, सभी व्यक्तिगत एवं सामुदायिक कल्याण कार्य दानदाता एजेंसियों के निधियन पर आधारित होते हैं। विश्व इतिहास के धर्मार्थ कार्यों के पृष्ठों पर, यूनाइटेड किंगडम एवं अन्य विकसित देशों में, राहत प्राप्त करने वाले ज्यादा निर्भर हो गए हैं तथा उपलब्ध निधियाँ इतनी सीमित हैं कि लोगों की बढ़ती हुई माँग को नियंत्रित करने के लिए नीतियों को वापस लेना पड़ा है। यह भी देखा गया कि न केवल राहत प्राप्त करने वालों की संख्या में बढ़ोतरी हुई है बल्कि इससे उनके कार्य करने की आदतें भी हतोत्साहित हुई हैं तथा उनमें आत्म-निर्भरता का कोई लक्षण दिखाई नहीं पड़ा है। समय बीतने के साथ-साथ सीखे गए पाठों के साथ आज के दिन दानदाता एजेंसियाँ विकास हेतु किसी भी निवेश की संभावना एवं संभावित परिणाम का मूल्यांकन करना चाहती हैं। आज के दौर में दानदाता एजेंसियों का फोकस तात्कालिक आवश्यकता के मुद्दों पर होता है तथा वे विभिन्न स्रोतों से संभावनाओं का पता लगाती हैं ताकि अग्रिम तौर पर निधियाँ प्रदान करने से पहले संभावित प्रतिलाभ का मूल्यांकन किया जा सके। दानदाता एजेंसियों का संवर्धन व्यक्तियों, व्यक्तियों के समूहों, न्यासियों एवं कॉर्पोरेट कारोबारी घरानों द्वारा किया जाता है। व्यक्ति एवं कॉर्पोरेट दानदाता डोनर एजेंसियों के लिए जीवन संजीवनी प्रदान करते हैं।

कई ऐसे सरकारी विभाग एवं अनुभाग भी हैं जो अपने स्रोत से सरकार के आवर्ती बजट के साथ डोनर (दानदाता) एजेंसी के तौर पर कार्य करते हैं। लेकिन मुख्य दानदाता एजेंसियों का संबंध न्यास और अन्य निकायों, जैसे–टाटा कल्याण न्यास, सी.बी.सी.आई., एक्शन ऐड, आक्सफैम, ग्लोबल ट्रस्ट फंड, सेव द चिल्ड्रन इंडिया, गोल इंडिया, चार्डल्ड फंड इंडिया, डी.एफ.आई.डी.,

फोर्ड फाउंडेशन, बिल गेट्स फाउंडेशन आदि से है। इनमें से प्रत्येक का एजेंसी के संविधान के अनुसार निधियन का अपना रुचि क्षेत्र है। कई अंतर्राष्ट्रीय निधियन एजेंसियाँ, डोनर्स, परोपकारी समूह एवं धर्मार्थ संगठन भी हैं। सूचीबद्ध संगठनों का चुनाव गैर-सरकारी संगठनों, नेटवर्क्स तथा विभिन्न अन्य स्रोतों द्वारा प्रदत्त सूचना के आधार पर किया जाता है। निधियन एजेंसियाँ गैर-लाभकारी जमीनी स्तर के गैर-सरकारी संगठनों एवं अन्य संगठनों को तकनीकी सहायता एवं निधियाँ प्रदान करती हैं; लेकिन ये एजेंसियाँ निधियाँ एवं सहायता अपने पैरामीटरों में ढाँचागत दिशा-निर्देशों, शर्तों एवं निबंधनों के अनुसार प्रदान करती हैं। भारत सरकार ने भी कृषि, कारोबार, सार्वजनिक सहकारिता एवं क्षमता निर्माण तथा स्थानीय संगठनों के माध्यम से लोगों के लिए जल संग्रहण प्रबंधन में विकास पहलों के लिए मुख्यत: गैर-सरकारी संगठनों को निधियाँ प्रदान करने के लिए 'कपार्ट' (लोगों एवं ग्रामीण प्रौद्योगिकी प्रौन्नयन परिषद्) जैसे कई संगठनों का गठन किया है।

सामाजिक न्याय एवं अधिकारिता मंत्रालय, स्वास्थ्य एवं परिवार कल्याण मंत्रालय, महिला एवं बाल विकास विभाग ने एन.आई.ओ.एच., एन.आई.एच.एच., एन.आई.वी.एच., एन.आई.एम.एच., केंद्रीय सामाजिक कल्याण बोर्ड जैसे कई स्वायत्त निकायों की स्थापना की है तथा देश भर में काफी संख्या में गैर-सरकारी संगठनों/गैर-लाभकारी संगठनों को निधियाँ भी प्रदान की जाती हैं। इस प्रकार प्राइवेट एवं गैर-सरकारी दानदाताओं की अपेक्षा सरकार के साथ दानदाताओं का दायरा काफी विस्तृत है। दानदाता एजेंसी का मुख्य कार्य निधियाँ प्रदान करना है। दानदाता एजेंसी अपनी निधियाँ दो चैनलों के माध्यम से प्रदान कर सकती हैं—आधिकारिक (सरकारी) चैनल एवं प्राइवेट चैनल।

परंपरागत तौर पर प्राइवेट निधियन एजेंसियाँ सामान्यत: जमीनी स्तर तक निधियाँ सुलभ कराने के लिए गैर-सरकारी संगठनों के माध्यम से निधियाँ प्रदान करती हैं। बढ़ती हुई विकास राशि प्राय: गैर-सरकारी संगठनों के माध्यम से प्रदान की जाती है तथा इसकी रोकड़ अधिकतम सीमा होती है और इसे किसी परियोजना के विशिष्ट प्रतिशत तक सीमित किया जा सकता है। दानदाता एजेंसियाँ भारतीय आयकर अधिनियम की धारा 80जी के अंतर्गत अपने पंजीकरण को उद्धृत करने वाले लोगों से भी निधियाँ एकत्रित करती हैं। यदि गैर-सरकारी संगठन भारतीय आयकर अधिनियम की धारा 80जी के अंतर्गत पंजीकृत हो तो व्यक्ति या उद्योग दानदाता आय के भुगतान पर लाभ भी प्राप्त कर सकता है। यह केवल उन्हीं लोगों एवं संगठनों के लिए लागू होगा जो ऐसे गैर-सरकारी संगठन या गैर-लाभकारी संगठन को धन दान में देते हैं जिन्हें धारा 80जी के अंतर्गत पंजीकृत किया गया हो तथा समाज कल्याण कार्यक्रमों के लिए राशि को दर्शाने वाला प्रमाण-पत्र जारी करने हेतु दान राशि को दर्शाने वाला प्रमाण-पत्र जारी करते हैं।

प्रश्न 4. गैर-सरकारी संगठन, दानदाता एजेंसी तथा सामाजिक कार्य में संबंध स्पष्ट कीजिए।

उत्तर– गैर-सरकारी संगठन तथा दानदाता एजेंसी की जड़ें धर्मार्थ एवं परोपकारी कार्यों में निहित होती हैं। सामाजिक कार्य की जड़ें भी धर्मार्थ एवं परोपकारी कार्यों में ही निहित हैं। इसलिए, इन दोनों के बीच संबंधों का पता लगाना जरूरी है। सामाजिक कार्यकर्त्ता का प्रारंभिक मंच इन

संस्थाओं के साथ वैज्ञानिक सेवाओं के लिए संगठित सेवाएँ तथा संधारणीय विकास के लिए सहायात्मक सेवाएँ प्रदान करने के रूप में होता है। सामाजिक कार्य एक व्यावसायिक सेवा होती है जिसका लक्ष्य व्यक्तिगत, समूह एवं सामुदायिक स्तर पर सामाजिक, आर्थिक एवं सांस्कृतिक समस्याओं का समाधान आत्म-निर्भर साधनों से प्रदान करना होता है। धर्मार्थ संगठन सोसाइटी (सी.ओ.एस.) एवं सामाजिक कार्य शिक्षा के बीच संबंध को व्यावसायिकता के साथ एक-दूसरे की उत्पत्ति के रूप में समझा जा सकता है। यूनाइटेड किंगडम में भेदभाव रहित धर्मार्थ कार्यों के फलस्वरूप कार्य करने के माहौल में निराशा का भाव पैदा हुआ है तथा संसाधनों की कमी के कारण प्रभावी सेवा आपूर्ति तथा केवल जरूरतमंदों तक धर्मार्थ सेवाओं को सीमित करने के लिए दानशीलता आयोजित करने का मार्ग प्रशस्त किया। दोस्ताना भ्रमणकर्त्ताओं द्वारा मामलों का अध्ययन किए जाने पर सेवा केवल उन्हीं लोगों तक सीमित करने जैसे कई मुद्दे उभरकर सामने आए हैं जिनके पास आजीविका के लिए दान पर आश्रित रहने के अलावा कोई और विकल्प नहीं है। उन सामान्य लोगों को कारोबार या व्यापार का विकल्प चुनने के लिए कहा गया जो ऐसा करने में सक्षम थे और उन्हें यह समझाया गया कि अल्पकालिक सहायता उन लोगों को दीर्घकालिक लाभ प्रदान करेगी। इसलिए, मामलों के मूल्यांकन के लिए दोस्ताना भ्रमणकर्त्ताओं का प्रशिक्षण जरूरी था। आज के दौर में गैर-सरकारी संगठनों में सामाजिक कार्य व्यवसायियों को लगाए जाने से यह दायरा इतना व्यापक हो गया है कि व्यावसायिक सामाजिक कार्यकर्त्ता एवं ऐसी संस्थाएँ एक-दूसरे का पूरक बन गए हैं।

20वीं सदी के पूर्वार्द्ध में विकास कार्यकर्त्ताओं के रूप में गैर-सरकारी संगठनों में सामाजिक कार्यकर्त्ताओं की जरूरत को गंभीरता से महसूस किया गया क्योंकि इन कार्यकर्त्ताओं को प्रशिक्षित किया गया था और ये ग्राहकों की उस मनो-सामाजिक स्थिति को समझने में सक्षम थे जिसमें वे रहते थे। वे व्यक्ति की जरूरत का सही मूल्यांकन कर सकते थे तथा उन पर गौर करने के लिए उपयुक्त रणनीतिक सुझाव दे सकते थे। प्रशिक्षित कार्यकर्त्ता ग्राहकों को उनकी समस्याओं का सामना करने में मानवीय संबंध कौशलों के अर्थों में उनका प्रबंध करने, मॉनीटर करने एवं मूल्यांकन करने में सक्षम है। संगठनों को अपने पास उपलब्ध सीमित संसाधनों के साथ ही सहायता प्राप्त करने वाले ग्राहकों की बढ़ती हुई संख्या का प्रबंध करने के लिए ऐसे व्यवसायियों की प्रभावी रूप से जरूरत है। उच्चतर या कम क्षतिपूर्ति के साथ कार्य करने के लिए व्यवसायियों को अवसर या मौके की जरूरत है।

एजेंसी द्वारा विशेषज्ञों से संभावित कार्य निष्पादन के विपरीत सामाजिक कार्य व्यवसायियों का संस्थान एवं ग्राहकों अथवा इसके विपरीत लगाव की भावना होना जरूरी है। सामाजिक कार्यकर्त्ताओं द्वारा अभ्यास किए गए एवं समाहित किए गए नैतिक मूल्यों का संगठनों एवं ग्राहकों के लिए काफी महत्त्व है। इस प्रकार तीनों पक्षों अर्थात् कार्यकर्त्ता, एजेंसी एवं ग्राहक का एक-दूसरे से गहरा लगाव होता है। रोचक बात यह है कि कार्यकर्त्ताओं एवं एजेंसियों की सामाजिक व्यवस्था के प्रति प्रतिबद्धता भी एक-दूसरे से गहन रूप से जुड़ी होती है। इन लगावों से सभी संबंधित पक्षकारों को उच्चतर लाभांश प्राप्त होता है, जैसा कि एक-दूसरे के साथ संवाद के समय ऐसे

लगाव एवं संबंध से संभावना होती है। लक्षित समूह को सेवा प्रदान करने वाला परोपकारी संगठन भी जीवन की अच्छी गुणवत्ता के प्रति अपनी प्रतिबद्धता से गहन रूप से जुड़े हुए होते हैं।

सामाजिक कार्यकर्त्ता द्वारा किए जाने वाले नियत कार्य के लिए जरूरी विशेषज्ञता का स्वरूप बहु-आयामी होता है। निरंतर मूल्यांकन एवं सतत् मॉनीटरिंग के साथ मानवीय संबंधों के कौशल, समस्याओं की पहचान करना, उनका विश्लेषण करना, रणनीतियाँ तैयार करना, संसाधनों का उपयोग करना तथा कार्यक्रम का प्रभावी कार्यान्वयन करना सामाजिक कार्य व्यवसायियों की चित्रात्मक विशेषता होती है। एजेंसियाँ प्रक्रिया के विभिन्न क्षेत्रों में सेवाएँ प्रदान करने के लिए विशेषज्ञों की सहायता ले रही हैं। विशेषज्ञ संगठनों के लिए सामाजिक कार्यकर्त्ताओं में विशिष्ट कौशल होने चाहिए ताकि अधिक गंभीरता के साथ कार्य को पूरा किया जा सके। सामाजिक निष्क्रियता एवं सुधार के केंद्र बिंदु में व्यावसायिक विशेषज्ञता को रखा जाता है।

किसी भी अंत:क्षेप के परिणामों का मूल्यांकन कतिपय पैरामीटरों एवं संकेतकों के आधार पर किया जाता है जिनका निर्धारण संगठन के व्यवसायियों द्वारा कार्यान्वयन से पहले किया जाता है। सामाजिक कार्य स्वयं एक बहु-विषयक अवधारणा है। इसलिए, सामाजिक कार्यकर्त्ता परियोजना में अन्य व्यवसायियों के साथ सामंजस्य स्थापित करता है तथा कार्यक्रम का परिणाम टीम द्वारा प्राप्त की गई विशेषज्ञता का संयुक्त लाभ होता है। किसी विशिष्ट क्षेत्र में गरीबी के मुद्दे पर सरकार का समर्थन करने के लिए कार्यक्रम चलाया गया। यह संबंधित सरकारी अधिकारियों का ध्यान आकर्षित करने के लिए लोगों को सक्रिय बनाते हुए किया गया। ऐसे आंदोलन के प्रभाव का मूल्यांकन इस मुद्दे पर अधिकारियों के दृष्टिकोण से आए बदलाव को जानने के लिए साक्षात्कार के माध्यम से किया जा सकता है। इसी प्रकार, गरीबी उन्मूलन परियोजनाओं का मूल्यांकन लाभार्थियों की स्थिति के हस्तक्षेप से पहले तथा बाद में तुलना करते हुए किया जा सकता है। क्या हम पूर्व में परिणाम का अनुमान लगाने तथा अंत:क्षेप के बाद मूल्यांकन करने में सक्षम हैं? यदि हाँ, तो हम ऐसी विकास पहलों के लिए कार्य करने में विशेषज्ञ हैं तथा शुल्क/क्षतिपूर्ति के लिए सौदेबाजी कर सकते हैं। सामाजिक कार्य व्यवसायी अध्ययन के माध्यम से हस्तक्षेप के परिणामों को समझने तथा कार्यान्वयन एवं मूल्यांकन के लिए सामाजिक विकास की प्रभावी तथा कार्यान्वयन एवं मूल्यांकन हेतु सामाजिक विकास की प्रभावी पद्धतियों की योजना बनाने में सक्षम होने चाहिए। इसके बाद सामाजिक कार्य में प्रमाण आधारित प्रक्रिया सच साबित होगी। इससे सरकार और गैर-सरकारी संगठनों का ध्यान हमारी ओर आकर्षित होगा और वे हम पर विश्वास करते हुए हमारा बेहतर उपयोग कर पाएँगे।

□□

अध्याय

16

सिविल सोसाइटी
(Civil Society)

भूमिका

सिविल सोसाइटी संगठन गैर-राज्यकर्त्ता संगठन हैं जिनका उद्देश्य न तो लाभ कमाना है और न ही शासन करना है। सी.एस.ओ. लोगों को उनके साँझा लक्ष्यों और हितों को आगे बढ़ाने के लिए जोड़ता है। ये इनके सार्वजनिक जीवन, इनके सदस्यों या अन्य लोगों के हितों और मान्यताओं को व्यक्त करने में सम्मिलित होता है। यह अनुसंधान कार्यक्रमों, सेमिनारों और प्रकाशकों के माध्यम से लोगों के विचारों, अभिमतों और विचार पद्धति में परिवर्तन लाने का प्रयास करते हैं। सी.एस.ओ. में गैर-सरकारी संगठन, व्यावसायिक संघ, संस्थान, स्वतंत्र शोध संस्थान, समुदाय आधारित संगठन, विचारधारा आधारित संगठन, लोगों के संगठन, सामाजिक आंदोलन और मजदूर संघ सम्मिलित हैं।

प्रश्न 1. सिविल सोसाइटी की अवधारणा की विवेचना कीजिए।

अथवा

सिविल सोसाइटी का अर्थ एवं परिभाषा बताइए।

अथवा

शिविल सोसाइटी पर संक्षिप्त टिप्पणी कीजिए। [दिसम्बर-2019, प्र.सं.-5(f)]

उत्तर– सिविल सोसाइटी, लोक समाज, नागरिक समाज – इस शब्द के अनेक अर्थ रहे हैं और उनमें समय-समय पर परिवर्तन होता रहा है।

वर्तमान समय में सिविल समाज का प्रयोग राज्य और विस्तृत परिवार की मध्यवर्ती संस्थाओं के समुच्चय के लिए होता है, जैसे–गैर-सरकारी स्वयंसेवी संस्थान। इसमें धार्मिक संगठन, शिक्षण संस्थाएँ, मनोरंजन क्लब तथा अनेक स्वैच्छिक संगठन आ जाते हैं जो व्यक्ति के जीवन और दृष्टिकोण पर गहरा प्रभाव डालते हैं। ये संगठन व्यक्ति को स्वार्थ से ऊपर उठाकर सामाजिक जीवन में अपनी सार्थकता ढूँढ़ने की प्रेरणा देते हैं।

अन्य संगठनों की तुलना में सिविल सोसाइटी की कुछ विशेषताओं पर खास बल देने पर इसकी परिभाषाएँ विशिष्ट रूप से भिन्न होती हैं, कुछ परिभाषाएँ मुख्य रूप से राज्य की शक्ति, राजनीति और व्यक्तिगत स्वतंत्रता पर जोर देती हैं और अन्य सामाजिक पूँजी और संबंध के आर्थिक कार्यों और धारणाओं पर जोर देती हैं। फिर भी कुछ विश्लेषकों ने आधुनिक सिविल सोसाइटी को परिवार, राज्य और बाजार के बीच तलाशने की कोशिश की है और कहा जाता है कि यह संस्थाओं, संगठनों और व्यक्तियों का प्रतिनिधित्व करते हैं जिसमें लोग स्वैच्छिक रूप से आधुनिक पारस्परिक हितों से जुड़े होते हैं। इसे समुचित रूप से निम्नलिखित आकृति में दर्शाया गया है–

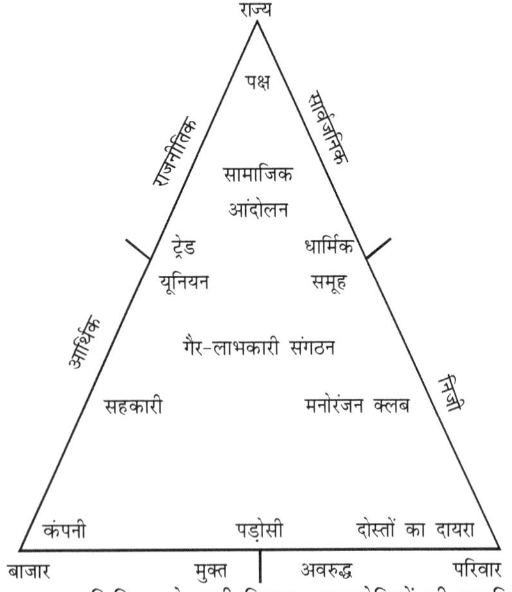

चित्र 16.1 : सिविल सोसाइटी त्रिभुज : सहयोगियों की अवस्थिति

सिविल सोसाइटी मुख्य रूप से नागरिकों और समाज की उस भूमिका को व्यक्त करती है जो राज्य और बाजार दोनों के संबंधों का निर्माण करते हैं। इस खंड की सैद्धांतिक व्याख्या मुख्य रूप से नागरिकता से संबंधित है और यह नागरिकों की भूमिका में उलझी हुई है, जिससे यह उम्मीद की जाती है कि यह भूमिका राज्य और बाजार की शक्तियों की उपेक्षा या प्रभुत्व के संबंध में निभाई जाएगी जो सामान्य रूप से लोगों और विशेष रूप से लाभवंचित जनता को बुरी तरह प्रभावित कर सकती है। इस अर्थ में यह राज्य और बाजार की अर्थव्यवस्था के विनियम की शक्ति को सीमित करने से संबंधित है।

प्राय: जो व्यवस्था अपनाई जाती है वह जनमत निर्माण करना, प्रभावित वर्गों में जागरुकता बढ़ाना, लोगों और सामाजिक संस्थाओं को उनके अधिकारों की सुरक्षा करने और उन्हें अधिकार दिलाने के प्रतिकूल ताकतों के खिलाफ लड़ने और उन्हें चुनौती देने में सक्षम बनाना है। अत: प्रचलित आधुनिक दर्शन सिविल सोसाइटी को राज्य और बाजार के बीच स्थित एक सामाजिक वर्ग के राज्य में देखता है। यह एक सुरक्षित क्षेत्र या ढाल है जो राज्य और बाजार दोनों को अधिक शक्तिशाली, प्रभावशाली और शोषक बनने से रोकने में उचित रूप से योग्य है।

अर्नेस्ट गेलिनर के शब्दों में, सिविल सोसाइटी "संस्थाओं का एक वर्ग है, जो राज्य को प्रति संतुलित करने के लिए पर्याप्त रूप से शक्तिशाली है और जबकि यह राज्य को मुख्य हितों के बीच मध्यस्थ की भूमिका निभाने और शांति को बनाए रखने वाले की भूमिका को पूरा करने से नहीं रोक रहा है, फिर भी यह राज्य को, शेष समाज पर अधिकार करने और उसे तोड़ने से रोकता है।" सिविल सोसाइटी एकल, विशाल न होकर एक अलग संख्या है, बल्कि यह राज्य और बाजार दोनों के संबंध में गठित एक सामाजिक वर्ग है और वास्तव में यह दोनों में व्याप्त है। बहु-कर्त्ताओं द्वारा इसका प्रतिनिधित्व किया जाता है जो प्रभावशाली नीति, कानून और कार्यक्रम संबंधी हस्तक्षेपों के लिए सरकार पर अधिकतम दबाव डालने को सुनिश्चित करती है।

हजारों परिभाषाओं में से लंदन स्कूल ऑफ इकॉनोमिक्स (2004) में सिविल सोसाइटी केंद्र द्वारा प्रस्तावित सिविल सोसाइटी की उत्तर आधुनिक अवधारणा, बदलती हुई वैश्विक सामाजिक व्यवस्था में सिविल सोसाइटी के महत्त्व को दर्शाती है–

सिविल सोसाइटी सहभागी हितों, लक्ष्यों और मूल्यों के चारों ओर अनावृत्त सामूहिक प्रयास के मंच का उल्लेख करती है। सैद्धांतिक रूप से इसके संस्थागत प्रकार राज्य, परिवार और बाजार के रूप में भिन्न है; तथापि व्यवहार में राज्य, सिविल सोसाइटी, परिवार और बाजार के बीच की सीमाएँ अक्सर जटिल, धुँधली और हस्तांतरित होती हैं। सामान्य रूप से सिविल सोसाइटी स्थान, कर्त्ताओं और सांस्थानिक प्रकारों की विविधता को अंगीकार करती है जो उनकी औपचारिकता, स्वायत्तता और शक्ति के दर्जे में अलग है। प्राय: सिविल सोसाइटी में संगठन होते हैं, जैसे–पंजीकृत धर्मार्थ संगठन, विकास गैर-सरकारी संगठन, महिला संगठन, विश्वास पर आधारित संगठन, व्यावसायिक संघ, व्यापार संघ, स्वयं की सहायता करने वाले समूह, सामाजिक आंदोलन व्यवसाय संघ, गठबंधन और समर्थन करने वाले समूह।

सिविल सोसाइटी राज्य की शक्ति और बाजार के हितों के सीमित क्षेत्र के बाहर समिति के अपने संगठन हैं। जैसा कि जुर्गेन हैबरमास ने कहा है, "सिविल सोसाइटी करीब-करीब स्वाभाविक

रूप से निर्मित संघों, संगठनों और आंदोलन से बनी है; जो निजी जीवन में सामाजिक समस्याओं को बढ़ाती है और जो राजनीतिक क्षेत्र या सार्वजनिक क्षेत्र की ओर डाल देती है। राल्फ डेहरनडोर्फ सिविल सोसाइटी की अवधारणा को शास्त्रीय मुक्त परंपरा के रूप में देखते हैं और जो उन सशक्त संगठनों के अस्तित्व द्वारा चित्रित की जाती है जो न तो राज्य द्वारा संचालित है और न ही केंद्रीय राजनीतिक ताकत से अन्य रूप से संचालित है।"

गुडविन (2005) ने शब्द "सिविल सोसाइटी" का वर्णन इस प्रकार किया है–"यह संघ और कार्यों का एक कमजोर ढाँचा है जो सामान्य लोगों को सार्वजनिक हित के संगत और महत्त्वपूर्ण मामलों के लिए स्वैच्छिक रूप से एक-दूसरे की सहायता करने का मौका देता है, लेकिन शासन या राज्य के संबंध में केवल परीक्षा रूप से।" सम्मिलित होना; धर्मार्थ हेतु अंशदान; मंदिर, अस्पताल, तबाही या प्राकृतिक आपदा वाले स्थान के निर्माण में स्वेच्छा से कार्य करना; माता-पिता संघ में योगदान देना या तालाब, खुले कुँओं, गाँव की सड़कों आदि के निर्माण जैसे स्वैच्छिक आधार पर सामुदायिक विकास परियोजनाओं में श्रमदान करना आदि। ऐसे कार्यकलाप हैं जो न तो सरकार को शामिल करते हैं न ही व्यापार जगत को और ये लोगों द्वारा खुद ही शुरू एवं वित्त पोषित किए जाते हैं।

गुडविन आगे तर्क करते हैं कि दानदाता की भागीदारी नागरिकों के लिए किए जाने वाले कार्यों की महत्त्वपूर्ण अवधारणा है "केवल व्यक्तिगत दानदाता ही एक नए धर्मार्थ मिशन को बनाने के सामर्थ्य के साथ बदलती हुई सामाजिक महत्त्वाकांक्षाओं और जरूरतों पर नए दृष्टिकोण की अंतहीन धाराएँ प्रदान कर सकता है।" विकास क्षेत्र में स्टेकहोल्डर के रूप में दानदाता "धर्मार्थ क्षेत्र के डोरन के विशेष प्रकार के कार्य को प्रोत्साहन" देकर योगदान दे सकता है, जो प्राय: नए और मौलिक धर्मार्थ मिशन शुरू करता है, जो परिणामस्वरूप ऐसे समाज में शामिल कर लिया जाता है; अपने हित कल्पनात्मक रूप से जनहित में बदल जाते हैं। इसलिए यह जरूरी है कि परोपकारी सामाजिक कार्य या उस मामले के लिए व्यावसायिक सामाजिक कार्य को सिविल सोसाइटी के लक्ष्य को सहायता प्रदान करने और उसे आगे बढ़ाने के लिए दानदाता के साथ मजबूत संबंध रखने और विकसित करने चाहिए।

प्रश्न 2. सिविल सोसाइटी संगठन के प्रकार एवं कार्यों का वर्णन कीजिए।

उत्तर– सिविल सोसाइटी संगठन (सी.एस.ओ.) गैर-राज्यकर्त्ता संगठन है जिनका उद्देश्य न तो शासन करना है और न ही लाभ कमाना। सी.एस.ओ. लोगों को उनके साझा लक्ष्यों और हितों को आगे बढ़ाने के लिए जोड़ता है। ये इनके सार्वजनिक जीवन, इनके सदस्यों या अन्य लोगों के हितों और मान्यताओं को व्यक्त करने में शामिल होता है और नीति, संस्कृति, विज्ञान, धर्म या परोपकार संबंधी विचारों पर आधारित होता है। सी.एस.ओ. में गैर-सरकारी संगठन, व्यावसायिक संघ, संस्थान, स्वतंत्र शोध संस्थान, समुदाय आधारित संगठन, विचारधारा आधारित संगठन, लोगों के संगठन, सामाजिक आंदोलन और मजदूर संघ सम्मिलित हैं।

सिविल सोसाइटी संगठन के प्रकार–विकास क्षेत्र में सी.एस.ओ. के मुख्य रूप से दो प्रकार हैं–(1) परिचालन करने वाला सिविल सोसाइटी संगठन, (2) वकालत/सिफारिश करने वाला

सिविल सोसाइटी संगठन। परिचालन करने वाला सिविल सोसाइटी संगठन वह संगठन है जो स्वयं अपने सदस्यों का जन सामान्य, परोपकारी संगठनों और संस्थाओं और कभी-कभी राज्य द्वारा दिए गए संसाधनों से विकास कार्य कार्यान्वित करता है। परिचालन करने वाला सी.एस.ओ. कल्याणकारी सेवाएँ, जैसे–आपातकालीन राहत या पर्यावरण सुरक्षा है और प्रबंधन सीधे ही प्रदान करता है या उसमें अध्ययन करता है। वे अपनी निधियों और सामर्थ्य के अनुसार समुदाय, स्थानीय, जिला, राष्ट्रीय, क्षेत्रीय और अंतर्राष्ट्रीय स्तर पर काम करते हैं।

वकालत/सिफारिश करने वाला सिविल सोसाइटी संगठन जन सूचनार्थ के विशिष्ट मामलों, चिंताओं तथा विचारों का जन सामान्य के हितों या लाभवंचित समूहों के विशिष्ट हितों पर प्रकाश डालता है। वे सरकार उद्योगों और बहुराष्ट्रीय कंपनियों की नीतियों, कार्यों और विचारों विकास संस्थान, जैसे–विश्व बैंक, कृषि विकास बैंक आदि विकास क्षेत्र के अन्य कर्त्ताओं, मीडिया और मुख्य रूप से जनता को प्रभावित करने की कोशिश करते हैं। अपने को सशक्त करने के उद्देश्य से सिफारिश करने वाला सिविल सोसाइटी संगठन, 1990 के मध्य के दशक से राष्ट्रीय और अंतर्राष्ट्रीय और संघ बनाने के लिए एक साथ सामने आए जिन्होंने सामान्य, समान या अभिसारी हितों का प्रतिनिधित्व करने वाले समूहों को जोड़ा। उन्होंने उन संबंधित मामलों को जन संघ में उठाया जो अन्यथा वे समझते थे कि सामाजिक, आर्थिक या राजनीतिक प्रक्रियाओं को स्थापित करके जाहिर नहीं कर सकते।

कार्य के संबंध में सिविल सोसाइटी संगठन के प्रकार–यू.एन.ई.पी. (2004) द्वारा प्रस्तावित सी.एस.ओ. की टाइपोलॉजी (Typology) से सूचना लेने पर निम्नलिखित कार्यात्मक सी.एस.ओ. के प्रकार पाए गए हैं जो स्टेकहोल्डर के रूप में लोगों और विशेषत: लाभवंचित लोगों के विकास में सक्रिय भूमिका निभा रहे हैं–

(1) सेवा प्रदान करने वाले सी.एस.ओ.–इस प्रकार के सी.एस.ओ. लोगों की तत्काल जरूरतों को देखते हुए आवश्यक सेवाएँ प्रदान करने के लिए विकास, मॉनीटरिंग और परियोजनाओं और कार्यक्रमों को कार्यान्वित करते हैं। ये समुदाय आधारित संगठनों के साथ मिलकर काम करते हैं जो प्राय: समुदाय स्तर पर आधारित होते हैं। ऐसे सी.एस.ओ. वह भूमिका निभाने की कोशिश करते हैं जो अक्सर सरकारी एजेंसियाँ भी निभाने में सफल नहीं होतीं।

(2) प्रतिनिधित्व करने वाले सी.एस.ओ.–ये समाज के विशेष लाभवंचित वर्गों, जैसे–अनुसूचित जाति, अनुसूचित जनजाति, अल्पसंख्यक और शारीरिक और मानसिक रूप से विकलांग लोगों के अधिकारों के लिए संगठित रूप से आवाज उठाते हैं। इन समूहों में अंब्रैला और नेटवर्क संगठन, स्वदेशी लोगों के समूह भी शामिल होते हैं। ऐसे सी.एस.ओ. प्राधिकरणों के समक्ष प्रस्तुत होते हैं और इन लाभवंचित समूहों पर नजर रखते हैं जहाँ प्रभावहीन शासन, प्रभावहीन कल्याणकारी सेवाओं के अंतरण और उनके अधिकारों की प्रभावहीन सुरक्षा की व्यवस्था है।

(3) पक्ष समर्थन और नीति बनाने वाले सी.एस.ओ.–ये समाज के बड़े वर्गों को प्रभावित करने वाले मामलों से संबंधित विशेषज्ञतापूर्ण और समर्थक वर्ग की सेवाएँ प्रदान करते हैं। इनकी श्रेणियों में चिंतक, शोध उन्मुख संस्थान, मानवाधिकार और 'प्रहरी' समूह, विशिष्ट कार्यकर्त्ता और ऐसे ही लोग और वर्ग शामिल हैं। अक्सर ऐसे सी.एस.ओ. मीडिया को, उन नीतियों की समीक्षा

करने जो बड़े स्तर पर लोगों को बुरी तरह प्रभावित कर सकती हैं, जनमत बनाने और सरकार या बड़े संगठनों जैसे बहुराष्ट्र कंपनियों पर दबाव डालने के लिए उत्तम रूप से, श्रेष्ठ रूप से प्रयोग करने में उपयोगी हैं।

(4) क्षमता निर्माण करने वाले सी.एस.ओ.–ये अन्य सी.एस.ओ. को निधियन, प्रशिक्षण और उनकी जागरुकता बढ़ाने में सहायता करते हैं। ये प्राय: राष्ट्रीय और अंतर्राष्ट्रीय स्तर पर शामिल बड़े सुव्यवस्थित सी.एस.ओ. संस्थानों को शामिल करते हैं। यह धारणा है कि क्षमता निर्माण में निवेश करने से स्थानीय संगठन और सामान्य जन समूह सरकार के समक्ष अपनी जायज माँगों के लिए अपनी आवाज को अधिक कारगर तरीके से उठा सकते हैं और बाजार-बहुल अर्थव्यवस्था में व्याप्त दमनकारी शक्तियों का मुकाबला कर सकते हैं।

(5) सामाजिक कार्य करने वाले सी.एस.ओ.–ये संगठित सामाजिक कार्यकलापों को प्रोत्साहित करते हैं। प्राय: धार्मिक संगठन इसी प्रकार के होते हैं। सामाजिक पूँजी के निर्माण में उनके द्वारा अंगीकृत भूमिका उन लोगों में विश्वास और एकता के निर्माण में सहायक हो सकती है जो परिणामस्वरूप शोषक और अपवर्जनात्मक ताकतों के विरुद्ध लड़ने में संयुक्त रूप से शामिल होने की कोशिश करते हैं।

(6) कुछ सी.एस.ओ. जैसे **स्वदेशी लोगों का नेटवर्क**, उपरोक्त एक से अधिक प्रकारों में आते हैं क्योंकि ये बहुमुखी कार्य करते हैं।

परोपकारी संगठन और प्रतिष्ठान ऐसे सी.एस.ओ. के साथ संगठित होते हैं जिनका लक्ष्य और उद्देश्य समान होता है जिसके लिए वे खुद कोशिश करते हैं और प्रभाव को बढ़ाने के लिए धन और ऐसे ही क्षेत्र में काम करने वाले संगठनों के साथ विशेषज्ञतापूर्ण और रणनीतिक भागीदारी के रूप में अन्य सहायता प्रदान करते हैं।

प्रश्न 3. साझेदार (स्टेकहोल्डर) समूह के रूप में सिविल सोसाइटी के कार्यकर्त्ताओं की भूमिका का उल्लेख कीजिए।

उत्तर– राज्य को संतुलित करने, उसे नियंत्रित करने और उसकी भूमिका को कम करने और बाजार और कॉर्पोरेट सेक्टर की शोषक प्रवृत्ति को चुनौती देने में एक सक्रिय सिविल सोसाइटी की महत्त्वपूर्ण भूमिका होती है। ओ कोनेल (1999) ने देखा है कि सक्रिय नागरिकता और सिविल सोसाइटी किसी भी देश के नागरिकों द्वारा उपयोग किए जा रहे अधिकारों और स्वतंत्रता और लोकतंत्र को प्रोत्साहित करने और इसे संतुलित करने में महत्त्वपूर्ण भूमिका अदा करती है। सरकार और बाजार दोनों का शिक्षा से लेकर स्वास्थ्य, जंगल और अन्य प्राकृतिक संसाधनों, न्यायपालिका से राजनीतिक कार्यकलापों और इससे भी अधिक; आम नागरिकों को अपने धर्मों का मोहरा बनाने में एकाधिकार होता है। जब भी राज्य अपने कर्त्तव्यों और उत्तरदायित्वों को निभाने में असफल हो जाता है और बाजार शोषक बन जाता है, यह स्थिति नागरिकों के संताप को बढ़ा देती है और नागरिकों को एकत्रित होकर राज्य और बाजार की एकाधिकारी प्रवृत्ति के खिलाफ लड़ने के लिए मजबूर कर देती है। ऐसे वातावरण में सिविल सोसाइटी की भूमिका अभी तक शांत-मूल और असंगठित समुदायों के हितों का प्रतिनिधित्व करने में उनको समर्थ बनाना है और अधिक विशिष्ट

शब्दों में सिविल सोसाइटी का उद्देश्य स्थानीय समुदायों और बुरी तरह प्रभावित लोगों को शक्ति प्रदान करना है। सिविल सोसाइटी पर 'स्थान' या एक "जनता को स्थान" के रूप में विचार किया जा सकता है जो सभी के लिए मुफ्त उपलब्ध है।

ऐसे आंदोलन के रूप में भी सिविल सोसाइटी पर विचार किया जा सकता है जो सामान्य मामलों, जैसे–स्वास्थ्य, शिक्षा या सामाजिक सुरक्षा पर जनता द्वारा किए गए समझौते को प्रभावित करती है। बड़ी विकास परियोजनाओं के कारण नीतियों और उदारीकरण और आर्थिक एवं सांस्कृतिक वैश्वीकरण के दीर्घकालीन प्रभावों की निंदा, बड़े स्तर पर लोगों का विस्थापन होता है। सिविल सोसाइटी द्वारा निभाई जाने वाली ऐसी भूमिका का लक्ष्य संघर्षपूर्ण आंदोलन को नेतृत्व करने की दूरदर्शिता है।

राज्य और इनके विभिन्न अंग और एजेंसियाँ जनता की प्रतिनिधि होती हैं और अंतत: उनके प्रति जवाबदेह होती हैं। सिविल सोसाइटी का प्रतिनिधित्व करने वाले जागरुक और सक्रिय नागरिकों की विभिन्न क्षेत्रों में राज्य की "जवाबदेही सुनिश्चित करने" में भूमिका होती है। सूचना का अधिकार अधिनियम, 2005 सक्रिय और दक्षतापूर्ण बुद्धिजीवी वर्ग और गैर–सरकारी संगठन सेक्टर की कोशिशों का नतीजा है जो भारत के सामान्य नागरिकों को उन मामलों पर दोनों सरकार और निजी सार्वजनिक एजेंसियों, से जानकारी प्राप्त करने का अधिकार प्रदान करते हैं जो उनके कल्याण में बाधा उत्पन्न करते हैं। कुछ सीमा तक शासकीय गुप्त बात अधिनियम है और उन दोषी अधिकारियों को जनता के सामने लाना चाहिए जिनका कर्त्तव्य नागरिकों को निष्पक्ष रूप से सेवा प्रदान करना था। इसलिए कहा जा सकता है कि सिविल सोसाइटी कानून और व्यवस्था तंत्र को जवाबदेह बनाए रखने की मॉनीटरिंग करने का काम करती है। इस काम का आशय राजनीतिक पार्टियों और चुनावी प्रक्रियाओं का नियंत्रण, स्थानीय निकायों आदि का नियंत्रण है।

प्रश्न 4. एक सक्रिय संस्था के रूप में सिविल सोसाइटी की चर्चा कीजिए।

उत्तर– सिविल सोसाइटी हमेशा एक सक्रिय संस्था के रूप में प्रतीत होती है और सामाजिक आंदोलनों की धारणा को समाविष्ट करती है। यह हमेशा नागरिकता के सक्रिय पक्ष को पेश करती है, जो स्वयं लोगों की बुनियादी जरूरतों के निष्पादन की अनुवर्ती कार्रवाई करने में व्यस्त रहती है और सामाजिक न्याय, सामाजिक निकाय और सामाजिक समानता के लिए संघर्ष भी करती है।

नागरिकों और सी.एस.ओ. के कार्य भावात्मक रूप से प्रेरित होते हैं और स्वाभाविक होते हैं अक्सर यह वर्तमान सामाजिक आर्थिक परिस्थितियों के प्रति एक प्रतिक्रिया होती है और गलत को सही, विशेष परिस्थिति या सामाजिक संस्थान को स्थापित करने के लक्ष्य से समाज के विविध समूहों और धाराओं से संबंधित लोगों और संगठनों को एक साथ ला सकते हैं। परोपकार और परोपकार करने वाले संगठनों द्वारा निभाई गई भूमिका के बारे में यह कहा जा सकता है कि परोपकार में सी.एस.ओ., स्वच्छता से योजनाबद्ध की ओर की प्रवृत्ति व्यक्ति विशेष के प्रेरक कार्यों से समूहों के व्यवस्थित कार्यों को प्रायोजित और प्रोत्साहित करने की स्वाभाविक प्रवृत्ति होती है। गतिशील संरचना प्रभावशाली पर प्रत्यक्ष रूप से अविश्वसनीय आवेश के साथ व्यवस्था और विचार अधिरोपित करती है।

इसके अलावा सिविल सोसाइटी के कार्यों और हस्तक्षेपों के प्रभाव की सीमा लोगों की संस्कृति और संगठन समग्र रूप से एन.जी.ओ., स्वैच्छिक समूहों, मीडिया, पत्रकारों और जनसाधारण क्षेत्रीय, राज्य, राष्ट्रीय एवं अंतर्राष्ट्रीय स्तर पर अपने स्वयं के बीच नेटवर्क विकसित करने की योग्यता पर निर्भर करती है।

इस प्रकार सिविल सोसाइटी के कार्यों का प्रभाव सक्रिय नागरिकों और संगठनों के सहयोग के साथ कार्य करने और उसके लक्ष्य और प्रभाव के लिए व्यवस्थित, वैध रूप से भागीदारी करने की क्षमता पर आश्रित होगा।

अंतर्राष्ट्रीय स्तर पर, उत्तरी और दक्षिणी सी.एस.ओ. के बीच विकसित संबंधों के पैटर्न को देखा गया है जिसको विकास की भाषा में "भागीदारी" (Partnerships) के रूप में जाना जाता है। वास्तव में, दक्षिणी सी.एस.ओ. उत्तरी सी.एस.ओ. के साथ अपने संबंधों को उन्हें वित्तीय संसाधनों के लिए पहुँच प्रदान के अलावा अन्य कारणों के लिए महत्त्व प्रदान करता है। उत्तर-दक्षिण सी.एस.ओ. के संबंधों की विशेषताओं में निम्नलिखित विशेषताएँ महत्त्वपूर्ण हैं–

- उनकी अपनी क्षमता निर्माण के लिए सहायता में पहुँच।
- अंतर्राष्ट्रीय प्रदर्शन, नेटवर्किंग और संवाद के अवसर।
- विशिष्ट योग्यताओं या सूचना में पहुँच।
- एकता का संबंध।
- नैतिक और राजनीतिक समर्थन।

तथापि उत्तर-दक्षिण सी.एस.ओ. के संबंधों की प्रभावकारिता निम्नलिखित विशेषताओं पर निर्भर करेगी–

- प्रत्येक पक्ष के विकास के लक्ष्यों और दर्शन के पीछे सहभागी दृष्टिकोण और संवाद पर आधारित दीर्घकालीन संभावना।
- दक्षिणी सी.एस.ओ. की प्रणालियों और प्रक्रियाओं के प्रति संवेदनशीलता।
- अंतर और विविधता, सत्यता और पारदर्शिता का सम्मान।
- परस्पर जवाबदेही की बातचीत से तय की गई शर्तें।
- परस्पर विश्वास और ज्ञान की साझेदारी।

प्रश्न 5. सामान्य साहित्य में पाए जाने वाले सिविल सोसाइटी समूहों के विभिन्न प्रकारों को सूचीबद्ध कीजिए।

उत्तर– सामान्य साहित्य में पाए जाने वाले सिविल सोसाइटी समूहों के विभिन्न प्रकारों की सूची इस प्रकार हैं–

(1) धर्मार्थ संगठन–एक धर्मार्थ संगठन गैर-लाभकारी संगठन (एन.पी.ओ.) के जैसा ही होता है। यह शब्द अपेक्षाकृत सामान्य है और तकनीकी रूप से सार्वजनिक परोपकार (इसे "धर्मार्थ संस्थान", सार्वजनिक संस्थान या सामान्य रूप से संस्थान भी कहा जाता है) या निजी संस्थान की ओर इशारा करता है। यह अन्य गैर-लाभकारी संगठनों के प्रकारों से अलग है, इसमें यह सामान्य परोपकारी प्रकृति के उद्देश्यों के चारों ओर केंद्रित होता है।

धर्मार्थ संगठन (और परोपकार) की कानूनी परिभाषा एक देश से दूसरे देश और एक राज्य से अन्य या एक क्षेत्र से अन्य क्षेत्र में भिन्न होती है जहाँ ये संचालित होते हैं। परोपकारी संगठन आकार, संसाधनों, पहुँच और प्रभाव में एक-दूसरे से अलग होते हैं। छोटे धर्मार्थ संगठन ग्राहकों और विशिष्ट लोगों या धार्मिक समूहों को सीधी सेवाएँ प्रदान कर रहे हैं और बड़े धर्मार्थ संगठन बड़े स्तर के कार्यक्रमों को कार्यान्वित करने, विशेष रूप से सरकार की नीति और अभिशासन को प्रभावित करने में संगठनों के साथ भागीदारी कर रहे हैं। सिविल सोसाइटी की परिभाषा के इस संदर्भ में, बड़े समूह वाले और राजनैतिक संबंध रखने वाले संस्थान नीति समर्थन के क्षेत्र में काम करने और पारदर्शी संरचनाओं की स्थापना करने का प्रयास कर रहे हैं जो लोगों के बड़े वर्गों के जीवन को सकारात्मक रूप से प्रभावित करेगा।

(2) क्लब और स्वैच्छिक संघ–लोगों द्वारा समय-समय पर सामना की जा रही सामान्य समस्याओं के निवारण के लिए वे प्रायः सामुदायिक स्तर पर एक साथ मिलकर काम करते हैं। लोकोपकारवादी स्वभाव और विशेषकर जरूरतमंदों की भलाई के लिए एक साथ काम करते हैं। किसी समुदाय में सुविधाएँ बढ़ाने के लिए भी अक्सर प्रेरणा प्रदान की जाती है जो सामान्य लोगों के जीवन को बेहतर बनाती है। लोगों को एक साथ आने के लिए आकर्षित करने के कारण स्कूल भवन, गाँव की सड़कें, तालाब और सार्वजनिक कुएँ, सामुदायिक भवन, मंदिर और धार्मिक प्रवचनों जिन्हें संतसंग कहा जाता है के स्थानों और ऐसे ही स्थानों का निर्माण है। पर्यावरण में बदलाव, वृक्षारोपण और पेड़ों, गाँवों की लकड़ियों और अन्य सामान्य संपत्ति से संबंधित संसाधनों की सुरक्षा, खेल के मैदानों का निर्माण और रख-रखाव और खेलों को प्रोत्साहन वे अन्य क्षेत्र हैं जहाँ समुदाय आधारित संगठन (सी.बी.ओ.) अपने समुदाय को महत्त्व प्रदान करने की कोशिश करते हैं। हालाँकि ऐसी लघु परियोजनाओं के लिए निधियाँ और अन्य संसाधनों का प्रयोग करने के लिए सी.बी.ओ. और समुदाय के सदस्य आपस में ही अंशदान करते हैं, वे ऐसे सार्वजनिक कार्यों के लिए निधियाँ उपलब्ध कराने और अपनी चिंताओं को उनकी तरफ से सरकार के सामने प्रस्तुत करने के लिए स्थानीय प्राधिकरणों, जैसे–ब्लॉक और जिला प्रशासन, स्थानीय राजनीतिक प्रतिनिधि, जैसे–विधायक और/या संसद को प्रभावित करने की भी कोशिश करते हैं।

पिछले कुछ दशकों में यह देखा गया है कि निधियन करने वाली एजेंसियाँ और धर्मार्थ संगठन विकसित अवसंरचना और सुविधाओं को अपनाए रखने और उन्हें आगे बढ़ाने के लिए स्थानीय क्षमताओं का निर्माण करने के लिए उत्तरोत्तर सी.बी.ओ. की सहायता को प्रोत्साहित कर रहे हैं और उसकी माँग कर रहे हैं। यह माना जाता है कि सक्रिय और जिम्मेदार स्थानीय स्तर की सिविल सोसाइटी सामाजिक और मानवीय विकास के लिए सृजित अवसरों का सर्वश्रेष्ठ प्रयोग करने में सहायता करेंगी।

(3) गैर-सरकारी संगठन (एन.जी.ओ.)–गैर-सरकारी संगठन वे गैर-राज्य कर्त्ता संगठन हैं जो या तो पंजीकृत या गैर-पंजीकृत संगठन होते हैं और जो विभिन्न हितों और लक्ष्यों के साथ सामाजिक विकास के क्षेत्र में काम करते हैं। अधिकांश गैर-सरकारी संगठन सोसाइटी पंजीकरण अधिनियम, 1860 या सदृश राज्य अधिनियम के तहत पंजीकृत होते हैं; ये भारत में ट्रस्ट और धर्मार्थ संस्था के रूप में भी पंजीकृत होते हैं। विभिन्न सेक्टरों, जैसे–स्वास्थ्य, शिक्षा, पर्यावरण, सामाजिक

सेवा, राहत और पुनर्वास, जीविका, सामाजिक रक्षा में कार्यक्रम और परियोजना कार्यान्वयन के अलावा ये गरीबों, सामाजिक रूप से बहिष्कृत, सताए गए और हाशिए पर रहने वाले लोगों के मामलों को उठाते हैं और विभिन्न मंचों में इनके अधिकारों की वकालत करते हैं, जिसमें ये नीति में बदलाव लाकर और नए कानून बनाकर उचित कदम उठाने के लिए राज्य का ध्यान इनकी ओर आकर्षित करते हैं। गैर-सरकारी संगठन समाज के विभिन्न वर्गों का प्रतिनिधित्व करने वाली सबसे सक्रिय सिविल सोसाइटियों में से एक है और अपने अधिकारों के दावों और नागरिकों के प्रति राज्य के दायित्वों पर लगातार नजर रखती है।

(4) मजदूर संघ–औद्योगिक पूँजीवाद के आरंभ में, राज्य के लिए अव्यवस्थित बाजारों को संयोजित करना जरूरी था और उनकी संपत्ति को पुनः वितरित करने के लिए, यह धारणा बन गई कि औद्योगिक युग में सामाजिक समानता संवैधानिक सुरक्षा उपायों और कानूनी उपायों द्वारा प्राप्त की जा सकती है। मगर राष्ट्रों का इतिहास इन उदाहरणों से भरा हुआ है, जिसमें सिविल सोसाइटी ने राज्य पर उद्योगों में मानवीय कार्य परिस्थितियों को सुनिश्चित करने के लिए और कामगारों और मजदूरों की न्यूनतम बुनियादी जरूरतों को पूरा करने के लिए उद्योगों के मालिकों और अधिकारियों पर शासन करने के लिए दबाव डालने की भूमिका निभाई है। भारत में औपचारिक औद्योगिक सेक्टर समय-समय पर लागू होने वाले विभिन्न कानूनों द्वारा नियंत्रित होता है।

औद्योगिक विकास के आरंभ में सिविल सोसाइटी का प्रतिनिधित्व करने वाले सामाजिक कार्यकर्त्ताओं, समाज सुधारकों, परोपकारियों और धार्मिक गुरुओं ने मानवता के आधार पर श्रमिकों को उनके कल्याण के लिए संगठित करना शुरू कर दिया था। 1875 में भारत में, कुछ समाज सुधारकों ने कारखानों में श्रमिकों की स्थितियों पर सरकार का ध्यान केंद्रित करने और उनकी कार्यदशा में सुधार के लिए कानून लाने के लक्ष्य से बॉम्बे में आंदोलन शुरू कर दिया था। इसके कारण कारखानों और औद्योगिक स्थापनाओं में श्रमिकों की कार्यदशा का अध्ययन करने के लिए बॉम्बे फैक्ट्री कमीशन (1875) (Bombay factory commission) की स्थापना हुई; अंततः पहला फैक्ट्री अधिनियम 1881 में पारित हुआ। तथापि, यह अधिनियम श्रमिकों के अधिकारों को सुनिश्चित करने के लिए अपर्याप्त था। कारखानों की परिस्थितियों में बदलाव करने के लिए अपर्याप्त था। कारखानों की परिस्थितियों से असंतुष्ट होकर, एन.एम. लोखण्डे, कारखाने के एक श्रमिक, के नेतृत्व में, 1890 में 1000 श्रमिकों ने एक बड़ी विरोध सभा की, जिसमें कार्य के घंटों की सीमा, साप्ताहिक विश्राम दिवस, भोजनावकाश और चोट लगने पर मुआवजे की माँगों वाला एक ज्ञापन दिया गया। लोखण्डे ने 1890 में बॉम्बे मिल हैंड एसोसिएशन (Bombay Mill Hand Association), जो भारत में पहला मजदूर संघ था, जिसके बाद कई महत्त्वपूर्ण संघ स्थापित हुए, जैसे–अमलग्मैटिड सोसाइटी ऑफ रेलवे सर्वेंट ऑफ इंडिया एंड बर्मा (1897) (Amalgamated Society of Railway Servant of India and Burma), द प्रिंटर्स यूनियन, कलकत्ता (1905) (The Printers Union, Calcutta), द बॉम्बे पोस्टल यूनियन (1907) (The Bombay Postal Union), कामगार हित्यार्धक सभा (1910) और सोशल सर्विस लीग (1910) (The Social Service League)। यहाँ से मजदूर संघ की लंबी यात्रा शुरू हुई जिन्होंने कारखानों में काम करने वाले श्रमिकों से संबंधित समस्याओं और मामलों का प्रतिनिधित्व किया।

1919 और 1923 के बीच पूरे देश में कई संघ स्थापित हुए। ट्रेड यूनियनों को कानूनी सुरक्षा प्रदान करने के उद्देश्य से इन मजदूर और व्यापार संघों के प्रतिनिधियों द्वारा संगठित प्रयत्न किए गए, जिसके फलस्वरूप भारतीय व्यापार संघ अधिनियम, 1926 पास हुआ। इसके परिणामस्वरूप, देश में मजदूर आंदोलन को शक्ति प्रदान करने के लक्ष्य से संघों का महासंघ भी बनाया गया। 1920 में भारतीय व्यापार संघ कांग्रेस (The Indian Trade Union Congress) की स्थापना की गई। 1922 में अखिल भारतीय रेलवे कर्मचारी महासंघ (All Indian Railwaymen's Federation) की स्थापना की गई, 1929 में अखिल भारतीय व्यापार महासंघ (All Indian Trade Union Federation) की स्थापना की गई और आगे ऐसा ही चलता रहा। इन संघों और महासंघों ने वृहत् क्षेत्र को कवर कर लिया, जिसमें निर्माण करने वाले उद्योग, परिवहन और संचार, खनन, कपड़ा मिलन, रेल और बीमा और वृक्षारोपण शामिल हैं। ये संघ ज्यादातर सदस्यता शुल्क और दान द्वारा चलाए जाते थे। तथापि वित्तीय अस्थिरता के कारण ये संघ बहुत प्रभावशाली ढंग से काम करने में असमर्थ थे जैसा कि राष्ट्रीय मजदूर आयोग ने इन्हें देखा था।

उद्योगों के श्रमिकों के मुद्दों का प्रतिनिधित्व करने वाले मुख्य स्टेकहोल्डर के रूप में, राष्ट्रीय श्रमिक आयोग द्वारा सूचीबद्ध संघों द्वारा किए गए महत्त्वपूर्ण संरक्षणवादी और विकासात्मक कार्य इस प्रकार हैं–(क) श्रमिकों के लिए उचित मजदूरी को सुनिश्चित करना, (ख) कार्य की अवधि का संरक्षण करना और कार्य की परिस्थितियों में सुधार करना, (ग) पदोन्नति और प्रशिक्षण के लिए अवसरों को बढ़ाना, (घ) शैक्षिक, सांस्कृतिक और मनोरंजन की सुविधाएँ प्रदान करना, (ङ) मजदूरों के मूलभूत मामलों की समझ को व्यापक बनाकर प्रौद्योगिकीय उन्नति में सहयोग देना और उसे सहज बनाना, (च) मजदूरों के हितों की पहचान को उनके उद्योग के साथ आगे बढ़ाना, (छ) उत्पादन और उत्पादकता, व्यवस्था और गुणवत्ता के उच्च मापदंडों के स्तरों में सुधार करने के लिए उत्साहपूर्वक सहयोग प्रदान करना और सामान्य रूप से व्यक्तिगत और सामूहिक कल्याण की भावना को प्रोत्साहित करना।

(5) धार्मिक समूह और संस्थान–विभिन्न धार्मिक संप्रदाय और पंथ से संबंधित धार्मिक समूह धर्मार्थ संगठन चलाते हैं जो न केवल मंदिरों, गिरजाघरों और मस्जिदों की स्थापना के लिए काम करते हैं बल्कि शिक्षा, स्वास्थ्य, गरीब और जरूरतमंदों और विपत्ति और प्राकृतिक आपदाओं के समय राहत कार्य प्रदान करने, विभिन्न कल्याणकारी संगठन, जैसे–वृद्धाश्रम, क्रेच, विधवाओं और दीन-हीनों के लिए घर, धर्मशालाओं के क्षेत्र में अपने लोगों और समाज की सेवा करते हैं। ईसाई और मुस्लिम समुदाय द्वारा भारत में चलाई जाने वाली अल्पसंख्यक शैक्षिक संस्थाओं को समाज की भलाई के लिए अपने उद्देश्यों एवं लक्ष्यों के अनुसार अपने शैक्षिक संस्थानों को चलाने के लिए प्रशासनिक स्वायत्तता प्रदान की गई है।

(6) मीडिया–ऐसा माना जाता है कि मास मीडिया (Mass Media) समाज और लोगों की आँख और मुँह के रूप में काम करता है। यह विभिन्न सामाजिक मामलों और समस्याओं की पहचान करता है और स्वस्थ बहस और बातचीत के द्वारा जनमत तैयार करता है। यह राजनीतिक दलों, सरकार, शैक्षणिक समुदाय, व्यवसाय समूह और अन्य सिविल सोसाइटी संगठनों के प्रतिनिधियों को मुख्य मामलों पर विचार-विमर्श करने के लिए एक मंच पर लाता है जो

नागरिक के कल्याण में बाधक होते हैं। पिछले कुछ सालों में मीडिया, सरकार में भ्रष्टाचार, पर्यावरण के अपक्षय, गरीबी और धारणीय जीविका, बाँध, खानों, उद्योगों आदि जैसी बड़ी परियोजनाओं द्वारा प्रभावित लोगों की सोचनीय स्थिति जैसे मामलों को उजागर करने में सफल रहा है। हाल ही के मीडिया हाउस, गैर-सरकारी संगठन सेक्टर में उनके मुद्दों को प्राइम टाइम में स्थान देकर उनके साथ भी जुड़े हैं। सामाजिक और पर्यावरण संबंधी सरोकारों के व्यापक प्रसार को उजागर करने के अलावा और "रणनीतिक परोपकार" के भाग के रूप में यह इन चैनलों, मीडिया हाउस और उनके आयोजकों की ब्रांड छवि (Brand Image) को बढ़ाने में मदद करता है।

इलेक्ट्रॉनिक और प्रिंट मीडिया परोपकारी संगठनों के लिए प्राकृतिक आपदाओं के समय स्थानीय गैर-सरकारी संगठन या सरकारी निकायों से राहत, पुनर्वास और पुनर्निर्माण कार्यों के लिए निधियों हेतु बार-बार संसाधन और धन जुटाने के लिए एक बहुत ही महत्त्वपूर्ण मंच है।

मास मीडिया में महत्त्वपूर्ण मामलों और सरोकारों के बारे में लोगों के बीच जागरुकता बढ़ाने के संबंध में लोगों तक पहुँचने का सामर्थ्य है। लोक और स्वदेशी मीडिया का प्रयोग करके विभिन्न भाषायी समूहों से संबंधित स्वदेशी समुदायों और लोगों तक पहुँचा जा सकता है। व्यावसायिक सामाजिक कार्यकर्त्ताओं को राष्ट्रीय आपदा के समय परोपकारी संगठनों के आकस्मिक व्यय के लिए नेटवर्किंग और धन जुटाने के कौशल को भी बढ़ाना होगा।

हाल ही में मीडिया जनमत के प्रभाव का प्रयोग करने के लिए गैर-सरकारी संगठनों और अन्य सी.एस.ओ. के साथ भागीदारी में कार्य कर रही है, जो उन मापदंडों को शुरू करने में निर्णायक भूमिका अदा करेंगे, जिन्हें सरकारों, संस्थाओं और निगमों द्वारा अनिवार्य रूप से मानना होगा मगर परोपकारी डोनर सांस्कृतिक, धार्मिक और सुरक्षा कारणों से गुमनामी को बनाए रखना चाहते हैं, उन्हें सार्वजनिक पहचान देने के लिए प्रोत्साहित किया जा सकता है।

(7) सी.एस.आर. आधारित संगठन–सामाजिक सेक्टर की जरूरतों पर कॉर्पोरेट परोपकार की प्रतिक्रिया को आर्थिक और कानूनी जिम्मेदारियों के रूप में थोपा नहीं गया है, कंपनियों द्वारा इस प्रकार की कार्य प्रणालियों का प्रयोग बढ़ रहा है और इसे अच्छी कॉर्पोरेट नागरिकता के संकेत के रूप में देखा गया है। कॉर्पोरेट द्वारा देने की प्रेरणा सहज रूप से लोकोपकारवादी नहीं होती है। कॉर्पोरेट द्वारा देना उस स्थान की सामाजिक-राजनीतिक माँगों की प्रतिक्रिया है जहाँ कॉर्पोरेट संस्थान और उद्योग संचालित होते हैं और ये स्टेकहोल्डर की माँगों, उद्योगों की स्वतंत्रता में सरकार के हस्तक्षेप के खतरों और लोगों की अपेक्षाओं को बढ़ाने जैसे दबावों के जवाब में तैयार की गई प्रतिक्रियात्मक कार्यनीति का प्रतिनिधित्व करती है। कॉर्पोरेट परोपकारी कंपनी को साथ बनाने, ब्रांड की पहचान बनाने और विश्वसनीयता कायम करने में मदद कर सकता है, यह "सामाजिक रूप से उत्तरदायी" कंपनियों के रूप में अपना प्रचार करता है या जन-बल को बरकरार रख सकता है। प्रायः कॉर्पोरेट निकाय प्रतिष्ठानों और गैर-सरकारी संगठनों के रूप में विशेषकर शिक्षा, स्वास्थ्य, व्यावसायिक प्रशिक्षण, कृषि विकास, सामाजिक उद्यम विकास, माइक्रो क्रेडिट और माइक्रो फाइनेंस कार्य के क्षेत्र में औद्योगिक इकाइयों में और इनके आस-पास स्थापित स्वतंत्र शस्त्रों द्वारा विकास कार्यक्रम चलाते हैं। कॉर्पोरेट द्वारा अपने कुशल और जिम्मेदार प्रबंध प्रणाली और कार्य को लाने से, अनिवार्य रूप से प्रभावशाली हस्तक्षेप हो सकेगा।

कार्यान्वित किए गए सफल हस्तक्षेप और नवाचार सरकार का ध्यान आकर्षित करते हैं जिससे ऐसे मॉडलों को बड़े स्तर पर दोहराया जा सके और प्रायः सरकार के साथ भागीदारी की जा सके। इसमें कॉर्पोरेट ढंग से आगे बढ़ाने की व्यवस्था भी है, जो ऐसे कार्यक्रमों और परियोजनाओं की प्रभावकारिता और सफलता के लिए जरूरी है।

(8) सामाजिक आंदोलन–असफल भारतीय राज्य के संबंध में रजनी कोठारी द्वारा की गई टिप्पणियों का उल्लेख करना महत्त्वपूर्ण है, "भारत में सामाजिक बदलाव में राज्य की भूमिका अनिश्चित है, विकास ने सामाजिक व्यवस्था के असाधारण द्वैतवाद को बढ़ाया है और लोकतंत्र भ्रष्टाचार, अपराधीकरण, दमन और धमकी की आधार भूमिका हो गई है जिनकी उत्तरजीविका राजनीतिक प्रक्रियाओं से बाहर रहने पर निर्भर होती है और जिनकी निराशाजनक आर्थिक स्थिति उन्हें नियमित आर्थिक प्रक्रियाओं में शामिल होने के लिए अयोग्य भी बनाती है। लोगों के विकास में बाधक शक्तियों और अन्याय से होने वाले अपराधों का सामना करने के लिए स्थानीय नेता और वामपंथी बुद्धिजीवी के नेतृत्व में लोग और लोगों के संगठन गैर-राज्य कार्यकर्त्ताओं के साथ सरकार के औपचारिक संस्थानों और प्रशासन का विरोध करने के लिए बड़ी संख्या में स्वयं संगठित होते हैं। ऐसे लोगों के बड़े स्तर के संघटन को सामाजिक आंदोलन कहा जाता है। हाल ही के कुछ महत्त्वपूर्ण आंदोलन हैं–मेघा पाटेकर द्वारा बाँध विस्थापितों के अधिकारों के लिए किया गया आंदोलन, जंगलों की रक्षा के लिए सुंदरलाल बहुगुणा द्वारा किया गया चिपको आंदोलन, राजस्थान में रोजगार में अनुसूचित जनजाति दर्जे और आरक्षण को प्राप्त करने के लिए किया गया, गुज्जर आंदोलन, अनुसूचित जातियों आदि के अधिकारों और उनके आत्म-सम्मान को व्यक्त करने के लिए किया गया दलित आंदोलन। पुराने आंदोलन हैं–किसान आंदोलन, नागरिक अधिकार आंदोलन, महिला मुक्ति आंदोलन, आर्य समाज आंदोलन, ब्रह्म समाज आंदोलन आदि।

हाल ही में 'परिवर्तनकारी परोपकार' की अवधारणा प्रचलित हो रही है जो गरीबी, असमानता और पर्यावरणीय विनाश जैसी समस्याओं के मूल कारण को हटाने के लिए एक तंत्र के रूप में उल्लिखित है, जो हम पूँजीवाद या अधिकारवाद के काल या सामाजिक गणतंत्र में पाते हैं जो नागरिकों के कल्याण के विरुद्ध कार्य करती है।

(9) परोपकारी प्रतिष्ठान और परोपकारी अवसंरचना–अधिकांश परोपकारी संगठन और प्रतिष्ठान अपने संस्थापकों के प्रति पुराने समय से ही प्रतिबद्ध रहे हैं। वे सामाजिक बदलाव को प्रोत्साहित करके और समाज की दीर्घकालीन व्यवहार्यता में योगदान देकर जनहित में सेवा प्रदान करने के लिए समर्पित होते हैं। इसे प्राप्त करने के लिए वे अक्सर समाज के स्टेकहोल्डरों से संपर्क बनाए रखते हैं। ऐसा माना जाता है कि समाज की प्रगति के लिए प्रतिस्पर्धा और सामाजिक भागीदारी इन प्रतिष्ठानों के कार्य का प्रमुख उद्देश्य होता है। ऐसे प्रत्येक संगठन शिक्षा, स्वास्थ्य, अर्थशास्त्र और सामाजिक कार्य, अंतर्राष्ट्रीय संबंध, कॉर्पोरेट संस्कृति और परोपकार को प्रोत्साहित करने जैसे क्षेत्रों में यथासंभव प्रभावशाली ढंग से अपनी विशेषज्ञता के क्षेत्र का प्रयोग करते हैं।

परंतु ऐसा माना जाता है कि परोपकारी कार्य पूरी तरह से फैला हुआ और सन्निहित नहीं है। ऐसा कहा जाता है कि यह विस्तार और पहुँच के संबंध में मुख्य रूप से अलग है। राष्ट्रीय

और अंतर्राष्ट्रीय दोनों स्तर पर परोपकारी अवसंरचना को विकसित करके इस स्थिति को सही करने की जरूरत है जो परिचालन और पहुँच के बड़े अनुपात के लिए स्थिति तैयार करेगा, विशेषकर दूर-दराज, जरूरतमंद, असुरक्षित और लाभवंचित लोगों की जरूरतों का ध्यान रखेगा। परोपकारी अवसंरचना का विकास महत्त्वपूर्ण प्रोत्साहन कार्यनीति है, जो विशेष रूप से अंतर्राष्ट्रीय प्रतिष्ठानों के प्रति प्रचलित है। विशिष्ट रूप से अनुदान देने वाले संघों, सर्वोच्च नेटवर्क और परोपकार को सशक्त और प्रोत्साहित करने के लिए अन्य समर्पित संरचनाओं द्वारा परोपकार को व्यावसायिक बनाने, सशक्त और प्रसारित करने के लिए संगठित प्रयास की जरूरत है।

प्रश्न 6. ऐसे कौन-से कारक हैं जो सिविल सोसाइटी को अपंग बनाते हैं? सिविल सोसाइटी के पुनर्जीवन का उपाय बताइए।

उत्तर– आम नागरिक और शिक्षाविद् दोनों ही मानते हैं कि समाज तेजी से खंडित और ध्रुवीकृत हो रहा है। हमारे बहुत से साथी नागरिक पीछे छूट गए हैं, जिन्हें आर्थिक विकास और स्वतंत्र समाज से कोई लाभ नहीं हो रहा है। अधिकांश लोग यह मानते हैं कि यह हमारे सामाजिक मूल्यों के पतन का परिणाम है। फलस्वरूप सबके लिए जीवन कठिन-से-कठिन और असमर्थ हो गया है, सामाजिक समस्याएँ बढ़ गई हैं और हमने यह विश्वास दे दिया है कि हम एक समुदाय या राष्ट्र राज्य के रूप में मूल्यों का आदान-प्रदान करते हुए एक हैं। व्यक्तिवाद, विभाजित करने वाली राजनीति, जाति और धर्म भेद और असहिष्णुता, भाषायी भेदभाव, आंचलिकता, अलगाववादी पहल, सांप्रदायिक अतिवाद और ऐसे ही कारकों ने सिविल सोसाइटी को अपंग बना दिया है। सक्रिय और क्रियाशील सिविल सोसाइटी के पुनर्जीवन के लिए गैर-सरकारी संगठनों, जागरुक नागरिकों, परोपकारियों, लोगों की भागीदारी और एक उदार राज्य को एक संघ के रूप में साथ काम करना चाहिए।

प्रश्न 7. सिविल सोसाइटी को प्रोत्साहित करने में सरकार की भूमिका का उल्लेख कीजिए।

अथवा

सिविल सोसाइटी को बढ़ावा देने में सरकार की भूमिका पर संक्षिप्त टिप्पणी कीजिए। [दिसम्बर-2019, प्र.सं.-5(h)]

उत्तर– भारत सरकार ने पिछले कुछ सालों में सिविल सोसाइटी को प्रोत्साहित करने वाले कार्यक्रम व नीतियाँ बनाई हैं। कुछ महत्त्वपूर्ण उदाहरण पंचायती राज संस्थाओं (पी.आर.आई.) के तहत ग्राम सभा के प्रावधान हैं, जो संविधान के 73वें संशोधन के साथ प्रस्तुत किए गए जिसमें गाँव के बुजुर्गों को अपने ही समुदाय के विकास के लिए मिलकर योजना बनाने के साथ-साथ शुरू किए गए विकास कार्यों की निगरानी भी करनी होती है। सरकार ने अपनी ही अधिकांश अवसरंचना और विकास परियोजनाओं में पी.पी.पी. पद्धति अर्थात् लोक निजी भागीदारी को अपनाया है। निजी क्षेत्र और गैर-सरकारी संगठन की सहभागिता से पारदर्शिता बढ़ी है और परियोजनाओं और कार्यक्रमों के प्रभावशाली कार्यान्वयन को सुनिश्चित किया जा सका है। नई

नीतियाँ बनाने, जैसे– स्वैच्छिक क्षेत्र हेतु 2007 की नीति और विभिन्न नीतियों और सरकारी कार्यक्रमों के कार्यान्वयन में सामान्य नागरिकों और गैर-सरकारी संगठनों को स्थान देने से, सक्रिय भागीदारी में गैर-सरकारी संगठन की दिलचस्पी बढ़ी है।

सूचना का अधिकार अधिनियम, 2005 जैसे कानूनों का अधिनियमन विभिन्न सार्वजनिक सेवाओं के प्रदान करने में आने वाली समस्याओं और चिंताओं के संबंध में सामान्य व्यक्ति को सूचना माँगने का वैध अवसर प्रदान करता है। जनहित याचिका के प्रावधान ने प्रदूषित करने वाले उद्योगों और परियोजनाओं द्वारा उत्पन्न भ्रष्टाचार और पर्यावरण संबंधी खतरों के मामलों में सरकारों और पर्यावरण संबंधी खतरों के मामलों में सरकारों और कॉर्पोरेट जगत को न्यायपालिका और जनसामान्य के प्रति जवाबदेह बनाने में सिविल सोसाइटी को महत्त्वपूर्ण साधन प्रदान किया है।

गरीब व अन्य लोगों के समर्थन में सरकार की ऐसी नीतियों और कानूनों की सूची बहुत लंबी है। वास्तव में ऐसी सक्रिय सिविल सोसाइटी की जरूरत है जो भविष्य में आने वाली चुनौतियों का सामना करने की इच्छुक हों और इन चुनौतियों और कठिनाइयों का सामना करने के लिए संगठित प्रयास के लिए शक्तियों का सहयोग करने की योग्यता रखती हो।

प्रश्न पत्र

एम.एस.डब्ल्यू.-010 : परोपकारी समाज कार्य का परिचय
दिसम्बर, 2017

नोट : (i) सभी प्रश्नों के उत्तर दीजिए।
(ii) सभी प्रश्नों के अंक समान हैं।
(iii) प्रश्न 1 और 2 के उत्तर (प्रत्येक) 600 शब्दों से अधिक नहीं होने चाहिए।

प्रश्न 1. परोपकार को प्रोत्साहित करने में सरकार की भूमिका की व्याख्या कीजिए।

उत्तर– देखें अध्याय-13, प्र.सं.-5

अथवा

गैर-सरकारी संगठनों की सूची बनाएँ। समाज कार्य में दाता-एजेंसियों का क्या योगदान हैं?

उत्तर– देखें अध्याय-15, प्र.सं.-2, 4

प्रश्न 2. लोकतांत्रिक शासन और एक सामाजिक व्यवस्था स्थापित करने में नागरिक समाज की भूमिका की चर्चा कीजिए।

उत्तर– देखें अध्याय-16, प्र.सं.-1

अथवा

परोपकारी समाज कार्य की समकालीन चुनौतियाँ क्या हैं?

उत्तर– देखें अध्याय-10, प्र.सं.-2

प्रश्न 3. निम्नलिखित में से किन्हीं दो प्रश्नों का (प्रत्येक) उत्तर 300 शब्दों में दीजिए–

(a) भारत में परोपकारी समाज कार्य का प्रसार करने में अनुकुल भारतीय लोकाचार की चर्चा कीजिए।

उत्तर– देखें अध्याय-2, प्र.सं.-5, 6

(b) सामाजिक कार्य में नैतिक निर्णय लेने की प्रक्रिया को समझाइए।

उत्तर– देखें अध्याय-4, प्र.सं.-4

(c) पेशेवर समाज कार्य और परोपकार के बीच रिश्ते पर प्रकाश डालें।
उत्तर– देखें अध्याय-8, प्र.सं.-3

(d) कल्याणकारी राज्य के रूप में एक सरकार की भूमिका की चर्चा कीजिए।
उत्तर– देखें अध्याय-13, प्र.सं.-2

प्रश्न 4. निम्नलिखित में से किन्हीं चार प्रश्नों के उत्तर (प्रत्येक) लगभग 150 शब्दों में दीजिए–

(a) परोपकार के अभ्यास में NGOs की भूमिका की व्याख्या करें।
उत्तर– देखें अध्याय-1, प्र.सं.-8

(b) परोपकारी समाज कार्य से आप क्या समझते हैं?
उत्तर– देखें अध्याय-7, प्र.सं.-2

(c) भारत में CSR को किन बाधाओं का सामना करना पड़ता है?
उत्तर– देखें अध्याय-14, प्र.सं.-4

(d) परोपकारी समाज कार्य में बदलते रूझानों की चर्चा करें।
उत्तर– देखें अध्याय-10, प्र.सं.-1

(e) परोपकार और सामाजिक कार्य की समानताओं की संक्षेप में सूची बनाए।
उत्तर– देखें अध्याय-8, प्र.सं.-1

(f) परोपकारी समाज कार्य के मूल्यों और सिद्धांतों पर एक नोट लिखें।
उत्तर– देखें अध्याय-7, प्र.सं.-4

प्रश्न 5. निम्नलिखित में से किन्हीं पाँच पर (प्रत्येक) 100 शब्दों में संक्षिप्त टिप्पणियाँ लिखें–

(a) अधिकारों की अवधारणा
उत्तर– देखें अध्याय-6, प्र.सं.-2

(b) नागरिक समाज
उत्तर– देखें अध्याय-16, प्र.सं.-1

(c) परोपकारी समाज कार्य में महिला
उत्तर– देखें अध्याय-11, प्र.सं.-1

(d) कॉर्पोरेट द्वारा जनकल्याण के कार्य

उत्तर– देखें अध्याय-14, प्र.सं.-5

(e) परोपकारी समाज कार्य का अर्थ

उत्तर– देखें अध्याय-7, प्र.सं.-2

(f) मानव अधिकार

उत्तर– देखें अध्याय-6, प्र.सं.-1

(g) जीवन के मूल्य

उत्तर– देखें अध्याय-5, प्र.सं.-2

(h) NASW की नीति-संहिता के उद्देश्य

उत्तर– एन.ए.एस.डब्ल्यू. नैतिक संहिता छह प्रयोजनों के रूप में करती है–

(1) संहिता उन महत्त्वपूर्ण मूल्यों की पहचान करती है जिन पर समाज कार्य मिशन आधारित है।

(2) संहिता, विशाल नैतिक सिद्धांतों जिन पर व्यवसाय के महत्त्वपूर्ण मूल्य प्रदर्शित होते हैं का सारांश करती है और विशिष्ट नैतिक मानकों के सैट को स्थापित करती है जिनका प्रयोग सामाजिक कार्य व्यवहार के मार्गदर्शन के लिए होना चाहिए।

(3) संहिता ऐसे तैयार की गई है जिससे यह सामाजिक कार्यकर्त्ताओं की, जब व्यावसायिक उत्तरदायित्वों में विवाद या नैतिक अनिश्चितताएँ उत्पन्न हो तो संगत विचारों की पहचान करने में इससे सहायता मिले।,

(4) संहिता, ऐसे नैतिक मानव प्रदान करती है जिसमें आम जनता सामाजिक कार्य व्यवसाय को उत्तरदायी ठहरा सकती है।

(5) संहिता सामाजिक कार्य मिशन, मूल्यों, नैतिक सिद्धांतों और नैतिक मानकों के क्षेत्र में नए व्यवसायियों का समाजीकरण करती है।

(6) संहिता में ऐसे मानक सुस्पष्ट किए गए हैं कि सामाजिक कार्य व्यवसाय को यह निर्धारण करने के लिए प्रयोग में लाया जा सकता है कि क्या सामाजिक कार्यकर्त्ता अनैतिक आचरण में लगे थे। एन.ए.एस.डब्ल्यू. के पास औपचारिक प्रक्रिया विद्यमान है जिससे इसके सदस्यों के विरुद्ध दायर शिकायतों की नैतिकता का निर्णय किया जा सके। इस संहिता को अपनाने पर सामाजिक कार्यकर्त्ताओं से, इसके कार्यान्वयन में सहयोग देने, एन.ए.एस.डब्ल्यू. कार्यवाहियों में भाग लेने और इस पर आधारित किसी एन.ए.एस.डब्ल्यू. के अनुशासनिक निकायों या विधान का पालन करने की अपेक्षा की जाती है।

□□

एम.एस.डब्ल्यू.-010 : परोपकारी समाज कार्य का परिचय

जून, 2018

नोट : (i) सभी प्रश्नों के उत्तर दीजिए।

(ii) सभी प्रश्नों के अंक समान हैं।

(iii) प्रश्न संख्या 1 और 2 के उत्तर (प्रत्येक) 600 शब्दों से अधिक नहीं होने चाहिए।

प्रश्न 1. परोपकार से आप क्या समझते हैं? दान के परोपकार में परिवर्तन को समझाएँ।

उत्तर– देखें अध्याय-1, प्र.सं.-1, फिर देखें अध्याय-2, प्र.सं.-2

अथवा

परोपकारी समाज कार्य की विधियों की चर्चा करें।

उत्तर– देखें अध्याय-7, प्र.सं.-3

प्रश्न 2. संसार के धर्मों और उनके बुनियादी मूल्यों का संक्षिप्त विवरण दें।

उत्तर– देखें अध्याय-12, प्र.सं.-4, 5, 6, 7, 8, 9, 10, 11, 12, 13

अथवा

मानव जाति के लिए समाज के महत्त्व की चर्चा करें।

उत्तर– देखें अध्याय-5, प्र.सं.-1

प्रश्न 3. निम्नलिखित प्रश्नों में से किन्हीं दो के उत्तर (प्रत्येक) 300 शब्दों में दीजिए–

(a) गैर-लाभकारी संगठन के उत्थान और विकास की व्याख्या करें।

उत्तर– देखें अध्याय-15, प्र.सं.-2

(b) परोपकारी समाज कार्य के लिए संसाधन प्रबंधन के कदमों की सूची बनाएँ।

उत्तर– देखें अध्याय-11, प्र.सं.-3

(c) "मानव अधिकार" की आपकी क्या समझ हैं? उदाहरण से स्पष्ट करें।

उत्तर– देखें अध्याय-6, प्र.सं.-1

(d) NASW के नीति संहिता के उद्देश्यों की चर्चा करें।

उत्तर– देखें दिसम्बर-2017, प्र.सं.-5(h)

प्रश्न 4. निम्नलिखित प्रश्नों में से किन्हीं चार के उत्तर (प्रत्येक) लगभग 150 शब्दों में दीजिए–

(a) विदेशी योगदान और विनियमन अधिनियम की मुख्य विशेषताओं की व्याख्या करें।

उत्तर– देखें अध्याय-13, प्र.सं.-4

(b) परोपकारी समाज कार्य में धर्म एक साझेदार के रूप में, चर्चा करें।

उत्तर– देखें अध्याय-12, प्र.सं.-14

(c) समाज कार्य मूल्यों और नैतिकता को मजबूत करने के लिए सामाजिक कार्यकर्त्ता क्या कर सकता है?

उत्तर– देखें अध्याय-4, प्र.सं.-6

(d) गाँधीवादी परोपकार को समझाएँ।

उत्तर– देखें अध्याय-3, प्र.सं.-3

(e) परोपकार और परोपकारी समाज कार्य के बीच संबंध का वर्णन करें।

उत्तर– देखें अध्याय-8, प्र.सं.-2

(f) "परोपकारी समाज कार्य को अस्तित्व में बनाए रखना ही बहुत बड़ा मुद्दा है।" टिप्पणी दीजिए।

उत्तर– देखें अध्याय-10, प्र.सं.-2

प्रश्न 5. निम्नलिखित में से किन्हीं पाँच पर संक्षिप्त टिप्पणी (प्रत्येक) लगभग 100 शब्दों में कीजिए–

(a) संस्थापक संलक्षण (Founder's Syndrome)

उत्तर– देखें अध्याय-10, प्र.सं.-2

(b) संसाधन के कुप्रबंधन

उत्तर– देखें अध्याय-10, प्र.सं.-2

(c) अनुसंधान और विकास

उत्तर– देखें अध्याय-10, प्र.सं.-3

(d) अनुदान संचयन (Fund raising)
उत्तर– देखें अध्याय-11, प्र.सं.-2

(e) आजादी के मूल्य
उत्तर– देखें अध्याय-5, प्र.सं.-4

(f) परोपकारी आधार
उत्तर– देखें अध्याय-16, प्र.सं.-5

(g) नगर समाज संगठन
उत्तर– देखें अध्याय-9, प्र.सं.-4

(h) साझेदारी
उत्तर– देखें अध्याय-12, प्र.सं.-2

शिक्षा न पूर्वी है न पश्चिमी। शिक्षा शिक्षा है और ये हर एक मानव का अधिकार है।

एम.एस.डब्ल्यू.-010 : परोपकारी समाज कार्य का परिचय
दिसम्बर, 2018

नोट : (i) सभी प्रश्नों के उत्तर दीजिए।
(ii) सभी प्रश्नों के अंक समान हैं।
(iii) प्रश्न संख्या 1 और 2 के उत्तर (प्रत्येक) 600 शब्दों में दीजिए।

प्रश्न 1. भारतीय समाज में परोपकार के बदलते परिदृश्य की चर्चा करें।

उत्तर– देखें अध्याय-2, प्र.सं.-6

अथवा

परोपकारी समाज कार्य के मूल्यों और सिद्धांतों की सूची बनाएँ।

उत्तर– देखें अध्याय-7, प्र.सं.-4

प्रश्न 2. कॉर्पोरेट की सामाजिक जिम्मेदारी और परोपकार के अर्थ की उपयुक्त उदाहरण के साथ व्याख्या करें।

उत्तर– देखें अध्याय-14, प्र.सं.-1

अथवा

परोपकार को बढ़ावा देने में सरकार की भूमिका की चर्चा करें।

उत्तर– देखें अध्याय-13, प्र.सं.-5

प्रश्न 3. निम्नलिखित प्रश्नों में से किन्हीं दो के उत्तर (प्रत्येक) लगभग 300 शब्दों में दीजिए–

(a) इस्लाम में परोपकार की व्याख्या करें।

उत्तर– देखें अध्याय-12, प्र.सं.-10

(b) अनुदान संचयन के तरीकों की सूची बनाएँ।

उत्तर– देखें अध्याय-11, प्र.सं.-2

(c) क्षेत्र अभ्यास परिवेश में सामाजिक कार्यकर्त्ता की नैतिक जिम्मेदारी की चर्चा करें।
उत्तर– देखें अध्याय-7, प्र.सं.-4

(d) सामाजिक संपर्क के विभिन्न प्रकार क्या हैं?
उत्तर– देखें अध्याय-3, प्र.सं.-2

प्रश्न 4. निम्नलिखित प्रश्नों में से किन्हीं चार के उत्तर (प्रत्येक) लगभग 150 शब्दों में दीजिए–

(a) मौलिक मानव अधिकार और कर्त्तव्यों की चर्चा करें।
उत्तर– देखें अध्याय-6, प्र.सं.-6

(b) कार्यों के संदर्भ में CSO के प्रकारों की सूची बनाएँ।
उत्तर– देखें अध्याय-16, प्र.सं.-2

(c) नैतिक निर्णय लेने की प्रक्रिया का वर्णन करें।
उत्तर– देखें अध्याय-4, प्र.सं.-4

(d) मदर टेरेसा के परोपकारी मॉडल की व्याख्या करें।
उत्तर– देखें अध्याय-3, प्र.सं.-3

(e) व्यावसायिक समाज कार्य और परोपकार के बीच संबंध की व्याख्या करें।
उत्तर– देखें अध्याय-8, प्र.सं.-3

(f) स्वैच्छिक सेक्टर पर राष्ट्रीय नीति के उद्देश्यों पर प्रकाश डालें।
उत्तर– देखें अध्याय-13, प्र.सं.-7

प्रश्न 5. निम्नलिखित में से किन्हीं पाँच पर संक्षिप्त टिप्पणी (प्रत्येक) 100 शब्दों में लिखिए–

(a) परोपकार और बहाई धर्म
उत्तर– देखें अध्याय-12, प्र.सं.-5

(b) सरकार एक कल्याणकारी राज्य के रूप में
उत्तर– देखें अध्याय-13, प्र.सं.-2

(c) समाज कार्य और कॉर्पोरेट की नागरिकता
उत्तर– देखें अध्याय-14, प्र.सं.-5

(d) दाता एजेंसी

उत्तर– देखें अध्याय-15, प्र.सं.-3

(e) भारत में सामाजिक कार्यकर्त्ता के लिए नैतिक संहिता

उत्तर– देखें अध्याय-4, प्र.सं.-5

(f) गैर-सरकारी संगठन

उत्तर– देखें अध्याय-16, प्र.सं.-5

(g) परोपकारी समाज कार्य में महिलाएँ

उत्तर– देखें अध्याय-11, प्र.सं.-1

(h) संस्थापक संलक्षण (Founder's Syndrome)

उत्तर– देखें अध्याय-10, प्र.सं.-2

□□

एम.एस.डब्ल्यू.-010 : परोपकारी समाज कार्य का परिचय
जून, 2019

नोट : सभी प्रश्नों के उत्तर दीजिए। सभी प्रश्नों के अंक समान हैं। प्रश्न 1 और 2 के उत्तर (प्रत्येक) 600 शब्दों से अधिक नहीं होने चाहिए।

प्रश्न 1. परोपकार से आप क्या समझते हैं? परोपकार के अभ्यास में गैर-सरकारी संगठनों की भूमिका पर चर्चा कीजिए।

उत्तर– देखें अध्याय-1, प्र.सं.-1, 8

अथवा

परोपकारी समाज कार्य की विधियों की व्याख्या कीजिए।

उत्तर– देखें अध्याय-7, प्र.सं.-3

प्रश्न 2. परोपकारी स्वास्थ्य देखभाल नैतिकता के सिद्धांतों को सूचीबद्ध कीजिए।

उत्तर– देखें अध्याय-3, प्र.सं.-2

अथवा

परोपकारी समाज कार्य में आधुनिक प्रवृत्तियों पर चर्चा कीजिए।

उत्तर– देखें अध्याय-10, प्र.सं.-1

प्रश्न 3. निम्नलिखित में से किन्हीं दो प्रश्नों के उत्तर (प्रत्येक) लगभग 300 शब्दों में दीजिए–

(a) परोपकारी नींव के उद्‌भव पर चर्चा कीजिए।

उत्तर– देखें अध्याय-2, प्र.सं.-4

(b) उन कारकों की जाँच करें जो भारत में परोपकारिता में बाधा डालते हैं।

उत्तर– देखें अध्याय-2, प्र.सं.-6

(c) परोपकारी समाज कार्य के लिए मानव संसाधन के स्रोतों को सूचीबद्ध कीजिए।

उत्तर– देखें अध्याय-11, प्र.सं.-1

(d) परोपकारी संगठनों की स्थापना और कामकाज को विनियमित करने वाले अधिनियमों का उल्लेख कीजिए।

उत्तर– देखें अध्याय-13, प्र.सं.-4

प्रश्न 4. निम्नलिखित में से किन्हीं चार प्रश्नों के उत्तर (प्रत्येक) लगभग 150 शब्दों में दीजिए–

(a) दान और परोपकार के रूपांतरण को समझाइए।

उत्तर– देखें अध्याय-2, प्र.सं.-2

(b) मदर टेरेसा की परोपकार को भारत में परोपकारी नैतिकता के मॉडल के तौर पर चर्चा कीजिए।

उत्तर– देखें अध्याय-3, प्र.सं.-3

(c) नैतिक निर्णय लेने की प्रक्रिया की व्याख्या कीजिए।

उत्तर– देखें अध्याय-4, प्र.सं.-4

(d) "स्थिरता परोपकारी समाज कार्य का मुख्य मुद्दा है। टिप्पणी कीजिए।

उत्तर– देखें अध्याय-10, प्र.सं.-2

(e) कॉर्पोरेट क्षेत्र सामाजिक विकास की जिम्मेदारी क्यों लेता है?

उत्तर– देखें अध्याय-14, प्र.सं.-3

(f) सामाजिक कार्य में दाता एजेंसियों का क्या योगदान है?

उत्तर– देखें अध्याय-15, प्र.सं.-3

प्रश्न 5. निम्नलिखित में से किन्हीं पाँच पर (प्रत्येक) संक्षिप्त टिप्पणियाँ 100 शब्दों में दीजिए–

(a) बुनियादी मानव मूल्य

उत्तर– देखें अध्याय-3, प्र.सं.-2

(b) NASW आचार संहिता

उत्तर– देखें अध्याय-4, प्र.सं.-2

(c) कॉर्पोरेट परोपकार

उत्तर– देखें अध्याय-14, प्र.सं.-1

(d) परोपकारी संगठन के मानव संसाधन प्रबंधन

उत्तर– देखें अध्याय–11, प्र.सं.–3

(e) सी.एस.आर. की बाधाएँ

उत्तर– देखें अध्याय–14, प्र.सं.–4

(f) परोपकार के विभिन्न आयाम

उत्तर– देखें अध्याय–1, प्र.सं.–6

(g) गाँधीवादी परोपकार

उत्तर– देखें अध्याय–3, प्र.सं.–3

(h) इस्लाम में परोपकार

उत्तर– देखें अध्याय–12, प्र.सं.–10

□□

एम.एस.डब्ल्यू.-010 : परोपकारी समाज कार्य का परिचय
दिसम्बर, 2019

नोट : (i) सभी प्रश्नों के उत्तर दीजिए।

(ii) सभी प्रश्नों के अंक समान हैं।

(iii) प्रश्न 1 और 2 के उत्तर (प्रत्येक) 600 शब्दों से अधिक नहीं होने चाहिए।

प्रश्न 1. भारत में परोपकार के इतिहास पर संक्षिप्त विवरण दीजिए।

उत्तर– देखें अध्याय-2, प्र.सं.-5

अथवा

परोपकारी समाज कार्य की गुंजाइश और कार्यक्षेत्र पर चर्चा कीजिए।

उत्तर– देखें अध्याय-8, प्र.सं.-5

प्रश्न 2. परोपकारी समाज कार्य के अभ्यास में मूलभूत मानव मूल्यों के महत्त्व पर प्रकाश डालिए।

उत्तर– देखें अध्याय-5, प्र.सं.-1, 2, 3, 4

अथवा

परोपकारी समाज कार्य में साझेदार के रूप में धर्म के योगदान की व्याख्या कीजिए।

उत्तर– देखें अध्याय-12, प्र.सं.-14

प्रश्न 3. निम्नलिखित में से किन्हीं दो प्रश्नों के उत्तर (प्रत्येक) लगभग 300 शब्दों में दीजिए–

(a) उन कारकों की सूची बनाइए जो भारत में परोपकारिता में बाधा डालते हैं?

उत्तर– देखें अध्याय-2, प्र.सं.-6

(b) परोपकारी समाज कार्य के लिए समकालीन चुनौतियों पर प्रकाश डालें।

उत्तर– देखें अध्याय-10, प्र.सं.-2

(c) परोपकारी समाज कार्य में संसाधन प्रबंधन के दिशा-निर्देशों की व्याख्या कीजिए।

उत्तर– देखें अध्याय-11, प्र.सं.-3

(d) भारत में कॉर्पोरेट सेक्टर के उद्भव और विकास का वर्णन करें।

उत्तर– देखें अध्याय-14, प्र.सं.-2

प्रश्न 4. निम्नलिखित में से किन्हीं चार प्रश्नों के उत्तर (प्रत्येक) लगभग 150 शब्दों में दीजिए–

(a) दान और परोपकार के बीच भेद करें।
उत्तर– देखें अध्याय-2, प्र.सं.-3

(b) गाँधीवादी परोपकार की व्याख्या करें।
उत्तर– देखें अध्याय-3, प्र.सं.-3

(c) समाज कार्य मूल्यों और नैतिकता को मजबूत करने के लिए सामाजिक कार्यकर्त्ता क्या कर सकता है?
उत्तर– देखें अध्याय-4, प्र.सं.-6

(d) परोपकारी समाज कार्य की उत्पत्ति पर संक्षेप में नोट लिखें।
उत्तर– देखें अध्याय-7, प्र.सं.-1

(e) स्वैच्छिक क्षेत्र पर राष्ट्रीय नीति के उद्देश्यों पर चर्चा करें।
उत्तर– देखें अध्याय-13, प्र.सं.-7

(f) कॉर्पोरेट सामाजिक जिम्मेदारी क्या है?
उत्तर– देखें अध्याय-14, प्र.सं.-1

प्रश्न 5. निम्नलिखित में से किन्हीं पाँच पर संक्षिप्त टिप्पणी (प्रत्येक) 100 शब्दों में दीजिए–

(a) परोपकारी नैतिक सिद्धांत
उत्तर– देखें अध्याय-3, प्र.सं.-2

(b) चीन में परोपकार का इतिहास
उत्तर– देखें अध्याय-2, प्र.सं.-1

(c) परोपकारी समाज कार्य में महिलाएँ
उत्तर– देखें अध्याय-11, प्र.सं.-1

(d) परोपकारी समाज कार्य की आवश्यकता
उत्तर– देखें अध्याय-8, प्र.सं.-4

(e) दाता एजेंसी
उत्तर– देखें अध्याय-15, प्र.सं.-3

(f) शिविल सोसाइटी
उत्तर– देखें अध्याय-16, प्र.सं.-1

(g) मदर टेरेसा का परोपकार
उत्तर– देखें अध्याय-3, प्र.सं.-3

(h) सिविल सोसाइटी को बढ़ावा देने में सरकार की भूमिका
उत्तर– देखें अध्याय-16, प्र.सं.-7

www.ingramcontent.com/pod-product-compliance
Ingram Content Group UK Ltd.
Pitfield, Milton Keynes, MK11 3LW, UK
UKHW021705190726
13853UKWH00001B/432

9 789390 557196